민중언론학의 논리

정보혁명 시대 네티즌의 무기

민중언론학의 논리

제1판 제1쇄 발행일 2015년 2월 13일

글 _ 손석춘
기획 _ 책도둑(박정훈, 박정식, 김민호)
디자인 _ 토가 김선태
펴낸이 _ 김은지
펴낸곳 _ 철수와영희
등록번호 _ 제319-2005-42호
주소 _ 서울시 마포구 월드컵로 65, 302호(망원동, 양경회관)
전화 _ (02)332-0815
팩스 _ (02)6091-0815
전자우편 _ chulsu815@hanmail.net

ISBN 978-89-93463-72-9 93070

철수와영희 출판사는 '어린이' 철수와 영희, '어른' 철수와 영희에게
도움 되는 책을 펴내기 위해 노력하고 있습니다.

민중언론학의 논리

정보혁명시대 네티즌의 무기

글 손석춘

철수와영희

우리가 민중이다

민중.

지금 누군가 그 말을 쓰면, 더구나 언론학자가 학술 서적에서 쓴다면, 지적 나태로 보이기 십상이다. "아직도 1980년대식 사고에서 벗어나지 못했는가"라는 힐난이 쏟아질 성싶다. 실제로 나는 이미 어느 학회에서 그 말을 들었다. 그것도 '진보'를 내세운 학회에서 일어난 '사건'이다.

최근에 참석한 어느 학계 토론회에선 대학가에 큰 '인맥'을 형성하고 있는 서울대학교에 재직하며 종합일간신문에 고정칼럼을 기고하고 있는 어느 교수가 "민중이란 말은 저항적 담론이라 적절하지 않다"고 사뭇 진지하게 발언했다.

그랬다. '민중'은 이제 빛바랜 사진처럼 학계 안팎에서 폐기되거나 '죽은 개' 취급을 받고 있다. 하지만 진심으로 묻고 싶다. 우리가 일상생활에서 쓰고 있는 모든 것, 당신이 들고 있는 이 책, 스마트폰, 입고 있는 옷, 앉아 있는 의자, 건물, 오가는 길, 그 모든 것을 만들어온 노동자, 특히 그 가운데 절반이 넘는 비정규직 노동자, 우리 사회 모두에게 밥을 제공해왔으면서도 스스로는 수출 중심 경제구조에서 내내 '찬밥'을 먹어온 농민, 이른바 '구조조정'의 일상화로 인해 과포화 상태에 이른 자영업인, 청년 실업자들, 남편의 얇은 임금으로 가계를 꾸려가며 아무도 알아주지 않는 가사노동에 시달리는 여성들, 그 '사람들'을 모두 아우를 수 있는 말은 무엇인가? '시민'이나 '국민'으로 그들을 담아낼 수 있는가?

적잖은 지식인들이 '민중'의 호명을 1980년대의 '운동권적 사유'로 치부하지만 명백한 사실 왜곡이다. '민중'은 그보다 훨씬 이전, 일제 강점기는 물론 조선왕조 시대에도 쓰인 말이다. 그렇다면 누가 민중이라는 말에 '운동권'이라는 낡은 색깔을 주입시켰을까. 다름 아닌 언론기관이다. 바로 그래서다. 민중언론학을 이 책이 제안하는 까닭은.

저자는 지금까지 언론비평을 해오며 책을 써왔다. 그 가운데 『신문읽기의 혁명』 1권과 2권은 대학 신문방송학과 교재로 읽혀왔다. 이 책의 성격은 다르다. 이전에 언론을 비평한 책들이 언론인으로 재직하며 쓴 저널리즘 활동의 연장선이었다면, 이 책은 연구자의 길로 들어선 뒤 본격적으로 쓴 학술논문들이다. 10편의 논문 모두 한국연구재단의 등재 학술지에 사뭇 까다로운 심사과정을 거쳐 게재됐다.

민중언론학을 제안하는 이 책의 출간으로 나는 '학계의 돈키호테'가 될 가능성이 높다. 젊은 연구자들이 민중언론학의 논리로 석사나 박사 논문을 쓸 때 과연 한국의 대학가에서 강의를 맡아 대학생을 만날 수 있을지도 솔직히 의문이자 걱정이다.

하지만, 아니 바로 그렇기에 출간을 결심했다. 민중은 무장 여위어가는데, 언론학(더 나아가 대학)은 무장 살쪄가는 현실을 더는 방관할 수 없어서다. 후학 가운데 누군가는 개인적 불이익을 무릅쓰고라도 저자가 제안하는 민중언론학의 논리를 더 깊고 넓게 진전시켜가길 소망해서다.

　언론인으로 일하며 언론을 비판할 때 나는 이미 돈키호테라는 조롱을 받았다. 그 말은 '동업자에 대한 배신'이라는 '윤리적 고발'로 이어졌다. 교수로 '밥'을 먹고 살며 나는 다시 대학을 비판하는 데 나섰다. 본디 타고난 심성이 여리면서도 그 '불편한 고난'을 기어이 선택하는 까닭은 간명하다. 나와 동시대를 살아가는 사람들, 민중의 미래가 더없이 암울해서다. 개인적으로는 이 시대를 지식인으로 살아가며 역사로부터 고발당하지 않기 위해서다. 동시대를 살아가는 민중의 고통을 외면하지 않고 학문의 길을 올곧게 걸어가고 있는 학자들과 연대를 희망해서다.

　'민중'이란 말이 '불온한 개념' 또는 '죽은 개'가 된 오늘, 나는 그 말을 불온시하고 죽인 언론을 비판하며 민중언론학을 제안한다. 물론, 아직 부족함이 많다. 그럼에도 '민중언론학'을 내세우는 이유는 '선점'하기 위해서가 아니다. 선점한다고 뭔가 이익이 돌아올 사안이 아니라는 사실쯤은 나도 분별하고 있다.

　더는 에두르지 않고 명토박아둔다. 해방 70년, 분단 70년을 맞으며 '민중언론학'을 제기하는 이유는 모든 사람이 언론인이 될 수 있는 우리 시대—21세기를 살아가는 모든 사람은 직접적이든 간접적이든 정보과학기술 혁명의 영향을 받고 있다—에 뜻을 같이하는 사람들을 만나고 싶어서다. 지금 이 순간도 트위터, 페이스북, 블로그, 모바일메신저 등으로 다양하게 '언론 활동'을 하는 모든 사람들, 곧 네티즌에게 바로 당신이 '21세기 민중'이라는 사실을, 당신의 언론활동이 더 풍부해지려면 학문적 '무장'이 필요하다는 사실을, 정보혁명 시대의 민중인 네티즌이 자신과 이웃을 '민중'으로 옳게 호명할 때 비로소 개개인의 삶이 풍요로워질 수 있다는 진실을 공유하고 싶어서다.

누군가가 '네티즌이 곧 민중'이라는 논리에 거부감을 느낀다면, 아니 그 이전에 '민중'이라는 말부터 불편함을 느낀다면, 그럴수록 이 책과 진지한 대화를 나누길 소망한다. 미국에서 '시민미디어센터'(Center for Citizen Media)를 설립한 댄 길모어(Dan Gilmor)는 네티즌을 염두에 두고 "우리가 미디어(We the Media)"라고 주장했다. 그는 '시민'이란 말을 즐겨 썼지만, 민중언론학은 우리가 미디어인 시대에 "우리가 민중(We the People)"임을 선언한다. '위 더 피플'은 공교롭게도 미국 오바마 정부가 개설한 '백악관 청원사이트' 이름이어서 적절하지 않다고 볼 수도 있겠지만, 거꾸로 그만큼 보편적인 논리가 될 수 있다.

다만 미국의 지성인들도 경고하고 있듯이 인터넷, 모바일 시대에 그 민중은 가장 멍청하거나 천박한 사람이 될 가능성도 높다. 더구나 한국 사회에는 네티즌을 멍청하게 만드는 누군가가 조직적으로 존재하고 있다. 그는 비단 밖에만 있지 않고 우리 안에도 있다. 누가 네티즌을 멍청하게 만드는지 꼭 짚어야 할 이유다.

무릇 모든 학문은 물음에서 시작한다. 민중언론학은 우리가 민중이라는 사실 확인과 더불어 누가 네티즌을 멍청하게 만드는가라는 절박한 물음에서 출발한다.

2015년 2월

손석춘

차례

2부 민중언론학과 한국 사회

민중언론학의 개념과
주요 명제

가장 멍청한 세대.

미국의 작가 필립 로스(Philip Roth)와 대학교수 마크 바우어라인(Mark Bauerlein)이 디지털시대의 젊은이들을 꼬집은 말이다. 1980년대 이후의 디지털혁명은 손쉽고 빠르게 각종 정보와 상품, 오락과 친구를 접할 수 있게 해주었다고 분석한 바우어라인은 젊은이가 시간과 기회를 낭비하는 것은 시대를 막론하고 언제나 있었던 일이지만, 오늘날 가장 멍청한 세대(The Dumbest Generation)는 그런 습관을 야단스럽고 지속적인 것으로 한 단계 끌어올렸다고 비판했다.

과연 네티즌은 가장 멍청한 세대일까. 미국에서 나타난 현상을 곧장 한국에 대입할 필요는 없다. 미국의 젊은 세대와 한국의 젊은 세대는 문화적 배경은 물론 사회경제적 처지가 적잖게 다르기 때문이다. 아니, 젊은 세대만이 아니다. 평균적인 한국인과 미국인은 한국과 미국의 경제적 격차만큼 삶의 조건에 차이가 있다.

그럼에도 디지털혁명이 일궈낸 각종 뉴미디어의 폭증이 네티즌을 멍청하게 만들 개연성은 한국 사회에서도 예외일 수 없다. 세계적으로 인터넷이 처음 등장하고 정보혁명이 인류의 미래를 장밋빛으로 바꾸리라고 예찬되었던 1980년대는 한국 사회에서 '민중의 시대'로 기억되고 있다. 1980년 5월항쟁과 1987년 6월항쟁, 곧 이은 노동운동과 통일운동의 폭발적 성장은 민중의 시대라는 정의에 충분히 값한다.

그런데 그로부터 30년이 흘러 인터넷이 지구화한 지금, 미국에서는 정보혁명이 '가장 멍청한 세대'를 낳았다는 우울한 담론이, 한국에서는 '민중의 죽음'이라는 음울한 담론이 힘을 얻어가고 있다. 도대체 무슨 일이 일어난 것일까. 민중언론학은 바로 그 현실에 발을 딛고 그 현실을 넘어설 방안을 찾는 데 학문적 목표를 두고 있다.

미리 정의하자면, 민중언론학은 민중언론을 위한 학문인 동시에 민중을 위한 언론학이다. 그렇다면 민중은 무엇일까. 차근차근 풀어가 보자.

'민중'이란 말은 한국 근현대사의 성격을 담고 있지만, 보편적 개념으로 따진다면 영어 '피플'(people)과 조응한다. 'people'은 라틴어의 'populus'라는 말에서 비롯했다. 역사적으로 의미가 변화되어 왔지만, '피지배자'라는 의미와 '국가와 사회의 주인'이라는 두 의미를 모두 지녀왔다. 유럽에서 귀족에 대립되는 개념으로 사용되었던 이 말 – 인류의 역사를 톺아보면 고대부터 왕족과 귀족들의 지배 아래 억압받고 착취당하면서도 직접 생산에 나섬으로써 물질적으로도 정신적으로도 문화의 창조를 떠받쳐온 사람들을 발견할 수 있다. 바로 그들이 '피플'이다 – 은 시민혁명을 거치면서 단순한 피지배자가 아니라 국가와 사회의 주인이라는 뜻으로 널리 쓰이기 시작했다.[1]

---

1   헌법재판소가 2014년 12월 19일 통합진보당 해산 결정을 내리는 과정에서 박근혜 정부의 법무부를 비롯해 법조인, 언론인, 대학교수들이 '민중주권' 개념에 대해 마치 '국민주권'과 반대 개념이라도 되는 듯이 '색깔 공세'를 편 것은 그들의 지적 수준이 천박함을 스

우리가 익히 들어온 민주주의에 대한 정의, 미국 대통령 링컨(Abraham Lincoln)이 말한 '국민의, 국민에 의한, 국민을 위한 정부'의 원문이 바로 "the government of the people, by the people, for the people"이다. 여기서 '국민'이라는 번역어는 말 그대로 국적을 지닌, 또는 국가에 귀속된 모든 사람을 뜻하기에 피플의 번역어로 적절하지 않다. 실제로 링컨의 말이 처음 한글로 옮겨졌을 때는 그것을 '인민'으로 옮겼다.

그렇다면 지금 다시 '피플'을 '인민'으로 복원해야 옳을까. 나는 다음 세 가지 이유에서 적절하지 않을뿐더러 옳지 않다고 생각한다.

첫째, '민중언론학'을 제안하면서도 그것이 동시대인에게 어떻게 받아들여질까 우려하는 상황에서 '인민언론학'을 제안하는 것은 세상과 담을 쌓자는 학문적 만용일 수밖에 없다. 학문의 목적이 사회와의 고립에 있는 것이 아니라면, 민중을 '인민'으로 호명하는 것은 그 호명의 대상에게도 예의가 아니다. 하지만 단순히 정서나 세태만의 문제가 아니다.

'인민'이란 말이 적절치 않은 둘째 이유는 '인민'이라는 이름으로 집권한 공산주의 체제가 1989년에서 1991년 사이에 세계적으로 몰락했다는 사실을 겸허하게 받아들여야 옳기 때문이다. 실사구시의 학문적 자세는 다른 게 아니다. 실제 역사로부터 배워야 하고, 실천을 통해 진리를 검증해야 옳다. 굳이 실패한 체제가 즐겨 쓰던 '인민'이란 말을 사용할 아무런 이유

스로 폭로한 언행이다. 그들에 따르면 미국에서 가장 존경받는 대통령으로 꼽히는 링컨도 '좌파'가 된다. 굳이 그들의 논리에 맞춰 설명한다면, 국민은 '권력이나 자본을 지닌 극소수'와 대다수인 민중으로 크게 구분된다. 그런데 대한민국 헌법이 '모든 권력은 국민으로부터 나온다'고 선언할 때, 논리상 그 '국민'은 권력을 지닌 사람일 수 없다. '권력이 없는 사람들에게서 권력이 나온다'로 해석해야 옳다. 한 국가의 모든 권력(정치권력과 경제 권력인 자본을 포함)은 지금 권력을 쥐고 있는 사람이 아닌 국민, 곧 민중으로부터 나온다는 게 민주국가의 헌법정신이다. 민중주권과 국민주권을 대립되는 개념으로 파악하는 사람들이 언론을 통해 확대재생산되는 현실은 왜 '민중언론학'이 필요한가를 역설적으로 증언해준다.

가 없다. 그 체제가 '인민'의 이름으로 민중을 지배했기에 더욱 그렇다. 실제로 '인민'의 이름으로 집권한 나라에서 민중의 언론자유는 보장되지 못했다. 인민언론학이 옳지 않은, 민중언론학이 적실한 결정적 이유다.

셋째, '민중'에 담긴 한국 근현대사의 경험을 적극 담아내자는 뜻이다. '민중'이란 말은 한국 근현대사의 기점으로 평가할 수 있는 1894년의 동학농민전쟁부터 소통되기 시작했고, 일제 강점기 독립운동 과정에선 물론, 4월혁명, 5월항쟁, 6월항쟁으로 이어지는 한국 현대사의 성취를 담고 있다. 그 과정에서 민중에는 철학적, 종교적 의미도 녹아들었다. 사람을 곧 하늘(人乃天, 인내천)로 보거나 사람을 하늘처럼 섬기라(事人如天, 사인여천)는 동학의 가르침은 오늘날의 민중신학, 민중사학, 민중문학과도 맥이 닿아 있다. 물론, 민중언론학을 제안하는 이 책에서 동학과 민중신학, 민중사학, 민중문학을 논의하지는 않겠지만, 그 꾸준한 철학적·종교적 시도들이 민중의 가능성을 높이 평가하고 있다는 진실은 새겨둘 필요가 있다.

민중언론학은 그 민중을 위한 학문이다. 인류사는 20세기 종반부터 불어온 정보과학기술 혁명으로 새로운 국면을 맞았다. 물론, 자본주의사회는 본질적인 변화가 없다는 점에서 그 혁명의 중요성을 간과할 수도 있다.

하지만 정보혁명은 앨빈 토플러식의 '제3의 물결'과는 질적으로 다른 혁명적 변화의 가능성을 열었다. 모든 민중이 언론활동을 할 수 있는 '네티즌 시대'의 막이 올랐기 때문이다.

두루 알다시피 네티즌(netizen)은 통신망을 뜻하는 네트워크(network)와 시민을 뜻하는 시티즌(citizen)의 합성어로 브리태니커백과사전은 "단순히 컴퓨터를 조작할 줄 모르는 '컴맹'의 반대 개념인 통신망 사용자의 의미가 아니라, 하나의 공동체적 의미를 가지고 사회적 관계를 적극적으로 형성해나가는 주체적인 사람들"로 풀이하고 있다. 산업혁명을 주도한 주체가 시티즌이었다면 네티즌은 정보화사회를 이끄는 주체라는 분석이다.

21세기 민중[2]인 네티즌은 급속도로 확산되어 지구촌을 연결한 인터넷으로 온 세계를 드나들면서 자신이 원하는 정보를 자유롭게 활용하며 그것을 남에게 전달할 수 있다. 바로 그 점에서 네티즌의 언행은 전통적 의미의 언론인 활동과 다르지 않다. 언론기관에 몸담고 있지 않을 뿐 인터넷에서 취재한 지식이나 정보는 물론, 자신의 주장을 남에게 전달하는 순간, 그는 원하든 원치 않든 언론인이 되어 있는 셈이다. 정보의 생산능력과 발신능력을 모두 지니고 있기 때문이다. 따라서 언론기관의 기자가 '직업 기자'라면, 네티즌은 '직접 기자'라고 명명할 수 있다(손석춘, 2009, 『신문읽기의 혁명 2』, 개마고원, 넷째 마당의 '직업 언론과 직접 언론' 참고).

네티즌, 곧 21세기 민중의 언론활동 - 바로 그것이 '민중언론'이다 - 을 위한 학문으로서 민중언론학의 뼈대가 되는 명제는 다음 5가지로 간추릴 수 있다.

1. 정보혁명 시대의 21세기 민중은 네티즌이다. 근대 이후 민중은 권력이나 자본이 없는 피지배자라는 의미와 더불어 주권자라는 뜻을 담아왔다. 하지만 그것은 모순이 아니다. 민중이란 말 자체가 고정된 실체적

---

2   21세기 들어 이탈리아 정치철학자 안토니오 네그리(Antonio Negri)는 근대 철학자 스피노자로부터 빌려온 '다중(multitude)' 개념을 제시했다. 그 이론을 국내에 소개한 지식인들은 '민중'이라는 개념이 '주권에 의해 부과되는 통일성과 환원의 논리'라고 비판하며 다중개념의 적실성을 주장했다. 하지만 네그리의 다중 개념이 "경제적 측면에서 종래의 노동생산을 넘어 사회관계, 소통, 삶 양식까지를 모두 생산하는 주체"이고 결국은 '자본의 지배아래에서 노동하고 생산하는 모든 사람들'이라면, 한국 사회에서 논의되어온 민중 개념으로 얼마든지 포괄할 수 있다. 네그리가 강조하는 자율성 이론도 이 책에서 제시한 민주주의의 '자기 통치' 개념과 이어진다. 한국 사회에서 민중의 주권의식은 '환원의 논리'라는 비판조차 사치스러울 만큼 크게 결여되어 있다. 이 책이 현대인을 모두 네티즌으로 등식화하고, '민중' 앞에 굳이 '21세기'나 '정보혁명 시대'라는 수식어를 넣어 정의하는 것은 권력과 자본(또는 정치권력과 경제권력)을 지니지는 못했지만, 그것을 극복할 무기를 쥐고 있기 때문이다.

개념이 아님을 뜻한다. 통치받는 사람이라는 뜻과 국가와 사회의 주인
이라는 뜻이 함께 있는 민중은 역동적인 개념이다.

2. 정보혁명 시대의 민중은 정보 홍수 속에서 '가장 멍청한 세대'로 명명
받을 만큼 윤똑똑이가 될 가능성과 '자기 통치'라는 민주주의 이상을 실
현할 주권자가 될 가능성을 모두 지니고 있다. 언론은 후자를 구현할 수
있도록 자기 소임을 다해야 한다. 의도했든 아니든 전자를 부추기는 언
론은 민중언론학의 비판 대상이다.

3. 정보혁명으로 자본주의는 '금융의 세계화'를 이루고 신자유주의 체제
를 지구적 질서로 보편화했다. 21세기는 민중인 네티즌의 힘 못지않게
자본의 힘 또한 역사상 그 어느 때보다 커진 시대다. '정보화사회'라는
낙관적 전망과 '원형감옥(panopticon) 체제'라는 비관적 예단에서 벗어나
역동적 현실을 직시해야 한다.

4. 신자유주의 세계화 체제에서 자본과 그들의 이익을 대변하는 정치권력
은 언론기관을 '자발적 동맹군'으로 포섭했다. 신자유주의를 주창하는
언론기관은 민중으로서 네티즌의 자기인식을, 의도했든 아니든 방해한
다. 민중언론학이 신자유주의를 비판하는 이유가 여기 있다.

5. 정보혁명 시대의 민중은 모두 언론활동을 하고 있다. 이에 따라 세계화
체제의 공론장은 민중과 자본 사이에 갈등이 표출됨으로써 투쟁이 일
상화하고 일상생활의 투쟁이 벌어지는 시공간이 되었다. 민중언론학은
'민중의 언론학'으로 자본의 이익과 그들을 비호하는 정치권력을 대변
하는 언론과 학문을 비판하는 동시에, '민중언론의 학문'으로 민중의 언

론활동에 진실과 공정이 숨 쉬게 한다. 그 과정에서 민중은 주권자로 거듭난다.

이 책은 민중언론학의 개념과 명제들을 염두에 두고 한국의 언론기관과 대학을 비판하면서 민중언론의 논리를 다듬어온 10편의 학술논문들로 구성됐다.

먼저 1부 '민중언론학과 한국 언론'에는 한국 공론장(public sphere)이 언론기관에 의해 어떻게 뒤틀려 있는가를 역사적 뿌리부터 현재까지 분석하는 논문 5편을 모았다.

1장 '식민사관의 확대재생산과 한국 언론'은 일제 강점기에 일본인 학자들이 주장한 식민사관의 핵심 논리가 정체성(停滯性)과 타율성임을 밝히고 언론인 문창극의 국무총리 지명과 사퇴과정에서 드러난 식민사관을 분석했다. 식민사관의 틀에 갇힌 언론인과 학자들이 언론과 대학에 광범위하게 포진해 있고, 그들의 역사의식이 오늘의 사회 현실을 바라보는 프레임까지 결정하면서 질적으로 확대재생산되고 있음을 논증했다.

2장 '정보혁명 시대의 언론 위기와 극복 방안'은 미디어 빅뱅이란 말이 나올 만큼 미디어가 폭발적으로 늘어나고 있지만 정작 저널리즘은 위기를 맞는 역설적 현상을 분석했다. 민중이 자유로워지고 자신을 스스로 통제하는 데에 필요한 정보를 제공하는 저널리즘의 목적에 비추어볼 때, 저널리즘의 위기는 곧바로 민주주의의 훼손으로 이어진다. 한국 언론기관의 저널리즘은 진실과 공정의 기본 윤리조차 지키지 않고 있음을 분석함으로써 민중언론학은 다름 아닌 저널리즘의 기본 원칙과 맞닿아 있음을 확인할 수 있다.

3장 '한국의 미디어 집중과 여론 다양성의 위기'는 한국 사회에서 신문이 방송을 겸영함으로써 여론 다양성에 위기를 불러올 수밖에 없는 구조를 포착해 분석하고 '조중동 종편방송'은 여론 독과점을 심화시킬 수밖에 없다고 비판했다.

4장 '신자유주의에 대한 언론과 비판언론학 비판'은 신자유주의가 1997년 IMF사태 이후 한국 사회에 큰 흐름이 되었지만 국민 대다수는 신자유주의 개념을 아예 모르거나, 그것을 '글로벌 스탠더드'로 인식하고 있는 현실을 분석했다. 사회 구성원 대다수, 곧 민중이 신자유주의 개념 자체를 이해하지 못하거나 그것을 불가피한 흐름으로 오해하는 현실에 일차적 책임은 한국 언론기관에 있음을 실증적으로 짚고, 그 현상을 비판적으로 논의해야 할 비판언론학조차 언론을 견제하거나 감시하는 데 소홀했음을 분석했다.

5장 '한국 공론장의 생성과 갈등 구조'는 앞서 살펴본 언론기관들의 왜곡과 여론의 뒤틀림이 어떤 역사적 뿌리에서 비롯되었는가를 공론장의 개념을 중심에 두고 분석했다. 한국의 공론장은 아래로부터 올라오는 민중의 요구를 철저히 배제하고 밖으로부터 형성됨으로써 민중과 지배세력 사이에 '갈등 구조'가 형성되었음을 논증했다.

2부 '민중언론학과 한국 사회'는 민중언론학의 논리로 한국 사회를 다양한 부문에서 분석하는 5편의 논문을 모았다.

6장 '한국 기업의 사회적 책임과 소통'은 21세기 들어 '기업의 사회적 책임(CSR)'을 강조하는 학문적, 실천적 관심이 세계적 차원에서 높아가고 2010년 국제표준(ISO26000)이 마련되었음에도 CSR의 국제표준에 대해 한국 대기업들이 외면하고 있는 현실을 분석했다. 아울러 그 소통 부재가 수출 의존도 높은 한국 경제에 악영향을 끼칠 수 있다고 전망했다. CSR은 신자유주의 체제의 모순을 완화하는 기제에 지나지 않는다는 비판도 있지만, '기업에 의한 사회의 식민화'를 벗어나는 과정에서 실사구시의 '실천적 무기'로 얼마든지 활용될 수 있음을 논리적으로 제시했다.

7장 '도구적 지식과 지식인의 도구화'는 대학이 '취업준비 학원'으로 전락해 도구적 지식을 생산할 뿐이라는 대학생들의 비판과 21세기 인류 사회를 선도할 지식을 생산한다는 대학 총장들의 다짐이 충돌하는 현상을 분석했다. 그 결과 한국 대학이 권력 및 자본과 삼각동맹을 형성하고 도구적 지식을 생산한다고 단정할 수는 없지만, 그런 경향성은 뚜렷하게 나타나고 있음을 논증했다. 따라서 한국 대학은 '자본주의 다양성(VOC) 이론'에 근거해 대학생들에게 폭넓은 지식을 알려줌으로써 젊은 세대들로 하여금 소통을 통해 자신들이 살아갈 정치경제의 틀을 주체적으로 선택할 수 있도록 해야 옳다고 제안했다.

8장 '리영희 비판과 반비판의 논리적 비판'은 한국 현대사에서 가장 영향력 있는 언론인으로 꼽히는 리영희에 대하여, '사상의 은사'로 평가하는 언론인 및 학자들과 정반대로 '의식화 원흉'으로 폄훼하는 언론인 및 학자들 사이에 소통을 모색했다. 리영희가 '시장과 북한에 대한 잘못된 인식을 초래했다'는 비판과 반비판론자들의 논리가 각각 '허수아비 논증의 오류'(fallacy of straw man)와 '논점 회피의 오류'(fallacy of question-begging)를 범하고 있음을 리영희의 글을 통해 논증했다. 언론이 정파주의에 점점 더 매몰되어가고 있기에 리영희가 강조한 '진실 추구의 고투'에 담긴 현재적 의미는 더 크고 깊다고 제언했다.

9장 '남북통일사상의 하부구조와 소통'은 남북 사이에 체제 경쟁이 사실상 끝났다는 논리의 연장선에서 '흡수 통일론'이 통일론의 헤게모니를 얻어가고 있는 현실을 분석했다. 남쪽의 자유민주주의 헌법철학과 북쪽의 헌법철학인 주체사상에는 접점이 없기에 양립 불가능하다는 철학적 논의가 흡수 통일론에 힘을 실어주고 있지만, 흡수 통일론의 철학적 사유는 현실을 고정불변의 실체적 개념으로 파악하는 한계가 있을 뿐만 아니라, 그 담론의 하부구조에는 결국 남쪽의 신자유주의식 자본주의 체제가 자리하고 있음을 밝혔다. 남북통일의 하부구조로서 통일민족경제론의 논리를 적극 소통해야 한다고 제안했다. 남과 북이 통일된 나라의 하부구조로서 '민족경제의 균형적 발전'을 어떻게 일궈갈 것인가라는 이론적 탐색과 함께, 통일민족경제론을 공적 의제(public agenda)로 설정해가며 통일운동의 새로운 지평을 열어가야 한다는 제안을 담고 있다.

10장 '아기장수 설화의 내적 커뮤니케이션'은 평범한 집안에 비범한 아기가 태어나지만 부모로부터 '역적'이 될지 모른다는 두려움 때문에 죽임을 당하는 한국의 대표적 비극 설화를 소개하고, 여기서 민중의 좌절감이나 기대감을 읽는 틀을 벗어나 '내적 커뮤니케이션'의 관점에서 접근했다. '아기장수'가 민중 사이에 어떻게 소통되어 왔으며 그 '커뮤니케이션 효과'는 무엇이었을까를 탐색함으로써, 실제 설화의 수신자였을 민중은 아기장수를 죽인 '어머니'가 바로 내면화된 지배 질서임을 깨달을 수 있었으리라고 추론했다. 이어 민중언론학의 한 방법론으로서 '설화의 내적 커뮤니케이션 탐구'가 개개인이 스스로 죽였을지도 모를 '내 안의 아기장수'를 살려내는 '치료제'가 될 수 있다고 제안했다. [3]

---

3 이상 10편의 학술논문은 언론인으로 활동하던 2004년부터 써왔지만 2011년 대학으로 옮긴 뒤부터 본격적으로 쓰기 시작해 최근 3년 동안 쓴 논문이 7편이다. 각 논문 뒤에 게재된 학술지를 각주로 밝혔다. 책으로 엮으며 보완하고 싶은 대목도 적지 않았지만, 학술지에 발표된 그대로 싣는 게 옳다고 판단해 논문의 표제와 중간제목만 수정했을 뿐 원문 그대로를 실었다.

* 일러두기

본문 중 출처 표시는 다음과 같습니다.

1. 지은이, 초판 출간 연도, 인용된 쪽수 순 (예: 하버마스, 1962, 293쪽)
2. 자세한 책 이름 등은 맨 뒤쪽 〈참고문헌〉에 기재되어 있습니다.

1장

식민사관의 확대재생산과
한국 언론

☐ 식민사관에 사로잡힌 지식인들

한국 사회에서 '식민사관'은 공공연히 소통될 수 없는 이론으로 평가받아왔다. 식민사관의 핵심 논리인 정체성이나 타율성 이론을 적어도 21세기 한국에서 내놓고 주장할 사람은 없다고 판단하는 것이 상식이었다.[4] 그런데 '최초의 언론인 출신' 국무총리[5] 지명과 사퇴, 그 이후의 전개 과정은 식민사관에 대한 우리의 상식이 얼마나 안일했는가를 성찰케 해주었다. 식민사관의 틀에 갇힌 '지식인'들이 한국 언론과 대학에 광범위하게 포진해 있는 사실이 확연하게 드러났기 때문이다.

언론계와 학계 안팎에서 언론인은 '사초(史草)를 쓰는 현대의 사관(史官)'이라는 말이 회자되어 왔다. '춘추필법'을 주창하는 언론인들도 적지 않았다.[6] 언론계와 사학계에서 두루 활동한 천관우를 조명한 책의 표제는 '우리 시대의 언관 사관'이다(천관우 선생 추모문집간행위원회, 2011). 한국에서 비판언론학을 개척한 이상희가 분석했듯이(이상희, 1993) 조선시대의

---

4   '보수'나 '진보'의 틀로 분류될 수 없는 역사학자 이기백은 그의 저서에서 일찌감치 식민지 사학의 종언을 논의했다. 이기백은 책의 시작을 다음과 같이 시작한다. "현대의 한국사학은 일제의 어용사가들이 이뤄놓은 식민주의적 한국사학과의 투쟁 속에서 성장하였다." (이기백, 『한국사신론』, 일조각, 1978, 1쪽). 이기백은 그 책을 쓸 당시에 "이제 한국사학은 단순히 식민주의적 견해를 비판하는 데 그칠 수는 없다"며 식민사관은 이미 학문적 정당성을 잃었다고 보았다. 다만 "식민사관을 비판하였다"는 "소극적인 태도에 만족하고 있는 한 한국사학에는 오직 퇴보가 있을 뿐"이라고 경계했다(위의 책, 3쪽).

5   박정희가 제3공화국의 초대 총리로 동아일보사 사장 최두선을 임명했기에 최초가 아니라는 반론도 있다. 그런데 최두선 총리는 직접 기자 생활을 한 경험이 전혀 없다는 점에서 적확한 반론은 아니다. 언론인 아닌 언론사 사장을 총리로 임명한 전례는 더 있다. 김대중은 매일경제신문사 회장 장대환을 총리로 임명했지만, 부동산 투기를 비롯해 여러 문제점이 불거지면서 취임하지 못했다.

6   심지어 언론인 출신으로 유신체제에서 청와대 정무비서관을 지낸 최규장도 그렇게 주장한다(최규장, 『언론인의 사계』, 을유문화사, 1998).

언관을 오늘의 언론인과 견주는 논리는 전혀 터무니없다고 볼 수 없다.

문제는 한국 언론의 '주류'를 자임하는 고위 언론인들의 역사의식이다. 총리 지명에서 사퇴까지 중앙일보 주필을 지낸 문창극 – 지명 당시 그는 서울대 언론정보학과 초빙교수였고 그에 앞서 고려대 석좌교수로 저널리즘을 가르쳤다 – 과 같은 사고를 하는 언론인과 학자들의 적극적인 '의사 표명'은 '문창극'이 단순한 개인이 아니라는 사실을 확인시켜주었음은 물론, 그동안 미처 볼 수 없었던 한국 '지식인 사회'의 단면을 단숨에 드러내주었다.[7]

더구나 문창극을 비호한 '원로 사학자' 이인호가 국가 기간방송인 한국방송(KBS) 이사장으로 전격 취임했다. 이인호는 조부의 또렷한 친일 경력이 논란을 빚자 엄연한 사실까지 부정하는 발언을 서슴지 않았다. '문창극'을 둘러싼 언론 안팎의 논의들을 사학계에서 지나쳐서는 안 될 이유가 여기 있다. 한국 언론인들의 식민사관은 단순히 일과성이나 과거사의 문제가 아니기 때문이다.

이 글은 언론이 식민사관을 양적·질적으로 확대재생산함으로써 한국 사회의 오늘은 물론 미래까지 제약하는 심각성을 역사학계와 공유하는 데 목적을 두고 있다.

---

7   총리 후보에 대한 비판여론이 높아가면서 결국 문창극은 인사청문회에 서지 못하고 사퇴했다. 하지만 문창극은 기자회견에서 후보 사퇴를 자기 책임으로 전혀 인식하지 않았다. 그가 "언론의 생명은 진실 보도"라고 주장하며 사퇴하자, 언론인과 학자들의 '문창극 지지 칼럼'이 줄을 이음으로써 '문창극'은 공적 의제로 떠올랐다.

□ "조선 민족이 게을러서 식민지배를 받았다"

문창극은 한국 저널리즘의 '주류'를 상징한다고 보아도 충분할 경력을 쌓았다. '문창극'으로 지식인 사회의 단면도가 드러나기 시작한 것은 2014년 6월 10일 청와대 대변인 민경욱—그 또한 KBS 앵커 출신이다—이 총리 내정자를 발표하면서였다. 대변인은 문창극이 한국신문방송편집인협회 회장과 관훈클럽 총무, 중앙일보 주필을 역임한 "소신 있고 강직한 언론인"이라고 밝혔다. 이어 "냉철한 비판의식과 합리적 대안을 통해 우리 사회 잘못된 관행과 적폐를 바로잡기 위해 노력해온 분"이라며 "뛰어난 통찰력과 추진력을 바탕으로 공직사회 개혁과 비정상의 정상화 등의 국정과제를 제대로 추진해나갈 분"이라고 평가했다.

총리 지명 바로 다음날 중앙일보는 '지인들이 말하는 문창극 후보자' 표제 아래 다음 기사를 내보냈다.

"37년간 신문사 생활을 한 정통파 언론인이다. (…) 문 후보자와 기자 생활을 함께했던 이동관[8] 디지털서울문화예술대학교 총장은 '올곧고 바른 정통 보수주의자이며 흐트러짐 없이 언론인의 외길을 걸어온 분'이라며 '언론계의 권위 있는 자리인 관훈클럽 신영기금 이사장이 된 것도 문 후보자가 언론계의 존망을 얻었기 때문에 가능했던 일'이라고 말했다."(2014년 6월 11일자)

그런데 총리 지명 다음날(6월 11일) KBS는 '9시 뉴스' 머리로 문창극 검

8　동아일보 정치부장과 논설위원을 지낸 그는 이명박 정부가 들어서면서 청와대 홍보수석을 비롯해 '대통령 측근'으로 내내 활동했다.

증 보도를 내보냈다. 그의 강연 가운데 "조선 민족이 게을러서 일제 식민 지배를 받았고 그것은 하나님의 뜻이다", "남북분단도 하나님의 뜻이다", "제주 4 · 3은 공산주의자들의 폭동"이라고 말한 대목이 뉴스를 통해 전파 됐다. 당시 사장이 교체되는 과정에서 권력의 통제력이 상대적으로 약했 던 KBS의 검증 보도에 대해 문창극은 "몇 구절을 따내서 그것만 보도하면 문자적인 사실 보도일 뿐" 진실 보도가 아니라며 자신을 '여론 재판의 희생 자'로 묘사했다. 때마침 문화방송(MBC)이 '황금 시간대'에 '긴급토론'을 편 성해 문창극의 강연 동영상을 43분에 걸쳐 방영했다. 다음날부터 중앙일 보는 물론, 조선일보와 동아일보까지 KBS가 왜곡 보도를 했다면서 문창극 을 비호하기 시작했다. 한국 언론에 수많은 '문창극'이 존재한다는 사실이 드러난 순간이다. 따라서 여기서는 한국 사회의 주요 쟁점으로 부각된 사 건을 연구 대상으로 삼아 구체적으로 다음과 같이 연구문제를 설정했다.

연구문제 1.   KBS는 문창극의 강연 내용을 왜곡했는가?
연구문제 2.   '문창극'으로 드러난 식민사관의 문제점은 무엇인가?

두 연구문제를 천착하는 출발점이자 1차 텍스트는 문창극의 강연과 칼 럼들이다. 특히 강연 동영상의 풀 텍스트를 본 사람의 평가가 크게 엇갈리 기에 텍스트에 대한 엄밀하고 충실한 이해는 두 문제를 풀어가는 연구방 법에 결정적 전제다. 두 문제를 탐구하는 이론적 틀인 '식민주의 역사학' 의 주요 개념을 먼저 정리하고, 그 틀로 문창극의 텍스트(강연과 칼럼)를 분 석했다. 그 과정에서 '문창극식 사고'를 하는 지식인들과 정치세력을 관찰 함으로써 '식민사관'이 양적 · 질적으로 확대재생산되는 기제(mechanism)를 확인할 수 있다.

□ 식민주의 역사관의 본질

① 식민주의 역사학의 이론적 뼈대

언론학계 일각에서 한국 언론을 '보수'와 '진보'로 나누어 그 프레임으로 저널리즘 현상을 분석하는 경향이 이어지면서 대다수 국민도 모든 사안을 정파의 잣대로 보는 문제점이 드러나고 있다. 문창극의 식민사관도 '보수 – 진보'의 프레임으로 바라보는 언론인과 학자들이 있기에 여기서는 '교학사 한국사 교과서'가 포함된 '2014년 고등학교 한국사 교과서 검정심의 위원장'을 맡았던 사학자조차 외면할 수 없는 식민사관의 정의를 전략적으로 선택했다. 하우봉[9]은 한일관계의 역사를 다룬 저서에서 식민사관을 다음과 같이 정리했다(하우봉, 2005).

> "침략과 지배를 합리화하기 위한 이론은 식민사관으로 체계화되었다. 식민사관의 두 지주인 타율성론과 정체성론은 고대 이래의 일본서기적 사관과 근대 이래의 한국관이 합쳐진 것이다. 이전까지의 불합리한 한국관을 집대성한 것이라고도 할 수 있다. 타율성 이론을 주창한 미지나 쇼에이는 그의 『조선사개설』 서문에서 '한국은 몽고족의 주의주의적 · 정복적 지배와 한족의 주지주의적 · 형식적 지배를 벗어나 일본의 주정주의적 · 애호적 지배를 받는 지금이 가장 다행스러운 시기'라고까지 강변하였다. 또 일선동조론을 내세워 1930년대 이래의 민족말살정책('황민화정책'이나 '동화정책')도 조선에게 은혜를 베풀어주는 것으로 여겼다. 정체성론에 의하면 식민지 시혜론은 당연히 나오게 된다. 일본에서

---

9   하우봉(전북대, 사학)은 2009년 당시 국정 쇄신을 요구하는 교수들의 시국선언을 비판하는 서명에 나선 '대한민국의 미래를 생각하는 교수들' 128명 가운데 하나다.

황국사관이라고 부르는 식민사관은 자기도취적 역사 해석일 뿐이지만 일제 강점기 동안 체계적으로 주입되어 한국에 대해 일본인들이 가지는 인식의 바탕이 되었다."

요컨대 식민사관의 이론적 핵심은 사회 발전이 정체되어 있었다는 '정체성론'과 자주적 발전은 불가능했기에 외부 '도움'이 필요했다는 '타율성론'이다. 1880년대 '탈아입구론'을 정립한 일본은 자국에게 불평등 조약을 강요했던 제국주의 열강을 모방해 '아시아의 유럽 국가'로 행세하며, 정체된 이웃나라 – 문창극의 표현을 빌리면 '500년 허송세월'한 조선 – 를 침략했다.

정체성과 타율성을 핵심으로 한 식민사관에 대한 역사학계의 비판은 "한국사의 연구 역량과 연구 수준이 높아지면서" 내재적 발전론을 비롯한 풍부한 연구들로 이어졌다(박준형, 2014, 12~13쪽). 그럼에도 안병직과 이영훈을 비롯해 경제사를 연구한 식민지 근대화론자들은 자신의 논리를 정당화하기 위하여 끊임없이 식민지 이전의 조선사회를 정체된 것으로 서술해왔다(주진오, 2008, 298쪽). 하지만 이들 '19세기 위기론'자들이 전개한 논리도 그들이 근거로 제시한 자료가 극히 부분적이기에 서로 모순되는 '실증'적 분석이 나타나고 있으며, 무엇보다 서유럽의 역사적 경험을 보편화해서 조선사회에 적용하려는 근본적 한계를 노정하고 있어 역사학계의 비판을 받고 있다(배항섭, 2012).

② 문창극 강연과 역사의식 분석

– 문창극의 식민사관

문창극의 식민사관은 동영상 강연문[10]에 또렷하게 나타난다. 그는 "조선사람들은 불결과 빈곤으로 자기 생애를 보내야 하는 끔찍한 거처에서 살고" 그들의 "피부는 때로 덮여 있었다"거나 "살림 도구는 서툴게 진흙으로 빚어졌는데 상상할 수 없이 조잡했다"는 독일 선교사의 말을 인용했다. 이어 문제적 발언이 나오기 시작한다.

"하나님의 뜻이 있는 것이다. '너희들은 이조 500년 허송세월을 보낸 민족이다. 너희들은 시련이 필요하다. 너희들은 고난이 필요하다' 해서 하나님이 고난을 주신 거라고 생각한다. 조선 민족의 상징은 아까 말씀드렸지만 게으른 거였다. 그러한 게으른 것을 깨자고 한 것이 그때 들어온 기독교였다."

이어 당시 조선 유학생들이 "과학을 안 하고 사회학, 정치학 등 혓바닥을 놀리는 학문"에만 몰입했다면서 윤치호가 이를 꾸짖는 편지를 썼다고 소개한다. "조선 유학생들은 일하기 싫어한다. 그리고 앉아서 순 말로만 하는 것을 좋아한다. 게으르고 자립심이 부족하고 남한테 신세 지고, 이게 우리 민족의 DNA로 남아 있다. 조선 사람들은 공산주의가 딱 맞는다. 공산주의가 사람들로 하여금 열심히 일하기보다는 남의 노고에 얹혀살기를 조장한다."[11]

---

10 문창극 강연을 과학적으로 분석하려면, 먼저 동영상을 정확하게 문장화할 필요가 있다. "기회의 나라를 만들어 주십시오" 제하의 동영상 강연을 모두 옮기면 원고지 90매에 이른다. 따라서 전문을 싣는 것은 부적절하고 그럴 필요도 없다. 동영상은 중앙일보를 비롯한 인터넷사이트에서 누구나 찾아볼 수 있다.

11 문창극의 천박한 역사의식은 다음 대목에서도 여실히 드러난다. "공산주의도 자기가 일하는 겁니까. 자기가 일 안 하려는 것이다. 정부가 세금을 걷어서 나는 어떻게 해서든 놀자고 하는 것이 공산주의 아닌가. (…) (윤치호는) 조선의 과거 조상들의 피에는 오히려 공산주의가 맞는다고 얘기했다. 조금만 먹고살 만한 사람들에게 달라붙는 친인척들. 조선은 옛날부터 공산주의를 해왔다. 조선 버전의 볼셰비즘은 강도짓을 무산자의 영광으로 보기 때문이다."

문창극은 "그러니까 우리나라 이조 말기의 우리 민족들의 피에는 공짜로 놀고먹는 게 아주 그냥 몸에 박혀 있었다는 것이다. 하여튼 이런 나라였다. 게으르고 일하기 싫어하고. 그런데 그런 나라에 선교사들이 와서 변화를 주신 것"이라고 거듭 강조한다. 그뿐이 아니다. 해방 뒤에도 "(하나님이)너희들은 불쌍해서 독립은 시켜줬지만 앞으로도 너희들은 더 고난의 길을 갈 수밖에 없다, 아직도 너희들의 게으름과 죄는 깨끗하게 되지 않는 것이다. (그래서) 분단을 시킨 것"이라고 주장하고, 심지어 "6·25까지 주셨다"고 강조했다. 문창극은 "미군이 없는 한국을 생각해보신 적 있습니까"라고 묻고 곧바로 "미군이 없는 한국"은 "중국의 속국이 될 수밖에 없다"고 단언한다. 그는 6·25를 "미국을 붙잡기 위해서 하나님께서 주신 것"이라고 역설했다.

'경제성장'을 보는 시각에도 타율성은 관철된다. 경제발전을 "우리 힘으로 했습니까?" 물은 뒤 "(우리가 열심히 일했지만) 그 일 해서 상품을 만들어서 그게 다 어디로 갔습니까. 그 당시 신발, 앨범, 흑백TV 이런 거 다 우리가 만들지 않았습니까. 그거 다 어디서 사줬죠? 모두 미국에서 사줬습니다. 우리 경제개발의 뿌리는 미국에서 사줬기 때문입니다. 우리 경제개발도 사실 미국의 덕이 굉장히 컸습니다"고 말한다. 이어 1960년부터 70년대에 걸친 공업화를 했던 "가장 큰 힘이 일본의 기술력이었다. 일본이 우리보다 먼저 기술을 다하고 우리보다 앞장섰다. 그러니까 우리는 일본만 따라가면 되는 것이었다. 박정희나 삼성이나 현대자동차나 모두 일본을 따라서 이만큼 컸다"고 주장했다.

– 문창극의 역사의식 분석

문창극의 장황한 강연을 최대한 줄여 굳이 '텍스트'로 제시한 이유는 그 강연에 언론으로부터 '원로 사학자'로 불리는 이인호를 비롯해 "감동받았다"

는 지식인들이 대거 나타났기 때문이다. 이인호는 TV조선에 출연(6월 19일)해 문창극이 "태도, 눈빛, 강연을 준비한 정도에서 나라를 사랑하고 민족을 사랑하는 사람이라는 인상을 받았다"며 '애국자'로 규정했다. 이어 "강연 전체를 놓고 봤을 때 문 후보자를 반민족주의자라고 하는 사람들은 제정신이 아닌 사람들"이라고 단언했다.

문창극 동영상 강연을 KBS가 왜곡했다는 주장은 중앙일보 기사와 칼럼, 사설에서 반복해서 강조되었다. "KBS, 강연 70분→2분 거두절미 왜곡" 제하의 기사(2014년 6월 25일자)는 70여 분 분량의 강연 동영상이 KBS의 편집을 거쳐 2분짜리 리포트로 방송됐다면서 "발언의 맥락을 보면 문 후보자가 비판하는 대상은 우리 민족이 아닌 지배층의 수탈에 맞춰져 있다"고 주장했다. 이어 '상무급 대기자' 김진국은 KBS의 보도를 '오보'로 단정했다. 그는 '오보를 인정하는 것이 용기다' 제하의 칼럼에서 문창극이 "조선 민족이 게으르다고 한 게 아니다"라며 "아전들이 착취하니 일할 의욕을 잃은 것이다. 게으른 줄 알았는데 연해주에 가보니 다른 민족보다 더 부지런하더라. 문제는 위정자다"라고 말했다고 주장한다. 이어 "'부분적인 진실'이나 '관점과 해석의 부각' '의도적인 왜곡'도 중요한 오보"라고 강조했다. 비슷한 논리는 동아일보 주필, 논설실장, 논설위원의 칼럼에서도 반복되어 나타났다.

물론, 문창극은 "원시인 같은 삶을 사는 조선인과 달리 연해주의 조선인들은 러시아 사람들보다 훨씬 더 잘 살고 훨씬 더 깨끗하게 살고 있었다. 나라가 잘못되어서 이런 것이다. 백성이 뭘 얻기만 하면 곤장을 쳐서 빼앗아버리는 나라에 있었기에 그렇게 된 것"이라는 말은 한다. 그러나 그 대목에 한정해 문창극이 조선 민족의 게으름을 주장한 게 아니라 부정했다고 주장한다면, 바로 그것이야말로 '부분적 진실'이자 '의도적 왜곡'이다. 문창극은 강연 내내 '조선 민족의 게으름'을 여러 차례 반복했고, 윤치호 일기를 인용하면서도 그를 비판하는 말은 전혀 덧붙이지 않았다. 연해주 조선인의 사례를 들어 문창극 강연의 진실을 KBS가 왜곡했다고 주장하는 사람들이 특히 유의할 대목은 다음이다.

"북간도 명동이라는 곳이 있었고 거기 일백 몇 명이 처음 가서 정착했는데 (…) 당시 북간도에서 우리나라 사람들이 얼마나 깨끗하고 열심히 살았는지 감명스러웠다. 이렇게 게으른 나라의 피를 타고났는데 선교사님들, 김약연 목사님이 가족을 5가구 120명을 끌고 가서 명동교회, 명동학교, 명동유년주일학교, 명신여학교를 만들고 (…) 이가 득실거리고 냄새가 나던 조선이었는데 얼마나 깨끗해졌는지 모른다."

결국 "우리가 게으른 가운데 기독교로 개종을 하고 우리가 하나님 뜻에 맞게 살기로 작정하고 난 다음에 이렇게 달라진 것"이라며 재차 강조한다.

"그러니까 우리나라 이조 말기의 우리 민족들의 피에는 공짜로 놀고먹는 게 아주 그냥 몸에 박혀 있었다는 것이다. 하여튼 이런 나라였다. 게으르고 일하기 싫어하고. 그런데 그런 나라에 선교사들이 와서 변화를 주신 것이다."

요컨대 "게으른 나라의 피를 타고난" 조선 민족이 "공짜로 놀고먹는 게 아주 그냥 몸에 박혀 있었"지만, 선교사가 오고 그 덕분에 달라졌다는 주장이 강연의 핵심 주제이자 일관된 '논리'다. 바로 그것이 식민사관의 핵심 이론인 정체성론과 타율성론이다. "이조 500년 허송세월"하고 (정체성) "공짜로 놀고먹는 게 아주 그냥 몸에 박혀" 있던 나라에 "선교사들이 와서 변화를 주신 것"(타율성)이다. 정체되어 있던 나라와 민족이 외국 영향으로 각성했다는 논리가 강연 전반에 관철되고 있다.

　하지만 식민사관에 젖은 지식인들이 제 민족을 불신하며 외세에 의존하거나 그들의 '개입'을 기다리고 있을 때, 이 나라의 민중은 주체적 실천에 나섰다. 문창극이 인용한 윤치호가 우리 민족이 자립심이 없다고 단언할 때[12], 이 땅의 민중은 갑오농민전쟁에 이어 의병전쟁을 일으켜 수십만 명이 목숨을 잃을 만큼 자주적인 역사 발전에 최선을 다했다. 숱한 '윤치호'들이 민중을 멸시하고 억압하며 외세에 가담했을 때도, 3 · 1운동으로 석 달 동안만 7000여 명이 숨졌고, 그 뒤에도 6 · 10만세운동과 광주학생운동이 상징하듯이 청장년들이 국내는 물론 국외에서 독립운동에 뛰어들어 일제와 줄기차게 싸웠다. 민중이 주체적 결단으로 역사에 참여하고 있을 때, '지식인'들은 민중이 게으르고 공짜만 좋아한다고 '훈계'하다가 친일의 길로 걸어갔다. 일본이 기록한 통계만 보더라도 1907년에서 1909년까지 무장투쟁에 나선 의병은 14만 명에 이르며 일본군과 국내 교전 횟수도 2700차례에 달한다(이기백, 1978, 375쪽).

　지금까지 식민주의 사학이론의 핵심 개념을 짚고 '문창극 동영상'을 분석해보았듯이, 강연의 뼈대는 명백한 식민사관이다. 문제는 식민사관이 확연한 그의 동영상을 옹호하거나 찬양하는 '지식인'들이 한둘이 아니라는 데 있다.

12　윤치호는 "조선이 지금의 야만적 상태에 머무느니 차라리 문명국의 식민지가 되는 게 낫겠다"(1890년 5월 18일 일기)며, "만약 내가 마음대로 내 고국을 선택할 수 있다면, 나는 일본을 선택할 것이다. 오, 축복받은 일본이여! 동방의 낙원이여!"(1893년 11월 1일 일기)라고 토로한다. 조선의 명문에서 태어난 윤치호는 약육강식의 국제사회에서 조선이 살아남을 수 있는 길은 일본에 의존할 수밖에 없다고 믿은 '확신범'이었다(윤치호, 김상태 엮음, 『윤치호 일기: 1916－1943』, 역사비평사, 2001).

☐ 그들은 어떻게 '주류'가 되었나?

① 식민사관의 양적 확대재생산

'문창극'식 사고를 하는 지식인들은 줄을 이어 나왔다. 문창극을 지지하는 각계인사 482명의 성명서가 대표적 보기다. 대학 총장과 '원로 언론학자'를 비롯해 교수들도 60여 명이나 서명한 성명서는 다음날 중앙일보에 크게 실렸다(2014년 6월 23일자). 성명서는 "왜곡 보도와 마녀사냥식 인격살인이 진행되는 것을 보면서 분노와 개탄을 금할 수 없다"며 "KBS라는 공영방송의 왜곡 보도에 입각해서 우리 사회가 중요한 사안을 잘못 결정하는 일이 있어서는 절대 안 되며 또 KBS의 왜곡 보도도 절대로 그냥 넘어가서는 안 된다"고 강조했다.

이인호와 사회 각계 인사들의 주장을 TV조선과 중앙일보가 적극 담아낸 것은 이른바 '유명인'들의 '마케팅 효과'를 노린 여론전의 성격을 지닌다. 유명인들은 비단 특정 사안의 지지를 넘어 관련된 사고에까지 영향을 끼칠 수 있기 때문이다(안차수, 2014, 212쪽). 그들의 사회적 발언과 정치 참여는 '호감'을 더 높이고 의견을 같이하는 동질감을 불러일으킨다. '유명인'들의 '마케팅 여론전'은 권력이 개입하는 계기를 마련해주었다. 방송통신심의위원회(방심위)는 KBS의 문창극 총리지명자 검증 보도를 제재하고 나섰다.[13] 방심위 위원장 박효종 또한 서울대 명예교수로 5·16 쿠데타를 '혁명'으로 미화하고 뉴라이트 계열 학자들이 주축인 '교과서포럼'의 대표를 맡았으며, 박근혜 대선캠프 정치쇄신 특별위원, 대통령직 인수위 정무분과 간사를 맡았다. 굳이 사회 각계 인사에 이름 올릴 필요도 없이, 중앙

13　방송통신심의위원회는 2014년 9월 4일 전체회의를 열고 "일제 식민지배는 하나님의 뜻"이라는 문창극 전 후보자 교회 강연을 보도한 KBS '뉴스9'에 대해 방송심의에 관한 규정 9조(공정성) 1항과 2항, 14조(객관성) 위반을 적용해 행정지도인 '권고'를 의결했다..

일보는 물론 조선일보와 동아일보도 문창극 강연을 KBS가 왜곡했다면서 사설과 사내외 칼럼들을 연일 쏟아냈다. 몇몇 언론학자들 또한 칼럼으로 '대열'에 합류했다. 언론계와 학계 '지식인'들이 문창극의 식민사관을 적극 옹호하는 양상은 그동안 그들에 의해 식민사관의 확대재생산이 음으로 양으로 이뤄져 왔다는 추정을 가능케 해주었다.

② 식민사관의 질적 확대재생산

식민사관은 단순히 과거의 문제도 양적 확대재생산의 문제도 아니다. 식민사관을 의식적이든 무의식적이든 체화한 한국 언론은 우리가 현실을 바라보거나 내일을 열어가는 데도 짙은 그림자를 드리우고 있다. 역사관은 당대의 세계관을 함축한 것이기에, 사회 모든 영역에 결정적 영향을 끼친다(이주한, 2013, 28쪽). 바로 그 점에서 문창극의 신문 칼럼을 분석해볼 필요가 있다. 문창극 칼럼은 식민사관의 연장선에서 어떤 저널리즘이 구현될 수 있는가를 보여주는 사례. 그와 역사의식을 '공유'한 언론인들이 한국 저널리즘의 주류로 지금도 활동하고 있기에 문제는 더 심각하다. 식민사관의 두 이론인 정체성론과 타율성론에 따르면, 한국인(조선 민족)은 '게으르고 퇴보적이고 심지어 공짜를 좋아하는 무리'에 지나지 않는다. 문창극의 강연 가운데 '공짜'를 좋아하는 '게으름'과 '선교사들의 변화'라는 외적 요인에 대한 강조는 단순히 일제 강점기만이 아니라 2010년대에도 나타난다. 역사를 어떻게 바라보느냐는 역사의식의 문제는 그 역사의 현재인 오늘을 바라보는 사회의식과 이어져 있다. 이 또한 두 범주로 나누어 짚어볼 수 있다.

첫째, '공짜'를 좋아하는 '게으름'과 관련된 식민사관이다. 문창극은 그가 서울대 언론정보학과에서 강의할 때 '수업 자료'로 나눠준[14] '공짜 점심은 싫다' 제하의 중앙일보 기명칼럼(2010년 3월 30일자)에서 다음과 같이 주장한다. "무료 급식은 사회주의적 발상이라고 단도직입적으로 말하고 싶다. (…) 말이 좋아 포괄적 복지이지 돈이 하늘에서 떨어지지 않는다. 다른 한편 무료 급식은 배급 장면을 연상케 한다. 좀 심하게 비유하자면 우리 아이들이 공짜 점심을 먹기 위해 식판을 들고 줄을 서 있는 것과, 식량 배급을 타기 위해 줄을 서 있는 북한 주민이 그 내용 면에서는 다르지 않을 수 있다는 얘기다." 무상급식이 쟁점으로 떠오른 2010 지방선거 국면에서 쓴 칼럼이다.[15] 학교 무상급식을 놓고 '공짜 점심을 먹기 위해 식판을 들고 줄을 서 있는 것'과 '식량 배급을 타기 위해 줄을 서 있는 북한 주민'이 "다르지 않을 수 있다"라는 그의 시각은 식민사관의 연장선에 있다.

문창극은 "의식주를 포함해 모든 것을 국가가 책임지는 것을 당연하게 여길 때 독립적인 개인은 사라지고 의타적인 인간만이 넘치게 된다. 이에 비례해 국가의 간섭은 심해진다. 개인의 자유와 존엄은 시혜를 베푸는 국가에 반납할 수밖에 없다. 우리도 북한처럼 나라에서 먹여주고 입혀주는 대로 살 것인가." 물은 뒤 "그렇게 만들어진 국가 의존형 인간들이 개인의 자유와 존엄을 지켜낼 수 있을까? 그런 사회에서 민주주의는 가능할까? 결국 전체주의, 공산주의형 인간을 만들어내지는 않을까?" 물음표를 던진다. 그런데 "개인의 자유와 존엄을 지켜" 내려고 많은 사람들이 희생하며 군부독재와 맞서 싸울 때, 정작 문창극은 군부독재 체제를 노상 찬양했

---

14 고은지, 「문창극 총리 후보 수업받았던 서울대생들 평가는」, 연합뉴스, 2014년 6월 11일.

15 당시 서울대 학생 커뮤니티(스누라이프)에는 언론정보학과 전공 선택과목 '저널리즘의 이해'를 수강 중이라고 밝힌 학생이 "무상급식과 관련해 작성한 '문창극 칼럼'이 사회적·정치적으로 논란의 여지가 있는데도 수업시간 자료로 썼다며 불만을 토로"한 글이 올라왔다. 서울대 학생들이 만든 강의평가 사이트인 '스누이브'(SNUEV)에서 문창극 강의를 들었던 학생 중 평가에 참여한 10명은 10점 만점에 평균 3.0점을 줬다. 난이도는 매우 쉬운 수준인 1.2점이다. 문창극은 2010년 봄학기 '저널리즘의 이해'를 가르쳤고, 2014년에는 초빙교수로 임명돼 '언론사상사'를 강의했다(고은지, 위 기사).

던 신문사의 기자로 내내 활동한 반면, 무상급식을 비롯한 보편적 복지 운동에 나선 사람들이야말로 독재에 맞서 개인의 자유와 존엄을 지켜내려고 안간힘을 썼다. 문창극의 '국가 의존형 인간'이나 '민주주의' 주장이 전혀 신뢰를 주지 못하는 이유다.

문창극은 심지어 "부패보다 무서운 병" 제하의 칼럼(2011년 6월 28일자)에서 "(복지는) 부패보다 더 무서운 것이다. 바로 '공짜 병'이다. 사회복지병이다. 이 병에 걸리면 사람들은 노력한 것보다 더 큰 대가를 바라고, 심해지면 일할 필요조차 느끼지 않는다. 모든 걸 국가가 대신해주겠다는데 누가 일하려 하겠는가. 기생(寄生)을 당연한 것으로 여길 것"이라고 매도한다. 유럽의 많은 나라에서 보편화된 복지에 견주면 참으로 미미한 수준의 복지를 바라는 여론에 대해 문창극은 "지금 분위기는 부자들은 당연히 더 내야 하고, 가난한 사람들은 받을 권리가 있다고 부채질하고 있다. 이런 분위기라면 한쪽에게는 자기의 정당한 몫을 빼앗긴다는 박탈감만 주고, 다른 쪽에게는 타인의 노력에 의존해 살아가는 것을 부끄럽게 여기지 않는 뻔뻔함만을 키워준다"고 주장한다('그들 손에 맡기지 말라', 2011년 1월 25일자).

자기성찰을 전혀 찾을 수 없는 문창극의 '공짜 인간' 비판은 그의 저널리즘을 관통한다. 가령 "복지라는 이름으로 국가에 의탁하는 병든 인간을 만들기 바쁘다. 내 책임보다 남의 탓으로 돌리기에 급급했다. 이런 병든 문화는 사회 곳곳에 퍼져 있다"는 '선동'을 서슴지 않는다('병든 문화, 시드는 나라', 2006년 9월 5일자). 식민사관에 나타난 주체적 국민에 대한 외면과 무시가 관철되고 있다.[16] 더 놀라운 것은 부익부 빈익빈의 신자유주의 체제에

---

16 그 시각으로 세상을 보기에 문창극은 서울 용산의 철거민 참사 앞에서도 과잉진압을 지시한 김석기 서울경찰청장을 적극 옹호할 수 있었다. '김석기를 살려야 한다' 제하의 칼럼(2009년 2월 3일자)은 "경찰청장에게 책임을 묻는다면 두고두고 이 나라에 악영향을 미

서 고통받는 사람들 앞에 내놓은 '해법'이다. '가난에 대하여' 제하의 문창극 칼럼(2006년 2월 21일자)은 "상대적 빈곤감은 정부가 나서서 분배에 앞장선다고 해결되지 않는다. 그것은 마음의 문제"라고 쓴다.

문창극은 친일을 비롯한 과거사 청산 움직임이 벌어질 때도 "과거청산이라는 말을 들은 지 벌써 십수 년이 지났다. 그런데 이제는 60년 전의 친일을 청산하자고 나서고 있다. 친일을 용납하자는 말이 아니다. 이러한 과거 허물기가 우리의 미래와 무슨 연관을 가지고 있느냐를 돌아보자는 것이다. 과거청산이 좋은 틀을 짜는 데 어떤 도움을 줄 것인가를 의식하며 해야 한다"고 주장했다(문창극, 2008, 200쪽). 친일세력 후손들이 감동할 만한 주장이다. 하지만 식민사관의 틀에 갇힌 그의 언론 활동은 왜 과거청산이 절실한가를 웅변해준다.

둘째, '선교사들의 변화'라는 외적 요인 강조에 담긴 식민사관이다. 타율성 이론에서 확인할 수 있듯이 식민사관은 우리 내부의 주체적 발전 가능성을 외면한다. 문창극은 기독교가 조선 민중을 각성시켰다고 확신하지만, 그가 모르는 진실이 있다. 첫째, 일제 강점기에 헐버트, 스코필드 같은 소수의 선교사를 제외한 대다수는 정교분리를 명분으로 교인들의 독립운동 참여를 막았다. 더러는 "문화우월주의에 빠져 우리 민족을 하대"했다.[17] 둘째, 기층 민중에 근거를 둔 독립운동이 여전히 수그러들지 않던 일제 말기에 대다수 기독교 지도자들은 '친일'의 길을 선택했다.[18]

치게 될 것"이라며 "앞으로 경찰청장의 목은 데모대가 쥐게 되는 상황이 벌어질 것이기 때문"이라고 주장했다.

17 따라서 문창극처럼 기독교 선교사들의 보고서나 여행기를 무비판적으로 이용하면 그릇된 역사의식을 갖게 되기 십상이다(김승태, 2014, 34~41쪽).

18 과거사 진상 규명 작업이 벌어지면서 기독교는 친일 행위에 대해 사과하고 나섰다. 2006년 1월 기독교대한복음교회가 교단의 친일 행적을 사죄한 데 이어 2007년 3월에는 기독교대한성결교회 총회가 신사참배 행위에 죄책고백 선언문을 발표했다. 그해 9월에는 한

문창극의 저널리즘에서 '타율성'은 그의 언행 곳곳에서 드러난다. "미군이 없는 한국"은 "중국의 속국이 될 수밖에 없다"거나 "한국의 경제발전도 미국과 일본 덕"이라고 단언한 그는 일본의 독도 도발 앞에서도 "미국을 매개로 한 전통적인 한·미·일 안보구도"의 붕괴를 걱정한다. '독도의 숨은 그림' 제하의 칼럼(2005년 4월 5일자)에서 문창극은 일본의 '독도 도발'에 강경 대응하는 노무현 정부의 의도를 의심하며 "결국은 일본의 과거사를 언덕 삼아 중국, 북한, 한국이 같은 라인에 서는 것은 아닌가. 이것이 숨은 그림이 아닐까"라고 해괴한 색깔 공세를 편다.

쟁점으로 부각된 문창극의 '위안부 발언'은 그 논리의 연장선에 있다. 노무현 정부가 3·1절을 맞아 일본에 배상 문제를 언급하자 '나라 위신을 지켜라' 제하의 칼럼(2005년 3월 8일자)에서 문창극은 "(이미) 40년 전 배상 문제가 마무리됐다"며 "억울한 점이 비록 남아 있더라도 살 만해진 우리가 위안부, 징용자 문제를 우리 힘으로 해결하자"고 주장했다. 다음 칼럼인 '독도에서 미국을 본다'(2005년 3월 22일자)에선 "과거 보상 문제는 아무리 인류 보편적 가치를 내세워도 협정을 무시하고 떼를 쓰는 꼴"로 비친다고 주장했다.

식민사관의 역사의식이 저널리스트의 사회의식과 곧장 이어져 있음을 확인할 수 있다. 문창극의 언론 행위를 중심으로 분석했지만, 같은 논리가 한국 주류 언론사들의 편집에 관철되고 있다. 결국 언론을 통해 식민사관은 복지정책에 대한 반대는 물론, 경제성장조차도 외세 때문에 가능했다는 논리로 확대재생산되고 있음을 확인할 수 있다.

국기독교장로회가 총회에서 신사참배 행위를 사과했다. 2009년 예장 합동과 통합, 기장, 합신 등 4개 장로교단은 교단 분열 60년 만에 처음으로 연합예배를 하며 신사참배 참회 기도를 했다(정운현, 2011).

☐ '타율성'이라는 틀을 넘어서자

문창극은 언론인이자 서울대·고려대에서 초빙·석좌교수로 저널리즘을 강의한 '정치학 박사'다. 그는 총리로 지명된 직후 "나라의 기본을 다시 만드는 일"에 나서겠다고 밝혔다. 신문방송편집인 회장과 관훈클럽 총무를 지낸 그의 동영상 강연에 숱한 '고위 언론인들'이 지지 사설과 칼럼을 쓰고 언론학자들을 비롯한 각계 인사들이 옹호하고 나섬으로써 '문창극'이 단순한 개인이 아니라는 사실이 확인됐다.

문창극의 총리 지명에서 사퇴까지 일어난 언론 안팎의 논의들을 분석한 결과는 명확하다. 먼저 'KBS는 문창극 강연을 왜곡했는가?'(연구문제 1)에 대해 우리는 강연을 엄밀하게 분석함으로써 식민사관이 일관된 논리로 관철된 사실을 확인할 수 있었다. 따라서 '메인 뉴스' 시간에 KBS가 검증보도에 나서며 가장 문제가 되는 대목을 부각한 보도는 '왜곡'이 아니다.[19] 식민사관에 젖은 역사의식이 그 부분에 압축되어 있기 때문이다. 숱한 '문창극'의 글에서 드러난 한국 언론의 일차적 문제점은 식민사관에 대한 무지 또는 몰이해라고 규정할 수 있다(연구문제 2). 더구나 식민사관의 역사의식이 오늘의 사회 현실을 바라보는 프레임까지 결정하면서 질적으로 확대 재생산되고 있음을 발견할 수 있었다.

한국 언론이 식민사관의 정체성론과 타율성론을 양적·질적으로 확대 재생산하는 상황은 가볍게 볼 문제가 결코 아니다. 이를 넘어서기 위해 두 가지를 제언한다.

---

19 더구나 KBS는 문창극 검증방송에 앞서 "반론 기회를 주기 위해 중견 기자를 24시간 붙여 문 후보자로부터 이런 취지의 보도를 하니 반론을 하라고 여러 차례 요청"했지만 "문 후보자 본인이 접촉을 거부하고 청문회 때 보자는 식의 성의 없는 대응을 했다"고 밝혔다 (KBS 기자협회장 김철민 기자 인터뷰, 미디어오늘, 2014년 6월 25일자).

첫째, 역사학계가 식민사관이 언론을 '고리'로 확대재생산되는 사실에 경각심과 함께 대응책을 찾아야 한다. 여기서 문제의 핵심은 식민사관을 양적·질적으로 확대재생산하는 조선·동아·중앙의 사주들이 모두 친일파의 후손이라는 사실이다. 방응모, 김성수, 홍진기의 친일 행위는 증거가 또렷하다. 독자의 신뢰를 받아야 할 신문기업의 성격상 자신들의 친일을 은폐하려는 의도가 강할 수밖에 없기에 그들은 친일의 과거를 한사코 인정하지 않으면서 국가적 차원의 진상 규명조차 '종북'으로 '마녀사냥' 해왔다. 친일파 후손으로 서울대에서 후학을 가르쳐온 이인호가 '국정자문위원'으로 청와대에서 대통령 — 그 또한 아버지 박정희의 친일 행위에서 자유롭지 않다 — 을 만날 때 '역사전쟁'을 들먹이고, 박근혜 대통령이 그를 KBS 이사장에 임명한 것은 식민사관의 양적·질적 확대재생산에 권력의 이해관계가 깔려 있다는 추정을 가능케 한다. 더구나 전국경제인연합회가 '우리 역사 바로 보기—진짜 대한민국을 말하다' 강연을 기획하고 이인호를 강사로 초청한 모습에선 식민사관의 확대재생산에 자본의 이해관계도 놓여 있다고 추정할 수 있다. 요컨대 식민사관의 양적·질적 확대재생산에서 우리는 정치·경제 권력과 언론·대학이라는 '지식권력'[20]이 기득권을 유지하고 강화하는 기제를 발견할 수 있다.

이인호 KBS 이사장이 조부의 친일 행적에 비판이 일자 '친일파 청산은 소련의 지시'라고 둘러대는 언행은 '친일 언론'의 '색깔 공세'와 닮은꼴이다. 여론시장을 독과점한 언론의 비호를 받음으로써 자신들의 명백한 잘못조차 인정하기를 완강히 거부하는 그들의 인색함은 오늘날 대한민국 지배체제에 '소통 부재'로 이어지고 있다. 역사학계가 '식민사관의 확대재생산' 현상을 공론화하는 데 적극 나서야 할 이유가 여기에 있다. 언론운동 현

---

20   한국 대학은 권력과 자본과 삼각동맹을 형성하는 경향성을 보이고 있다(손석춘, 2014).

업인 3단체(전국언론노동조합, 한국기자협회, 한국방송프로듀서연합회) 또는 언론시민운동단체들과 다각적으로 접촉해 식민사관의 확대재생산을 저지하는 실천적 참여가 필요하다.

둘째, 역사학계 내부의 '학문적 실천'으로서 뉴라이트와 식민사관에 대해 지금보다 더 적극 대처해나가야 한다.[21] 문창극 문제는 '보수'와 '진보'로 나누어 시각 차이로 해석하거나 '정파주의'의 틀로 분석할 사안이 아니기에 더 그렇다. 명백한 식민사관의 문제인데도 침묵하거나 양비론을 펴고, 심지어 문창극을 옹호하는 '고위직 학자'들이 엄존하고 있다. 그들과의 학문적 대화는 의미 없다고 모르쇠하거나 가볍게 볼 때, 정치·경제 권력과 언론·대학이라는 '지식권력'은 긴밀한 연계를 통해 식민사관을 확대재생산해나갈 게 분명하다. 이인호 이전에 이미 박근혜 정부 들어 주요 지식생산과 언론 관련 기관에 뉴라이트 인사들이 포진해왔다. 1년 새 한국학중앙연구원장, 국사편찬위원장, 한국학대학원장, 방송통신심의위원장에 이른바 '뉴라이트' 인사가 임명됐다.

무릇 학계와 언론계는 진실을 추구한다는 점에서 가치를 공유한다. 역사학계가 주체적으로 저널리즘 문제를 제기해야 할 이유다. 더구나 한국 언론이 모델로 삼고 있는 미국 언론계조차 강조하듯이, 저널리즘의 목적은 식민사관의 전제와 정반대로, 한 사회의 구성원들 스스로 '자기 통치'를 구현하는 데 있다(Bill Kovach & Tom Rosenstiel, 2001). 한국 사회에 숨어 있던 식민사관의 문제가 전면으로 드러난 지금 언론계와 학계의 적극적 관심과

---

21 물론, 『역사비평』은 83호(2008)에서 '교과서포럼의 대안교과서 어떻게 볼 것인가'를, 101호(2012)에서는 '19세기 위기론과 조선사회'를, 105호(2013)에서는 '거꾸로 가는 교학사 한국사 교과서'를 특집으로 기획해 대응했다. 하지만 '식민사관 부활 프로젝트'가 차근차근 진행되고 있는 현실에 비춰보면 『역사비평』의 기획이 충분하다고 볼 수는 없다. 학계 전반으로 범위를 확대하면 더욱 그렇다.

토론이 절실하다. 한국 언론의 '주류'가 식민사관에 젖어 있는 현실을 대수롭지 않은 현상으로 넘긴다면, 대한민국의 오늘은 물론, 분단의 미래도 타율성의 틀에서 벗어나기 힘들 수밖에 없다.[22]

---

22 이 글은 제목 그대로 『역사비평』 겨울호(2014년 12월)에 실렸다.

2장

정보혁명 시대의 언론 위기와 극복 방안

□ "신뢰하는 언론사가 없다"

정보통신 기술의 발전으로 새로운 미디어들이 줄이어 쏟아지면서, 미디어 혁명 또는 미디어 빅뱅(Big Bang)이란 말이 자연스레 나오고 있다. 혁명이든 빅뱅이든 분명한 것은 미디어가 폭증하고 있다는 사실이다. 새롭게 나타난 미디어들은 신문과 방송을 중심으로 한 기존의 미디어 체계를 뒤흔들고 있다. 2000년부터 본격화한 인터넷 신문만이 아니다. 휴대전화로 방송을 보고 TV로 인터넷이 가능한 커뮤니케이션 기술의 발전으로 기존의 미디어 구분 자체가 무의미해지고 있다. 인터넷 포털 사이트와 블로그는 이미 하나의 미디어로 자리 잡았다. 신문, 방송, 통신, 인터넷 미디어들 사이에 융합도 가속화하고 있다.[23] 이동 중에도 방송을 볼 수 있는 DMB(디지털 멀티미디어 방송)와 인터넷 방송인 IPTV는 새로운 미디어 환경을 예고한다.

미디어가 늘어남으로써 수용자들이 선택할 수 있는 미디어는 과거에 상상도 못 했을 만큼 다양해졌다. 적어도 현상적으로 본다면, 미디어 폭증으로 수용자 복지(audience welfare)는 크게 향상되었다고 판단할 수 있다. 특히 인터넷 미디어의 등장으로 인한 쌍방향성 같은 긍정적 측면을 평가하는 데 인색할 필요는 전혀 없다.

하지만 미디어가 폭증하는 가운데, 민주주의 사회에서 공공성을 담보하는 저널리즘이 위기를 맞고 있는 데 문제의 핵심이 있다. 위기를 거론하는 것이 새삼스러울 만큼 한국 사회에서 위기론은 보편화해 있다. 언론학계에서도 저널리즘의 위기 진단은 진보와 보수의 성향 차이를 넘어 보편적이다.

---

23 인터넷의 영향으로 온라인에 진출한 신문사들도 T-페이퍼(Television-paper)나 E-페이퍼(Electronic-paper)에 관심을 쏟고 있다(김택환, 2005). T-페이퍼는 대형 벽걸이TV 등을 이용한 신문이며 E-페이퍼는 무선 인터넷을 이용한 이동형 신문이다.

예컨대 이민웅(2003, 94쪽)은 "한국 언론의 문제점을 정리하면 20가지도 넘는다"며, 이를 객관성·공정성과 관련된 비판, 상업주의와 관련된 비판, 직업윤리와 관련된 비판, 변화와 지속의 역사적 흐름을 읽는 안목의 부족에 관한 비판으로 분류했다.[24]

저널리즘 위기론은 담론의 차원에 그치지 않는다. 저널리즘 위기가 실제로 얼마나 심각한가를 단적으로 확인할 수 있는 '증거'는 다름 아닌 저널리스트들을 대상으로 한 여론조사 결과에서 찾을 수 있다. 한국기자협회(2006)가 창립 42주년을 맞아 한길리서치와 공동으로 실시한 여론조사는 취재 현장을 뛰는 기자들 스스로 한국 신문, 방송에 대해 높은 신뢰도를 보이지 않는다는 진실을 확연하게 드러내 주었다.

[표 1]에서 볼 수 있듯이 기자들은 가장 신뢰하는 언론사를 묻는 문항에 대해 절반에 가까운 45%가 "없다"라고 답했다. 그 수치는 신뢰도 1, 2, 3위로 나타난 한겨레(15.0%), KBS(12.3%), MBC(5.0%)를 모두 합친 숫자보다 많다. 또 하나 주목할 것은 신문 시장에서 큰 영향력을 지닌 조선일보(4.0%), 중앙일보(3.7%), 동아일보(2.0%)의 신뢰도를 합친 수치보다 한겨레의 신뢰도가 높다는 점이다. 기자들 스스로 저널리즘을 불신하고 있는 상황에서 수용자들이 저널리즘을 신뢰하길 바라는 것은 논리적으로도 정당하지 않다.

---

24 이민웅은 한국 저널리즘을 부정적으로 분석하며 평가 기준으로 민주사회에서 언론이 담당한 역할을 세 가지로 제시했다. 첫째, 언론은 물리적·사회적 환경, 특히 권력을 감시하고 비판해야 한다. 둘째, 언론은 지식과 정보로 무장된 건전한 비판의식을 갖춘 시민을 형성하는 역할을 해야 한다. 셋째, 언론은 민주사회의 정통성의 토대가 되는 건전한 여론을 형성하는 공론장의 역할을 해야 한다. 이민웅이 한국 언론의 문제점을 분류한 네 가지 가운데 첫째로 꼽은 "객관성·공정성과 관련된 비판"의 예를 들어보면 다음과 같다. "1. 오보 및 왜곡 보도, 심지어 속임수 보도 2. 불공정 보도: 특정 정치권력, 경제세력, 사회집단에 대한 편향보도 3. 정실주의 보도 4. 기회주의적 양시양비론 5. 내용의 진실성이나 타당성을 무시한 채 뉴스원만을 이용하여 보도하는 형식적 객관주의"(이민웅, 2003, 94쪽).

[표 1] 기자들이 신뢰하는 언론사

(단위: %)

구분	없다	한겨레	KBS	MBC	경향신문	조선일보	중앙일보	기타
신뢰도	45	15.0	12.3	5.0	5.0	4.0	3.7	10

* 출처: 한국기자협회(2006), 창립 42주년 기념 전국기자 여론조사를 바탕으로 재구성.

물론, 미디어 폭증이 한국적 현상이 아니듯이 저널리즘의 위기 또한 한국적 현상만은 아니다. 커뮤니케이션 혁명을 선도하고 정보화사회가 가장 발달했다는 평가를 받는 미국에서도 저널리즘은 위기를 맞고 있다. 언론이 국민에게 관심을 기울이고 있다고 생각하는 미국인이 1985년의 41%에서 1999년에는 21%로 떨어졌다(Kovach and Rosenstiel, 2001: 10). 언론의 감시 역할을 존중한다는 사람의 비중은 같은 기간에 67%에서 58%로 낮아졌다. 언론이 민주주의를 수호했다고 생각하는 사람도 55%에서 45%로 떨어져 절반 이하가 되었다. 컬럼비아대학의 캐리(Carry, James)가 "더욱 확대된 커뮤니케이션 세계 속에서 저널리즘이 사라지고 있다"고 말했듯이 미국도 저널리즘 위기를 실감하고 있다. 미국 신문사의 편집국장들이 "편집국에서 우리는 더 이상 저널리즘에 대해 이야기를 나누지 않는다"거나 "우리는 회사의 경영과 수익에 신경을 쓸 수밖에 없다"고 자인하고 있다(Kovach and Rosenstiel, 2001, 10쪽).

주목할 것은 미국 언론계에서 저널리즘 위기 현상을 진단하고 이를 극복하기 위한 모색이 줄기차게 진행되고 있다는 사실이다. 미디어가 폭증하면서 기존 언론사들이 위기를 맞고 있는 상황을 진단한 연구자들 사이에서 대안으로 '저널리즘의 가치 복원'을 강조하고 있는 흐름은 한국 저널리즘 사회에 성찰을 요구한다. 미국 CJR(Columbia Journalism Review)의 기고 담당 편집장인 맥콜램(McCollam, 2006)은 월스트리트의 압력으로 황폐화하고 있는 신문 저널리즘을 진단하며 '길은 없는가'(A Way Out?)를 묻는다.

그가 제시한 길이 바로 '저널리즘의 가치'다. 시민에 의한 시민을 위한 풀뿌리 저널리즘(Grassroots Journalism by the People, for the People)을 강조한 길모(Gillmor, Dan. 2006)도 모든 사람이 저널리스트가 되는 시대에 '최선의 전략'으로 미디어 윤리의 확립을 강조했다.[25]

비단 미국만이 아니다. 2006년 6월에 러시아 모스크바에서 110개국 1700명의 언론인이 참가한 가운데 열린 제59회 WAN 총회에서도 신문의 위기를 의식해 "신문, 혁신의 새 시대"란 주제를 잡았다.[26] 미주리대학 교수 메이어(Meyer, Philip)는 미국 신문이 어떻게 월스트리트의 포로가 되었는지를 분석(2004, 174~200쪽)한 뒤, 정보화 시대에 저널리즘을 살리기 위해 필요한 것이 저널리즘 윤리임을 강조했다(228~244쪽). 저널리즘 윤리의 문제를 해결하기 위해, 미국 대학의 언론학과는 커리큘럼 혁신을 모색해가고 있다(이재경, 2005).

---

[25] 물론, 미디어가 폭증하면서 정보통신 기술의 발달로 누구나 저널리스트가 될 수 있는 시대가 되었기에 저널리즘의 윤리를 낡은 문제로 여길 수도 있다. 하지만 바로 그런 시대이기에 오히려 저널리즘의 기본 윤리는 더욱 강조되어야 한다. 길모가 제기했듯이 "언론사와 독자 또는 시민 사이에서 활발하게 전개되는 정보의 쌍방향 교류 중 속임수이거나 오류, 또는 거짓 장난의 내용이 있다면 이를 누가 어떻게 걸러내거나 단속할 것인가?"라는 문제를 회피할 수 없기 때문이다. 그 물음에 길모의 대답은 낙관적이다. 취재 보도나 뉴스 제작에 많은 사람들이 참여하면 할수록 신뢰성과 정확성은 높아질 것이라는 생각이다. 정보나 관점을 제공하는 사람이 늘어나면 늘어날수록 오류나 속임수가 제거될 가능성이 그만큼 커지기 때문이라는 분석이다. 하지만 길모의 낙관에는 전제가 있다. "이들 새로운 저널리스트가 미디어 윤리와 전문성 그리고 공공의 신뢰에 부응하는 일이 얼마나 중요한 것인가를 제대로 인식하고 존중하게끔 도와주는 것"이 그것이다(Gillmor, Dan. 2006). 결국 풀뿌리 저널리즘의 관건도 저널리즘 윤리의 보편적 확산에 있다.

[26] 제13회 세계편집인 포럼을 겸한 모스크바 총회는 신문산업이 현 위기를 극복하기 위해선 무엇보다 양질의 저널리즘을 회복, 확보해야 한다는 데 의견을 모았다. 독일에서 가장 큰 신문사인 엑슬 스프린거의 마티아스 뒤프너 회장은 퀄리티 페이퍼를 지향하는 신문이 생존력을 가질 것이라고 강조했다. 뒤프너 회장은 또 인쇄냐 인터넷이냐가 중요한 것이 아니라 저널리즘의 본연만 지켜낸다면 신문산업으로 다양한 수익을 창출할 수 있다고 지적했다(한국기자협회, 『기자협회보』 2006년 6월 21일자).

미디어 폭증 시대에 저널리즘의 위기는 공론장(public sphere)의 위기와 민주주의 위기로 이어질 수밖에 없다. 이 글의 문제의식은 다음과 같다. 미국의 언론 현장과 언론학계에서 저널리즘이 다시 강조되고 있는 추세와 달리 한국 사회에서 저널리즘 윤리의 문제가 경시되고 있는 것은 저널리즘의 미래에 치명적인 결과를 낳을 수 있다.

이 글은 한국 저널리즘의 위기를 극복하려는 기존 연구들을 분석해보고 저널리즘 위기의 실체가 무엇인가를 규명하는 데 목적이 있다. 위기의 실체를 정확히 규명하는 일이 저널리즘의 위기를 벗어나는 방안을 찾는 데 선행 과제이기 때문이다. 궁극적으로 한국 저널리즘 위기의 실체 규명에 이어, 한국 사회에서 저널리즘이 어떻게 위기를 벗어나 공익성을 담보할 것인가를 제안하는 데 목적이 있다.

☐ 위기는 어디에서 오는가

① 미디어산업의 위기

한국언론재단은 1990년대 중반 이후 꾸준히 한국 언론의 위기를 진단하고 대안을 제시하는 연구 보고서를 발간해왔다(『UR보고서』, 1995; 『신문의 위기』, 2003; 『위기의 한국신문』, 2005). 디지털 기술의 혁신과 미디어 비즈니스의 다양화·다각화로 간추려지는 미디어 폭증 현상 앞에서 위기의 초점은 주로 신문에 맞춰졌다. 실제로 신문산업은 광고와 판매를 비롯해 전체 매출액이 계속 하락세를 나타냄으로써 전반적으로 경영의 위기를 맞고 있다(장호순, 2006).

미디어 빅뱅 시대를 맞은 신문산업의 발전 방안도 모색되었다. 신문의

'상업화·국제화·복합화'가 필요하다는 연구가 대표적 사례다. 일본의 아사히신문을 비롯해 신문업계가 모바일을 통해 수익을 올리고 있으며, 미국 뉴욕타임스는 방송, 잡지사업은 물론이고 인터넷 사이트의 인수, 합병에도 적극적이라는 것이다(김택환, 2005).

그러나 이재경(2004)도 지적했듯이, 미디어산업을 중심에 둔 연구들은 기사의 문제나 취재의 관점, 기자 윤리, 언론의 사회적 역할과 같은 저널리즘적 쟁점에 집중하지 않고 있다. 시장 개방에 따른 국내 언론산업의 경쟁력 약화나 구독자 감소, 광고 이탈, 경쟁 격화에 따른 언론사의 존립 기반 붕괴와 같이 '비즈니스' 또는 산업 혹은 정책적 고려 사항들에 초점을 맞추어 진행됐다.

② 소유 구조와 편집의 자율성

언론 위기에 대한 연구가 언론산업에 국한되었던 것은 아니다. 한국 저널리즘의 위기에 대한 문제의식 아래 언론 현업인 단체가 언론학자들에게 공동 연구를 제의하기도 했다. 전국언론노동조합연맹이 1995년에 언론개혁위원회를 구성하고 1년 동안 활동한 뒤 펴낸 연구 보고서가『죽은 언론 살리기』(1996)다. 위원회 구성원인 방정배·손석춘·유한호·이효성이 공동으로 집필한 이 책에서 방정배는 '편집권 독립의 이론적 접근과 실천적 대안'(151~194쪽)을, 이효성은 '수용자 언론 참여의 법적 제도적 방안'(73~102쪽)을, 유한호는 '언론매체 소유권의 공공화와 공적통제방안'(103~150쪽)을, 손석춘은 '죽은 언론'을 살리기 위한 일선 언론인들의 과제(1~16쪽)를 제기했다. 신문 판매 시장의 혼탁상이 저널리즘의 질적 경쟁을 저해한다는 문제의식 아래 판매 시장의 개선 방안에 대해서는 정연구(1996)의 연구 성과들이 이어졌다.

전국언론노조의 보고서나 판매 시장을 분석한 논문들은 실제로 언론개혁운동의 논리적 기반이 되었고, 그 가운데는 신문발전위원회 구성이나 신문유통원 설립처럼 현실화된 것도 있다. 따라서 언론 위기에 대한 연구가 산업적 논리에 치중했다는 분석은 공정하지 못한 평가라고 할 수 있다. 산업 논리를 벗어나 저널리즘 본연의 기능을 살리기 위한 법적·제도적 개선 방안에 대한 연구들이 지닌 중요성을 과소평가했기 때문이다.

한국언론정보학회가 참여한 '언론개혁시민연대'가 출범(1998)한 뒤, 법제 개선에 관한 연구는 더 활성화했다. 대표적인 연구서가 『신문개혁 이렇게 합시다: 한국 신문의 문제점과 개선방안』(2000)이다. 이 연구서에는 김서중의 '신문사 지배구조 개혁 방안'을 비롯해 '광고시장 개혁 방안'(임동욱), '판매 시장 정상화 방안'(정연구), '언론윤리 제고 방안'(이재진), '전문성 제고 방안'(김창룡), '언론 피해 구제의 효율화 방안'(유일상), '언론발전위원회 구성 방안'(김택환)들이 담겨 있다.

그럼에도 '저널리즘적 쟁점'에 대한 언론학계의 연구가 부족했다는 지적은 설득력이 전혀 없지 않다. 산업 연관성이 높은 언론학의 특성상 연구의 의제 결정과 생산 과정이 매체산업의 논리에 따라 많은 영향을 받음으로써 매체산업에 관한 지식과 정책 과제들을 다룬 연구가 양산되어 온 것도 사실이기 때문이다(문종대, 2001). 그 결과 이론 및 언론철학에 대한 연구뿐만 아니라 언론학의 전통적인 연구 분야인 저널리즘 윤리나 내용, 역사에 대한 연구가 다른 연구 영역에 비해 위축되고 있다

소유 구조나 편집의 자율성 확보에 대한 법제적 해결 방안 또한 그 자체가 목적이 아니라는 사실에 주목할 필요가 있다. 더구나 최근 나타나고 있는 저널리즘 위기는 소유 구조나 편집의 내적 구속에서만 기인한다고 보기 어려울 만큼 저널리즘의 기본 윤리조차 지키지 않는 데 문제의 핵심이 있다.

③ 저널리즘의 정파성과 책임

한국 저널리즘의 위기가 언론의 정치적 편파성에 원인을 두고 있다는 분석은 이민웅(2003), 이재경(2004), 이준웅(2004), 강명구(2005)의 연구로 이어지며 흐름을 형성하고 있다. 특히 정파성 문제의 위기를 강조해온 연구자는 이민웅과 이재경이다. 두 연구자 모두 저널리즘이 취재 및 보도와 관련된 직업상의 기능에 그치지 않는다는 데서 출발한다. 실제로 저널리즘은 민주주의의 유지 및 발전과 관련된 이념을 내포하고 있다. 정확하고 공정한 정보 전달을 통해 주변 환경을 감시하고 또 그러한 정보에 대한 수준 높은 분석과 해석을 통해 민주사회의 정통성의 토대가 되는 여론을 형성하여 생활인으로서의 국민, 시민으로서의 국민을 위해 그들의 '알권리'를 대행해야 한다(이민웅, 2003, 247쪽)는 것이다.

한국 언론의 문제점을 20가지도 넘는다고 분석한 이민웅은 그 연장선에서 언론개혁에 동의한다. 다만 "비제도적 공간에서 유사한 시각을 가진 사람들끼리 모여 산발적으로 진행해오던 개혁에 관한 '끼리끼리' 담론을 제도적 공간(국회)으로 수렴하여 진정한 공론의 과정을 거쳐 개혁안을 마련해야 한다"고 강조한다(101쪽). 법적 제도의 개혁은 입법기관이자 국민의 대표기관인 국회가 나서서 국회 안에 독립적인 '가칭 언론개혁특별위원회'를 설치하여 여야, 각계 전문가, 이해당사자, 시민단체들이 참여한 가운데 개혁안을 마련하는 방법이 바람직하다는 주장이다(102쪽).

하지만 이민웅은 2001년 1월 당시 김대중 대통령이 연두 기자회견에서 "언론도 공정한 보도와 책임 있는 비판을 해야 한다고 생각한다. 언론계, 학계, 시민단체, 국회가 모두 합심해 투명하고 공정한 언론개혁을 위한 대책을 세워야 할 것"이라고 제안했을 때는, 정작 반대했다. 신문에 기고한 칼럼('신문개혁의 주체는 독자다', 중앙일보 2002년 2월 14일자)에서 "정부가 직접 나서지 않고 언론계, 학계, 시민단체, 국회가 언론개혁의 주체가 되는 일종의 조합주의 방식을 동원하려 한다"며 이를 "포퓰리즘적 접근"이라고 비판한다. 언론개혁특별위원회를 설치하자는 자신의 주장과 대통령의 발언이 거의 같은 내용인데도, 포퓰리즘으로 반대할 만큼, 언론개혁 논의 자체가 학계에서도 정파성의 틀에 갇혀 있음을 입증해준 사례다. 결국 신문사들의 반발 속에 언론개혁은 "언론계, 학계, 시민단체, 국회가 모두 합심해 투명하고 공정한 언론개혁을 위한 대책을 세워야" 할 상황에서 정쟁의 대상으로 떨어졌다.

물론, 한국 언론에 정파성은 분명히 존재하고 있고 그것이 신뢰의 위기를 불러오고 있는 것도 사실이다. 특정 정당에 친화적인 언론이나 언론인들이 있는 것도 사실이고, 또 그 언론사나 언론인들의 기사와 논평에서 정파성이 담겨 있는 것도 사실이다. 하지만 정파성의 잣대로 저널리즘 위기를 파악하는 것은 일면을 지나치게 전면화하는 오류를 범할 수 있다. 한국 언론의 문제점을 정파성의 틀로 분석할 때, 저널리즘에 대한 분석이 더 이상 진전되지 못할 수 있기 때문이다. 그런 오류를 범할 우려는 이재경의 연구에서도 발견할 수 있다.

이재경(2004)은 저널리즘의 위기 가운데 가장 기본적이고 또한 핵심적인 위기를 기사의 위기로 규정한다. 기사의 위기를 구성하는 요인으로 "언론사가 정파적 입장을 견지하며 보도대상 사실을 선택적으로 포함시키거나 배제하는 편집 관행"을 들고 그것이 "광범위하게 존재"한다고 분석한다. "특히 노무현 정부로 들어서면서 이러한 경향이 더욱 노골화되는 추세를 보인다"면서 대표적인 보도 대상 영역들로 "대통령과 관련된 사안들과 한미관계 관련 기사들, 북한 핵문제 관계 사실들과 경기 회복에 관계된 기사들"을 꼽았다. 그 결과 이재경이 파악하는 '위기'는 "각 매체사의 사설이나 칼럼들이 주장하는 의견 기사들과 맞물려 특정 신문을 보수 신문이나 진보 신문으로 이름 지우는 역할을 해왔고 지난 10여 년 동안 독자들도 자연스레 이러한 이념적 편 가름을 받아들이는 추세를 보이는 것"이다.

하지만 그가 강조했듯이 "여기서 생각해야 하는 문제는 과연 이 세상에 '진보적 사실'이 따로 있고 '보수적 사실'은 또 별도로 존재한다는 말인가 하는 것"이다. 이재경의 분석처럼 "만약 이것이 보편적인 저널리즘의 원칙으로 자리 잡는다면 우리 사회에서 모두가 공유하는 현실 인식은 구조적으로 불가능한 희망이 될 것이고, 현실에 대한 논리적 토론도 성립할 수 없게 될 것"이 분명하다. 그러면서도 정작 이재경은 "대통령과 관련된 사안들과 한미 관계 관련 기사들, 북한 핵문제 관계 사실들과 경기 회복에 관계된 기사들"에서 단지 정파적 대결상만 강조하고 있을 뿐, 어떤 것이 저널리즘의 기본에 충실한 보도와 논평인지에 대한 분석은 회피하고 있다.

주목할 것은 이재경과 이민웅 모두 '사회제도로서의 저널리즘의 위기'를 주장하고 '현대사회의 핵심인 공론장(public sphere)'의 위기를 거론하고 있다는 점이다. 하지만 '국가(state)와 개인(private) 사이에서 사회 구성원 모두에게 해당하는 사안들을 동등한 자격으로 토론하는 특별한 마당'으로서 공론장이 한국 사회에서 "지속적으로 상업화하거나 파당화 또는 사유화"(이재경, 2004)되고 있다는 주장에 머물 뿐, 파당화가 저널리즘을 왜곡하고 있는 양태에 대한 분석이나 시시비비를 가리는 판단으로 전혀 나아가지 않는다.

정파성의 문제와 달리 저널리즘의 위기를 '어카운터빌리티'(accountability, 책무) 개념으로 접근한 연구도 있다. 한국언론학회를 책임연구자로 한 『변화하는 미디어의 사회적 책임: 미디어 어카운터빌리티와 수용자 복지를 중심으로』(2005)가 대표적 연구서다. 미디어의 사회적 책임을 강조하는 연구이지만, 여기서도 저널리즘의 구체적 내용에 대해 책임을 묻고 있지는 않아 아쉬움을 남긴다.

저널리즘의 내용에 대한 분석과 판단이 없을 때, 연구자의 의도와 달리 논의가 자칫 공허하게 변질되거나 정파성의 위기처럼 모두 잘못이라는 분석으로 갈 우려가 있다. 누가 또는 어떤 기사가 저널리즘의 '어카운터빌리티'를 외면하고 있는지에 대한 분석이 필요한 까닭이다. 저널리즘의 위기 가운데 '가장 기본적이고 또한 핵심적인 위기'가 기사의 위기라면, 그리고 기사가 독자나 시청자에게 현실을 인식시키는 기초 단위라면, 무엇보다 필요한 것은 우리 시대가 풀어야 할 주요 쟁점을 저널리즘이 어떻게 다루고 있는지 면밀하게 분석하는 일이다.

④ 저널리즘의 위기와 '존재 원칙'

지금까지 저널리즘 위기에 대한 기존 연구를 언론산업의 위기, 소유 구조와 편집 자율성의 위기, 언론의 정파성과 책임에 관한 연구로 나누어 분석해보았다. 세 가지 접근 방법과 연구는 각각 한국 저널리즘의 위기를 부문별로 꼼꼼히 분석하고, 저널리즘 분석에 필요한 이론적 뒷받침을 제시하고 있다. 이 글은 세 연구방법과 달리 저널리즘 위기의 실체를 파악하는 데서 출발한다.

먼저 이 글에서 사용하는 개념부터 명확하게 정의할 필요가 있다. 철학적 개념으로서 실체(substance)는 일찍이 칸트(Kant, I.)가 '실재하는 모든 것, 곧 사물의 실존에 속하는 것의 기저'로 정의했듯이, '변화무쌍한 물질의 근저에 놓여 있는 지속적이고 불변적인 것'을 이른다(임석진, 1983, 231쪽). 하지만 이 글에서 저널리즘 위기의 실체라 할 때, 그 '실체'는 철학적 개념에 비해 느슨한 개념이다. 저널리즘에서 보편적으로 사용하고 있는 '사건의 실체'나 '실체적 진실'이라는 말에서 나타나듯, 국어사전에서 정의하고 있는 의미로서 실체, 곧 외형에 대한 실상(實相)의 개념이다. 국어사전의 정의로서 실체 개념은 "여러 가지 속성이 귀속되는 기체(基體: hypokeimenon)"로서 철학적 실체 개념과 이어져 있다. 따라서 이 글에서 저널리즘 위기의 실체를 분석하는 것은, 겉으로 드러난 여러 위기의 양태를 넘어 위기의 실상을 온전히 파악한다는 의미다.

저널리즘의 '존재 원칙'에 대해서도 개념 규정이 필요하다. 저널리즘은 통상 '활자나 전파를 매체로 시사적인 정보와 의견을 대중에게 전달하는 활동'을 의미한다. 하지만 이민웅(2003)과 이재경(2004)도 강조했듯이, 저널리즘은 그 이상의 의미를 지니고 있다. 민주주의 사회의 유지와 발전에 중요한 제도로서 저널리즘의 존재 원칙을 명확하게 정의하는 것은 쉬운 문제가 아니다. 다만, 미국 언론계가 공동연구 결과물로 펴낸 『The Elements of Journalism』은 저널리즘의 존재 원칙에 대해 누구나 동의할 수 있는 명제를 간명하게 제시하고 있다. "저널리즘의 목적은 사람들이 자유로워지고 자신을 스스로 통제(free and self-governing)하는 데에 필요한 정보를 제공하는 것"(Kovach and Rosenstiel, 2001, 12쪽)이다. 기실 미디어 폭발 시대에 저널리즘의 존재가 더욱 절실한 이유도 바로 여기에 있다.

만일 존재 원칙이 흔들릴 때, 우리는 저널리즘의 존재 이유를 다시 묻게 될 수밖에 없으며, 바로 그 점에서 그것을 저널리즘의 실체적 위기로 규정할 수 있다. 저널리즘의 존재 원칙을 분석하는 잣대나 기준은 결국 철학의 문제, 윤리의 문제가 아닐 수 없다.

여기서는 실체의 개념 정의에서 시작해 무엇이 저널리즘의 존재 원칙에 근거한 기본 윤리인가를 규명하고, 한국 저널리즘이 그 원칙과 윤리에 얼마나 충실한가를 구체적 기사 분석을 통해 검증한다. 한국 저널리즘은 산업의 위기나 정파성의 위기 이전에 근본적으로 저널리즘의 존재 원칙과 기본 윤리를 스스로 부정하는 실체적 위기를 드러내고 있다는 점에 문제의 심각성이 있다.

☐ 진실과 공정: 언론의 생명

미국 신문편집인협회 윤리강령(American Society of Newspaper Editors Statement of Principles)의 제1조가 선언하고 있듯이 "뉴스와 여론을 수집하고 전파하는 가장 큰 목적은 국민에게 그 시대의 문제가 무엇인가를 알려주고, 그에 대해 판단할 수 있게 함으로써 전체적 번영에 봉사하기 위한 것이다." 제1조의 내용은 "사람들이 자유로워지고 자신을 스스로 통제하는 데에 필요한 정보를 제공하는 것"이 저널리즘의 존재 원칙이라는 시각(Kovach and Rosenstiel)과 이어진다. 자유롭고 스스로 통제에 필요한 정보를 제공하는 것이 곧 "국민에게 그 시대의 문제가 무엇인가를 알려주고, 그에 대해 판단할 수 있게 함으로써 전체적 번영에 봉사"하는 길이기 때문이다.

　미국 신문편집인협회의 윤리강령 1조에서 우리는 누구나 동의할 수 있는 저널리즘의 기초 윤리를 추출해낼 수 있다. "국민에게 그 시대의 문제가 무엇인가를 알려주"기 위해서 꼭 필요한 저널리즘의 기본 윤리는 '진실'이다.[27] 그리고 "문제에 대해 판단할 수 있게 함으로써 전체적 번영에 봉사"하는 데 무엇보다 필요한 덕목은 '공정'이다. 미국 신문편집인협회의 윤리강령 제1조에서 진실과 공정을 저널리즘의 기본 윤리로 추출했지만, 기실 그 두 개념은 김지운의 연구(2004)에서도 확인할 수 있듯이 세계 여러 나라의 기자 윤리강령에 공통적으로 나타나는 보편적 가치다.[28]

27　미국 언론계의 공동연구 결과물인 『The Elements of Journalism』도 '사람들이 자유로워지고 자신을 스스로 통제하는 데에 필요한 정보를 제공하는' 저널리즘의 첫 번째 의무로 '진실 추구'를 제시했다(Kovach and Rosenstiel, 2001, 36~49쪽).

28　김지운은 세계 6대륙, 세계 주요 종교를 배경으로 한 언론윤리학자들을 비롯한 학자들의 연구서, 유럽을 중심으로 한 20~30개국의 언론직업단체 및 유수 언론기관들의 윤리강령-요강 분석, 종교와 인종과 문화를 달리하는 24명의 서면설문 들을 바탕으로 '글로벌 시대의 보편적 언론윤리'로서 네 가지 항목을 제시했다(2004, 148~150쪽). 진실, 공정,

문제는 저널리즘의 보편적 가치로서 가장 근본적인 윤리, 저널리즘의 존재 원칙이 한국 저널리즘에서 지켜지지 않는 데 있다.

① 진실의 위기

진실은 저널리즘의 기본 윤리로서 연구자들 사이에 '거의 완전에 가까운 합의'가 이뤄진 가치다(김지운, 2004, 156쪽). 미국 언론윤리학계에서도 "진실(truth)은 언론과 커뮤니케이션 활동에서 가장 으뜸가는 표어"다(Merrill, John, 1997, 105쪽).

진실은 저널리즘의 윤리 이전에 저널리즘의 정의와도 곧장 이어진다. 저널리즘을 "지금까지 알려지지 않은, 새로운 실제(actual) 세계의 모습(feature)에 관한 진실한 진술 또는 기록이라고 주장하는 문자, 음성, 영상 형식의 저작된 텍스트"(McNair, 1998, 4쪽)로 규정할 때, 진실은 저널리즘의 성립 요건이 되는 것이다.

진실 보도는 단순한 사실 보도와 구분되거나 교환적으로 사용된다. 하지만 사실에는 존재론적으로 객관적 사실, 주관적 사실이 있을 뿐만 아니라 인식론적으로도 객관적 사실과 주관적 사실이 있기 때문에, 엄밀하게 말해서 사실보도, 객관보도는 적절한 개념도 아니고 가능하지도 않다(이민웅, 2003, 199쪽). '사실에 대한 보도' 또는 '보도된 사실'이라고 말하는 것은 가능하나 사실보도는 가능하지 않다는 것이다. 결국 "특정한 현실에 대한

민주주의, 인권이 그것이다. 민주주의와 인권은 진실과 공정이 구현되는 사회라면 자연스럽게 뒤따르는 가치라는 점에서 김지운의 분류는 미국 신문편집인협회의 윤리강령 1조에서 연구자가 추출한 가치에 보편타당성을 더해준다. 실제로 진실과 공정이 저널리즘의 기본 윤리라는 데는 반론을 제기하기 어려울 만큼 이미 보편적 가치로 받아들여지고 있다. 굳이 문제가 있다면 진실이나 공정의 구체적 내용을 어떻게 규정하느냐에 있을 것이다.

언론의 보도가 그 현실을 구성하는 사실을 정확하게, 그리고 종합적으로
표상하여 그 사실에 최대한 근접할 때" 진실 보도라고 할 수 있다(이민웅,
2003, 200쪽).

리프만(Lippman, Walter)은 언론학의 고전이 된 『Public Opinion』에서 진
실은 단순히 어떤 사실이 일어났다는 것을 알려주는 데 있지 않다고 강조
한다. 진실의 기능은 숨어 있는 사실을 규명하는 것, 그 사실들의 연관성을
드러내 주는 것, 그리고 사람들이 그게 근거해서 행동할 수 있는 현실의 상
(a picture of reality)을 보여주는 것이다(1954, 358쪽).

진실에 대한 리프만과 이민웅의 정의를 판단기준으로 삼을 때, 한국 저
널리즘[29]은 진실 보도에 얼마나 근접하고 있을까. 앞서 이재경(2004)이 '정
파성의 위기'로 든 '북한 핵문제' 관련 기사와 논평을 분석해보면 명확하게
드러난다.

미국과 '조선민주주의인민공화국'[30] 사이에 불거진 핵 문제는 자칫 전

---

[29] 여기서 '한국 저널리즘'의 개념을 명확히 해둘 필요가 있다. 이 글에서 '보기'로 분석할 주
요 사안에 한국의 모든 저널리즘이 반드시 일치된 보도와 논평을 해온 것은 아니기 때문
이다. 흔히 말하는 '보수 매체'와 '진보 매체' 사이에 차이는 분명히 있다. 하지만 이 글에
서 매체별로 구분하지 않고 '한국 저널리즘'이라는 보편적 개념으로 분석한 이유는, 특정
신문 한두 개를 제외한 모든 신문과 방송에서 정도의 차이만 있을 뿐 뚜렷하게 공통된 현
상이 나타나기 때문이다. 이 글의 후반부에서 인용하겠지만, 한국언론재단이 2년마다 정
기적으로 조사하는 '수용자 의식조사'도 한국 언론 전반의 신뢰성과 공정성을 묻고 수용
자도 그 문항에 따라 보편적으로 '한국 저널리즘'을 평가해 답하고 있다. 실제로 한국 저
널리즘은 특정 매체의 차이를 넘어서 전반적으로 불신받고 있다. 다만 전개 과정에서 근
거로 제시한 참고 문헌들은 매체별로 구분해 분석한 연구들을 선택함으로써 논리적 타
당성을 담보했다.

[30] 언론 현업인 3단체인 전국언론노동조합, 한국기자협회, 한국방송프로듀서연합회가 해
방 50돌을 맞아 공포한 통일언론실천선언(1995)의 보도실천요강에 따라 여기서는 '북한'
을 정식 국호인 조선민주주의인민공화국으로 표기했다. 하지만 다른 나라와의 관계를 표
기할 때는 남북관계의 특수성을 의식해 '남북 대화'나 '북미관계'처럼 '북'으로 표기했음을
밝혀둔다.

쟁의 참화를 불러올 수도 있다는 점에서 한국 저널리즘이 진실 보도에 힘을 기울여야 할 의제(agenda)가운데 하나다. 하지만 '현실 규정자'로서 한국 저널리즘은 문제가 되는 현실을 개념화하는 데부터 큰 논란을 빚고 있다. 리영희(2005)는 언론이 "북핵 문제"로 규정하는 게 잘못이라고 지적한다. "단지 언어학적 해석으로서 '북한과 관련한 핵문제'로 압축하여 표현하는 것은 오류"이고 "언론들이 북핵 문제가 거론될 때마다 '북한이 핵을 만들어 동북아를 위협하고 있다'는 논리를 펼쳐 보이는 것은 내용과 개념을 정확히 표현하지 못한 것이다. 이는 또한 역사적 인과관계를 제대로 인식하지 못함으로써 사고와 사회의 혼란을 가져오게 한 요인"이라고 분석한다. 리영희는 언론사들이 단순히 "북한의 핵문제로만 보아서" 대다수 독자들도 잘못 알고 있다며 "미국의 대북한 핵전략과 대북정책의 인과관계"를 강조했다.[31] 언론이 무비판적으로 사용하고 있는 '북핵 문제'를 '북미 핵문제'로 규정해야 옳다는 것이다.

대북 관련 기사에서 자주 등장하는 '기호'들로 한국 저널리즘의 논리적 전개를 도식화하면, '북미 핵문제'를 보도하고 논평하는 틀(frame)이 비교적 명료하게 드러난다.

'김정일의 시대착오적 쇄국주의'→'주민 아사'와 '체제 불안'→'체제 유지를 위한 체제 외적 긴장감 조성'→'핵무기 개발'로 '체제 수호'→'국제 사회의 미아'→'반인권 국가'→'미국의 제재'

한국 저널리즘의 '틀'로 보면, 모든 갈등과 긴장은 '김정일의 벼랑 끝 전

---

31   리영희는 "수구 보수언론들이 이러한 명칭을 잘못 사용함으로써 대중의식을 마비시키고 왜곡시키는 사례가 반복되고 있다"고 지적하면서 "미국의 이라크 침공 이후 부시 대통령의 명분과 명칭 또한 조작과 왜곡된 경우"라고 비판했다(리영희, 2005).

술'과 '국제사회에 대한 협박'에서 비롯한다. 그 보도와 논평의 틀을 조금이라도 벗어나는 담론과 정치세력에 대해서는 '친북'이나 '좌경' 또는 '김정일 추종세력'이라는 '기호'로 몰아붙인다.

하지만 북미 핵문제를 둘러싼 사실(fact)들을 조금만 들여다보더라도 단순 논리의 틀이 지닌 문제점은 쉽게 드러난다. 예컨대 핵무기 개발을 선언한 조선민주주의인민공화국 외무성 성명에 대해 한국 저널리즘은 '김정일의 호전성'과 '뒤통수 맞은 참여정부', '햇볕정책에 배신' 들과 같은 기호로 보도하고 논평했지만, 정작 짧은 성명의 전문만 읽어 보아도 전혀 새로운 사실을 확인할 수 있다.

2005년 2월 10일 발표된 외무성 성명은 "수차 언명해온 바와 같이 우리는 미국에 '제도전복'을 노리는 적대시 정책을 포기하고 조미 평화공존에로 정책 전환을 할 데 대한 정당한 요구를 제기하고 그렇게만 된다면 핵문제도 다 해결할 수 있다는 립장을 표명"했지만 조지 부시 대통령이 재선 뒤 취임식에서 '폭압정치의 종식'을 최종 목표로 선포하고 "필요하면 무력 사용도 배제하지 않을 것이라고 공공연히 폭언하였다"고 비판했다.[32] 눈여겨볼 대목은 바로 다음이다. "지금까지 우리는 미국이 우리 제도에 대해 시비질하지 않고 우리의 내정에 간섭하지 않는다면 우리도 반미를 하지 않고 우방으로 지낼 것이라는 립장을 명백히 밝히고 핵문제의 해결과 조미관계 개선을 위해 할 수 있는 모든 노력을 기울여왔다"거나 "사상과 리념, 제도와 신앙의 차이를 초월하여 평화와 공존, 번영을 지향하여 나가는 것은 새 세기의 시대적 흐름이며 인류의 념원"이라는 언명이다.

실제로 김정일 국방위원장은 미국과 국교 수립을 갈망하고 있다. 경제 현실을 개선하기 위해 "반미를 하지 않고 우방으로 지낼 것"임을 몇 차례

---

32   조선민주주의인민공화국 외무성 성명 전문은 연합뉴스(2005년 2월 10일자)에 실렸다.

에 걸쳐 밝힌 것도 사실이다. 하지만 미국은 그 이전에 핵무기를 폐기하라고 요구한다. 조선민주주의인민공화국은 미국이 평화공존만 약속한다면 언제든지 핵무기를 폐기하겠다고 맞서 있다. 외무성 성명의 마지막은 "우리의 핵무기는 어디까지나 자위적 핵 억제력으로 남아 있을 것"이며 "대화와 협상을 통하여 문제를 해결하려는 우리의 원칙적 립장과 조선반도를 비핵화하려는 최종 목표"를 거듭 강조했다.

여러 가지 사실들을 종합해볼 때, 조선민주주의인민공화국과 미국 사이에 현실을 보는 시각 차이가 크다는 사실을 확인할 수 있다. '북핵 문제'가 아니라 '북미 핵문제'가 올바른 현실 규정인 이유가 여기에 있다. 이 말은, 북미 핵문제의 책임이 전적으로 미국에 있다는 주장과는 거리가 멀다. 핵문제를 대처해나가는 데 조선민주주의인민공화국의 정책에서도 경직된 모습은 쉽게 발견할 수 있다. 국제정치학적 연구가 아닌 이 글에서 주목하는 것은 한국 저널리즘이 팽팽하게 대립된 두 논리 가운데 한쪽만을 부각하고 다른 쪽 논리는 아예 공론장에서 배제함으로써 진실을 온전히 파악하고 전달하는 데 실패하고 있다는 점이다. 한 가지 분명한 사실은, 적어도 남북공동선언(2000) 이후 북이 미국과 국교 수립을 원하고 또 그것을 공표해왔다는 점이다. 따라서 북이 쇄국주의를 고집한다는 데서 출발한 한국 저널리즘의 '틀'은 전제부터 잘못된 것이다.

편향되고 일방적인 정보에 바탕을 둔 단순 논리의 틀로 문제를 바라보기 때문에 한국 저널리즘이 제시하는 북미 핵문제 해결 방안도 단순논리의 연장이다. 한국 언론에 자주 나오는 기호들로 구성해보자.

'한미동맹 강화'→'한미일 공조'→'국제사회의 대북 압박'→한국의 대북 '햇볕정책 포기'→북한의 '핵무기 포기'→'김정일의 시대착오적 쇄국주의 정책 포기'

해법과 관련해서도 자신의 보도 틀과 어긋나는 담론이나 정치세력에 대해서는 '친북'이나 '좌경' 또는 '김정일 추종세력'이라는 '기호'로 배제했다. 결국 그 논리는 북의 핵무기 실험에서도 확인되었듯이 비현실적이고 비효과적인 틀에 지나지 않았다. 북미 핵문제를 둘러싸고 노무현 정부와 언론이 빚고 있는 갈등도 기실 여기서 비롯된 현상 가운데 하나다.

따라서 북미 핵문제와 관련된 보도와 논평을 '언론의 정파성'이나 '파당성' 사례로 제시하는 것(이재경, 2004)은 표면적 분석이다. '친여' 언론과 '야당' 언론, 또는 '친북'이나 '반북', 혹은 '보수' 언론과 '진보' 언론의 정파 문제 이전에, 진실의 문제가 가로놓여 있기 때문이다.[33]

무엇보다 중요한 것은 단순 논리로 북미 핵문제를 해결하겠다고 나설 때, 문제 해결이 어려울뿐더러 자칫 민족적 참화를 불러올 수 있다는 점이다.[34]

---

33 북미 핵문제에 대한 구체적 내용 분석으로는 양문석(2003)과 손석춘(2005b)의 연구가 있다. 양문석은 KBS를 비롯한 방송 보도가 "사실 여부를 따지지 않은 채 미국 '매파' 취재원의 발언만 전달"한 반면에 이북에 대해서는 적대적 보도 태도를 드러냈다고 분석했다. 1994년 합의된 제네바 협정을 미국이 위반한 문제에 대해서 방송 3사는 침묵으로 일관하면서 모든 책임이 마치 북쪽에 있는 것처럼 국민들을 호도했다는 것이다. 양문석은 북미 간의 갈등이 일차적으로 미국에 있음을 사실대로 보도하는 방송 뉴스가 거의 없었다는 점은 북미 간의 갈등 구도를 어떻게 보도할 것인가에 결정적인 영향을 끼칠 수밖에 없다고 지적했다.

34 2003년 4월에 도널드 럼스펠드 미국 국방장관의 '대북 비밀메모'가 알려지면서 조지 부시 행정부 강경파들의 대북 인식과 접근 방식이 뚜렷하게 드러났다. 럼스펠드가 백악관 수뇌부에 제출해 회람된 '메모'는 김정일 정권을 축출하고 정권 교체를 이루자는 게 핵심이었다. 뉴욕타임스는 이를 보도하며 이라크 정책을 둘러싸고 부시 행정부 내 강경파와 온건파 사이에서 불거졌던 정책 대결이 북한 문제로 옮겨가고 있다고 분석했다. 백악관 관계자들은 이 보도에 대해 메모는 '공식적인 정책'이 아니다라고 논평함으로써 메모가 실존했고 회람도 사실이었음을 시인했다. 미 정부 내 일부 인사들은 미국의 대북 핵무기 포기 압력을 지난해 이라크에 유엔의 전면 사찰을 받아들이도록 강요한 것과 같은 맥락에서 보고 있다. 부시 대통령과 럼스펠드 장관은 지금은 외교수단을 강구할 때라고 주장하면서도 군사공격 가능성을 완전히 배제하지 않고 있다(뉴욕타임스 2005년 4월 21일자). 문제는 이처럼 중요한 사실이 한국 언론에서 무시되거나 단신처리 된다는 데 있다.

리프만은 물론, 이민웅의 '진실 보도' 개념에 비추어보더라도 북미 핵문제 보도는 진실 보도와 동떨어져 있음을 쉽게 확인할 수 있다. "현실을 구성하는 사실을 정확하게, 그리고 종합적으로 표상하여 그 사실에 최대한 근접할 때"를 진실 보도라고 할 때, '현실을 구성하는 사실을 정확하게' 보도하기 위해 다양한 시각의 정보를 제공하지도 않았고 '종합적으로 표상하여 그 사실에 최대한 근접'하려는 노력도 없을 뿐만 아니라, 오히려 '다각적 정보 접근'이나 '종합적 표상'을 위한 토론 자체를 '색깔 공세'로 가로막고 있기 때문이다.

한국 저널리즘이 냉전논리의 틀, 독일 통일과 동구권 몰락 이후 흡수 통일의 틀에서 벗어나 새로운 인식의 틀을 갖추는 것은 보수적인 언론단체인 '관훈클럽'의 보고서(2000, 237쪽)에서도 제기될 만큼 절실한 과제다.

[표 2] 수용자들의 언론 신뢰도

(단위: %)

구분	매우 신뢰한다	대체로 신뢰한다	보통이다	별로 신뢰하지 않는다	전혀 신뢰하지 않는다
2004년	0.2	19.3	48.8	30.6	1.6
2002년	0.9	24.4	28.8	42.9	3.1

* 출처: 한국언론재단(2004), 수용자 의식조사.

진실과 거리가 멀거나 동떨어진 보도 관행은 [표 2]에서 볼 수 있듯이 그대로 수용자들의 불신으로 이어진다. 한국언론재단(2004)이 2년마다 정기적으로 실시해온 수용자 의식조사 결과를 보면, 언론을 신뢰한다는 응답자는 '매우 신뢰한다'(0.2%), '대체로 신뢰한다'(19.3%)를 합쳐 19.5%에 불과했다. 2년 전 같은 조사에서 언론의 신뢰도는 25.3%였다. 반면 신뢰하지 않는다는 응답자는 '별로 신뢰하지 않는다'(30.6%)와 '전혀 신뢰하

지 않는다'(1.6%)를 합쳐 32.2%에 이르렀다. 48.8%는 '보통'이라고 응답
했다.

② 공정의 위기

미디어 윤리에서 '공정(公正)' 또한 '진실' 못지않게 누구나 동의하는 개념
이다. 물론, 공정의 개념적 정의가 무엇인가를 엄밀하게 규정하자면 이론
적 논쟁의 지점이 여러 갈래로 나타날 수 있다. 따라서 저널리즘 윤리로서
공정의 개념을 누구나 동의할 수 있는 사회적 합의 수준에서 접근할 필요
가 있다.

　국어사전적 의미에서 공정의 개념을 분석하는 이유가 여기에 있다.
공정(fairness)의 사전적 뜻은 "공평(公平)하고 올바름"이다. 여기서 '공평'
은 갈등 당사자 양쪽의 의견을 균형 있게 반영하는 의미를 지닌다. 공평
(impartiality)이란 한자어나 영어 뜻 그대로 어느 한 쪽에 치우침이 없는 상
황을 이른다.

　그런데 공정의 사전 정의에는 '공평'에 더해 '올바름'이 있다. 올바름은
무엇이 옳은 것인가를 판단해야 하는 정(正) 또는 정의(justice)의 개념이다.
따라서 '공정'은 공평과 올바름을 아우르는 개념이다. 공평에 머물고 있는
보도나 논평을 '소극적 공정'으로, 공평에 더해 올바름까지 숙의한 보도나
논평을 '적극적 공정'으로 개념화할 수 있다.

　문제는 무엇이 올바름인가에 있다. '올바름'에 대해서는 여러 가지 정의
가 가능하고 또 그만큼 합의가 쉽지 않을 것이다. 하지만 저널리즘 윤리로
서 공정에 대해서는 언론 현장에서 오랫동안 내려온 전통과 '최소한의 합
의'가 있다. '억강부약'(抑强扶弱)이 그것이다.

　억강부약의 가치는 보수적인 관훈클럽(2000)이 낸 '한국언론의 좌표: 한
국언론 2000년 위원회 보고서'에서도 다음과 같이 명확하게 강조하고 있다.

"언론의 공정성은 어떠한 편견이나 선입관 또는 잘못된 관점을 지녀서는 안 된다는 것을 의미하는 동시에 사회 소수계층의 의견을 대변하고 그들의 이익을 옹호해주어야 한다는 것을 뜻하기도 한다. 언론이 편견으로부터 자유로워야 한다는 것이 어떤 입장이나 의견에 대한 반대 입장이나 의견을 허용해야 한다는 의미라면, 언론이 소수의 의견이나 이익을 대변하고 옹호해야 한다는 것은 진정한 민주주의의 미덕이 소수의 권리를 지속적으로 보장해주어야 한다는 데서 비롯되는 것이다."(184쪽).

관훈클럽 보고서는 더 나아가 "특히 한국 언론은 중산층을 주된 소비자로 상정하고 있는 한편 언론인 자신들도 중산층에 편입되어 있어 주로 중산층의 의견을 대변하고 그들의 이익을 옹호"한다면서 "그 결과 자연스럽게 소수 계층의 의견과 이익은 구조적으로 배제"(185쪽)되고 있다고 분석한다.

실제로 한국 저널리즘은 사회적 약자인 비정규직 노동자와 농민 문제를 보도하는 데 전혀 공정하지 못하다. 2005년 11월에 연이어 일어난 농민들의 자살과 집회 시위 중 타살 사건,[35] 그리고 2006년 7월에 일어난 비정규직 노동자의 타살 사건[36]에서 한국 저널리즘은 노사 사이의 소극적 공

---

[35] 이 문제에 대한 구체적 내용 분석으로는 정연구(2005)의 논문이 있다. 정연구는 "한국 언론에는 농민이 없다"면서 "조선일보와 중앙일보에서는 고 전용철 씨 사망과 관련해 단 한 건의 기사도 찾아볼 수 없는 등 이번 사안을 철저히 은폐했다"고 분석했다. 농민의 시위가 거세게 나오자 비로소 신문과 방송에서 농업문제에 관심을 갖기 시작했으나 그나마도 기사가 가져야 할 기본적인 덕목인 균형성, 완전성, 사실성에 문제가 있는 내용이 대부분이었다는 지적이다. 방송 또한 시위의 폭력성만 부각했고 사망 사건 보도에서도 사인 규명, 폭력 재발 방지에 소극적이었다고 비판했다. 이 밖에도 농민문제 보도와 관련된 내용 분석으로 손석춘(2006)의 연구가 있다.

[36] 이 문제에 대한 구체적 내용분석으로는 정연우(2006)와 손석춘(2005a)의 연구가 있다. 정연우(2006)는 포스코 건설노조 농성 관련 보도를 틀 이론으로 분석하면서 기업, 정부, 지배 엘리트, 합리적 시민은 문제 해결자로 표상되고 그에 맞서는 노동조합, 진보주의자 또는 집단 등은 문제와 갈등을 일으키는 자로 표상된다고 지적했다. 또 노조의 요구 사항

정성도 지키지 않았다. 생존권을 지키려고 집회와 시위에 나선 농민과 비정규직 노동자가 대낮에 '공권력'에 의해 타살당했는데도 사회적 파장이 일어나지 않은 가장 큰 이유는 한국 저널리즘의 묵인과 축소 보도에 있다. 농민과 비정규직 노동자들 사이에서 한국 언론에 대한 격렬한 비판이 제기된 것도 이 때문이다.[37]

억강부약이 '최소한의 공정'이란 말은, 사회적 약자를 무조건 옹호하는 것이 정의라는 뜻은 아니다. 권력이나 자본을 지닌 사람들과 비교할 때, 커뮤니케이션권이 거의 없는 사회적 약자들에게 저널리즘이 관심을 갖는 것은 커뮤니케이션의 공평을 실현하는 최소한의 방법이라는 뜻이다.

문제는 노사관계나 경제 문제와 관련된 저널리즘을 분석하는 데도 정파성의 잣대를 들이대는 데 있다. 한국 저널리즘은 다음과 같은 구호적 기호와 단순 논리로 보도의 틀을 형성하고 있다.

이나 발단, 사건의 근본적 배경 등은 외면하고 건설 노동자 하중근 씨 중태에 대한 보도는 축소 외면했다고 분석했다. 또 다단계 하도급이라는 건설업의 특성으로 인해 원청업체가 나서지 않으면 하청업체가 문제 해결이 어렵다는 것을 애써 외면함으로써 문제의 본질을 호도했다. 손석춘(2005a)은 한국 언론이 노사 사이에 최소한의 균형조차 지키지 않는 보도 사례들을 분석했다.

37 언론에 대한 노동자들의 비판은 어제오늘의 일이 아니다. 2003년 10월 사용자의 성실한 임·단협 협상을 촉구하며 45미터 높이의 대형 크레인에 올라가 129일째 홀로 고공농성을 벌이던 김주익 금속노조 한진중공업지회장이 목매 자살하며 남긴 유서가 대표적이다. "강성노조 때문에 나라가 망한다고 아우성이다. 1년 당기 순이익의 1.5배, 2.5배를 주주들에게 배상하는 경영진들, 그러면서 노동자들에게 회사가 어렵다고 임금동결을 강요하는 경영진들. 그토록 어렵다는 회사의 회장은 얼마인지도 알 수 없는 거액의 연봉에다 50억 원 정도의 배상금까지 챙겨가고 또 1년에 3500억 원의 부채까지 갚는다고 한다. 이러한 회사에서 강요하는 임금동결을 어느 노동조합, 어느 조합원이 받아들이겠는가. 이 회사에 들어온 지 만 21년, 그런데 한 달 기본급 105만 원. 그중 세금들을 공제하고 나면 남는 것은 팔십몇만 원. 근속 연수가 많아질수록 생활이 조금씩이라도 나아져야 할 텐데 햇수가 더할수록 더욱더 쪼들리고 앞날이 막막한데, 이놈의 보수언론들은 입만 열면 노동조합 때문에 나라가 망한다고 난리니 노동자는 다 굶어 죽어야 한단 말인가."(인터넷신문 레이버투데이 2003년 10월 20일자).

'노무현의 친노(親勞) 정책'→'노동운동의 과격화 방치'→'해외 투자자
들의 불안'→'한국 경제의 경쟁력 약화'

여기서 노무현 정부의 노동정책이 과연 '친노동'이냐는 전제부터 의문
이 제기될 수 있다. 하지만 여기서 그 문제를 다루는 것은 적절하지 않다.
중요한 지점은 한국 저널리즘의 노사관계 보도와 논평에서 사용자의 불법
에는 외면하거나 축소하고, 노동자의 불법에는 '엄벌'을 촉구하는 사례가
새삼 소개할 필요가 없을 만큼 넘친다는 사실이다. 자본주의 경제체제에
서 민주주의 발전에 가장 중요한 노사관계 사안을 다루는 데서 기계적 균
형, 소극적 의미의 공평(impartiality)마저 지키지 못하고 있는 것이다. 아무
런 선입견 없이 객관적으로 분석해보면, 한국 저널리즘은 억강부약이 아
니라 오히려 '억약부강'에 가깝다. 언론계의 외면과 언론학계의 무심으로
억강부약이 공정성의 주요 가치라는 사실도 저널리즘 현장에서 '낯선 담
론'이 되어가고 있다.

'성장이냐 분배냐'의 경제정책 중심을 놓고도 언론의 차이를 정파성의
문제로 환원하는 것은 문제가 있다. 경제협력개발기구(OECD) 기준으로
볼 때, 한국은 GDP의 8.3%(2000년)를 사회복지에 지출한 데 비해 다른 국
가들의 평균은 23.4%에 이른다. 강명구(2005)는 "이런 복지 수준에서, 거기
에 기초한 사회 안전망의 수준에서, 성장이냐 분배냐를 대립적으로 따지는
것은 의미가 없다"고 분석한다. 복지가 성장을 가로막고 있다는 명제도 복
지 지출이 미약한 수준일 때는 논의의 방식과 내용이 달라야 한다는 논리
다. 진실의 가치를 논의할 때도 확인했지만, '보수'와 '진보' 또는 정파성의
문제 이전에 공정의 가치라는 기본 윤리의 문제가 재삼 강조되어야 한다.

공정성에서 사회적 약자에 대한 문제의식은 미국 사회에서도 진지하
게 제기되고 있다. 커닝험(Cunningham, Brent. 2005)은 미국의 신화에 젖어

있는 '주류 언론'을 비판한 뒤 '편집국 밖의 저널리즘'을 강조한다. 그는 주류 언론의 편집국이 너무나 자족감에 젖어 있다면서 핵심은 비주류들과 함께하고 분산된 '점'들을 잇는 것이라고 제안한다. 언저리에 있는 사람들과 함께하기(Working the Fringe)를 그가 대안으로 제시하고 있는 것도 주목할 만하다.

물론, 진실과 공정의 가치는 구분될 수 없을 만큼 밀접하게 연관된 가치이다. 그만큼 저널리즘의 기본 윤리라고 할 수 있다. '세계적 고급지'로 불리는 워싱턴포스트가 취재 보도에서 공정성을 실천하기 위해 제시한 항목을 보면, 그것이 진실과 이어져 있음을 발견할 수 있다(김지운, 2004, 176~177쪽).

① 기사는 상당히 중요하고 상당한 의의를 지닌 사실들을 빠뜨리면 공정하지 않다.
② 기사는 의의 있는 사실들을 제치고 본질적으로 연관성이 없는 정보를 포함하면 공정하지 않다.
③ 기사는 의식적이든 무의식적이든 수용자들 오도하거나 심지어 속이면 공정하지 않다.

메릴(Merrill, John)이 언론보도의 윤리를 'TUFF'로 공식화한 것도 같은 맥락이다. 진실되고(Truthful) 편향되지 않고(Unbiased) 정보 제공이 충분(Full)하고 공정(Fair)해야 한다는 것이다(175~176쪽). 그 공식을 한국 저널리즘의 구체적 보도에 들이댈 때 어떤 결과가 나타날지는 앞서 든 보도 사례들의 분석만으로도 충분하다.

실제로 한국언론재단(2004)의 수용자 의식조사 결과를 보면, 한국 언론의 공정성에 대한 평가는 신뢰성에 대한 평가보다 더욱 낮았다. 언론이 공정하다는 응답은 12.0%로, 2년 전인 2002년(20.6%)에 비해 절반가량 낮아졌다. 공정하지 않다는 응답은 46.7%에 이르렀다. 이는 수용자의 10명 중 1명만이 언론을 공정하다고 여긴다는 뜻이다.

[표 3] 수용자가 보는 언론 공정성

(단위: %)

구분	매우 공정하다	대체로 공정하다	보통이다	별로 공정하지 않다	전혀 공정하지 않다
2004년	0.1	11.9	41.3	44.7	2.0
2002년	0.4	20.2	27.4	47.0	5.0

* 출처: 한국언론재단(2004), 수용자 의식조사.

언론광장(2004)이 현직 언론인들을 대상으로 한 설문조사에서도 "한국 언론이 사회적 약자의 목소리를 제대로 대변하는가"라는 물음에는 "대변하고 있다"는 대답은 34.4%였고, 64.2%가 "대변하고 있지 않다"고 대답했다. 특히 언론이 사회적 약자를 대변하지 못하고 있다는 응답이 간부급(53.3%)보다 평기자(68.1%)가 더 많은 사실도 눈여겨볼 대목이다.

□ 한국 저널리즘 살리기

한국 저널리즘은 '북미 핵문제'나 '사회적 약자' 문제에서 드러나듯이 기본 윤리인 '진실'과 '공정'을 잣대로 판단할 때, 저널리즘의 존재 원칙마저 위반하고 있음을 확인할 수 있다. 저널리즘의 목적이 "사람(수용자)들이 자유로워지고 민주주의의 이상인 자기통치에 필요한 정보를 제공하는 것"(Kovach and Rosenstiel, 2001, 12쪽)임에 비추어 볼 때, 그 기능을 제대로 못 하는 저널리즘의 문제점은 단순히 사회적 약자뿐만 아니라 궁극적으로 수용자인 사회 구성원 모두의 피해로 귀결될 수밖에 없다.

여기서 우리는 "뉴스와 여론을 수집하고 전파하는 가장 큰 목적은 국민에게 그 시대의 문제가 무엇인가를 알려주고, 그에 대해 판단할 수 있게 함으로써 전체적 번영에 봉사하기 위한 것"이라는 미국 신문편집인협회 윤리강령의 제1조를 거듭 새겨볼 필요가 있다. 수용자들이 저널리즘을 통해 자신이 살아가고 있는 사회에서 무엇이 문제인가를 알지 못하게 되거나, 그에 대해 오판을 내릴 가능성이 높도록 일방적 정보만 제공받는다면, 그것 이상으로 '수용자 복지'[38]를 훼손하는 일은 없을 것이다.

수용자들이 자신의 권리를 제대로 누릴 수 있고, 시대의 흐름을 정확히 이해해 대응해나가는 데 필수조건인 저널리즘을 정립하려면, 언론학계와 언론계가 유기적 결합으로 저널리즘 위기 극복에 적극 나서야 한다.

① 저널리즘 연구와 교육의 강화

한국 저널리즘에 나타나고 있는 실체적 위기는 언론인들 자신의 책임이 일차적이고 결정적이지만 저널리즘 현상을 연구하는 언론학의 책임도 적지 않다. 사회과학으로서 언론학이 사회현상의 하나로서 언론 현상에 대해 문제점을 분석하고 해결 방안을 모색하는 것은 본연의 일이다. 하지만 언론학계에서 저널리즘 연구는 점점 약화되고 있다.

---

[38] 수용자 복지(audience welfare)는 방송 쪽에서 논의되어온 개념이지만 최근에는 폭넓게 사용되고 있다. 기존의 수용자 주권 개념이 법과 제도 안에서 주인으로서의 권리를 보장받고 참여할 수 있는 권리라고 한다면, 수용자 복지는 미디어를 통해 전체 사회의 삶의 질을 높일 것을 보장받을 권리이다(박은희, 2005, 103~104쪽).

저널리즘 연구가 약화되는 징후는 기실 한국신문학회가 1985년 한국언론학회로 이름이 바뀌고 1992년 제27호부터 『신문학보』가 『한국언론학보』로 바뀌면서 나타나기 시작했다. 기존의 '저널리즘' 전통에서 매스커뮤니케이션으로 개념을 '확대'하는 전환 과정은 새로운 미디어의 등장 및 그들의 산업화와 밀접한 연관성이 있다(최창섭, 1997, 14쪽). 그 후 해가 거듭될수록 경제적 가치에 따라 미디어산업이 재편되고, 그에 따라 미디어가 필요로 하는 인력시장의 수요가 대학 언론학과의 커리큘럼에도 변화를 불러왔다. 그 결과, 저널리즘 분야보다 '산업 수요'가 많은 텔레비전 및 광고, 뉴미디어와 관련된 연구가 대학에서도 '환영'을 받기 시작했다. 한국언론학회가 연간 2회 이상 간행해온 『언론학보』에 1995년~2003년 10월(통권 47-6호)까지 게재된 논문 207편 가운데 언론윤리가 주제인 논문이 단 1편도 없는 사실(김지운, 2004, 13쪽)은 많은 것을 설명해준다.

저널리즘 연구의 위축은 그대로 대학에서 저널리즘 교육의 약화로 이어진다. 충격적인 현실이지만 한국 언론사(言論史)가 아예 커리큘럼에 없는 대학마저 있는 게 그 단적인 보기다. 물론, 언론학과의 교육이 언론 현장과 동떨어져 있다는 지적은 오래전부터 제기되어 왔다. 송건호(1974)는 '훌륭한 언론인'을 길러내기 위해 언론학과의 "강의 목적은 사회와 인간을 보는 눈을 기르는 것이 되어야 한다"면서 커리큘럼에 일대 개혁을 촉구했다. 교과과정의 3분의 2를 사회과학 강좌로 채우고, 저널리즘 실무교육에 충실해야 한다는 주장이다. 여기서 교과과정의 3분의 2를 '사회와 인간을 보는 눈을 기르는 것'이어야 한다는 송건호의 제안은 진실과 공정이라는 저널리즘의 철학을 함양하는 방법이라는 점에서 저널리즘 실무 교육의 연장선에 있다고 볼 수 있다.

이강수(1973)는 일관되게 언론학 교육의 문제점을 지적해왔다. 미국과 일본에서도 "언론학 교육의 일차적 목표는 전문직 언론인 양성에 있다"

면서 한국 언론학의 현실을 비판했다. 이강수는 1973년에 발표한 논문과 2000년에 발표한 논문 사이에 차배근(1989)의 논문이 같은 주장을 했는데도 "교육의 방향 설정 문제, 신문방송학 커리큘럼의 문제, 실무 담당 교수의 문제, 실무 실습 등 교육 시설의 문제"는 달라지지 않았다고 개탄한다.

문제는 대학에서 저널리즘 위축의 흐름이 새로운 미디어들의 폭발적 증가로 더 가속화하는 데 있다. 그나마 다행인 것은 '교육 재편'의 논의가 간헐적으로 제기되어 왔다는 점이다. 이민규(2001)는 신문방송 교육의 특성화 방안으로 '인문학적 기본교육의 강화'를 꼽았다. 현실적응에 필요한 자신의 의사표현능력 배양과 철저한 윤리의식, 기본적인 지적 능력의 향상을 위한 인문학적 소양교육이 무엇보다 중요하다는 것이다. 실습교육의 확대에도 동의하지만 통념적으로 이야기하는 하드웨어 인프라 위주의 교육이 제대로 된 실기교육이라는 고정관념은 벗어나야 한다고 강조한다. 기본적인 언론인으로서의 자질과 소양의 개발이라는 소프트웨어 인프라 위주의 실기교육이 예비 언론인으로서 상상력과 창의성을 키워내는 데 더 효과적일 수 있다는 것이다. 앞서 본 송건호의 제안과 같은 맥락이다.

이재경(2005)은 미국의 대학뿐만 아니라 홍콩과 싱가포르의 대학과 비교해도 경쟁에서 떨어지는 한국 대학의 커뮤니케이션학 전공구조를 근본적으로 바꿔야 한다고 역설한다. 특히 교과 과정을 바꾸는 구체적 방향까지 제시했다. 저널리즘의 철학과 역사, 그리고 언론윤리 과목과 법률제도에 관한 과목들을 '필수 이론과목'으로 설치하고, 언론의 현장을 체험하면서 자신의 기사를 축적할 수 있는 현장실습 과정도 정규과목으로 제공해야 한다는 제안은 언론학계에서 진지하게 논의해볼 사안이다.[39]

"언론계에서 유능한 기자로 이름을 떨치고 있는 기자의 대부분은 신문

---

39   한국 대학의 언론 관련학과 커리큘럼 분석은 이재경(2005)의 연구를 참고할 수 있다.

학과 아닌 다른 인문 사회과학계 졸업생에서 많이 배출되고 있다"는 송건호(1974)의 지적이 30여 년이 흐른 오늘도 여전히 언론 현장에서 확인되고 있는 것은 저널리즘 교육이 제자리걸음을 하고 있다는 진단에 무게를 실어준다. 하지만 언론학계가 저널리즘 현장과 유기적 결합이 필요한 것은 단지 저널리즘 연구와 교육을 강화하기 위해서만은 아니다.

② 저널리즘 발전을 위한 법적 기반 확보

저널리즘 현장과 학계가 유기적으로 결합한 좋은 보기는 언론 현업인 3단체(전국언론노동조합·한국기자협회·한국방송프로듀서연합회)와 시민언론운동 단체의 연대기구인 언론개혁시민연대의 출범(1998)에 한국언론정보학회가 적극 참여해온 사례를 들 수 있다. 한국언론정보학회는 저널리즘의 발전을 위해 언론운동 단체들과 더불어 언론개혁 입법운동의 이론적 기초를 제시해왔다.

저널리즘 발전을 위한 법적 기반을 확보하려는 운동은 통합방송법 제정에 이어 신문법 제정으로 어느 정도 성과를 이룬 게 사실이다. 하지만 소유 구조의 민주화나 편집의 자율성 확보는 입법에 반영되지 못했거나 형식적 권고 사항에 그치고 말았다.

법과 제도를 개선해나가는 것은 민주주의 사회에서 언제나 필요한 과제인 만큼, 앞으로도 입법운동은 미진한 점을 보완해나가야 한다. 다만 법제 개혁과 더불어 저널리즘 윤리를 정립해나갈 필요가 있다. 저널리즘의 기초 윤리에 대한 사회적 공감대가 널리 형성되지 않는다면, 저널리즘 발전을 위한 입법조차 온전히 이루어지지 못한다는 게 이미 신문법 제정 과정에서 확인됐기 때문이다. '언론개혁 입법'의 목적이 저널리즘의 윤리 정립과 발전에 있음을 분명히 하는 것은 입법의 설득력을 높이는 데 필요조건이다.

여기서 '언론광장'(2004)의 설문조사에서 언론이 사회적 약자를 대변하지 못하고 있다고 응답한 기자들이 그 이유로 "회사의 당파적 보도 경향 때문"(40.9%)을 많이 꼽은 사실을 유념할 필요가 있다. "언론이 사회적 갈등 해소 기능을 못하고 있다"고 답한 기자들(76.9%)도 그 이유로 "회사의 당파적 보도 경향 때문"(64.9%)을 가장 많이 꼽았다. 한국 저널리즘을 진실과 공정의 존재 원칙 위에 다시 세우는 과정에 언론사 최고 의사결정권자들의 각성이 필요한 이유가 여기 있다.[40]

③ 신문협회와 편집인협회의 '각성'

한국 저널리즘을 질적으로 높일 실천적 주체는 저널리즘 현장의 언론인들이다. 언론학계에서 아무리 저널리즘 연구와 교육을 강화하고 법적 기반이 진전되더라도 언론 현장에서 그것을 받아들이지 않을 때, 효과는 반감될 수밖에 없다.

따라서 저널리즘을 생산하는 편집국이나 보도국의 의사결정권자들을 구성원으로 하는 단체와 언론학계의 유기적 결합의 중요성은 더 말할 나위 없다. 한국 저널리즘이 단순히 '정파'나 '보수 대 진보'에서 빚어진 갈등을 빚고 있는 게 아니라 저널리즘의 존재 원칙이 근본적으로 흔들리고 있는 위기를 맞고 있음을 언론학계 차원에서 분명한 '메시지'로 한국신문협

---

40 한국언론재단(2004)의 수용자 의식조사 결과에서도 신문·방송매체의 저널리즘상 문제점으로는 정치적 편파성과 자사 이기주의 등이 지적되었다. 신문의 경우 4점 만점을 기준으로 환산했을 때 '정치적으로 편파적이다'라는 응답이 2.78점으로 가장 많았고, 다음으로 '국민의 이익보다 자기 회사 이익을 먼저 생각한다'(2.72), '돈과 힘 있는 사람 입장을 대변한다'(2.68) 등이 지적됐다. 방송보도 또한 '정치적으로 편파적이다'(2.75)가 가장 많았고, '돈과 힘 있는 사람 입장을 대변한다'(2.69), '국민의 이익보다 자기 회사 이익을 먼저 생각한다'(2.68), '정치나 경제에 대해 제대로 비판을 못 하고 있다'(2.62) 등이 문제점으로 거론됐다.

회(이하 신문협회)와 한국신문방송편집인협회(이하 편집인협회)에 전달해
야 한다. 실체적 위기에 놓인 저널리즘을 살려내려면 기초 윤리조차 지키
지 못하는 저널리즘 현실에 대한 구체적 내용 분석과 성역 없는 비평이 학
계에서 권장되고 활발하게 전개됨으로써, 언론단체들과 소통을 이뤄야 한
다.[41]

　무엇보다 신문 소유주나 경영자들이 저널리즘의 위기를 실체 그대로
정확하게 인식할 필요가 있다. 신문협회와 편집인협회가 기자협회와 공동
으로 제정한 신문윤리강령은 "사실의 전모를 정확하게, 객관적으로, 공정
하게 보도할 것을 다짐한다"고 선언했다. 그들이 주도해 제정한 윤리강령
에 오늘의 언론이 얼마나 충실한가를 스스로 짚어볼 수 있도록 학계가 '논
의의 장'을 만드는 데 적극 나서야 한다. 이미 2002년부터 2005년 사이에
인터넷, 케이블 방송, DMB의 확산으로 전통 미디어의 영향력이 줄어들었
고, 이런 추세는 갈수록 커질 것이기에 더욱 그렇다(권기덕·김재윤, 2006).

　전통적으로 산업으로서 미디어를 바라보는 미국에서도 최근 들어 저
널리즘의 중요성을 강조하는 연구들이 이어지고 있는 것은 시사적이다
(Cunningham, 2005; Gillmor, 2006; Kovach & Rosenstiel, 2001; McCollam, 2006;
McNair, 1998; Merrill, 1997; Meyer, 2004). 미국의 미디어 자산관리 및 투자 전
문가인 루더퍼드(Rutherfurd, James)조차 "무엇보다도 신문업이 제조업이나
서비스업과는 전혀 다른 속성의 비즈니스이며 그 핵심 부문은 바로 편집
쪽이라는 사실을 이해하는 것이 중요하다"고 권했다(McCollam, 2006).[42]

41 　언론을 비평하는 잣대가 정파적일 때 소통은 이뤄질 수 없다. 저널리즘의 원칙과 윤리에
　　근거한 비평이 필요한 이유도 여기에 있다. 정파적이거나 정파적으로 오해를 받을 수 있
　　는 비평이나 실천은, 언론학계에서 비평이 활성화할 때 '자연 도태'의 과정을 밟을 것이다.

42 　루더퍼드(Rutherfurd)는 뉴욕타임스를 보기로 든다. 제2차 세계대전 때 신문용지 배급제
　　가 시행되면서 신문사들은 제한된 지면에 광고와 기사 가운데 어떤 것을 우선할까에 대
　　한 결정을 내려야 했다. 거의 모든 신문이 광고 지면을 확대한 반면에 뉴욕타임스는 기사

메이어(Meyer, 2004, 228~244쪽)가 '저널리즘 살리기'의 방법으로 저널리즘 윤리의 정립을 제안했을 때, 그것을 세울 주체도 신문사의 소유주나 주주들이 아니었음을 한국의 신문 발행인들이나 편집인들이 인식할 필요가 있다. 미국 언론의 경영진이 "현장에서 뛰는 사람들, 곧 공익에 충실한 수많은 저널리스트들의 헌신적 노력에 기대"를 거는 이유에 대해 신문협회와 편집인협회의 열린 마음과 숙고가 요구되는 것이다.

신문협회와 편집인협회가 저널리즘 위기의 실체를 온전히 인식하고 근본적인 대책을 세우기 위해 나서도록 '각성'시키는 데 가장 설득력 있는 논리를 제시할 수 있는 주체는 언론학계일 수밖에 없다. 진실과 공정이라는 기초 윤리조차 지키지 못함으로써 [표 1], [표 2], [표 3]에서 보았듯이 수용자는 물론이고 기자들 자신에게도 불신받고 있는 한국 저널리즘이 스스로 '비판 언론'을 자처하는 현실에 대해 언론학계가 일치된 비판에 나서야 한다. 그것은 '특정 신문 죽이기'의 문제가 아니라 한국 저널리즘, 더 나아가 공론장을 핵심으로 하는 민주주의 성숙의 문제이기에 더욱 절실한 과제다.

☐ 불신을 넘어 참여로

지금까지 미디어 폭발 시대에 한국 저널리즘의 위기를 극복하려는 선행 연구들을 분석한 데 이어 먼저 저널리즘 위기의 실체가 무엇인가를 '존재

를 선택했다. 그 결과 전쟁이 끝날 때쯤 뉴욕타임스는 신문시장을 석권했다는 분석이다 (McCollam, 2006).

원칙'의 차원에서 파악했다.

이어 우리 시대의 주요 의제(agenda)인 북미 핵문제와 사회적 약자 문제에 대한 보도와 논평에서 저널리즘이 진실과 공정이라는 두 기본 윤리에 어긋나고 있음을 분석했다. 결국 저널리즘의 위기는 미디어가 급증하고 있는 가운데 수용자 복지가 원천적으로 훼손되고 있는 역설적 현상으로 나타날 수밖에 없다. 이를 극복하는 방안으로 언론학계가 저널리즘에 대한 연구와 비평을 활발하게 수행하고 언론학과 커리큘럼을 재편해야 하며, 언론 단체들 – 특히 신문협회와 편집인협회 – 과 유기적으로 결합해 그들이 저널리즘의 질적 발전에 적극적이고 자발적으로 나서도록 설득해야 한다는 것을 제안했다.

한국 저널리즘 위기의 실체를 규명하고 언론학계를 중심으로 대안을 모색한 이 글에서 실체적 위기로 진단한 근거가 북미 핵문제와 사회적 약자 문제로 제한된 것은 내용 분석의 한계로 남는다. 하지만 한국 저널리즘의 실체적 위기는 역사적 전개 과정에서도 확인할 수 있다. 수용자인 독자와 시청자의 시각에서 볼 때, 한국 저널리즘의 위기는 최근에 일어난 현상이 결코 아니기에 더욱 그렇다.

한국 저널리즘이 수용자들로부터 얼마나 불신을 받았는가는 몇몇 상징적 사건들이 웅변해준다. 1960년 4월혁명 때 신문사가 불탔던 사실, 1980년 5월항쟁 때 방송사가 화염에 휩싸였던 사실, 1987년 6월항쟁의 한복판에서 신문사에 돌이 날아든 사실은 저널리즘의 위기가 어느 정도였는가를 입증해준다. 꼭 정치적 전환기만은 아니었다. 1970년대 대학가에서 언론 화형식이 벌어진 사실이나, 1980년대에 전 국민으로 퍼져갔던 'KBS 시청료 거부운동'은 저널리즘의 기본 윤리를 지키지 못하는 언론사에 수용자들의 분노가 어느 정도였는가를 실증해준다. 87년 6월항쟁 뒤 저널리즘이 변화했다고 판단할 수 있지만, 앞서 살펴본 '관훈클럽 보고서'도 강조했듯이 한국 저널리즘은 여전히 냉전논리의 틀(frame)로 남북관계와 한미관계를 보도하고 있다. 노동자와 농민을 비롯한 사회적 약자에 대한 외면도 과거와 달라지지 않았음을 확인할 수 있다.

따라서 한국 저널리즘의 위기론이 지금 논의되는 이유는, 역설이지만 그만큼 수용자들의 의식이 보편적으로 성숙했음을 뜻한다. 한국 저널리즘의 전개 과정에서 큰 흐름이었다고 해도 결코 지나친 판단이 아닌 '실체적 위기'가 비로소 드러나고 이에 맞서 다양한 수용자 운동이 벌어질 만큼 저널리즘을 둘러싼 안팎의 상황이 진전되었다는 것을 의미하기도 한다. 언론학계와 언론계의 유기적 결합으로 저널리즘을 정립하는 과정에 수용자들의 참여가 중요한 까닭도 여기에 있다.

언론학계 일각에서 저널리즘 개혁을 위한 논의의 장(場)을 만들어야 한다는 주장은 간헐적이지만 꾸준히 제기되어 왔다. 강명구(2005)는 '민주적 공론장을 위한 언론개혁위원회 구성'을 제안했다. 한국기자협회와 한국신문방송편집인협회가 주축이 되고 "언론학회와 같은 혹은 여러 학회가 연합한 전문가 집단, 정당, 경영자와 노동조합, 시민단체가 참여"해 이를 통해 민주적 공론장의 철학적 기반뿐만 아니라 법률적, 제도적 개혁 방안을 마련하자는 구상이다. 정파성의 문제로 논의가 왜곡당하는 것을 막기 위해, 위원회 활동은 차기 정부까지 지속되도록 하고 최종 보고서도 차기 대선 이후에 발표하자는 제안도 했다.

이재경(2004)도 위기 극복이 개별 신문이나 몇몇 언론인들만으로 가능한 일은 아니라면서 "기본적으로 우리 사회 전체가 언론과 공론 영역의 가치와 그들의 존재 원칙에 대해 함께 성찰하고 그로부터 언론에 관한 기본 철학과 행위 기준을 이끌어내야 한다"고 제안한다. 이를 위해 "언론계와 정부, 정치학, 법학, 언론학 등 모든 관련 학문 분야의 학자, 그리고 시민의 대표 등의 참여가 필요"하며 전체 과정에 일반인들의 참여를 유도해 작업

자체가 전 국민의 교육 과정이 되도록 추진하자고 강조했다.

같은 문맥에서 미국 언론계가 『The Elements of Journalism』을 펴낸 과정은 시사적이다. 1997년에 미국의 주요 신문사 편집인들, 텔레비전과 라디오 방송에서 영향력 있는 사람들, 유수한 언론학자들, 저명한 작가들 25명이 모여 미국 저널리즘이 제구실을 못하고 있다는 데 뜻을 모으고, '저널리즘을 염려하는 언론인위원회'(Committee of Concerned Journalists)를 구성했다. 그 뒤 3년 동안 3000여 명이 참석한 공개토론회를 21회나 열었고, 300명이 넘는 언론인들로부터 증언을 들었다. 저널리즘을 연구하는 학자들과 회의를 통해 '우수한 저널리즘을 위한 프로젝트'와 언론사(言論史) 연구를 진행했고, 그 결과를 책자로 발간했다(Kovach & Rosenstiel, 2001, 10~12쪽).

저널리즘의 존재 이유이자 원칙이 "사람들이 자유로워지고 민주주의의 이상인 자기 통치에 필요한 정보를 제공하는 것"이라는 언명은, 미국 언론만이 아니라 한국 저널리즘에 근본적 성찰을 요구한다. 한국 언론은 상대적으로 미국 언론에 비해 수용자들은 물론이고 언론인 자신에게도 더 불신받고 있는 상황이기에, 그것을 개혁하는 과정에서 저널리즘의 존재 원칙을 명확히 정립하는 것은 그만큼 더 중요한 과제다. 그 원칙을 바탕으로 한국 저널리즘의 질적 발전을 위한 숙의(deliberation)의 '마당'[43]을 만드는 데 언론학계가 적극 나서지 않는 한, 저널리즘의 실체적 위기와 그로 인한 수용자 복지 훼손은 지속될 가능성이 높다.[44]

---

[43] 저널리즘 개혁을 위한 논의의 장(field, 마당)을 구체적으로 어떻게 형성할 것인지는 이 글의 영역을 넘어선 주제다. 언론학계와 언론단체들이 한국 저널리즘의 실체적 위기에 공감하고 저널리즘의 질적 발전을 숙의하는 열린 마당을 마련해야 한다는 당위성을 도출하는 데 이 글의 목적이 있다. 언론개혁과 관련한 입법의 문제도 그 열린 마당에서 저널리즘의 위기를 극복할 한 방법으로 새롭게 숙의될 수 있을 것이다.

[44] 이 글은 '저널리즘 위기의 실체와 극복 방안에 관한 연구' 제목으로 『언론정보학보』 36호(2006년 8월)에 실렸다.

3장

한국의 미디어 집중과
여론 다양성의 위기

■ 거대 신문사의 방송 진출을 둘러싼 논쟁

한국의 대중매체 시장이 구조적 전환점을 맞고 있다. 국회 과반의석을 차지한 한나라당(현 새누리당)이 2009년 7월 22일 단독 처리한 신문법(신문 등의 자유와 기능 보장에 관한 법률)과 방송법, 인터넷TV(IPTV) 법안들(이하 미디어법)에 근거해 조선·중앙·동아일보사가 종합편성(종편) 채널을 확보했기 때문이다.

세 신문사가 매일경제와 함께 각각 TV조선, 채널A, JTBC, MBN의 이름으로 방송을 겸영하는 데에 찬반은 크게 엇갈린다. 미디어법의 통과를 주도한 쪽은 신문과 방송겸영이 세계화에 걸맞은 선택이며 경제를 살리고 여론 다양성도 높일 것으로 낙관하고 있다. 반면에 반대하는 쪽에선 세 신문사가 한국 사회의 여론 형성에 끼치는 영향력이 훨씬 커져 여론 독과점이 심화될 것으로 우려하고 있다. 같은 현상을 두고 정반대의 분석과 평가가 독자나 시청자만이 아니라 언론학계에서 나오는 현상은 문제임에 틀림없다.

신문과 방송겸영을 둘러싼 논쟁이 한창일 때 한국기자협회·한국PD연합회·한국방송기술인연합회가 공동(한국리서치 의뢰)으로 언론학회, 언론정보학회, 방송학회 소속 언론학자 300명을 대상으로 한 여론조사 결과를 보면, 신문의 지상파 방송 지분 허용 문제에 언론학자의 64.7%가 반대했지만, 찬성 의견도 33.3%로 나왔다. 신문의 종합편성채널 진출에 대해서는 반대 비율이 58%로 더 낮아졌고 40.7%가 찬성했다(표집오차 95% 신뢰수준에 ±5.7%P). 보도전문채널에 신문이 진출하는 문제에 대해서는 더 낮아져 언론학자의 54%가 반대하고 45%가 찬성했다(한국기자협회, 2009).

학적 연구에서 다양한 해석은 얼마든지 가능하고 또 권장할 덕목이지만, 한국 사회에서 신문과 방송의 겸영과 같은 구체적이고 실체적 현상에 대해 학자들의 견해가 극명하게 갈라지는 현상은 누구를 위해서도 바람직하지 않다.[45] 단순한 주장이나 비평 차원을 넘어 어떤 전망이 옳은가에 대한 과학적 분석과 학문적 소통이 필요한 이유가 여기 있다. 여론 다양성 문제는 앞으로 한국 민주주의가 전개되어가는 데 큰 변수로 작용할 수밖에 없기 때문에 더욱 그렇다.

이 글은 신문이 방송을 겸영하면 우리 사회의 여론이 더 다양해진다는 논리와 정반대로 우리 사회의 여론 다양성에 위기를 불러온다는 논리가 학계에서 대립하며 소통이 막혀 있는 현실에서 최대한 과학적 접근을 통해 학문적 토론을 점화하는 데 목적이 있다.[46]

☐ 조중동의 여론전을 분석한다

무릇 과학적 연구는 특정 현상을 기술(descriptive)하고 설명(explanation)함으로써 예측(prediction)하고 그것을 통제(control)하는 데 본령이 있다. 여기서는 연구 대상인 특정 현상을 구체적이고 명시적으로 설정하기 위해 연구

---

45 여야 합의로 구성된 국회 미디어발전국민위원회의 공동위원장 2명은 모두 언론학자이다. 여당 쪽 추천 김우룡 위원장은 신방겸영에 찬성하는 의견을 냈으며 미디어법 통과 뒤 방송문화진흥회 이사장으로 임명됐다. 반대쪽 강상현 위원장은 미디어공공성포럼의 창립 운영위원장으로 활동했었다.

46 물론, 학술적 토론의 시도는 이 글이 처음은 아니다. 미디어법 제정 과정에서 미디어공공성포럼을 중심으로 언론학자들이 10여 차례에 걸쳐 토론회를 열었다(최영묵, 2009). 이 글은 입법 과정에서 활발하게 벌어진 논쟁을 학회 차원에서 분석하고 학문적 토론을 제안하는 데 목적이 있다.

가설을 "조중동 방송은 여론 다양성을 저해한다"로 명제화했다.

이 가설에서 '조중동 방송'의 개념부터 정의할 필요가 있다. '조중동 방송'은 조선일보, 중앙일보, 동아일보 3개사가 주체로 방송할 종합편성채널을 기술하는 기능적 정의다. 조중동 방송의 기능적 개념이 효과적이라고 판단한 데는 세 가지 근거가 있다.

첫째, 한국 사회에서 신문과 방송 겸영에 대한 찬반양론 모두 조선일보, 중앙일보, 동아일보의 종편 참여 – 3개사 모두이거나 적어도 2개사 선정 – 를 예상하고 자신의 논리를 전개했기에 '조중동 방송'이란 정의는 연구 범위를 구체화해서 확정해준다.

둘째, 여기서 '조중동'이란 말은 객관적 기술로 조선일보, 중앙일보, 동아일보의 앞글자를 이용한 줄임말이다. 다만 2000년 그 말이 처음 대중매체에 선보인 이후 10년 넘도록 시민사회에서 광범위하게 소통되고 있는 '조중동'이란 말에 담긴 비판적 함의를 굳이 엄격하게 배제할 필요는 없다. 세 신문사의 종편채널이 여론 다양성을 저해한다는 가설을 실증적으로 분석하고 예측하는 데 효용성도 있기 때문이다. 물론 '조중동 방송'이란 개념으로 문제를 분석한다고 해서 '조중동'이란 말을 처음 쓴 언론인이 주장하듯이 세 신문을 '조폭 언론'으로 규정하는 데 동의하는 것은 아니다.[47] '조폭 언론'이란 규정은 감정이 묻어남으로써 학문적 연구에 적절하지 않을

---

47 '조중동'이란 말은 정연주 칼럼(한겨레 2000년 10월 25일자)에서 처음 나왔다. '한국 신문의 조폭적 행태(2)' 제하의 칼럼은 "신문시장의 60% 이상을 장악하고 있는 '조중동'(조선·중앙·동아)은 모두 (…) 제왕적 권력을 휘두르는 세습사주들이 지배하고 있다"고 썼다. 정연주는 그 뒤 "족벌언론들이 공유하고 있는 조폭적 행태를 기술하는 과정에서 '조중동'이라는 표현이 문득 떠올라 써봤던 것"이라며 "이 말이 이렇게 굳어질 줄은 몰랐으나, 써놓고 보니 어감도 그럴 듯했다"라고 말했다. 창간 순서인 '조동중'이 아니라 '조중동'이라고 명명한 이유에 대해서는 "오랜 미국 특파원 생활을 마치고 돌아와 보니, 판매 부수·영향력·언론사 행태 등 모든 면에서 동아가 '3등 신문'이었다"고 밝혔다(미디어오늘 2002년 4월 23일자).

뿐더러 사실관계를 포착하는 데도 유용하지 않기 때문이다.

셋째, 조중동 방송의 개념은 세 신문사와 함께 종편채널로 선정된 매일경제신문사를 제외한 한계를 지니고 있다. 하지만 앞서 기술했듯이 신방겸영에 대한 찬반양론 모두 세 신문사의 종편을 예상하거나 전제하고 자신의 논리를 전개한 사실, 매일경제가 세 신문사와 달리 경제지라는 사실을 고려하면 여론 다양성 문제를 다루는 데 조중동 방송이라는 기능적 정의가 연구 범위를 좁혀주고 명확하게 해준다.[48]

여기서는 '조중동 방송'의 연구 가설을 검증해가기 위해 다음과 같은 세 가지 연구문제를 설정했다.

연구문제 1.   조중동의 여론 형성은 사실에 근거하고 있는가.
연구문제 2.   조중동 보도와 논평에 다양한 관점이 존재하는가.
연구문제 3.   조중동 방송의 객관적 조건은 여론 다양성에 기여하는가.

연구를 통해 세 가지 연구문제에 모두 긍정적으로 답변할 수 없다면, 우리가 설정한 연구 가설은 타당성을 입증했다고 판단할 수 있을 것이다. 사실과 다른 보도와 논평은 물론, 사회적 쟁점이 되고 있는 의제(agenda)에 대해 다양한 관점을 소개하지 않는다면, 객관적 조건을 분석하기 이전이라도 여론 다양성을 저해한다고 볼 수밖에 없다.

연구문제 1과 2를 천착하는 데는 여러 연구방법이 가능하겠지만 여기서는 '신문방송겸영'에 대한 실증적 분석을 중심에 두고자 한다. 이 글이 다루는 주제가 바로 신방겸영과 관련된 여론 다양성의 문제이고, 세 신문

---

48   실제로 여기서 분석한 조중동의 프레임과 매일경제의 그것은 큰 차이가 없기에 '조중동 방송'이라는 개념을 굳이 확장하지 않더라도 여론 다양성 문제를 짚는 데 문제가 없다.

사 모두 그에 대해 적극적으로 보도와 논평을 내놓았기 때문이다.

다만 조중동 방송으로 인한 여론 다양성의 확대 또는 위기 문제를 연구할 때, 조중동 신문을 분석하는 게 논리적 필연성이 있는가의 문제는 명확히 할 필요가 있다. 조중동 방송은 2011년 10월 현재 아직 개국하지 않았기 때문에 그 방송이 한국 사회의 여론 다양성을 확대해갈지 위기를 불러올지는 – 아직 발생하지 않은 미래의 영역이기에 – 그 누구도 확언할 수는 없다.[49] 하지만 그렇다고 예측할 수 없는 것은 아니다. 과학적 탐구는 필연성을 밝히는 데 목적이 있지만 그 개념은 자연과학과 인문사회과학에서 다를 수 있기 때문이다.

필연성은 이론적 탐구에서 '원인–결과'(cause–effect)의 필연성(인과적 필연성)과 '행위–결과'(act–consequent)의 필연성으로 나누어진다(Littlejohn, 1996). 인과적 필연성에서 다루는 현상은 선행사건의 필수불가결한 결과이지만, 행위–결과의 필연성에서는 행위자의 의지를 주목해 어떠한 목표나 미래의 상태를 달성하기 위해 고안된 의도적 행동으로 행위를 분석한다.

따라서 조중동 방송을 실제 편성하고 방송할 행위의 주체인 조중동이 보도하고 논평하는 프레임(frame)에 대한 실증적 분석은 – 더구나 그것이 신방겸영과 관련된 여론을 형성해 간 문제라면 – 현 단계에서 조중동 방송의 필연성을 예측할 가장 효과적 방법이다. 여기서는 연구문제 1과 2에서 조중동 방송을 편성하고 방송할 주체에 대한 분석에 이어 연구문제 3을 통해 조중동 방송이 놓일 객관적 조건에 대한 분석을 통해 예측의 필연성에 더 다가가려고 했다.

---

49 이 글을 쓴 지 두 달 후인 2011년 12월 1일 종합편성채널(JTBC, TV조선, MBN, 채널A)이 개국한다.

세 가지 연구문제는 각각 연구방법이 다를 수밖에 없다. 연구문제 1은 사실관계를 다루는 사안이기에 세 신문사가 부각해 보도하고 논평한 신방겸영론이 실제 사실에 근거하고 있는지 아닌지를 냉철하게 분석하는 것으로 충분하다. 연구문제 2는 조중동 방송의 주체가 될 조중동이 신문방송겸영과 연관된 보도와 논평에서 다양한 관점을 소개하고 있는가를 '틀짓기'(프레이밍, framing) 이론에 바탕을 두고 실제 신문 지면에 대한 실증적 분석으로 파악해야 한다. 여론 다양성과 관련한 조중동 방송의 객관적 조건을 다룬 연구문제 3은 논리적 분석과 함께 신방겸영의 찬반양론자 모두 신뢰할 수 있는 언론기관의 '전문가 설문조사'와 여론조사 결과를 인용하고 그것에 담긴 함의를 제시하려고 한다.

　세 가지 연구문제를 탐구한 결과를 바탕으로 위 가설을 검토함으로써 우리는 여론다양성 논란에 과학적 결론을 내릴 수 있을 것이다. 민주주의 사회의 여론 다양성은 사실에 근거한 여러 관점들이 공론장에서 충분히 논의됨으로써 가능하다는 명제는 굳이 학문적 논의가 필요 없을 만큼 보편적 합의이기 때문이다.

■ 미디어법이 경제를 살리는가?

① 신방겸영 찬성론의 논리

신문의 방송겸영을 강행한 주체세력의 논리는 2009년 1월 5일 이명박 정부와 경제 5단체가 각각 발표한 성명과 호소문에 명확하게 나타나 있다. 문화체육관광부 장관 유인촌과 지식경제부 장관 이윤호가 서울 세종로 종합청사에서 함께 기자회견을 열어 발표한 정부의 공식 성명은 "미디어 관련 개혁법안"이 "경제 살리기와 미디어산업 선진화, 미디어 독과점 및 규제 해소에 매우 중요한 법들"이라고 강조했다. 성명은 "미래 성장 동력인 콘텐츠 산업에 대한 신규 투자 및 글로벌 미디어그룹 육성이 시급하기 때문에 이를 위해 과도한 시장 진입 규제를 완화하고자 했다"고 법안 취지를 설명했다. 성명은 또 "매체 간 융합이라는 미디어 환경 변화에 부응하여 미디어산업의 경쟁력 강화와 시장 활성화가 절대적으로 필요하다"며 "선진 각국은 이런 시대적 조류에 대응하여 칸막이 형태의 규제를 과감히 철폐하고 있다"고 덧붙였다.

같은 날 경제 5단체로 불리는 전국경제인연합회·대한상공회의소·한국경영자총협회·한국무역협회·중소기업중앙회는 한국프레스센터에서 발표한 '경제위기 극복을 위한 대국회 호소문'에서 "세계 각국은 방송과 신문·통신·인터넷이 결합하는 미디어 융합을 빠르게 추진하고 있다"며 "반면 한국은 매체 사이의 진입장벽이 높고 산업자본의 진입도 엄격히 제한돼 글로벌 경쟁력이 뒤처지고 있다"고 주장했다. 이어 "미디어산업 관련 규제가 해소되면 신규 투자가 활발해지고 2만 6000개 이상의 새 일자리가 생긴다"고 강조했다.

정치권력과 자본이 같은 날을 선택해 미디어법의 통과를 각각 성명과 호소문 형태로 발표하고 기자회견을 연 사실은 그만큼 입법 의지가 강력했음을 의미한다. 한국 사회에서 정치권력과 자본이 힘을 모았을 때 여론 형성력은 클 수밖에 없다.

그런데 사회적 영향력이 큰 권력과 자본이 같은 날 기자회견을 열어 낸 한목소리에 언론까지 적극 가세했다. 특히 방송 진출 의욕이 큰 신문사들은 두 기자회견을 대서특필했다. 대표적 보기로 기자회견 다음날 중앙일보 지면을 분석하면 1면 머리기사부터 큼직한 표제로 "미디어법·FTA 이번에 통과를" 제하에 편집했다(2009년 1월 6일자 1면). "경제 5단체, 국회에

호소… 더 미루면 경제 회생 차질" 부제가 이어진다. 기사의 헤드라인은 다음과 같다. "전국경제인연합회 등 경제 5단체는 5일 '이번 회기 내에 민생 관련 법안을 처리하지 못하면 경제 침체의 골이 깊어져 회생이 더 어려워질 것'이라며 회기 내 법안 처리를 국회에 촉구했다. 특히 미래 신성장 동력인 미디어산업 육성 법안과 한미 자유무역협정(FTA) 비준 동의안 등의 조속한 처리를 요청했다."

머리기사 첫 대목에 나타나듯이 중앙일보는 미디어법을 '민생 법안'으로 기호화했다. 중앙일보는 머리기사와 맞물려 "미디어법은 경쟁력 위해 필요"하다는 제하에 "정부 합동성명"의 내용도 비중 있게 보도했다. 1면에 그치지 않는다. 같은 날 4면 통단 제목으로 "미디어는 고부가 산업… 제조업보다 일자리 창출 효과 커" 제하의 "뉴스분석" 기사를 편집했다.

심층취재 형식으로 쓴 장문의 머리기사는 헤드라인에서 "무엇보다 정부가 미디어 법안에 대한 공식 입장을 밝히게 된 건 법의 본질에 대한 오해가 위험 수위를 넘었다는 판단에서다. 한국 경제가 글로벌 경쟁을 위해 꼭 필요한 법안인데도 마치 '정치적 법안'인 것처럼 받아들여지고 있다는 것이다. 그 핵심에 '밥그릇' 지키기에 나선 MBC의 편파 왜곡 보도가 있다는 게 정부의 생각이다"라고 썼다.

정치권력의 공동성명과 자본의 호소문, 세 신문사의 보도와 논평이 '신방겸영'의 당위성을 주장하며 공통되게 주장한 논리는 크게 두 가지로 요약할 수 있다.

첫째, 신문과 방송의 겸영은 세계적 추세로 한국의 미디어산업 선진화와 경제 살리기를 위해 절실한 과제다. 경제 살리기의 핵심적 결과로 반복해서 강조된 것은 '일자리 늘리기'다.

둘째, 여론 독과점 해소다. 가령 정부는 성명에서 미디어법 처리를 주장하며 "일부 편향된 방송을 정상화하기 위해 최선을 다할 것"이라고 밝혔다.[50] 중앙일보가 '뉴스분석'이라는 장문 기사의 헤드라인에서 신방겸영론에 반대하는 쪽의 논리를 '정치적'이라거나 '핵심'은 '밥그릇 지키기'로 기호화한 것도 같은 맥락이다. 이들에 따르면 방송의 여론 독과점이 극심하기 때문에 신방겸영이 필요하다.

그렇다면 정부와 자본과 세 신문사가 공유하고 여론 형성에 적극 나선 신방겸영론에 담긴 두 가지 논리가 얼마나 사실에 근거하고 있는지 분석할 필요가 있다. 먼저 신방겸영이 세계적 추세라는 주장부터 사실관계를 엄밀하게 따져보자.

② 신방겸영과 규제 완화는 세계적 추세인가

미디어법 찬반 논의 과정에서 찬성론자들은 신문과 방송의 허용을 원천적으로 금지하는 나라는 한국밖에 없다고 주장하고, 반대론자들은 신방겸영을 완전히 자유롭게 하는 나라는 일본밖에 없다는 주장을 폈다.

그런 주장이 각각 신문과 방송에 '공방식 논쟁'으로 소개됨으로써 지금도 적잖은 수용자들이 지구촌에서 신방겸영이 실제 어떻게 제도화되어 있는가에 정리된 인식을 갖고 있지 못하다. 바로 그렇기에 사실관계에 근거해 명확한 정리가 필요하다.

먼저 신문과 방송의 겸영을 경제협력개발기구(OECD)의 거의 모든 나라가 허용하고 있다는 사실은 맞다. 따라서 신문과 방송의 겸영을 허용하는 나라가 거의 없다는 거친 논리로 온라인을 통해 퍼져간 반대 진영 일각의 주장은 명백히 사실을 호도했다. 하지만 여기서 문제의 핵심이 곧바로

---

50   2009년 7월 국회에서 대리투표까지 동원해 한나라당 단독으로 법안이 통과된 직후 당시 김형오 국회의장이 낸 성명서도 "새로운 미디어 환경과 세계적 추세에 발맞추는 기반을 마련하게 되었고, 시청자 주권과 여론 다양성이 어느 정도 확장되었다"며 두 가지 논리를 강조하고 있다.

드러난다.

첫째, 신문과 방송을 허용한 모든 나라가 정도의 차이는 있지만 모두 규제를 두고 있다는 사실이다. 그 제한 조건을 고려하고 신방겸영론을 논의하면 논쟁의 맥락이 확연히 달라진다. 한국의 신문사들도 지상파 방송과 종합편성채널, 보도전문채널을 소유하지 못하도록 규제했을 뿐 [표 4]에 나타나듯이 다른 영역에선 이미 케이블 방송을 겸영할 수 있었고 실제로 겸영하고 있기 때문이다. 따라서 신문과 방송의 겸영을 허용하는 나라가 거의 없다는 일각의 주장 못지않게 신문과 방송의 허용을 원천적으로 금지하는 나라는 한국밖에 없다는 주장 또한 명백한 사실 호도이다.

둘째, 신방겸영을 허용한 모든 나라에서 정도의 차이가 있을 뿐 보편적으로 찾아볼 수 있는 규제가 2000년대 중반 들어서면서 강화되고 있다는

[표 4] 신방겸영 허용 이전 신문의 방송겸영 현황

신문사	방송사업
국민일보	정보채널 쿠키TV
매일경제	뉴스전문채널 MBN
머니투데이	경제전문채널 MTN
서울경제	경제전문채널 SEN
조선일보	경제전문채널 비즈니스앤
중앙일보	중앙방송(다큐멘터리 전문채널 Q채널, 골프전문채널 J골프) 애니메이션 전문채널 카툰네트워크코리아
한국경제	증권전문채널 한국경제TV
한국일보	정보채널 석세스TV
헤럴드경제	여성전문채널 동아TV
이데일리	이데일리TV

사실이다. 대표적 보기가 미국이다. 조지 부시가 집권하던 공화당 정부 시절인 2003년 6월부터 미국 연방통신위원회(FCC)는 소유권 집중이 여론 다양성에 별다른 위협이 되지 않는다며 신문과 방송겸영에 대한 규제를 완화하려고 끊임없이 시도했다. 그런데 "주요 미디어기업들의 파워와 경제적 이기심"(Baker, 2007)으로 시작된 규제 완화 움직임은 진보세력은 물론, 보수세력으로부터도 큰 저항을 불러일으켰다.

미국의 대표적 보수 논객으로 뉴욕타임스에서 활동한 윌리엄 새파이어는 "미디어권력의 집중은 보수주의자들에게 저주가 될 것"(The New York Times, May 22, 2003. A33)이라고 썼다. 그는 미디어의 '거대주의'에 반대하는 일반 시민들의 운동이 우익집단에 상당한 영향을 끼치고 있다고 주장 (The New York Times, June 26, 2003. A33)했고, 실제로 미국 의회와 법원에서 FCC의 강행 의지는 제동이 걸렸다. 프랑스에서도 사르코지 정부가 규제 완화 정책을 강행하다가 제동이 걸렸지만, 방송 진출을 노리는 신문들이 그 사실을 정반대로 왜곡 보도해 여론을 호도한 것은 잘 알려진 사실이다 (이상길, 2009; 손석춘, 2009).

여기서 볼 수 있듯이 신문과 방송겸영을 허용한 나라가 대부분이라는 주장과 신방겸영이 세계적 추세라는 주장은 서로 다른 현상에 대해 온전하지 못한 기술이다. 다시 말하면 경제협력개발기구의 한국을 포함해 모든 나라가 신문과 방송을 허용하고 있지만 그 나라들의 특수성에 맞게 정도의 차이가 있는 규제를 해왔으며 최근 들어 규제를 완화하려는 움직임은 미국과 프랑스의 사례가 보여주고 있듯이 제동이 걸리고 있는 추세라고 정리하는 것이 사실과 가장 부합하는 기술이다.

③ 신방겸영으로 경제가 살아나고 일자리가 늘어나는가
신문과 방송을 겸영할 수 있도록 규제를 완화하면 일자리가 늘어난다. 이

말은 규제 완화론자들이 일관되게 여론화해나간 주장이다. 경제 5단체의 호소문도 "미디어산업 관련 규제가 해소되면 신규 투자가 활발해지고 2만 6000개 이상의 새 일자리가 생긴다"고 강조했다. 정부 또한 미디어 법안이 "국가의 부를 키우는 데 절대적으로 필요"하며 "방송·통신 융합으로 상징되는 미디어산업은 일자리 창출과 산업 유발 효과가 큰 영역이고, IT 전통을 잇는 새 성장 동력"이라고 강조했다.

세 신문사도 이를 아무런 여과장치나 사실 확인 없이 부각해 보도했다. 하지만 미디어법 통과로 2만 6000개의 일자리가 생긴다는 주장은 명백히 사실과 다른 것으로 확인됐다. 경제 5단체가 그렇게 주장한 근거는 국무총리실 산하 정보통신정책연구원(KISDI, 원장 방석호)이 낸 '미디어 개혁법안의 경제적 효과 분석' 제하의 보고서다.[51]

그런데 보고서 전문이 발표된 뒤 주장의 근거가 된 통계 수치를 끼워 맞추기 식으로 대입한 사실이 드러났다(홍헌호, 2009). 그럼에도 세 신문사는 그 보고서가 잘못되었고 2만 6000개의 일자리는 허구에 지나지 않았다는 사실을 추가 보도하지 않았다. 세 신문의 독자들은 미디어법 통과로 2만 6000개의 새 일자리가 생기고 경제가 살아난다고 지금도 판단하고 있을 가능성이 높다.

실제로 국회가 미디어법을 처리하는 과정에서 일자리 2만 6000개가 늘어난다는 논리는 사실과 어긋남에도 계속 부각되었고 널리 퍼져갔다. 명백히 사실과 다른 주장을 부각해 보도했으면서도 그것이 사실이 아니라

---

51   2008년 10월부터 12월에 걸쳐, 총 8회의 전문가 워크숍을 진행한 결과 작성된 문제의 보고서가 공식 발간된 시점은 2009년 1월 19일이다(방송규제 완화의 경제적 효과 분석). 하지만 이 보고서는 발간되기 20일 전에 이미 중앙일보에 기사화되었고 한나라당 당보(1월 15일자)에도 실렸다. 원장 방석호는 방송통신정책과 관련해 한나라당과 오랫동안 행보를 함께해온 학자다.

는 진실이 밝혀졌는데 정정하거나 관련 내용을 보도하지 않은 것은 단순히 사실 확인 문제에 그치지 않는다. 건전한 여론 형성의 문제, 이 글의 주제인 조중동 방송의 문제, 여론 다양성의 문제와 직결되어 있다. 자신들이 몸담고 있는 신문사의 이익에 유리한 사실은 대대적으로 보도하고 불리한 사실은 보도하지 않는 차원을 넘어서서 사실이 아닌 것으로 밝혀진 왜곡에 침묵하는 세 신문사의 일자리와 관련한 보도는 그 자체로도 '조중동 방송'이 여론의 다양성을 확대한다는 신방겸영론자들의 두 번째 핵심 논리가 얼마나 허구적인가를 입증해준다.

그럼에도 조중동 방송이 아직 개국하지 않은 시점에서 그 문제는 예측의 영역이기 때문에 연구문제 3의 '객관적 조건'을 짚으면서 자세히 분석할 필요가 있다. 다만 여기서 분명히 확인하고 갈 것은 신방겸영을 주장하는 세 신문사의 논리가 여론 형성의 기본인 사실에 근거하지 않았다는 점이다. 여론은 어떤 사안에 대해 사회 구성원들의 다양한 관점을 존중해야 옳지만, 그 각각의 관점이 사실에 기초하지 않으면 오히려 여론 형성은 물론 민주주의 성숙을 저해하기 때문에 사실 왜곡은 결코 가볍게 넘길 문제가 아니다.

☐ 조중동 보도와 논평의 허점들

우리는 앞에서 신방겸영은 세계적 추세로 경제를 살리고 일자리를 늘린다는 세 신문사의 보도와 논평이 사실과 다르다는 진실을 알아보았다. 하지만 세 신문사가 그 진실을 '실수'로 놓칠 수도 있고 그 경우 의도적 왜곡이 아닐 수 있기 때문에 그것만으로 '조중동 방송은 여론 다양성을 저해한다'

는 가설이 타당하다고 결론 내리기엔 부족하다.

따라서 세 신문사의 보도와 논평에서 다양한 관점이 풍부하게 소개되었는가를 실증적으로 분석하는 연구가 가설이 타당성을 갖는가를 판단하는 데 중요한 '실험'이 된다.

신방겸영 문제를 비롯해 시장의 규제 완화(deregulation)가 세계적 추세이고 그것이 경제를 살리며 일자리를 늘린다는 명제는 기실 새로운 게 아니라 '신자유주의적 세계화'의 담론에 핵심적 논리다. 실제로 1970년대 후반 이후 신자유주의 담론은 지구촌 곳곳으로 퍼져갔고 한국 사회도 1997년 국제통화기금(IMF)으로부터 구제금융을 받으며 본격적으로 그 체제에 편입됐다. 신문과 방송의 겸영 문제에 대해서도 규제를 없애야 한다는 찬성론자들의 주장 또한 신자유주의적 사고에 기반하고 있다.

하지만 자본에 대한 규제를 줄이고 시장에 맡기면 경제가 살아난다는 신자유주의 담론은 2008년 미국에서 시작한 세계 금융위기로 한계에 부닥쳤다. 미국과 서유럽의 각국이 동시에 재정을 쏟아부어 공황이 전면화하는 상황은 막았지만 그 미봉책의 한계가 2011년 하반기 이후 미국의 실물경제 위기로 다시 표면화하고 있다.

문제는 한국의 신문시장을 독과점하고 있는 세 신문의 보도와 논평에서 규제 완화와 시장 만능주의가 여전히 지배적 틀(frame)이라는 데 있다. 세 신문사가 생산한 지면이라는 텍스트를 신방겸영 논리의 두 핵심어인 '규제 완화'와 '일자리'를 중심으로 분석하면 그 틀의 지배성과 관점의 일방성이 확연히 드러난다.

① 낙수효과: 신자유주의적 규제 완화의 관점
신문과 방송겸영론자들이 자신들의 주장에 근거로 삼으며 강조했듯이 규제를 완화하고 시장에 맡기면 경제가 발전한다는 논리에서 핵심어는 '낙

수효과'다. 낙수효과(trickle down effect)는 정부가 규제를 완화하면 대기업과 고소득층의 생산과 소비가 늘어나 중소기업이나 저소득층에게도 물방울이 흘러내리듯 혜택이 돌아가며 전체적으로 경제가 좋아진다는 이론이다. 신방겸영론자들이 당위성을 주장하며 '규제 완화'와 '미디어산업 선진화'를 강조했던 논리와 정확히 일치한다.

그러나 신자유주의 담론이 언제나 강조했던 낙수효과는 현실과 전혀 달랐다. 1980년대 이후 신자유주의를 앞장서서 지구촌에 확산시킨 미국과 영국 모두 부익부 빈익빈이 심화되었다(장하준, 2010). 고소득층의 세금을 줄여주면 소비가 늘어나고, 이것이 기업의 매출 및 일자리 증가로 이어진다는 낙수효과의 낙관적 이론은 현실에서 전혀 들어맞지 않았다.

경제성장률 자체도 오히려 내려갔다. 1980년대부터 2007년까지 미국은 평균 2.9%의 경제성장을 거뒀지만, 1950~60년대에는 평균 4.25%였다. 더구나 성장의 과실은 주로 최상위 계급에 집중되었다. 1969년에 53%를 넘어섰던 노동 분배율은 클린턴 집권 8년 동안 잠깐 반등했지만 줄곧 떨어져서 2009년 45% 수준에 그쳤다. 결국 금융자본은 부동산과 주식의 거품을 한껏 부풀리는 '허구적 성장'을 추구했다. 조지프 스티글리츠를 비롯한 많은 경제학자들은 1970년대 말 이후 30년 동안 전 세계를 지배한 시장 만능의 논리와 신자유주의는 이론적으로도, 실제로도 허구였음이 드러났다고 진단했다. 세계 금융위기 뒤 미국과 유럽의 여러 나라들이 신자유주의 경제체제는 실패했다고 선언하며 시장에 대한 민주적 규제를 넓혀가고 있는 이유도 여기 있다.

그렇지만 한국에선 변화가 지체하고 있거나 더디게 나타나고 있다. 그 이유가 모두 언론 때문은 아니겠지만 언론이 무시할 수 없는 요인임은 분명하다. 특히 신문시장을 독과점하고 있는 세 신문사가 신자유주의의 문제점이나 실패에 대해 전혀 여론화하지 않았음은 물론, '신자유주의'라는 말조차 보도하는 데 지난 10여 년 동안 인색했기 때문이다(손석춘, 2009).

2008년 2월 출범할 때부터 '친기업 정부'를 공언하고 부자 감세정책을 편 이명박 정부는 세계적 금융위기 속에서도 부자 감세와 규제 완화를 비롯한 신자유주의 정책을 강행하며 낙수효과를 강조했다. 하지만 그 정부조차 점점 양극화하는 한국 경제의 심각한 현실 앞에서 조금씩 궤도 수정을 할 수밖에 없었다. 2010년 6월에 실시된 지방선거에서 '무상급식'을 비롯한 복지정책이 국민적 호소력을 가진 것으로 확인되면서 선거를 의식해 '공정사회'나 '동반성장'을 제시하지 않으면 안 될 만큼 대다수 사회 구성원의 경제생활이 어려워졌기 때문이다.

하지만 언론은 신자유주의를 신봉하던 이명박 정부가 궤도 수정을 모색하는 과정에서도 달라지는 모습을 전혀 보이지 않았다. 세 신문사가 종편채널을 확보한 직후인 2011년 1월 1일부터 6월 30일까지 그 생산물인 신문 지면을 분석해보면 또렷이 드러난다. 그 시기에 신자유주의적 비전과 낙수효과를 내세운 정책의 문제점이 누구의 눈에도 현실로 나타나면서 정부조차 부분적이나마 방향 전환을 시도했지만, 세 신문사는 신자유주의와 낙수효과의 문제점을 거의 보도하지 않았다. 규제 완화 논리로 종편채널을 확보한 세 신문사는 그 기간에 다시 미디어랩을 비롯해 여러 공익적 제도까지 규제 완화의 잣대로 비판하는 데 지면을 할애했다.

문제의 핵심은 세 신문사가 '신자유주의'나 '낙수효과'라는 개념 자체를 외면하는 데 있다. 신문사 자체의 이익을 위한 사적인 의제(private agenda)를 과도하게 편집하면서 정작 마땅히 다뤄야 할 공적 의제(public agenda)는 소홀히 한 것이다.

[표 5]에서 볼 수 있듯이 종편채널 선정 직후 6개월 동안 조선일보와 동아일보의 모든 기사 가운데 '신자유주의'를 단 한 번이라도 언급한 것은 각각 20건에 지나지 않는다. 그나마 신자유주의에 대한 비판적 접근 기사는

없다. 같은 기간에 중앙일보의 신자유주의 언급 기사는 13건으로 더 적다. 다만 비판적 접근이 3건이라는 사실이 눈에 띄지만 그 기사는 모두 신간 소개를 비롯한 문화 관련 기사들이다. 반면에 한겨레와 경향신문은 각각 133건과 172건으로 세 신문사와 견주어 양적으로도 큰 차이가 나고, 모두 신자유주의의 한계를 지적해 질적으로도 비교가 된다.

의제설정이론을 개척한 버나드 코헨(Bernard Cohen, 1993)은 "언론은 사람들이 어떻게 생각해야 할지를 전달하는 데는 그렇게 성공적이지 않지만 무엇에 관해 생각해야 할지를 전달하는 데는 대단히 성공적"이라고 강조했다. 조중동은 신자유주의나 낙수효과에 대해 아예 생각하지 못하게 하는 데 '성공'한 셈이다.

[표 5] 종편채널 선정 이후 세 신문의 '신자유주의' 관련 기사 비교

신문사	조선일보	동아일보	중앙일보	한겨레	경향신문
관련 기사	20건	20건	13건	133건	172건

[표 5]처럼 세 신문이 신자유주의를 언급한 기사 건수는 모두 합쳐야 53건으로 경향신문의 1/3에도 미치지 못한다. 세 신문사가 얼마나 일방적 관점 또는 틀로 보도와 논평을 해왔는가를 상징적으로 보여준다.

'낙수효과'를 검색해도 상황은 비슷하다. 조선일보는 1건, 동아일보는 2건의 기사만 '낙수효과'를 언급했고 중앙일보는 아예 없다(표 6 참조). 그나마 조선일보와 동아일보에서 낙수효과를 언급한 기사도 그 효과의 한계를 보도한 게 아니다. 반면에 한겨레와 경향신문은 각각 15건, 13건의 기사를 내 낙수효과의 문제점을 짚었다. 조선일보, 동아일보, 중앙일보가 '낙수효과'를 언급한 기사를 모두 합치더라도 3건이지만 같은 시기 한겨레는 15건을 보도해 5배의 차이를 보였다.

[표 6] 종편채널 선정 이후 세 신문의 '낙수효과' 관련 기사 비교

신문사	조선일보	동아일보	중앙일보	한겨레	경향신문
관련 기사	1건	2건	없음	15건	13건

물론, 종편채널을 확보한 신문사들이 지면에 다른 관점을 전혀 담지 않고 있는 것은 아니다. 예컨대 조선일보는 2011년 8월 들어 대대적으로 지면을 할애해 '자본주의 4.0' 기획특집을 내보냈다.[52] 신자유주의를 자본주의 3.0으로 규정하고 앞으로는 '따뜻한 자본주의' 또는 '공생의 자본주의' 단계가 필요하다는 기획 특집물은 분명 동아일보나 중앙일보는 물론, 특집을 내보내기 직전의 조선일보와는 사뭇 다른 모습이다.

하지만 조선일보의 '자본주의 4.0' 기획 특집기사를 꼼꼼히 분석하면 여전히 '시장과 기업의 힘으로 사회모순을 극복하는 자본주의'를 내세운다는 점에서, 또 사회복지정책을 요구하는 우리 사회의 다른 관점에 대해 일방적으로 '색깔 공세'를 서슴지 않았다는 점에서 한계가 또렷하다.[53]

② 청년고용할당제: 일자리 늘리기의 새로운 관점

'일자리 늘리기'라는 절박한 시대적 과제를 짚어보아도 우리는 세 신문사

---

52 조사기간을 종편 선정 뒤 6개월(2011년 1월 1일)로 잡아 조사를 마치고 논문을 작성하던 중에 조선일보의 특집기사가 연재되기 시작했다. 하지만 자본주의 4.0 기획특집은 신자유주의를 넘어서야 한다고 주장하면서도 '시장 중심'을 강조하며 복지정책을 부정하고 있는 점에 비추어 관점의 다양성을 담기 시작했다고 판단하기보다는 기존의 프레임을 세련된 형태로 고수하려는 특집으로 보는 게 정당하다. 더구나 동아일보와 중앙일보는 조사기간 때와 달라지지 않았기 때문에 굳이 조사기간을 늘려 재조사하지 않아도 논리 전개에 문제가 없다고 판단했다.

53 예컨대 이 신문은 자본주의 4.0 특집을 내보내는 중에도 서울시교육청의 단계적 무상급식 정책을 '복지 포퓰리즘'이나 '좌파 정책'으로 비난했고 당시 오세훈 서울시장의 '무상급식 반대 주민투표'에 적극 찬성하는 보도와 논평을 쏟아냈다.

의 보도에서 신자유주의적 한계를 확인할 수 있다. 일자리 2만 6000개가 늘어난다는 분석이 통계 조작 또는 착오에서 비롯된 허구임을 앞서 짚었지만, 신방겸영론보다 더 큰 틀에서 이명박 정부가 일자리를 늘리는 데 과연 얼마나 적극성을 갖고 있는가를 살펴볼 지표가 청년고용할당제다. 미디어법을 처리하는 과정에서 신방겸영론자들이 적극 내세운 일자리 늘리기는 대체로 젊은이들의 취업과 연결되어 있었기에 더욱 그렇다.

기실 낙수효과의 한계가 드러났다면 일자리 문제에서도 새로운 접근법이나 관점이 필요하다는 것은 더 말할 나위 없다. 노동계는 물론 시민사회에서 청년고용할당제를 들고 나선 이유가 여기에 있다.

하지만 '일자리'에 방점을 찍으며 그것을 늘리기 위해 신방겸영의 규제를 철폐해야 한다고 주장한 세 신문은 정작 가장 구체적이고 직접적으로 청년들의 일자리 해결에 직접적 도움을 줄 수 있는 청년고용할당제를 전혀 보도하지 않음으로써 의제로 설정되는 것을 가로막았다.

청년고용할당제는 '로제타플랜'[54]으로 불리며 벨기에에선 이미 정책으로 구현되었다. 한국비정규노동센터와 청년유니온, 새로운사회를여는연구원(새사연)은 청년고용할당제를 줄곧 제안해왔다. 한국비정규노동센터는 구체적 방안으로 100인 이상 기업에 청년실업 의무고용률 5%를 적용하는 방안을 제시했다(김성희, 2009).

[표 7]에서 볼 수 있듯이 2005년 기준으로 100인 이상 기업 1만 231곳의 노동자 수가 283만여 명에 달해 5% 의무고용률을 적용하면 14만 1000

---

54 로제타플랜은 1998년 벨기에에서 시행된 청년실업대책이다. 학교를 졸업하는 젊은이들의 절반이 실업상태에 이르자 벨기에 고용부장관은 25명이 넘는 기업은 1년 동안 1명 이상의 청년실업자를 고용해야 한다는 의무를 부과했다. 로제타(Rosetta)는 벨기에의 청년 실업문제를 다뤄 칸영화제에서 황금종려상을 받은 영화에 나오는 주인공 이름이다. 2000년에는 50인 이상 기업에서 3%의 청년을 의무고용하는 내용으로 진전됐다.

여 명을 고용할 수 있다. 이는 공식 통계로 잡혀 있는 청년실업자 32만 명의 절반을 넘는 수준이다.[55]

신방겸영론자들이 통계를 짜맞추어 최대한 늘린 허구적 목표 2만 6000개와 견주더라도 14만 1500개의 일자리는 비교가 되지 않는다. 따라서 어떤 것이 진정한 일자리 정책인지는 자명하다.

[표 7] 청년고용할당제로 5% 의무고용 때 늘어나는 일자리(김성희, 2009)

	사업체	총 종사자	상용종사자	평균 상용종사자	평균 종사자	5% 의무 고용인원
전 규모	1,389,138	11,616,685	8,181,602			
1~4인	887,992	2,383,564	1,037,951	1.18	2.68	
5~9인	293,761	1,854,791	1,212,137	4.13	6.31	
10~29인	153,076	2,387,261	1,813,514	11.8	15.6	
30~49인	27,411	1,025,229	758,809	27.6	37.4	
50~99인	16,667	1,135,178	905,933	54.4	68.1	
100~199인	6,454	878,859	742,745	115.1	136.2	43,943
200~299인	1,885	452,574	378,442	200.8	240.1	22,629
300~499인	1,004	380,342	314,517	313.3	378.8	19,017
500~999인	5,88	403,003	353,970	602.0	685.4	20,150
1000인 이상	300	715,884	663,584	2212.0	2386.3	35,794
100인 이상 기준	10,231	2,830,662	2,453,258			141,533

---

55 청년고용할당제도 정착을 위해서는 벌칙과 지원을 연동해야 한다. 의무고용률을 위반한 업체에 부담금을 거둬 고용의무를 이행한 기업의 고용지원금으로 활용하는 방안이 그것이다(김성희, 2009). 일자리를 늘리는 정책대안은 이 밖에도 노동시간 단축, 일할 권리의 국가보장제가 있다(손석춘, 2008).

문제는 젊은 세대의 일자리를 늘리기 위해 신방겸영을 허용해야 한다고 적극적으로 의제 설정(agenda setting)을 한 세 신문사가 청년고용할당제에 대해 기사화한 보도와 논평이다. 세 신문은 그 의제를 철저히 외면했다(표 8). 세 신문을 합쳐 겨우 2건에 지나지 않는다. 기사 내용을 보면 문제의 심각성은 더 커진다. 동아일보 기사 1건은 심포지엄을 소개하는 단신으로 다뤄졌고, 중앙일보 1건 또한 한나라당 경선을 보도하는 기사에서 후보의 정책 가운데 하나로 언급했을 뿐이다.

조사기간에 청년유니온과 한국비정규노동센터, 새사연과 같은 사회단체들이 청년고용할당제를 공적 의제로 적극 제시했던 사실에 비춰본다면 한겨레와 경향신문조차 언론이 지닌 의제 설정 기능을 온전히 수행했는지 의문이 들지만 조중동과의 차이는 확인할 수 있다.

[표 8] 종편채널 선정 이후 세 신문의 '청년고용할당제' 관련 기사 비교

신문사	조선일보	동아일보	중앙일보	한겨레	경향신문
관련 기사	없음	1건	1건	3건	4건

지금까지 분석했듯이 신방겸영론이 주창해온 규제 완화와 경제 살리기, 그에 따른 일자리 늘리기는 모두 실제 내용과 다를뿐더러, 특정 집단(계층 / 계급)의 이익을 위한 것이면서도 마치 국민의 보편적 이익이 되는 듯이 내세운다는 점에서 전형적인 이데올로기에 지나지 않는다.

실제 현실과 다르고 기득권세력이 자신들의 이익을 보편적 이익으로 포장한 전형적인 이데올로기인데도 조중동 방송의 주체인 세 신문사가 그 이데올로기를 되풀이해서 부각해 여론화하고 그것을 비판하는 담론이나 새로운 관점들을 배제해온 것은 그들이 여론 다양성을 얼마나 훼손하고 있는가를 생생하게 입증해준다. 동시에 그들에게 방송까지 주는 것이 우리 사회 전체의 여론 다양성에 기여한다는 논리가 얼마나 현실과 동떨어진 주장인가를 확인시켜준다.

☐ 여론 다양성을 해치는 '조중동 방송'

조중동 방송의 보도와 제작에 주체가 될 조중동 세 신문사가 진실을 왜곡하면서 자신들에게 유리하게 신방겸영론을 여론화한 사실, 신방겸영론의 논리적 기반인 규제 완화와 일자리 늘리기에 대해 조중동이 다양한 관점을 공론장에 내놓기보다 자신과 다른 관점을 철저히 배제해온 사실을 확인한 우리에게 남은 연구문제는 객관적 조건이다. 조중동 방송의 주체적 조건과 객관적 상황을 함께 분석해야 연구가설에 대해 더 정확하게 판단할 수 있기 때문이다.

  신문사의 방송겸영을 허용하는 입법 과정에서 그것이 한국 사회의 여론 다양성을 높인다는 논리를 뒷받침한 대표적 언론학자는 윤석민이다.[56][57] 그가 입법 과정에 적극 참여하며 제시한 논리는 여기서 검증하려

---

56 윤석민과 함께 한나라당 추천으로 미디어법과 관련 사회적 논의 기구 '미디어발전국민위원회'에 참여해 겸영론을 적극 뒷받침했던 황근(2011)은 방송통신위원회가 조중동에 모두 종편을 준 직후에 동국대 대중문화연구소가 주최한 토론회에서 애초 종편 도입 목표였던 '경쟁력 있는 콘텐츠 생산' 및 '매체집중도 해소와 다양성 확보'에 대해 부정적인 전망을 밝혔다.

57 2009년 5월 1일 국회에서 미디어발전국민위원회 주최로 열린 1차 주제별 공청회에 한나라당 쪽 공술인으로 나온 윤석민은 발제문 들머리에서 자신의 글을 인용할 때 승인을 받으라고 각주로 명시했다. 하지만 학자가 가장 예민한 시점에 자신의 의견을 공개적 자리에서 '공술'함으로써 실제 입법 과정에 영향을 끼친 글이기에 그의 발제문을 직접 인용하진 않겠으나 충분히 분석할 필요는 있다. 실제 그의 발제문은 국회에서 변칙으로 입법되기까지 한나라당과 신방겸영론자들의 주된 논리였다.

는 연구 가설과도 직접적으로 이어지기 때문에 먼저 그가 그렇게 주장하는 객관적 조건부터 파악할 필요가 있다.

① 객관적 조건의 논리적 분석

윤석민에 따르면 미디어 소유의 집중은 바람직한 여론 형성(=다원성)에 영향을 미칠 수 있는 여러 가지 변수 중 하나이며, 그 효과도 양방향적이기 때문에 무조건 '미디어 소유 집중=여론 독과점'이라고 주장하는 것은 옳지 않다. 요컨대 선험적으로 재단하지 말고 객관적 조건을 따져야 한다는 제안이다.

'소모적 정치 대결'을 넘어 '합리적 토론'을 역설한 그는 미디어 소유 규제는 그 자체만으로 여론 다양성을 보장하기 위한 필요충분조건이 아니라고 강조했다. 미디어의 다양성, 다원성을 확대하기 위해서는 소유 제한 이외의 여러 정책적 도구가 존재하기 때문이라는 것이다. 윤석민은 그 예로 미디어 제작 또는 편성물의 범위와 다양성에 대한 사후 규제를 든다. 프로그램 유형의 다양성 또는 방송의 공정성과 같은 의무 부과 — 중요한 모든 사안에 대해 균형 있고 다양한 견해를 담아야 한다는 요구 — 는 유럽 전역의 공영방송은 물론 상업방송에서도 이의 없이 받아들여진다는 것이다.

게다가 윤석민도 인쇄매체의 경우 조선일보·중앙일보·동아일보의 지배력이 높게 나타난다고 판단한다. 하지만 세 신문사의 여론 지배력은 지상파TV 및 인터넷 포털에 뒤진다고 분석한다. 따라서 신방겸영에 반대론자들이 제기한 여론 독점 및 과도한 여론 지배력의 문제는 소수의 TV 방송사에 대해 제기하는 것이 타당하다는 게 그의 논리다. 합법적인 민주주의 국가에서 여론이야말로 실질적인 권력의 토대라는 점을 고려할 때, 전국적 TV 및 라디오 네트워크를 독과점적으로 소유 지배 내지 실질적 지배하면서, 온 국민을 대상으로 제공하는 정보, 의제, 의견에 따라 국민의 집합적 감성, 판단, 여론을 좌지우지할 수 있는 권력을 지닌 방송사들이야 말로 우리 사회의 최고 권력이라고 해도 과언이 아니라고 강조한다. 그는 TV 방송의 막대한 여론 지배력에 견주어 그 권력이 정당하게 행사하도록 견제하는 제도적 장치는 명목적 수준에 불과한 실정이라고 지적했다.

그는 또 신방겸영이 이뤄질 경우 미디어들의 여론시장 지배력에 어떤 변화가 초래될지 분석하는 데는 한계가 있다고 밝혔다.[58] 그럼에도 소유제한 완화에 따라 우리나라 방송시장에 "경쟁력 있는 사업자들"이 진입할 경우 종래 지상파TV들의 과도한 여론 지배력이 완화되는 효과를 기대해 볼 수 있을 것이라고 결론 내렸다.

윤석민의 주장은 결국 조중동의 여론 지배력도 문제이지만 지상파방송 3사의 여론 지배력이 더 큰 문제이기 때문에 그것을 완화하기 위해 경쟁력 있는 사업자들이 방송에 나서야 한다는 논리로 요약할 수 있다. 명시적으로 쓰지 않았지만 그 '경쟁력 있는 사업자'는 그가 의식했든 아니든 현실적으로 조중동과 대기업이다.

입법 과정에서 한나라당 쪽 공술인으로 나와 발표한 그의 발제문은 여러 곳에서 논리적 비약을 찾을 수 있지만, 사실 관계에만 기초해서 분석하면 다음과 같은 네 가지 문제가 불거진다.

첫째, 지상파방송 3사는 조중동처럼 중요한 사회적 쟁점들에 대해 언제나 한목소리를 내지 않았다. 공영방송인 한국방송·문화방송과 민영방송인 서울방송이 보도·제작하는 틀은 적잖은 대목에서 다르다.[59] 공영방송

---

58   윤석민은 실제로 소유규제 완화로 예상되는 미디어시장 변화를 현재로서 정확히 예측하기도 어렵고 관련된 데이터를 구하기도 쉽지 않기 때문이라고 밝혔는데 필자도 그 인식에 동의한다. 이 글이 '행위-결과의 필연성'을 탐색하는 연구방법을 택한 이유이기도 하다.
59   예컨대 한미 자유무역협정이나 미국의 경제위기 관련 뉴스들이 차이점을 보였고 문화방송의 '피디수첩'으로 상징되는 진보적 성격의 시사 프로그램은 한국방송과 서울방송으로 갈수록 찾아보기 어렵다.

안에서도 프로그램은 다양하다. 더구나 지상파 방송 시간에서 시사 프로 그램이 차지하는 비중은 적다는 사실도 감안해야 옳다.

둘째, 특정 가문이 세습하며 보도와 논평의 틀이 견고하게 유지되는 조중동의 경영체제와 달리 공영방송인 한국방송과 문화방송의 경영진은 사실상 대통령이 지명하고 있다. 이 명백한 사실은 여론 다양성을 논의할 때 결코 무시할 수 없는 변수가 된다. 공영방송이 여론을 형성하는 보도와 논평의 프레임이 고정적이지 않다는 것을 뜻하기 때문이다. 이는 방송의 여론 독과점 문제가 있다고 하더라도 그것을 신문과 같은 문맥에서 논의할 수 없다는 걸 의미한다. 실제로 이명박 정부가 들어선 뒤 방송사와 조중동의 보도는 점점 닮아가고 있다. 따라서 방송 3사의 여론 지배력을 완화하는 게 진정 학문적 연구에 기반을 둔 여론 다양성의 절실한 과제라고 어떤 학자가 생각한다면, 그가 할 일은 공영방송의 경영진을 어떻게 최대한 정치권력으로부터 독립적으로 구성할 수 있을 것인가에 대해 연구하고 제안하는 게 논리적으로 일관성 있는 자세다.

셋째, 조중동의 여론 지배력보다 방송 3사의 그것이 더 크다는 전제에 설령 동의하더라도 그 전제에서 방송 3사의 여론 지배력을 완화하기 위해 조중동 방송이 필요하다는 결론이 도출될 수 있는가. 윤석민이 강조해서 제안했듯이 방송 프로그램 사후 규제를 강화하는 방안과 동시에, 조중동의 여론 지배력을 줄이는 방안을 학자로서 연구하고 제안하는 길이 한국 사회의 여론 다양성을 위해 더 효과적인 방안이다. 만일 그가 '경쟁력 있는 사업자'로 대기업을 생각했을 뿐 조중동을 상정하지 않았다면, 지금 학자로서 그가 할 일은 조중동 종편에 대한 비판이어야 옳다. 하지만 그런 모습은 보이지 않는다.

넷째, 신방겸영론에 반대하는 그 누구도 소유 규제가 여론 독과점 해소에 필요충분조건이라고 주장하지 않았다. 하지만 그렇다고 해서 소유 규제를 하지 말아야 한다는 논리가 도출될 수 있는가? 소유 집중의 해소에 나서면서 '필요충분조건'을 갖추기 위해 다른 정책적 대안들도 내놓아야 옳지 미디어 집중에 동의하거나 적극 주창하는 것은 이해하기 어렵다. 결과적으로 조중동 방송의 등장으로 미디어의 집중이 심화된 상황에서 필요충분조건만 주장한다면 그것은 학자로서 단순히 논리적 오류 이전의 문제다.

② 설문·여론조사에 나타난 객관적 조건

조중동 방송이 여론 다양성을 높인다는 가설에 담긴 논리적 문제점은 2011년 8월에 시사저널과 한국기자협회가 각각 조사한 객관적 설문조사와 여론조사 결과로 뒷받침될 수 있다.

중도보수적인 시사주간지 시사저널이 해마다 실시하는 '누가 한국을 움직이는가' 2011년 전문가 설문조사 가운데 '가장 영향력 있는 언론매체' 조사 결과에서 한국방송(KBS)에 이어 조선일보가 2위를 차지했다. 2010년에도 순위는 같았다. 3위는 MBC, 4위는 네이버였고 5위와 6위가 중앙일보, 동아일보로 나타났다(표 9 참조). 포탈인 네이버를 제외하면 한국 사회에서 여론 형성에 영향력 있는 대중매체 5개사를 꼽을 때 조선일보, 중앙일보, 동아일보 세 신문사가 모두 들어가는 반면에 방송은 두 공영방송만 순위 안에 있다. 세 신문사의 영향력이 방송에 견주어 결코 떨어지지 않는다는 뜻이다. 그 상황에서 세 신문사가 방송까지 겸영할 때 한국 사회에서 영향력, 곧 여론 형성력은 더 커질 수밖에 없다.

[표 9] 전문가들이 판단하는 언론매체의 영향력

순위	1위	2위	3위	4위	5위
언론사	한국방송	조선일보	문화방송	네이버	중앙일보

* 출처: 시사저널 1138호(2011년 8월 10일) 2011년 전문가 설문조사에 근거.

전문가들의 생각은 실제 언론 현장에서 활동하는 기자들의 의식과 다르지 않다. 시사저널과 같은 시기에 한국기자협회가 창립 47주년을 맞아 발표한 전국 기자 여론조사를 보아도 가장 영향력 있는 언론사로 한국방송과 조선일보를 1, 2위로 꼽았다. 전문가들에 비해 1위(31.6%)와 2위(29.5%) 차이는 무시해도 좋을 만큼 적다.

더 주목할 결과는 기자들 스스로 조선일보를 비롯해 중앙일보와 동아일보를 신뢰하지 않는다는 사실이다. [표 10]에서 볼 수 있듯이 기자들은 가장 신뢰하는 언론사를 묻는 문항에 대해 한겨레(19.2%), KBS(11.7%), 경향신문(11.6%), MBC(8.3%) 순으로 답했다.

[표 10] 기자들이 신뢰하는 언론사(2011) (단위: %)

구분	한겨레	KBS	경향신문	MBC	조선일보	기타
신뢰도	19.2	11.7	11.6	8.3	4.5	12.8

* 출처: 한국기자협회(2011), 창립 47주년 기념 전국기자 여론조사를 바탕으로 재구성.

전문가들 설문조사와 전국 기자여론 조사에서 한국방송과 함께 1, 2위에 오른 조선일보의 신뢰도는 겨우 4.5%로 5위에 머물고 있다. 중앙일보와 동아일보는 기타에 합산될 만큼 미미한 신뢰도를 보였다. 기자들의 의식은 하루 이틀에 걸쳐 형성된 게 아니다. 한국기자협회가 정확히 5년 전에 한길리서치와 공동으로 조사한 여론 조사를 보아도 확인할 수 있다(표 11). 조선일보(4.0%), 중앙일보(3.7%), 동아일보(2.0%)의 신뢰도를 모두 합쳐도 10%에 이르지 못한다는 사실은 세 신문사가 기자들 속에서도 얼마나 불신받고 있는가를 입증해준다.

기실 조선일보, 동아일보, 중앙일보가 기자들 사이에서 불신받고 있는 이유는 그 신문의 편집에 '특정 가계'의 자본이 지배적 영향력을 행사하고

[표 11] 기자들이 신뢰하는 언론사(2006)

(단위: %)

구분	한겨레	KBS	MBC	경향신문	조선일보	중앙일보
신뢰도	15.0	12.3	5.0	5.0	4.0	3.7

* 출처: 한국기자협회(2006). 창립42주년 기념 전국기자 여론조사를 바탕으로 재구성.

있기 때문이다. 그럼에도 그 조중동 자본이 다른 국내외 자본과 함께 방송을 소유하고, 이미 포화 상태인 광고시장[60]에 진출할 때 광고주와의 유착 가능성은 높을 수밖에 없다(신태섭, 2009). 그렇지 않아도 한국 사회의 여론 형성에 자본의 영향력이 커져가고 있는 상황에서 조중동 방송의 출현이 얼마나 다양성을 위협할 것인가는 조금만 이성적 성찰을 해도 판단할 수 있는 문제다.[61]

결국 대중매체로서 한국 사회의 여론 형성에 끼치는 영향력은 모두 5위 안에 꼽히는 반면에 신뢰도는 모두 5위 이하로 떨어지는 세 신문사가 각각 방송을 소유함으로써 한국 공론장은 큰 변화를 맞게 되었다.

지금까지 분석했듯이 세 신문사들이 사실조차 왜곡하며 자신들의 이익을 위해 보도와 논평을 쏟아내고 관점의 다양성을 존중하기는커녕 자신들과 생각이 다른 관점에 '좌파'의 딱지를 붙여대는 일(labelling)을 수십여 년 동안 되풀이해온 객관적 조건을 완전히 무시하지 않는다면, 우리가 '조중

---

60 한국에서 지상파 방송광고는 2003년 이후 포화상태를 넘어 마이너스 성장 단계에 들어서 있지만 규제 완화론자들은 이 현실을 외면한 채, 지상파와 비지상파의 구별 없이 신규 투자가 이뤄지면, 지상파 광고와 비지상파 광고가 침식 없이 같은 비율로 성장할 것이라는 비현실적인 가정에 기초해 방송 산업의 장밋빛 미래를 주장하고 있다(신태섭, 2009). 이 분석에 근거하면 조중동 방송은 지상파 방송을 비롯한 다른 미디어들과 광고시장을 놓고 치열한 경쟁을 벌일 것으로 예측되며 그것은 광고주 영향력의 강화로 나타날 수밖에 없다.

61 미디어소유 집중과 관련해 도움이 된 국외 참고 문헌은 Baran, S. J.(2004); Humphreys, P. J.(1996); Kovach, B.(2007); Liebling, A. J.(1981); McChesney, R. W.(1999)가 있다.

동 방송이 여론 다양성을 저해한다'는 가설에 어떤 판단을 내려야 옳은지
는 자명하다.

□ 시청자의 방송주권 찾기

문제 제기에서 밝혔듯이 이 글은 신문이 방송을 겸영하면 우리 사회의 여
론이 더 다양해진다는 논리와, 우리 사회의 여론 다양성에 위기를 불러온
다는 논리가 학계에서 대립하며 소통이 막혀 있는 현실에서 최대한 과학
적 접근을 통해 학문적 논쟁을 점화하는 데 목적이 있다.

신방겸영에 따른 여론 다양성 문제를 과학적으로 분석하기 위해 '조
중동 방송은 여론 다양성을 저해한다'는 가설 아래 구체적으로 3가지 연
구문제를 제기하고 분석해본 결과는 지금까지 서술했듯이 명확했다. 조
중동 방송의 주체인 조중동의 신방겸영에 관한 여론 형성은 사실에 근거
하지 않았고, 뒷받침된 규제 완화와 경제 살리기, 일자리 늘리기 논리와
관련해서도 자신의 프레임만 경직되게 고수하며 다양한 관점을 소개하
지 않았다. 조중동과 방송이 결합해 곧 선보일 '조중동 방송'이 한국 공론
장에서 위치할 객관적 조건도 지상파 방송에 맞서 여론 다양성에 기여하
기보다는 다양한 관점에서 여론이 형성되어 가는 것을 저해할 가능성이
높다.

세 가지 연구문제에 모두 긍정적이거나 두 문제에서만 긍정적 답변이
가능해도 조중동 방송이 여론 다양성에 기여한다고 판단할 수 있겠지만,
앞서 분석했듯이 모두 부정적 답변을 할 수밖에 없었다. 결국 '조중동 방송
은 여론 다양성을 저해한다'는 가설은 조중동 방송의 주체적 조건과 객관

적 조건을 분석할 때 타당하다고 판단할 수밖에 없다. 지상파방송이 이미 정치권력의 입김에 따라 보수성을 더 강화해가고 있는 상황에서, 같은 직종의 현직 언론인들에게도 불신받고 있는 조중동이 방송까지 진출할 때 한국 사회에서 여론 다양성은 위기로 치달을 가능성이 대단히 높다.

그렇다면 여론 다양성 위기를 해소하기 위해 무엇을 할 것인가. 간략히 세 가지 제언으로 이 글을 마치고자 한다.

첫째, 방송의 궁극적 주권자인 시청자들의 견제와 감시가 지금보다 더 활성화하고 조직화해야 한다. 조중동 방송이 한국 사회의 여론 다양성을 넓혀가지 못하고 좁혀간다면, 그들이 내세운 '존재 이유'가 상실되기에 주권자로서 여러 대응 방법이 있다. 여기서 중요한 것은 어떤 대응을 선택하든 시민사회의 언론 감시 역량이 더 강화되어야 한다는 점이다. 그때 비로소 주권자들의 대응이 실효를 거둘 수 있기 때문이다.

둘째. 주권자들의 선택을 위해서라도 전문가들 사이에 언론정책에 대한 폭넓은 합의가 필요하다. 입법을 앞두고 '100일 전투'처럼 급조되는 논의 기구가 아니라 적어도 긴 안목을 가지고 언론학자와 현업인들이 참여하는 토론의 틀을 만들고 그 안에서 열린 토론을 통해 한국의 현실에 가장 적실한 미디어 구조를 구현할 정책 대안을 공동으로 마련해야 한다.

셋째, 공동으로 정책 대안을 마련하기 위한 첫 출발점은 조중동 방송에 대한 언론학자들 사이의 학문적 토론이다. 이 글의 들머리에서 밝혔듯이 지금도 신방겸영이 여론 다양성을 높일 수 있다고 판단하는 학자가 있다면 학문적 토론에 적극 나서주기를 기대한다. 그 과정이 바로 앞에서 제언한 '토론의 틀'을 구성하는 계기가 된다면 더 바람직할 것임은 두말할 나위가 없다.

지금까지 분석하고 전망했듯이 필자는 조중동 방송의 미래에 대해 비관적이고 부정적이다. 물론, '행위-결과'의 필연성을 인식하고 자유의 영역을 넓혀나가는 것은 언제나 바람직한 일이고 비판적 학문이 지닌 '효용'의 하나도 거기서 찾을 수 있을 것이다.[62]

---

[62] 이 글은 제목 그대로 『한국언론정보학보』 56호(2011년 11월)에 실렸다.

4장

신자유주의에 대한 언론과 비판언론학 비판

☐ 신자유주의와 언론학계

"한때 시대정신을 선도했던 창의적이고 도전적인 저술 활동은 쓴 사람과 평가하는 사람들만 읽는, 틀에 얽매인 지루한 논문들로 대체되고 있다. 학자는 '논문 작성 노동자'로 변모하고 있다. 이것이 지식인의 죽음이 어른거리고 있는 한국 사회의 풍경이다."

경향신문이 '민주화 20년, 지식인의 죽음' 제하에 연재한 기획물의 결론이다(2007년 4월 23일자). 기사는 한 계간지 편집장의 말을 다음과 같이 전한다. "학술지 또는 계간지에서 그야말로 '재미있는' 글을 보기 어려운 시대가 됐다. 담론 논쟁을 주도하는 경우도 거의 없어졌다. 모두 학진(학술진흥재단) 등재지에 딱딱하고 재미없는, 심지어는 같은 전공자들도 안 읽어줄 글을 쓰느라 밤새고 있기 때문이다."

도발적 문제 제기다. 프랑스에서 박사학위를 받아온 학자는 "이제 '공부를 한다'는 것은 아무도 읽지 않는 논문 마감 맞추는 걸 가리키는 말"이라고 혹평한다.[63]

연구자가 신문에 실린 기획기사 – 지식인 사회에 큰 반향을 일으킨 연재기획은 책으로도 발간됐다 – 를 논문의 들머리에 굳이 쓴 이유는 다른 데 있지 않다. 비판언론학계가 발행하는 『한국언론정보학보』는 "딱딱하고 재미없는, 심지어는 같은 전공자들도 안 읽어줄 글"이라는 평가로부터 얼마나 자유로운가를, 한국언론정보학회 회원들은 "아무도 읽지 않는 논

---

[63] 기사가 전한 프랑스 박사의 다음과 같은 말도 학술진흥재단 중심의 학계 상황을 날카롭게 비판한다. "전 에세이식 글쓰기를 하는 사람이에요. 그런데 학진 체제 아래서는 빛을 볼 수 없어요. 학진은 정형화된 논문식 글쓰기밖에 요구하지 않기 때문이죠." 경향신문 기획기사는 이어 "한 시대를 뛰어넘는 창의적인 저술, 그 저술을 둘러싼 치열한 논쟁이라는 지식사회의 풍경은 볼 수 없게 된" 현상을 조목조목 짚었다.

문 마감 맞추"려고 "밤새고 있"는 학자들로부터 얼마나 벗어나 있는가를 열린 마음으로 성찰해보자는 의도다.

한국 사회는 물론, 대학가 전반이 그렇듯이 언론학계에도 1997년 이후 신자유주의가 큰 영향을 끼쳐왔다. 한국 사회에서 신자유주의의 기점을 어디부터 설정할 것인가는 연구자에 따라 다르고, 더러는 1970년대 후반까지 거슬러 올라가지만(강내희, 2008, 239~240쪽), '신자유주의 시대'로 규정할 시점은 아무래도 국제통화기금(IMF)의 구제금융을 받은 1997년 이후로 보는 게 타당하다. 실제로 그 이후 한국 사회는 부익부 빈익빈이 심화되어왔고 '평생직장' 개념이 시나브로 사라져왔다.

문제는 그럼에도 대다수 사회 구성원들이 빈익빈 부익부의 양극화와 노동시장의 불안정이 신자유주의에서 비롯된 것임을 모르고 있거나, 그 현상을 '글로벌 스탠더드'로 인식하며 불가항력적 흐름으로 수용하는 데 있다. 2008년 9월, 신자유주의가 '종주국'인 미국의 금융위기로 명백한 한계를 드러냈는데도, 여전히 신자유주의 정책을 강행하는 이명박 정부의 모습은 그 연장선이다. 신자유주의를 불가피한 현실로 인식하는 데 일차적 책임은 한국 언론에 있는데도, 정작 언론 현상을 비판적으로 논의해야할 비판언론학은 신자유주의를 앞장서서 전파해온 한국 언론을 견제하거나 비판하는 데 소홀했다는 게 이 글의 문제의식이다.

또한 한국 저널리즘이 신자유주의의 틀에 갇힌 현상을 구체적인 언론보도 양상으로 분석하고, 비판언론학이 그 흐름에 어떤 구실을 했는가를 비판적으로 성찰한 뒤, 앞으로 비판언론학의 과제가 무엇인가를 제안하는데 목적이 있다.

☐ 신자유주의의 이상과 현실

한국 언론학계는 1988년 '한국사회언론연구회'가 조직되면서 새로운 전환점을 맞았다. 소수의 젊은 연구자들로 출발했던 연구회는 경험론적 실증주의 중심이던 언론학 영역에 비판언론학이라는 패러다임을 제시하였고, 학문적 방법에 대한 다양성을 증진시켰다(김서중·김은규, 2008). 더구나 1998년에는 연구회의 틀을 벗고 '한국언론정보학회'로 거듭났다.

학회의 초대 회장을 맡은 이효성(2008)은 창립 당시의 '비판언론학'이라는 패러다임은 비판이론에 근거했지만 통일된 이론이 아니었고, 동일한 현상에 대해 서로 다른 논리를 전개하기도 했다고 회고했다. 이론적 차이가 있음에도 공통의 끈으로 묶는 것이 있었는데 그것은 "기존 질서가 부정의와 모순으로 차 있어 더 나은 사회로 바뀌어야 한다는 목적의식"이라고 밝혔다.

기실 비판언론학의 연구 대상이나 비판 대상은 커뮤니케이션 현실만의 문제가 아니다. 비판언론학은 "부정의와 모순으로 차 있는" 현실을 일상적으로 틀 지워가는 저널리즘과 그것을 연구하는 학문까지 연구 대상으로 삼아야 한다. 비판언론학이 신자유주의를 분석할 때 연구 과제는 다음과 같이 압축할 수 있다.

연구 과제 1. 신자유주의 현실을 어떻게 인식하고 비판해야 하는가.
연구 과제 2. 신자유주의 현실을 언론은 어떻게 담아냈는가.
연구 과제 3. 신자유주의 현실을 학계는 어떻게 담아냈는가.

비판언론학의 현실과 과제를 주제로 한 이 글은 연구 과제 2와 3을 중심 과제로 삼았다. 연구 과제 1은 비판언론학 이전에 비판 이론의 더 넓은 영역에 속하고 연구 대상이 지나치게 광범위하기 때문이다. 하지만 그렇다고 해서 신자유주의에 대한 분석을 아예 건너뛸 수는 없다. '신자유주의'에 대한 명확한 이해 없이 그것을 담아내는 언론과 학문을 비판할 수는 없기 때문이다.

세계사적으로 신자유주의의 본격화는 1970년대 후반에서 80년대 초에 영국과 미국에서 각각 등장한 대처와 레이건 정권에서 찾을 수 있다. 전후 세계자본주의를 이끌어온 케인스주의의 복지국가가 스태그플레이션으로 한계에 부닥칠 때, 그 위기 타파를 명분으로 추진한 자본의 공세가 신자유주의다. 신자유주의는 시장과 자본의 논리에 국가가 인위적으로 개입해온 결과 경제적 위기를 맞았다고 주장하며 모든 걸 '자유시장'에 맡기자고 제안했다.

실제로 미국과 영국에서 신자유주의는 자본에 대한 국가 규제를 완화하고 생산 과정과 노동시장의 유연화, 사회복지 체계의 해체를 강력히 추진했다. 동시에 자본의 논리에 우호적인 언론계와 학계를 통해 신자유주의 담론은 전 세계로 빠르게 퍼져갔다. 가령 신자유주의가 영국과 미국에서 구현되기 시작할 무렵에 한국에서도 전두환 정권은 레이거노믹스를 '공급 중시 경제학'이라는 이름 아래 대대적으로 홍보하고 나섰다.

신자유주의들의 주장이 세계적으로 세력을 형성하게 된 데에는 실존 사회주의 국가들의 경제난에 이은 붕괴가 큰 몫을 했다(손석춘, 2008). 자본주의 국가에서 살아가는 민중 개개인으로선 경제적 어려움을 극복할 수 있는 대안이 또렷하게 보이지 않는 상황에서 신자유주의자들의 적극 공세에 소극 대응으로 일관했고, 그것이 신자유주의 전성기를 맞는 계기가 되었다.

물론, 신자유주의자들은 자신들이 복지에 소홀하다는 비판을 받아들이지 않는다. 오히려 강력한 사적 소유권, 자유시장, 자유무역의 특징을 갖는 제도적 틀 내에서 개인의 자유 및 기능을 해방시킴으로써 국민복지가 가장 잘 개선될 수 있으며, 국가의 구실은 그에 적합한 제도적 틀을 창출하고 보호하는 데 있다고 주장한다.

하지만 신자유주의가 내세운 '이상'과 현실은 전혀 다르다. 이상적 이론이 실제 현실에 구현될 때 사용한 전략은 모든 것의 시장화였다(Harvey, 2005). 하비가 자본가들이 계급 권력을 회복하려는 의도가 신자유주의의 이데올로기적 배경이었다고 분석한 이유도 여기에 있다. 신자유주의 비판이론가들은 신자유주의에서 '자유'란 보편적 개인의 자유가 아니라 특정 계급의 자유일 뿐이라고 분석했다. 그 점에서 신자유주의는 종래의 자유주의보다 더 노골적이다.[64] 현실에서 신자유주의는 병든 세계를 치유할 불가사의한 힘을 '시장'에 부여하는 고도의 이데올로기로 작용하고 있다 (Moody, 1997, 195쪽).

신자유주의가 작은 정부를 추구한다는 통념도 사실과 다르다. 자본에 대해서는 작은 정부이지만 노동자에 대해서는 강한 정부로 나타났기 때문이다. 영국과 미국에 도입된 신자유주의의 공통된 귀결은 빈곤과 불평등의 확대다(강상구, 2000, 116~118쪽). 신자유주의가 진행된 1980년대에 부자들은 미국 역사상 가장 많은 돈을 벌었고, 가난한 사람들은 가장 적은 돈을 벌었다. 신자유주의는 국내적으로, 그리고 국제적인 차원에서 가까스로 만들어진 복지체제를 파괴했고, 가장 냉혹한 자본주의의 논리를 복원시켰다(Duménil, 2005, 12~13쪽). 뉴욕타임스의 보수적 칼럼니스트 토머스 프리드먼조차 "시장의 보이지 않는 손은 보이지 않는 주먹 없이는 제구실

---

64   바로 그 점에서 신자유주의란 개인 기업들이 제한받지 않는 자유를 얻기 위해 정부의 불필요한 감시와 통제를 철폐해야 한다는 빅토리아 시대 영국의 '자유주의' 경제정책을 그대로 부활시킨 데서 비롯된 용어(Schiller, 1999, 30쪽)로만 이해하는 것은 오류를 범할 수 있다.

을 하지 못한다. 맥도날드는 맥도넬 더글러스(팬텀기를 제조하는 미국의 대표적인 방위산업체) 없이는 번성할 수 없으며 (…) 실리콘 밸리의 기술이 번창하도록 세계를 안전하게 유지해주는 보이지 않는 주먹은 미합중국 육군, 공군, 해병대"라고 썼다(Roy, 2002, 82쪽).

비판이론으로 볼 때 신자유주의는 "부정의와 모순으로 차 있어 더 나은 사회로 바뀌어야" 할 현실임에 틀림없다. 그 전제에서 결국 집중해서 다룰 연구 과제는 신자유주의 현실을 한국 저널리즘과 언론학계가 어떻게 담아냈는가의 문제로 좁혀진다.

그럼에도 연구 과제 자체가 광범위하기 때문에 여기서는 '의제설정이론'(Agenda Setting Theory)에 근거해 '신자유주의'라는 키워드를 중심으로 한국 저널리즘을 분석하고, 그 분석 결과를 밑절미로 비판언론학의 연구 경향을 짚어보는 데 국한했다.

☐ 한국 언론에는 '신자유주의'가 없다

1997년 외환위기를 거치면서 한국 사회는 양극화를 비롯해 여러 차원의 불균형이 누적되어왔다. 더구나 2008년 들어 세계 금융위기를 맞으면서 경제 전반이 흔들리는 위기를 맞았다.

이미 전두환 정권 시기에 공급 중시 경제학이라는 이름 아래 '레이거노믹스'가 도입되기 시작했지만, 신자유주의가 '개혁'이란 이름 아래 본격 전개된 것은 1997년 외환위기를 계기로 해서다. 바로 비판언론학계가 한국언론정보학회 이름으로 다시 출발한 시점이다. 외환위기 때 구제금융의 조건으로 국제통화기금(IMF)이 제시한 구조조정 프로그램인 '탈규제, 개

방화, 민영화, 정리해고 도입'은 전형적인 신자유주의 체제의 뼈대다.[65]

구제금융을 받는 나라의 자본시장과 무역시장을 철저히 '자유화'하는 신자유주의 체제는 1990년 미국 재무부와 국제통화기금, 세계은행이 이른바 '워싱턴 컨센서스(Washington Consensus)'에서 '담합'한 논리 그대로다 (Stiglitz, 2006, 81쪽).[66]

이미 1998년 9월 한국에서 열린 '서울국제민중회의' 참가자들은 선언문을 통해 신자유주의를 다음과 같이 명확하게 개념 정의했다. "신자유주의는 자본과 초국적 기업의 부와 권력을 극대화하는 것을 목표로 하는 파괴적이고 살인적인 전략으로, 민중을 단지 생산과 소비의 한 요소로 전락시키는 과정에서 개인, 계급, 국가와 지역 사이의 분열을 초래하고 있다." (서울국제민중회의 조직위원회, 1998, 6~7쪽).

신자유주의는 김대중─노무현 정부를 거쳐 이명박 정부가 들어선 뒤 더 분명하게 나타나고 있다.[67] 2008년 2월 공식 취임하자마자 이명박 정부

---

65 흔히 신자유주의는 그것을 바라보는 긍정론과 부정론으로 크게 갈라져 있어 정의를 내리기 쉽지 않다고 한다. 하지만 가치 판단 이전에 신자유주의로 나타난 현상에는 미국과 유럽의 경험에서 볼 때 여섯 가지 공통점이 있다(이해영, 경향신문 2008년 1월 2일자). 기업 규제 완화, 공기업 민영화, 노동시장 유연화, 법인세 감세, 복지 축소, 작은 정부가 그것이다.

66 '워싱턴 컨센서스'는 1989년 미국 정치경제학자 존 윌리엄슨이 라틴아메리카에 대한 '개혁 처방'으로 처음 사용한 개념이다. 1990년대 이후 미국의 시장경제체제, 곧 신자유주의 확산 전략으로 자리 잡았다. 다른 나라의 외환위기를 '구조조정'의 기회로 삼아 정부 예산 삭감, 자본시장 자유화, 외환시장 개방, 관세 인하, 국가 기간산업 민영화, 외국 자본에 의한 국내 우량 기업 합병·매수 허용, 정부 규제 축소, 재산권 보호를 강권하는 정책이다. 상대 국가에서 그 권고를 받아들이지 않을 때는 집권 핵심부의 부패와 비리를 드러내 '중도 성향'의 정치세력이 집권하게 방조하고 그 정부가 구조조정에 나서게 하는 전략도 담겨 있다.

67 경제학계에서 연구자에 따라서는 신자유주의가 한국 경제에 얼마나 보편성을 갖는가에 부정적 시각도 있다. 물론, 신자유주의가 복지국가 경험도 전혀 없는 한국 사회에 그대로 적용된 것은 아니다. 하지만 세계사적으로 30년 넘게 지배적 흐름을 형성한 신자유주의의 주요 정책적 특징들은 1997년 외환위기로 한국 사회에서 본격적으로 뿌리내렸다고

는 기업 규제 완화와 감세, '민영화'를 강력하게 추진했다. 공기업 민영화는 김대중 정부 이후 추진해온 것이지만, 이명박 정부 들어서서는 규모와 강도가 다르게 전개되었다. '기업 친화'적 노동정책에 더해 준법과 질서를 강조하는 '노조 길들이기'도 예고되었다. 대기업 감세정책으로 투자를 활성화한다는 명분을 내건 법인세와 상속세 인하는 이명박 정부의 공약이자 자본의 숙원사업이었다.

문제는 1997년 이후 신자유주의가 본격 전개되어 실제 사회경제를 바꿔나간 지 10년이 넘었는데도 '신자유주의'라는 말이 대다수 사회 구성원에게 개념조차 낯선 말이라는 데 있다. 심지어 집권당인 한나라당 박희태 대표는 대통령 선거일을 닷새 앞두고 당시 이명박 후보의 선거대책본부 상임고문으로 방송에 나와 '신자유주의' 개념 자체를 처음 들어보는 듯 부정했다.[68] 박희태가 신자유주의 개념을 "확실하게 이해 못 하겠다"면서 방

보는 게 보수와 진보를 떠나 대다수 경제학자들의 합의다. 보수는 그것을 긍정적으로 보고 진보는 그것을 비판적으로 보는 차이일 뿐이다. 이명박 정부 들어 한층 노골화한 기득권 중심의 정책은 신자유주의정책과 다르다고 분석하기보다는, 신자유주의 정책에 대한 비판적 인식이 없는 한국 현실에서 빚어진 신자유주의의 극단적 형태라고 보는 게 더 타당하다.

68 2007년 12월 14일 원음방송 아침 라디오 시사프로그램에서 박희태 상임고문은 진행자 질문에 다음과 같이 답했다. 진행자=경제를 살리는 게 지상명령이라고 말씀하셨잖아요. 그리고 BBK 때문에 그게 가려져서 안타깝다는 생각도 밝히셨는데요. 그런데 이명박 후보가 얘기하는 7·4·7(연평균 7% 성장, 1인당 4만 달러 국민소득 달성, 7대 경제강국 진입), 실현 가능성이 있다고 보세요? 터놓고 솔직하게, 지금 상황에서 이야기하자면? 박희태=가능성이 있기 때문에 우리가 정책으로 내놓은 겁니다. 즉흥적으로 내건 게 아니고 우리 내부에서 경선 전부터 여러 경제학자들, 정책 전문가들이 머리 맞대고 논의하고 토론해서 나온 겁니다. 거기에 대해서는 믿어도 괜찮습니다. 진행자=7·4·7 경제를 약속하면서 최근에 들어서는 굳히기에 들어서서 그런 건지 민생 경제를 살리겠다는 말을 부쩍 많이 하더라고요. 그런데 민생 경제에 대해서는 우려하는 이야기들도 있어요. 이를테면 한미FTA에 대해 이명박 후보는 적극 찬성하는 거죠? 하나 여쭤보겠습니다. 박희태 상임고문께서는 신자유주의에 대해서 어떻게 이해를 하고 계십니까? 박희태=신자유주의요? 그 신자유주의란 개념이 무엇입니까? 진행자=주주자본주의입니다. 그러니까 사람

송 진행자에게 반문한 대목을 보자. 그는 "(신자유주의는) 초기 자본주의 모양으로 절대적인 자유를 누리는 초기 자본주의, 그야말로 그런 경쟁 상태를 이야기하는 거 같은데, 지금이 어느 때입니까?"라고 되물었다. 이어 정가에서 '달변의 논객'으로 소문난 정치인은 "인간다운 생활을, 지금 모든 국민에게 근로자든 서민층까지도 인간다운 생활을 보장해주는 것이 현대 국가의 이념"이라고 단언했다.

바로 그 지점에 문제의 핵심이 있다. 박희태의 발언처럼 정치학 교과서에 따르면 모든 국민에게 인간다운 생활을 보장해주는 게 현대 국가의 이념이다. 그럼에도 그가 지적했듯이 "그것을 뿌리치고 과거로 회귀해서 자본주의 초기단계로 돌아가" 자본의 논리만 절대적으로 대변하는 논리, 바로 그것이 신자유주의다. 동시에 바로 그렇기 때문에 정치인들은 자신이 신자유주의자임을 '자처'하지 않는다.[69]

왜 그런 현상이 벌어지는 걸까. 일차적 현실 규정자인 저널리즘에서 신

들의 노동의 가치나 이런 거보다는 자본의 논리, 그리고 주식을 가진 사람들의 이익만 우선하는 그런 거죠. 이를테면 기업에서 순이익을 많이 얻어도 명예퇴직이나 이런 걸 통해서 노동자들을 지속적으로 구조조정해나가는 그런 기업들의 모습이 최근에 일관되게 나타나지 않았습니까? 박희태=글쎄요, 제가 선뜻 동의하기가 어려운데요, 신자본주의라고 하니까 자본가만 그런 경제체제입니까? 진행자=(신자본주의가 아니라)신자유주의요. 처음 들어보세요? 박희태=네. 저는 그 개념을 확실하게 이해를 못 하겠습니다. 그것은 초기 자본주의 모양으로 절대적인 자유를 누리는 초기 자본주의, 그야말로 그런 경쟁 상태를 이야기하는 거 같은데, 지금이 어느 때입니까? 인간다운 생활을, 지금 모든 국민에게 근로자든 서민층 까지도 인간다운 생활을 보장해주는 것이 현대 국가의 이념입니다. 그런데 그것을 뿌리치고 과거로 회귀해서 자본주의 초기단계로 돌아가서 신자유주의다, 이렇게 말씀하는 거 같아서 저는 그 개념이나 말씀하신 데에 대한 동의를 선뜻 하기 어렵습니다(손석춘, 2008).

69 물론, 박희태로 예시되는 기득권 세력의 정치인들이 정말 '신자유주의'라는 말을 모를 수도 있다. 하지만 그렇다면 더 큰 문제 아닐까. 우리 사회가 풀어야 할 시대적 과제가 무엇인가를, 세계 여러 나라의 지식인과 정치인들이 해결하려고 부심하는 문제를, 집권당의 대표가 아예 개념조차 모르고 있는 셈이다.

자유주의라는 개념 자체를 외면해온 데 큰 원인이 있다. [표 12]는 최근 1
년 동안 언론에서 '신자유주의'라는 말이 얼마나 배제되어왔는가를 단적
으로 보여준다.

[표 12] '신자유주의'가 노출된 뉴스 기사 비율(2007년 5월 1일~2008년 5월 1일)

(단위: 건)

구분	동아일보	문화일보	한겨레	경향신문
전체	51,566	42,083	45,441	58,721
신자유주의	63	75	366	308
비율	0.12%	0.18%	0.81%	0.52%

조사 대상으로 신자유주의가 불러온 사회 양극화에 소극적 보도를 해
온 조간신문과 석간신문을 하나씩 선택했다. 그와 비교할 신문으로 흔히
'진보 매체'로 분류되는 경향신문과 한겨레를 분석했다.

연구는 2007년 5월 1일에서 2008년 5월 1일까지 조사 대상으로 선택한
네 신문을 한국언론재단의 카인즈(kinds.or.kr)에서 검색하는 방법으로 이뤄
졌다. 조사 기간은 신자유주의 문제가 사회 구성원 사이에 폭발적으로 분
출하기 시작한 2008년 5월 2일을 기준으로 삼았다. 특히 5월 2일 시점을
기준으로 한 그 이전의 1년은 여야의 대통령 후보 경선이 치러지고 곧이
어 대통령 선거 정국이 본격화하면서 총선까지 이어져 그 어느 때보다 언
론의 의제 설정이 중요한 시기였다. 각 당의 대선 후보를 뽑는 과정부터 새
대통령의 취임과 총선에 더해, 한미 자유무역협정(FTA) 체결과 국회 비준
문제가 겹쳐 가장 큰 쟁점이 '경제 살리기'였기에 '신자유주의'가 얼마나 의
제화되었는가를 살펴볼 수 있는 적합한 시기다. 5월 2일 이후 벌어진 촛불
집회에서 신자유주의가 '거리의 의제'로 등장한 시기와 비교하는 데도 적
절하다고 판단했다.

실제로 대선과 총선 정국의 최대 쟁점은 '경제 살리기'였다. 그런데 '신자유주의'라는 말을 언급한 기사가 동아일보 전체 지면에서 차지하는 비율은 고작 0.12% 대에 머물렀다. 가장 많이 언급한 한겨레조차 전체 기사의 1%에도 이르지 못했다.

그 흐름은 [표 13]에서 볼 수 있듯이 국제통화기금의 구제금융을 받은 직후부터 10년 동안 전체 기사에서 '신자유주의'가 노출된 빈도를 분석해보아도 동일하게 나타난다.[70]

[표 13] 10년간(1998년 1월 1일~2007년 12월 31일) 신자유주의 뉴스 기사 비율 (단위: 건)

구분	동아일보	문화일보	한겨레	경향신문
전체	448,070	361,288	408,550	446,944
신자유주의	561	684	2,073	962
비율	0.13%	0.19%	0.51%	0.22%

비단 뉴스만이 아니다. 신문 편집의 방향이 드러나는 사설을 보면 문제점은 더 또렷하게 드러난다. [표 14]에서 볼 수 있듯이 동아일보와 문화일보는 신자유주의를 언급한 사설이 아예 없거나 단 1건이다(표 12와 같은 기간). 신자유주의라는 말 자체를 사설의 논의 전개에서 아예 제외하고 있는 것이다. 저널리즘이 선거 공론장에서 핵심 쟁점을 외면한 셈이다. 한겨레와 경향신문 사설도 정도의 차이일 뿐 신자유주의를 다룬 사설은 지극히 적다.

같은 기간에 사설 아닌 칼럼과 논단에서 '신자유주의'를 언급한 비율도

---

70   다만 특이할 점은 경향신문의 신자유주의 뉴스 기사 비율의 차이다. 외환위기 뒤 10년 동안 신자유주의가 노출된 기사 비율이 0.22%였지만 대선과 총선이 있던 최근 1년 동안은 0.52%로 늘어났다. 이 점은 신문의 자본 성격이 바뀌면서 지면 내용이 점점 변화해온 사실을 시사해준다.

[표 14] 1년간 신자유주의 사설 비율

(단위: 건)

구분	동아일보	문화일보	한겨레	경향신문
전체	915	931	959	948
신자유주의	0	1	10	14
비율	0%	0.11%	1.04%	1.48%

상대적으로 높을 뿐, 절대적으로는 미미하다. 문제는 동아일보와 문화일보에 그나마 신자유주의를 언급한 칼럼과 논단들이 일방적으로 신자유주의를 적극 찬성하는 데 있다.

[표 15] 1년간 신자유주의 칼럼·논단 비율

(단위: 건)

구분	동아일보	문화일보	한겨레	경향신문
전체	2,370	1,839	1,836	2,026
신자유주의	21	9	81	71
비율	0.89%	0.49%	4.41%	3.50%

[표 16] 동아일보 신자유주의 칼럼·논단 비율

(단위: 건)

구분	찬성	중도	비판	계	비판 비율
내부필자	12	3	0	15	0%
외부필자	4	1	1	6	16.67%
계	16	4	1	21	4.76%

구체적으로 동아일보의 신자유주의 칼럼이나 논단을 분석해보면, 내용 자체의 문제 이전에 조야한 논리 전개가 드러난다. 가령 외부 필자로서 칼럼을 기고한 박철희(서울대 대학원 교수)는 '유권자 두려워하지 않는 오만'(2008년 3월 21일 34면) 제하의 칼럼에서 "요즘 한국 정치를 보며 묘하게도

일본의 고이즈미 준이치로(小泉純一郞) 전 총리를 떠올린다"면서 신자유주의 정책을 '개혁'으로 규정하고 '기득권 구조' 타파와 연결 짓고 있다. 하지만 신자유주의와 '기득권 구조 타파'는 논리적 모순관계이고 실제로 '고이즈미 개혁'은 일본 내부에서도 부정적 평가를 받고 있다.

동아일보 내부 필자들의 칼럼에 나타난 문제점은 더 심각하다. 정성희 (논설위원)가 쓴 '횡설수설 / 대문호 연암(燕巖)'(2007년 7월 25일자 34면)은 연암 박지원의 『허생전』(許生傳)을 소개하며[71] "남산골에 사는 허생은 변씨(卞氏)한테서 빌린 금 10만 냥으로 장사를 해 거금을 모은다. 그는 이 돈을 백성에게 다 나눠주고 20만 냥을 변씨에게 갚은 뒤 변씨 등과 함께 경세치국(經世治國)을 논한다"고 간추렸다. 이어 "허생의 치부술(致富術)과 부국이민(富國利民)의 근대적 경제관에 무릎을 칠 수밖에 없다"면서 연암을 "우리나라 최초의 신자유주의자"라고 규정한다. 논평은 주관적 시각이 개입한다고 치더라도 『양반전』으로 당시 지배체제를 신랄하게 비판한 실학자 박지원이 '우리나라 최초의 신자유주의자'로 규정되는 것은 역사적 맥락과 전혀 동떨어진 억측에 지나지 않는다.

이 신문의 '전진우 칼럼'은 '잃어버린 10년에 대하여'(2007년 6월 30일 30면)에서 "세계화와 신자유주의 체제는 우리가 싫다고 거스를 수 없는 상수(常數)로 작용하고 있다"며 불가피한 현실로 단정 짓는다. 그가 칼럼을 쓴 시점에, 베네수엘라나 스웨덴처럼 신자유주의와 다른 체제가 엄연히 존재

---

71 칼럼은 먼저 연암 박지원(朴趾源 · 1737-1805)이 친구 박제가에게 보낸 짤막한 편지를 소개한다. "진채(陳蔡) 땅에서 곤액(딱한 사정)이 심하니, 도를 행하느라 그런 것은 아닐세. (…) 이 무릎을 굽히지 않은 지 오래되고 보니, 어떤 좋은 벼슬도 나만은 못할 것일세. 내 급히 절하네. 많으면 많을수록 좋으이. 여기 또 호리병을 보내니 가득 담아 보내줌이 어떠하실까?" 이어 "여러 날 굶었으니 돈을 꿔달라는 부탁인데 이왕 돈 꿔주는 김에 술도 보내라는 내용인즉, 그 은유와 해학이 놀랍다"고 쓴다. 이어 『허생전』(許生傳)을 소개한다.

하고 미국 중심의 신자유주의 체제에 이미 균열이 가고 있던 국제 정치경제의 객관적 흐름을 아예 외면한 주장이다.

무엇보다 큰 문제점은 '김순덕 칼럼'이다. 편집국 부국장의 직함을 지닌 그는 대통령선거 정국에서 쓴 글 '5년 뒤 우리 아이들이 살 나라'(2007년 11월 9일 35면)에서 다음과 같은 논리를 전개한다.

"신자유주의를 공산주의보다 사악한 이데올로기로 몰아붙이는 것 역시 자유다. 그러나 탈규제, 민영화 없는 나라에 내외국인 투자는 일어나지 않는다. 큰 정부든 작은 정부든 정부의 역할은 시장 주도에서 시장에 대한 친절한 지원으로 바뀐 지 오래다."

신자유주의와 공산주의를 비교해 반공주의 정서를 자극하는 논리 전개다. 신자유주의 아니면 공산주의라는 양자택일의 논리구성 오류를 범하면서 신자유주의의 대안과 관련한 논의를 원천 봉쇄하는 주장이다. 이명박 후보가 당선되고 대통령에 취임한 직후 '김순덕 칼럼'은 '개구리를 기억하세요' 제하의 글(2008년 2월 29일 31면)에서 부자 내각을 비롯한 편향인사에 거세게 일어난 비판 여론을 간단히 언급하며 이명박 정부를 다음과 같이 옹호했다.

"'벌써 레임덕' 같은 이명박 정부가 인사는 망쳤어도 정책 방향은 제대로 잡았다는 점에선 천만다행이다. 작은 정부, 큰 시장 등 새 정부가 추구하는 경제정책은 1978년 덩샤오핑이, 1979년 마거릿 대처가, 1980년 로널드 레이건이 앞장선 이래 세계적으로 성공이 확인된 정책이다. 신자유주의 정책이 빈부차를 확대시켰을 뿐이라며 주체사상보다 사악하게 보는 사람들을 위해 (…) 세계는 경쟁을 통해 개개인과 기업의 경쟁력을 키우고 있고, 파괴의 불안이 있기에 끊임없는 창조와 발전 역시 가능하다. 그래서 '창조적 파괴' 아니던가. 새 정부가 스마트하게 정책을 집행해나가면 참 좋겠지만 안 그래도 다음 선거까진 어쩔 수 없다. 대통령 탓할 시간에 내 경쟁력부터 키우는 게 남는 장사다."

여기서도 신자유주의와 '주체사상'을 느닷없이 대비시킨다. 신자유주의에 대한 비판을 원천봉쇄한 데 이어 독자에게 대통령을 비판할 시간에 '내 경쟁력부터 키우는 게 남는 장사'라고 권한다. 이 또한 신자유주의 아니면 주체사상이라는 양자택일로 다른 선택지들을 모두 무시하는 논리 구성의 허점을 드러내고 있다.

비단 동아일보나 문화일보만의 문제가 결코 아니다. 한국의 신문 시장을 독과점하고 있는 세 신문, 동아일보, 조선일보, 중앙일보에서 '신자유주의'라는 말은 기피되고 있으며, 설령 언급된다고 하더라도 일방적 찬사이거나 신자유주의를 비판하는 논리를 조야하게 반박하는 게 절대다수다. 그런 언론 상황에서 신자유주의를 확산해온 권력과 자본에 대한 감시와 견제가 제대로 이뤄질 수 있을지 회의적이다.

이정환(2007)은 경제신문들이 IMF 외환위기 이후 한국 경제의 구조 변화를 맹목적으로 추동해왔다고 분석했다. "신자유주의 금융 세계화를 선도적으로 받아들였고 글로벌 스탠더드라는 명목으로 자본시장 개방과 외국 자본 유치, 공기업 민영화, 대규모 인수합병, 노동시장 유연화, 공공부문 축소 등을 밀어붙였"고, 그 연장선에서 한미 자유무역협정(FTA)을 전폭적으로 지지했다는 것이다.[72]

---

[72] 이정환(2007)은 구체적으로 '경제=기업=종합주가'라는 도식이 일반화되어 있다고 지적한다. 또 '작은 정부'를 외치면서 끊임없이 복지 축소를 주문하고 공기업의 민영화를 요구한다. 공공부문에 효율의 잣대를 갖다 대고 수익 창출을 요구한다. 심지어 교육과 보건복지, 의료 부문까지 정부의 간섭을 배제하고 시장 경쟁을 도입할 것을 요구한다. 부유한 사람들이 더 좋은 서비스를 받도록 하자는 이야기지만 정작 여기서 배제될 수밖에 없는 사람들에 대한 배려는 없다는 지적이다. 한국의 소득 불평등 정도가 경제개발국기구(OECD) 나라들 가운데 가장 높은 수준이라는 사실, 복지 지출이 전체 재정에서 차지하는 비중이 절반 정도에 지나지 않는다는 사실도 거의 알려져 있지 않다고 분석한다.

경제신문에 대한 이정환의 분석은 동아일보, 조선일보, 중앙일보의 경제면에서도 고스란히 나타난다. 세 신문은 '기업이 살아야 경제가 산다'는 단순하면서도 낡은 프레임을 경제 문제 전반에 들이대고, 분배보다 성장을 강조하며, 무한경쟁의 시장원리를 경제를 넘어 사회 전반에 확대 적용할 것을 주문해왔다.

문제의 핵심은 한국 언론이 규제 완화, 민영화, 법인세 감세, 노동시장 유연화를 '글로벌 스탠더드'로 일관되게 제시해 여론화하면서, 정작 그것이 신자유주의의 경제정책임을 은폐하는 데 있다.

[표 17] 1년간 신자유주의 관련 주제 사설 비율

구분	신자유주의	민영화	규제 완화	감세	유연화	계
동아일보	0	23	39	12	9	83
문화일보	1	18	50	12	4	85
계	1	41	89	24	13	168

[표 17]에서 드러나듯이 신자유주의에 대한 개념 배제는 실제 신문 지면에서 기업 규제 완화, 공기업 민영화, 노동시장 유연화, 법인세 감세, 복지 축소, 작은 정부에 대해 일방적으로 찬성하는 보도와 논평으로 나타났다. [표 14]와 같은 기간에 동아일보와 문화일보 사설을 분석해보자. 신자유주의에 대해 전혀 언급도 없었던 동아일보는 '민영화'를 일방적으로 찬양하는 사설을 23건이나 썼다. 문화일보도 18건을 써서 공기업과 금융기관 '민영화'를 적극적이고도 공격적으로 주문했다. '규제 완화'을 요구하는 사설은 동아일보가 39건, 문화일보가 50건이나 내보냈다. '감세'는 두 신문이 모두 12건의 사설을 편집했다. 노동시장 유연화도 동아일보 9건, 문화일보 4건이다.

결국 동아일보와 문화일보는 '신자유주의' 언급은 사실상 전혀 하지 않으면서 신자유주의적 정책의 핵심 내용들은 적극 여론화해나갔다. 단순 산술비교로 하면 두 신문에서 168배의 현저한 불균형이 드러난다. 두 신문이 의도했든 아니든 공기업 민영화, 대기업 규제 완화, 법인세 감세, 노동시장 유연화를 강조하면서도 그것에 대한 총체적 인식은 가로막았다는 게 객관적 지표로 나타난 셈이다.

바로 그 점에서 신자유주의 정책을 강력하게 추진하는 집권당의 대표가 방송에서 신자유주의 개념 자체를 처음 들어본다고 밝히는 모습과 한국 저널리즘의 현실은 닮은꼴이다. 권력과 언론이 경제 쟁점에 대해 일방적이고 단편적 정보만 부각해 신자유주의에 대한 개념적 인식을 저해함으로써 국민 대다수가 신자유주의의 문제점을 총체적으로 파악하지 못할 때, 그것을 넘어서는 정책이나 실천이 구현될 가능성은 사실상 없어진다고 할 수 있다. 신자유주의와 다른 경제정책이 얼마든지 가능하다는 사실을 보여주지 않고, 마치 그것만이 '글로벌 스탠더드'로서 선진국으로 가는 길임을 지속적으로 여론화하기 때문이다.

일찍이 루카치는 "사회생활의 하나하나의 사실들을 역사적 발전의 계기로서 총체성 속으로 통합시키는 연관 속에서야 비로소 사실들의 인식은 현실 인식이 될 수 있다"고 지적했다(Lukács, 1920, 74쪽). 굳이 총체성이 아니라고 하더라도 신자유주의에 대한 개념적 인식을 저해하는 언론의 모습은 구체적 현실이 신자유주의에 의해 전개되는 실제와 어긋나 있다.

신자유주의를 앞장서서 전파하는 언론이 신자유주의라는 개념을 기피 또는 은폐해온 사실을 비판하는 게 비판언론학의 과제로 제기되는 이유가 여기 있다.

☐ 비판언론학의 침묵

문제는 한국 언론이 가장 중요한 쟁점인 신자유주의에 대해 공론장으로서 최소한의 구실조차 전혀 못하고 있음은 물론, 일방적으로 신자유주의의 논리를 확산시켜가고 있는 데도 비판언론학계가 침묵하거나 소극적으로 대응해온 데 있다.

이는 『한국언론정보학보』에 실린 논문을 분석해보면 또렷하게 확인할 수 있다. 2008년 상반기까지 『한국언론정보학보』에 실린 논문 가운데 '신자유주의'를 제목에서 언급한 논문은 단 1건이다. 주요 논점을 제시한 초록에서 언급한 논문은 3건이고, '키워드' 검색으로는 한 건도 없다.

제목에서 '신자유주의'를 언급한 유일한 논문은 김예란(2002)의 '사회적 담론공간 분석: 신자유주의, 신보수주의 담론을 중심으로'이다. 이 글은 "사회적 담론의 형성, 발전, 변화 과정을 공간적 모델의 관점에서 분석함으로써 상이한 담론들 간 상호적으로 작용하는 권력관계의 복합성과 유연성, 역동성을 고찰하는 것을 목적"으로 한다.

논문은 "후기 자본주의의 실제 정치 과정에서 신자유주의적 정치권력과 신보수주의적 문화권력이 대두하면서, 사회적 담론공간이 개인주의적 소비주의나 획일적인 집단주의로 동질화되고 양분되는 경향을 보여왔다"며, 담론의 형성과 변화 과정을 분석했다. 신자유주의 문제를 본격적 또는 총체적으로 다룬 논문이라고 보기는 어렵다.

초록에서 '신자유주의'를 언급한 연구는 김은규의 논문이 2편이다. 김은규(2006a)는 '21세기 국제정보질서의 새로운 패러다임?: 정보사회 세계정상회의(WSIS)의 역사적 맥락과 의제 검토' 제하의 논문에서 21세기 정보사회의 지구적 거버넌스를 구축하고자 했던 '정보사회 세계정상회의(WSIS)'가 제시하는 정보 질서의 패러다임을 분석했다. 논문은 WSIS가 "새로운 지구적 거버넌스 구축을 국제사회의 모든 이해당사자들의 조율 속에서 진행했다는 점, 그리고 이러한 과정에서 개발도상국들의 이해를 점진적으로 반영했다"는 점에서 긍정적으로 평가했다. 하지만 "자칫 장밋빛 미래와 과도한 기술결정론에 치우칠 우려를 보여준다"면서 그 이유로 "WSIS 논의가 신자유주의적 질서에 입각해 있는 현재의 정치경제학적 맥락의 결여로 인해 논의의 결과인 핵심 원칙들과 행동 계획을 흐리게 할 수 있음"을 지적하고 있다.

김은규(2006b)는 이어 '문화시장 개방, 국제규범, 글로벌 거버넌스' 제하의 논문에서 "신자유주의적 세계화가 강화되면서 문화시장 개방을 둘러싼 국제사회의 논쟁 역시 강화되고 있다"고 지적했다. 논문은 '시장개방 촉진자'들과 반대자들의 논리를 비교한 뒤 "국제사회의 의사결정과 관리에 대한 규범 창출의 이론적 틀"로 '글로벌 거버넌스(Global Governance)'의 중요성을 부각했다. 논문은 "문화시장 개방을 둘러싼 논쟁과 충돌은 패권국가의 힘에 기반한 국제질서가 아니라 다양한 국제사회의 행위자들이 참가하는 글로벌 거버넌스의 구축을 통해 그 해결책이 모색되어야 한다"고 강조했다.

초록에서 신자유주의를 언급한 다른 논문은 이남표 · 김재영(2006)의 '방송통신 융합 시대의 정치경제학: 비판적 계승을 위한 시론적 탐색'이다. 논문은 방송통신 융합 환경을 설명하는 하나의 인식론이자 접근 방법으로서 정치경제학의 가치를 '재고찰' 하고 있다. 이를 위해 "기존 정치경제학 연구의 특징과 맹점을 밝히고 변화하고 있는 미디어 환경의 특징적 현상을 도출함으로써 정치경제학이 본격적으로 다루어야 할 영역"을 제안한다. 논문은 "신자유주의적 시장론의 문제점, 능동적 수용자론의 왜곡, 수용자 상품론의 한계"를 짚은 뒤, 수용자 중심의 정책 이념 확보 방안을 제시하고 있다.

앞서 살펴본 논문들은 모두 가치 있는 연구 주제들이지만, 여기서 다루고자 하는 문제의식과는 거리가 있다. 결국 한국 저널리즘의 문제를 신자유주의 맥락에서 비판적으로 분석한 논문은 『한국언론정보학보』에 없다고 해도 지나친 말은 아니다.

한국언론학회로 눈을 돌려보아도 사정은 달라지지 않는다. 같은 기간 한국언론학회가 발행하는 학술지 『한국언론학보』에서 '신자유주의'를 제목이나 초록에서 언급한 논문은 4건이다.

하윤금(2004)은 '금융 세계화(Financial Globalization)와 미디어산업' 논문에서 2004년 방송법 개정으로 확대된 외국 자본 진출 문제에 대한 의미를 신자유주의 금융 세계화의 관점에서 비판적으로 고찰하고 있다. 연구자는 "IMF사태 이후 우리나라는 금융시장의 개방뿐만 아니라 모든 산업 영역에서 외국 자본의 투자와 진출을 점점 더 확대하는 방향으로 정책적인 접근이 이루어지고 있다"며 금융 세계화 현상에 의한 금융자본의 증가와 금융 거래의 증가, 그리고 금융자본을 통한 이윤추구의 현실을 분석했다. 논문은 "이미 개방된 통신 산업에서 나타나고 있는 현상으로 주주의 이익 극대화를 위해 생산부분에서 창출된 이윤에 기생하여 미디어산업 영역을 피폐화시킬 가능성마저 존재한다"고 우려했다. '주주가치(Shareholder Value)' 극대화의 이데올로기를 분석한 논문이다.

김은규(2005)는 '초국적 사회운동과 인터넷 네트워크의 역할에 대한 연구' 논문에서 "1990년대 이후, 신자유주의적 세계화가 심화되면서 글로벌 시민사회 진영은 '대안적 세계화'를 주장하는 초국적 사회운동을 전개했다"고 진단한 뒤 "사회운동 진영의 인터넷 활용 전략"을 집중 탐색했다.

문상현(2005)은 '글로벌 디지털 디바이드의 담론적 구성과 그 함의' 논문에서 정보기술의 급속한 발전이 낳은 디지털 디바이드의 문제를 불평등한 국제관계라는 맥락에서 검토하고 있다. 연구자는 "글로벌 디지털 디바

이드에 관한 국제사회의 지배적인 담론은 정보통신기술과 발전 간의 직접
적이고도 인과적인(causal) 연관성을 상정하고 있다"고 분석한 뒤 그런 담
론이 "기술과 발전의 관계에 대한 도구주의적이고 기술결정론적인 인식
과 신자유주의적인 편향에 기반하고 있다"고 비판한다. 그 결과 특히 국제
적 논의가 전 지구적 차원에서의 경제통합이라는 목표를 추구하는 데 종
속됨으로써 국가 및 지역 간 불평등을 완화하고 인류의 보편적 발전이라
는 목표에 기여하기보다는 기존의 불평등을 더욱 심화시킬 개연성이 높다
고 분석했다.

마지막으로 유용민·김성해(2007)의 논문 '노동운동의 담론적 위기—신
자유주의 담론과 미디어 노동 담론의 역사적 접합을 중심으로'는 "최근 노
동운동의 정당성 위기는 외환위기 이후 지배적 담론으로 자리 잡은 신자유
주의와 깊은 연관을 갖고 있다"면서 신자유주의 담론을 재구성하고, 노동
운동 보도를 프레임, 보도 태도, 핵심 가치로 나눠 분석했다. 논문은 미디어
의 노동 담론이 신자유주의 담론과 역사적으로 접합해왔다며 구체적으로
조선일보를 분석했다. 조선일보가 "노동운동을 구시대적 낙오자, 개혁 방
해세력, 불법 이익집단으로 프레이밍하고, 이를 부정적으로 보도하는 한
편, 경쟁력, 국익, 효율성 등 신자유주의적 가치를 강조"했다고 비판했다.

지금까지 분석했듯이 2008년 상반기까지 언론학계가 신자유주의를
구체적 저널리즘의 양상과 관련해 분석한 논문은 『한국언론정보학보』와
『한국언론학보』를 더하더라도 유용민·김성해의 논문 1편이다.[73]

---

[73] 그 점에서 연구자도 비판적 성찰에서 결코 자유롭지 못하다. 신문과 월간지에 언론비평
을 쓰거나 책을 통해서는 '신자유주의 언론'을 줄곧 비판해왔으면서도, 연구자 또한 『한
국언론정보학보』에 투고한 논문들에서는 '한국 저널리즘의 실체적 위기'를 분석하며 언
론이 사회적 약자를 의제화하지 않고 있음을 입증(손석춘, 2006)했을 뿐 그것을 신자유
주의와 연관하여 논의하지는 않았다.

물론, 넓게 보면 앞서 소개한 논문들만이 아니라 언론 개혁과 방송의 공공성 문제를 다룬 논문을 비롯해 정치경제학적 연구와 문화 연구들도 신자유주의 문제를 적절하게 지적했다고 볼 수 있다. 따라서 '신자유주의'라는 개념을 사용하지 않았다고 해서 비판언론학이 자신의 의무를 소홀히 했다는 평가는 섣부르고 균형을 잃은 분석일 수 있다. 더구나 앞서 분석했듯이 신자유주의의 한국적 맥락을 무시할 수 없기 때문에 더욱 그렇다.

다만 필자가 주목하는 것은 그런 사실을 전제하더라도 '신자유주의'를 논문 제목으로 삼거나 초록이나 키워드에서 부각할 만큼 집중적으로 다룬 논문이 손에 꼽을 정도였다는 엄연한 사실이다. 정치학, 경제학, 사회학계에서 신자유주의를 주제로 한 논문과 저작이 적지 않은 사실과 견주면 문제는 더 커질 수 있다. 더구나 구체적 저널리즘을 신자유주의로 비판한 유일한 논문이 "경험론적 실증주의 중심이던 언론학 영역에 비판언론학이라는 패러다임을 제시"하겠다고 나선 한국언론정보학회의 학회보가 아닌 『한국언론학보』에 실린 사실도 성찰해볼 대목이다.

☐ 촛불집회에서 터져 나온 신자유주의 비판

기존 언론과 언론학계가 신자유주의에 대해 외면했지만, 그 폐해를 몸으로 겪고 있던 시민사회에서는 문제의식이 퍼져가고 있었다. 기존 언론에 '억압'되어 있던 신자유주의 문제점이 폭발적으로 분출된 사건이 바로 촛불집회다.

2008년 5월 2일부터 8월 15일까지 100회에 걸쳐 일어난 촛불집회에서 여론시장을 독과점하고 있던 동아일보, 조선일보, 중앙일보를 대상으로 구독 거부에 이어 '광고 불매 운동'까지 벌어진 사실은 수용자들의 언론에 대한 비판의식이 얼마나 강렬한가를 입증해주었다.[74]

동아일보, 조선일보, 중앙일보 보도와 논평을 분석해보면, 미국산 쇠고기와 신자유주의는 전혀 무관할 뿐만 아니라 둘 다 한국 사회가 적극 수용해야 옳다. 하지만 촛불집회 참가자들은 광우병 자체를 신자유주의의 산물로 파악했다. 기원전 5000년 무렵부터 인간과 더불어 살아온 소에게 갑자기 20세기 말에 광우병이 발병한 배경에는 초식동물인 소에게 소뼈를 사료로 먹이는 자본의 이윤추구 논리가 깔려 있기 때문이다. 거기에 더해 당시 대처 총리가 이끄는 신자유주의 정부가 식품위생 안전기구를 '민영화'해 검역을 소홀히 함으로써 광우병이 발생했다. 기실 신자유주의 논리는 농수산물과 식료품 전반의 안전성을 위협하고 있다.

촛불집회 과정에서 미국산 쇠고기 전면 수입 문제뿐만 아니라 '민영화'와 교육의 경쟁 강화 정책에 비판의 목소리가 많이 나온 것도 주목할 사안이다. 실제로 촛불집회에서 공론장 구실을 한 미디어다음의 토론광장인 '아고라'에는 신자유주의를 정면으로 거론하는 글들이 날마다 올라왔다. 하지만 기존 언론은 촛불집회 과정에서도 신자유주의 문제를 계속 외면했다.

첫 촛불집회부터 100회(8월 15일)까지 언론보도(2008년 5월 2일~8월 16

---

74 촛불집회가 처음 열린 2008년 5월 2일 바로 다음날 동아일보는 "反美(반미) 反李(반이)로 몰고 가는 '광우병 괴담' 촛불시위" 제하의 사설(5월 3일자)에서 "미국산 쇠고기 수입 반대 시위가 2002년 대통령 선거를 앞두고 반미 감정을 증폭시킨 '효순·미선 양 촛불시위'처럼 번지는 양상"이라며 "미국 얘기만 나오면 무슨 수를 써서라도 흠집을 찾아내 부풀리려는 세력"이라고 규정했다. 이어 5월 5일 사설 제목은 숫제 "다시 '촛불'로 재미 보려는 좌파세력"이다. 5월 10일자에선 사설 제목으로 "광우병 촛불집회 배후세력 누구인가" 추궁하며 "일부 세력이 벌이는 '광우병 공포 세뇌'는 북한의 선전선동과도 무관하지 않은 것 같다"고 썼다. 근거 제시도 없이 촛불집회에 과도하게 색깔을 칠하는 언론에 대한 민주시민들의 거센 비판은 필연이라고 해도 지나친 말은 아니다.

일자)를 분석해보자. [표 18]에서 볼 수 있듯이 동아일보는 사설에서 '신자
유주의'라는 말을 오직 1번 언급했다. 문화일보는 전혀 없다. 칼럼과 논단
에서도 인색하기 이를 데 없다. 언급한 것 또한 긍정적 맥락이다.

한겨레와 경향신문이 신자유주의를 언급한 칼럼과 논단은 각각 31건과
29건이다. 하지만 두 신문 또한 신문사의 주장을 담은 사설에선 신자유주
의를 거의 언급하지 않았다는 사실을 발견할 수 있다.[75] 촛불 공론장 구실
을 한 '아고라'에 날마다 쏟아진 신자유주의 비판 글들과 비교할 때, 진보
언론으로 불리는 신문들조차 촛불집회 과정에서 신자유주의 문제를 의제
로 설정하는 데 소홀했음을 확인할 수 있다.

[표 18] 촛불집회 100회 동안 '신자유주의' 언급 건수(2008년 5월 2일~8월 16일)

구분	동아일보	문화일보	한겨레	경향신문
사설	1	0	2	3
칼럼-논단	5	3	29	26
계	6	3	31	29

반면에 [표 19]에서 볼 수 있듯이 같은 기간 동안 '반미'를 언급한 의견
들은 '신자유주의'를 언급한 건수를 압도하고 있다. 동아일보 사설은 반미
언급이 신자유주의 언급의 11배, 문화일보의 사설과 칼럼은 10배 이상이
다. 한겨레와 경향신문의 사설도 '신자유주의'에 비해 '반미'를 5~6배 언급
하고 있다. 물론, 두 신문의 '반미' 언급은 부당성을 지적하는 방어적 성격
을 띠고 있지만, 거대 언론의 프레임에 갇혔다는 비판을 받을 수 있다.

---

75 두 신문이 신자유주의 문제를 본격적으로 의제화하기 시작한 것은 촛불집회가 사실상
끝난 뒤 미국의 금융위기가 본격적으로 표출된 2008년 9월 이후다.

[표 19] 촛불집회 100회 동안 '반미' 언급 건수(2008년 5월 2일~8월 16일)

구분	동아일보	문화일보	한겨레	경향신문
사설	11	17	11	18
칼럼-논단	21	15	15	21
계	32	32	26	39

기실 신자유주의를 외면하거나 촛불 공론장에 낡은 시대의 이념 공세를 폈던 주체는 한국 언론이나 언론학계에만 있지 않았다. 미국산 쇠고기의 전면 수입에 반대해 촛불시위가 한창 벌어지던 때 정년퇴임한 고려대 최장집 교수는 고별 강연에서 한국 대학의 현주소를 날카롭게 비판했다. 최 교수는 "한국 민주주의 발전에 있어 대학에 어떤 역할도 기대하기 어렵다"며 "대학이야말로 오늘날 모든 문제의 출발"이라고 비판했다. 최 교수는 "대학이 신자유주의적 세계화를 추동하는 본산이자 동시에 그 세계화의 부정적 결과가 그대로 집중되는 곳"이라고 지적했다(경향신문 2008년 6월 21일자).

실제로 주요 신문에 신자유주의 내용, 곧 기업 규제 완화, 공기업 민영화, 노동시장 유연화, 법인세 감세, 복지 축소, 작은 정부론을 적극 찬양하는 글을 기고한 사람들의 대다수는 현직 대학교수들이다. 주류 학계와 거대 언론이 정치권력과 더불어 신자유주의 논리를 적극 옹호해온 것이 그동안의 전개 과정이었다. 바로 그렇기에 비판언론학의 시대적 임무는 더 절박하다고 단언할 수 있다. 한국의 언론계와 학계에서 신자유주의에 대한 비판적 담론이 본격적으로 나오기 시작한 것은 2008년 9월 미국의 금융위기가 터지면서였다.[76]

---

76 물론, 신자유주의에 대한 기존의 인식 틀은 여전히 완강하다. 바로 그렇기에 미국 금융위

☐ 언론의 자기성찰은 가능한가

앞서 분석했듯이 비판언론학의 정체성 문제는 언론학자들 개개인의 문제
에서 비롯되는 것만은 아니다. 정치학자 손호철(1999)이 지적했듯이 "두뇌
한국(BK)21이란 이름 하의 '바보 한국 21' 정책 등 대학과 학문을 시장논리
에 종속시키려는 한심한 대학교육 개악 정책들"이 대학의 신자유주의화
를 추동하는 요인이 되었기 때문이다. 언론학계 또한 그 지적에서 자유로
울 수 없었다.

그럼에도 이 글은 신자유주의와 관련한 언론과 언론학계의 모든 문제
를 포괄하여 다루지는 못했다. '의제설정이론'(Agenda Setting Theory)에 근거
해 '신자유주의'라는 키워드를 중심으로 한국 저널리즘의 내용을 분석하
고, 그 분석 결과를 밑절미로 비판언론학의 연구 경향을 비판적으로 짚어
보는 데 그쳤다. 그 점에서 한계는 뚜렷하다.

다만 신자유주의 담론으로 스스로 무장한 언론이 '신자유주의'라는 말
을 전혀 언급하지 않은 채 신자유주의가 관철되고 있는 한국 사회의 현실
을 일상적으로 해석하고 여론화해나가고 있다는 앞선 분석 결과에 근거할
때, 비판언론학의 과제를 다음 네 가지로 제안할 수 있다.

첫째, 무엇보다 비판언론학의 정체성을 찾는 일이다. 무릇 비판 이론은
자본주의사회의 비판에서 시작했고 그 바탕은 '역사적인 비판'이었다. 역
사적 비판은 무엇보다도 "사회적 형성물들의 경직된 모습, 자연적인 모습,
생성되지 않은 듯한 모습을 해소시켜버리고 그것들이 역사적으로 발생한
것이기 때문에 역사적 생성에 종속되며 따라서 역사적으로 몰락할 운명에

기의 실체를 올바르게 인식하는 데도 걸림돌로 작용하고 있다. 신자유주의 자체의 문제
점이 아니라 운용의 문제일 뿐이라는 안이한 인식이 그 증거이지만 이에 대한 비판적 분
석은 이 글의 주제를 벗어난다.

있는 것임을 드러내"(Lukács, 129쪽)는 방법이다.

아도르노도 비판 이론의 고전이 된 『계몽의 변증법』에서 자본주의적인 생산은 소비자들의 육체나 영혼으로 하여금 자신들에게 제공된 것을 고분고분 받아들이도록 묶어놓는다며 "피지배자들이 지배자들로부터 부과된 도덕을 지배자들보다도 더 진지하게 받아들이는 것이 자연스러운 것처럼, 기만당한 대중은 성공한 사람들보다 더욱 성공의 신화에 사로잡힌다"고 분석했다(Adorno, 1947, 202~203쪽). 한국 사회 구성원들 대다수가 '성공의 신화'에 사로잡혀 신자유주의의 틀 속에서 살아가고 있는 현실에서 비판이론의 고전들이 주는 의미는 새롭다.

물론, 비판이론이 반드시 신자유주의에 대한 가치 판단을 전제로 연구할 필요는 없다. 다만 있는 그대로의 현실은 적어도 분석해야 옳다. 한국 사회에서 1997년 이전까지는 국민소득에서 임금 몫이 차지하는 비중(노동소득 분배율)의 상승 추세, 소득분배 불평등의 개선 추세, 노동시간의 감소 추세들이 나타났지만, 1997년 외환위기 이후 중단되거나 역전되어온 것은 가치판단의 문제가 아니라 명백한 사실이기 때문이다(정성진, 2005, 23쪽).

더구나 기존의 복지국가 체제를 비판하며 신자유주의가 퍼져간 유럽과 달리, 복지정책이 온전히 실현된 경험이 전혀 없는 한국 사회에서 신자유주의의 확산은 논리적으로도 모순일뿐더러 현실에선 국민 대다수인 민중의 비극으로 이어질 수밖에 없다. 한국의 자살률이 지난 10년 사이에 OECD 국가들 가운데 1위가 된 사실 또한 신자유주의와 연결되어 있다. 신자유주의를 넘어 새로운 사회의 비전을 의제로 설정하고 서로 토론할 수 있는 공론장을 만들어나가는 데 이론적 근거와 방안을 제시할 과제는 다름 아닌 비판언론학에 있다. 신자유주의의 살벌한 경쟁문화가 지배하고 있는 사회를 벗어나 새로운 사회가 얼마든지 가능하다는 진실을 가로막고 있는 게 다름 아닌 언론이기 때문이다(손석춘, 2007).

둘째, 신자유주의 언론에 대한 비평 활성화다. 신자유주의의 주요 정책들을 '글로벌 스탠더드'로 규정하는 '신자유주의 언론'이 여론을 지배하고 있기 때문이다. 현재 언론에 대한 비평작업은 주로 시민언론운동 단체와 일부 신문과 방송의 미디어 기자들이 담당하고 있다. 비판언론학계가 '미디어 비평' 작업에 점점 소극적으로 변해간 이유 가운데 하나가 '저널리즘 비평'을 학회지에 담기 어려운 데 있다.

학회보를 현행과 같은 일률적 편집 방식에서 벗어나 실험적 편집을 더 적극 모색할 필요가 있다. 물론, '기획 논문'으로 새로운 시도를 해나가고 있지만, 그것이 저널리즘 현장의 문제점을 드러내는 데에는 충분하지 못하다는 사실도 확인되고 있다. 비판이론에 근거한 저널리즘 비평을 학계 차원에서 적극 담아낼 방안에 슬기를 모아야 할 때다.

셋째, 언론비평만이 아니라 언론학계 내부의 상호비평도 필요하다. 특히 한국언론정보학회는 학회보를 통해 언론학자들의 논문이나 신문 기고문에 대한 비평 작업을 더 활발하게 해나가야 옳다. 신자유주의적 언론 질서를 옹호하는 언론학자들이 적지 않기 때문이다. 학계 상호 간의 비판을 삼가면서, 언론에게 상호비평을 하지 않는다고 지적하는 것은 설득력이 없다. 흔히 언론계는 물론, 학계 일각에서 언론비평을 보수와 진보의 담론 싸움 정도로 희화화하거나, 정파성의 잣대로 단순화해 파악하고 넘어가기에 더욱 그렇다.

학계 내부의 상호 비판을 열린 마음으로 받아들이는 자세가 언론학자들 사이에 미덕으로 자리 잡아야 한다. 그렇지 않는 한 '정당한 비판'을 특정 정치세력과 연관된 '정당의 비판'으로 '이해'하게 된다. 언론학의 발전을 위해서도 언론학자들 사이에 상호 비판이 필요하고, 학계에 그 문화를 뿌리내려갈 주체는 다름 아닌 비판언론학자들이다. 비판언론학자들이 전국 대학의 언론학과에 광범위하게 포진해 있기에 의지를 모은다면 얼마든지 새로운 전환점을 마련할 수 있다.

마지막으로 언론학과와 저널리즘 현장의 연관성을 높여나가야 한다. 연구자가 언론 현업인 출신이기에 오해받을 수 있는 제안이지만, 저널리즘 현장을 경험한 사람들을 언론관련 학과에서 배제하는 흐름이 형성되고 있는 게 현실이다. 언론사에 신규 충원될 예비 언론인들을 양성하는 게 한 목적인 언론학과에서 저널리즘 실무 경험은 다른 사회과학과 달리 의미가 있다. 그럼에도 정작 비판언론학계가 '학술논문'의 양적 실적이나 '연령'과 같은 이유를 들어 학계 유입의 '문턱'을 높이고 있는 것은 아닌지 짚어볼 필요가 있다.

저널리즘을 가르치는 언론학과에 언론 현장 경험을 가진 교수가 한 사람도 없거나 보수 편향적인 대학이 점차 늘어나고 있는 것은 미국과 비교해보더라도 결코 바람직한 현상이 아니다. 현장과 학계를 이어주는 구실 또한 비판언론학계가 열린 마음과 적극적 의지로 나서야 할 영역이다.

분석을 마감한 2008년 8월 15일 이후 세계경제는 미국의 금융위기가 본격화하면서 큰 전환점을 맞았다. 신자유주의의 한계도 또렷하게 드러났다. 그럼에도 신자유주의의 틀을 벗어나지 못하는 한국 사회와 저널리즘 상황은 비판언론학계의 시대적 과제가 무엇인지를 명료하게 제시해주고 있다. 신자유주의를 줄곧 보편적 틀로 해석해온 한국 언론에 대한 비판적 분석과 더불어 비판언론학을 비판적으로 성찰한 이유도 바로 여기 있다.[77]

---

77   이 글은 제목 그대로 『한국언론정보학보』 45호(2009년 1월)에 실렸다.

5장

한국 공론장의 생성 과정과
갈등 구조

☐ 한국 저널리즘의 위기와 '공론장'

근대사회가 형성되는 과정에서 카페나 선술집으로 시작해 '문예'를 거쳐 신문과 정당, 의회로 전개된 공론장(public sphere)[78]은, 중세 유럽의 신분제 적 정치체제를 허물고 시민사회를 등장시킨 조건이었다. 위르겐 하버마스 가 창안한 공론장 개념은 그 뒤 '한 사회의 민주주의가 얼마나 성숙했는가' 라는 물음과 맞물려 역사학과 사회학계 그리고 언론학계에서 큰 주목을 받았다.

하버마스(1962, 293쪽)가 신문을 "공론장의 가장 탁월한 제도"로 평가했 듯이, 언론은 그 자체가 "하나의 시민 공개장이면서 공개장들을 유기적으 로 연결하거나 생성시킬 수 있는 시민사회의 제도"(방정배, 1995, 230쪽)라 는 점에서 다른 공론장보다 중요하다.

문제는 그 언론이 한국 사회에서 전혀 제구실을 못하고 있다는 비판이 언론계 안팎에서 꾸준히 제기되어 왔다는 데 있다. '시민사회의 확실한 제 도'이자 핵심적 공론장인 언론이 한국 사회에서 지속적으로 상업화하거나 사유화되고 있는 현실은 사회과학의 실천적 관심을 요구한다.

언론의 상업화·사유화(이재경, 2004)는 단기적으로 시장을 독과점한 언 론사들에게 엄청난 경제적 이익을 주고 몇몇 '언론인들'에게 개인적 권력 을 보장해줄 수 있지만, 한국의 공론장이나 한국 민주주의의 내일을 생각

---

[78] 하버마스의 공론장(Öffentlichkeit)은 '공공영역', '공론의 장', '공중장' 등으로 다양하게 번 역되어왔지만 여기서는 공론장으로 옮겼다. 이미 학계와 언론계에서 공론장이란 말이 광 범위하게 사용되고 있거니와 'Öffentlichkeit'가 제도적으로 고착된 특정 영역으로 한정되 기보다는 '사적 개인으로서의 공중이 논의하여 여론을 형성하는 마당'이라는 의미에서 장(場)의 개념과, '토론하고 논의한다'는 개념으로서 론(論)이 들어 있는 공론장의 용어가 적합하다는 한승완의 주장이 설득력 있기 때문이다(하버마스, 1962, 한승완 옮김, 2001, 서문).

하면, 큰 걸림돌이 될 수밖에 없다. 현대사회에서 사회 구성원들 대다수가 공동의 정치현실에 참여하는 것이 미디어의 정치 보도를 통해 이루어짐으로써 현대사회의 공론장은 그 자체가 '미디어 공론장'(윤영태, 2004)의 성격을 지니고 있기에 더욱 그렇다.

따라서 한국 저널리즘의 위기는 특정 신문사나 방송사의 위기를 넘어 공론장의 위기이자 민주주의의 위기이다. 실제로 그 위기는 구체적 삶의 현실에서 갈등과 분열의 심화로 나타나고 있다. 한국 사회에서 공론장, 또는 '미디어 공론장'의 역사적 뿌리를 찾아가 생성 과정을 탐색하는 이유도 여기에 있다. 공론장의 위기가 한국 저널리즘이 풀어야 할 오랜 숙제라면, 적어도 그 문제가 어디에서 연유하는 것인지 냉철하게 성찰해볼 필요가 있기 때문이다.

□ 공론장의 역사적 뿌리

한국 사회에서 공론장의 생성 과정 탐색은 대단히 광범위하고 거시적인 주제이다. 근대 시민사회의 핵심인 공론장이 역사적이고 사회적인 개념이거니와, 공론장의 핵심인 미디어만 분석하더라도 한국의 언론사를 꼼꼼히 분석해야 한다.

1960년대 초에 '공론장' 개념을 창안한 하버마스(1962, 57쪽)는 공론장 연구가 "연구 대상의 어려움으로 인해 특정한 연구방법이 요구된다"면서 그것을 "사회학적인 동시에 역사적 방법"으로 설명했다. 하버마스(1962, 15쪽)는 "18세기와 19세기의 영국, 프랑스, 독일의 발전으로부터 부르주아 공론장의 이념형을 전개하는 것을 제일 목표로 삼았다"면서 "시대에 고유한 어떤 개념을 만들어내는 일에는 매우 복잡한 사회현실로부터 중요한 특징들을 추상화하여 강조하는 것이 요구된다"고 밝혔다.

한국에서 공론장을 탐색하는 데도 하버마스가 선택한 '사회학적인 동시에 역사적 접근'이 필요하다. 유럽의 경험에서 하버마스(1962, 58쪽)가 '역사적 범주'로 추출한 '공론장의 이념형'이 한국에서 어떻게 생성되었는지 '매우 복잡한 사회현실'로부터 '중요한 특성'들을 '추상화하여 강조'하는 것이 필요한 것이다. 복잡한 현실에서 중요한 특성들을 추상화하기 위해서는 하버마스가 유럽의 공론장 연구에서 시도했듯이 사회과학과 역사학 그리고 문학사의 성과들을 아우르는 '학제적 연구방법'이 적실하다.

현대 학문의 새로운 방법론으로 제기된 학문 연계적(학제적) 연구(interdisciplinary research)는 "학문 분야 사이를 엇물리게 하는 연구"로서 "상호 교환을 통해서 지식의 분야를 다시 조직"하는 "구성적 재결합"을 목적으로 한다(Jean Piaget, 1973, 158쪽).

물론, 학제적 연구방법은 사회과학이나 역사학 양쪽에서 두루 비판받을 수 있다. 역사를 연구하는 쪽에서는 1차 문헌에 대한 섭렵이 부족하다는 비판이, 사회과학 쪽에서는 주관적 해석에 의존한다는 비판이 나올 수 있다.

하지만 학제적 연구방법은 그런 한계를 지니고 있음에도 장 피아제(Jean Piaget)의 지적처럼 여러 연구 영역의 튼실한 성과를 바탕으로 각 연구 영역이 소홀하기 쉬운 '구성적인 재결합'을 가능하게 해준다. 더구나 시나브로 분화하는 학문의 각 영역에서 새로운 지식이 '개척'되어 가는 상황은 여러 부문의 연구 성과들을 "수평적으로 펴놓고 그 주제들을 모두 꿰뚫어 엮는 연구"를 필요로 한다. 아울러 학제적 연구는 '모체'가 되었던 과학에도 영향을 주고 내용을 풍부하게 한다(Jean Piaget, 159쪽). 필자가 한국에서 공론장의 형성을 연구하면서 역사학과 사회학 그리고 국문학의 연구 성과들을 종합해 새로운 '구성적 재결합'을 시도해본 이유가 여기에 있다.

실제로 지금까지 한국의 사회과학계와 철학계에선 시민사회론이나 하버마스 사상에 대한 연구들이 많이 나왔지만, 공론장이 한국 사회에서 구체적으로 어떻게 형성되었고 그 특성이 무엇인가에 대한 분석은 없었다. 이는 하버마스 자신이 공론장을 제기하면서 '사회학적인 동시에 역사적 연구방법'을 강조한 것에 비추어볼 때 아쉬운 대목이다.

이 글에서 학제적 연구방법으로 탐구한 문제는 '한국에서 공론장이 생성되는 과정에서 근대 신문의 위상은 무엇이었는가'이다. 장 피아제가 학제적 연구에서 '구성적 재결합'의 방법으로 강조했듯이, 여기서도 발생적 구조주의(genetic structuralism)에 입각하여 구조의 전체성(wholeness)을 파악하려고 시도했다(Jean Piaget, 3~4쪽). 구조적 전체성은 고정화한 전체가 아니라 구조를 구성하는 요소들 사이의 관계와 전개된 과정을 중시한다.

하버마스가 유럽의 공론장을 연구하면서 주목한 것은 중세 지배체제를 부정하는 아래로부터의 움직임이었다. 봉건사회 내부에서 새롭게 형성된 시민계급이 자신의 정치적 의사를 결집하는 과정에 카페와 선술집에 이은 문예 공론장에서 신문이라는 "탁월한 공론장"을 형성했기 때문이다.

한국의 공론장 생성 과정을 연구하기 위해서도 조선 후기 사회에서 유럽과 견줄 만한 공론장 형성의 움직임을 살펴보아야 한다. 그 점에서 역사학계와 사회경제학계에서 꾸준히 심도 있는 연구를 축적해온 조선 후기의 '자본주의 맹아(萌芽)론'을 언론학계에서도 주목할 필요가 있다.

자본주의 맹아론은 종래의 실증적인 문헌고증사학(文獻考證史學)과 식민사학의 타율성론과 정체성론을 집중적으로 비판하면서, 한국 역사의 주체적이고 발전적 성격을 부각했다. 고대사 분야에서 구석기시대와 청동기시대를 확인한 것도 큰 성과이지만, 해방 이후 한국 역사학계가 최대 성과로 꼽는 것은 무엇보다 자본주의 맹아론이다(구선희, 1994, 243쪽).

자본주의 맹아론은 식민사학을 극복하고 나아가 발전적인 한국사 인식에 크게 기여하였으며, 이후 '내재적(內在的) 발전론'으로 정착하면서 한국사 연구방법론으로 자리 잡아갔다. 조선 후기의 내재적 발전론으로 한국사 연구의 새 지평을 연 김용섭(1970)은 논에서의 이앙법과 밭에서의 견종법으로 생산력 증가를 가져오고 상업적 농업이 이루어지면서 종래의 지주와는 다른 '경영형 부농'의 등장을 개념화했다.

김용섭의 독보적 농업사 연구에 이어 송찬식의 광작운동(廣作運動)과 정창렬의 둔전 연구가 성과를 거두면서 내재적 발전론이 뿌리를 내리고 정체성론을 극복할 수 있었다. 동시에 상업과 광공업 분야에서도 자본주의 맹아를 찾는 작업이 이루어졌다. 강만길의 시전상인(市廛商人)·경강상인(京江商人)·송상(松商)의 자본축적을 다룬 연구가 그것이다. 이어 상업자본·공인의 수공업·광업지배와 이들 영역에서 임노동자의 분업적 협업에 기초한 자본주의적 경영형태 그리고 무역사에 대한 연구들(강만길, 2000)이 쏟아졌다.

여기서 과연 공론장의 영역에서도 그와 견줄만한 '맹아'는 없었을까라는 문제의식 아래 조선시대 공론정치와 후기 상황을 탐색할 필요가 있다. 농업과 상공업에서 새로운 사회를 향한 움직임이 활발했다면, 그에 따라 사회의 커뮤니케이션 구조에도 어떤 변화가 있었을 게 틀림없기 때문이다.

서구의 역사를 돌아보더라도 상업의 발전으로 근대 미디어인 신문이 등장할 수 있었다. 상업의 발달은 인간의 상호작용 영역과 기회를 확대시켜 중세사회의 폐쇄성을 극복하고 원활한 커뮤니케이션을 가능하게 해주기 때문이다.

거꾸로 활발한 커뮤니케이션이 있어야 상업도 발달할 수 있고, 이는 서구의 자본주의 전개 과정을 보더라도 확인할 수 있다. 따라서 조선 후기에 전국적으로 진행된 상공업의 발달은 커뮤니케이션의 발전 단계를 높일 수 있는 사회 · 경제적 배경이 성숙해갔다는 것을 의미(채백, 2003, 14쪽)한다.

이와 관련해 1990년대 이후 역사학계나 국문학계에서 조선 후기에 밑으로부터의 여론 형성과 관련된 연구에 괄목할 만한 진전이 있었다. 이는 기존의 탈춤이나 판소리 또는 민요에 머물러 있던 조선 후기 커뮤니케이션 현상 연구에 새로운 자극을 주는 성과였다. 연구자가 향회(鄕會)와 민회(民會)로 요약되는 조선 후기의 새로운 역사적 현상에 주목한 이유가 여기에 있다.

바로 이 지점에서 연구문제는 조금 더 구체화된다. 즉, 조선 후기의 새로운 역사적 현상인 '공론장의 맹아'가 근대 신문의 생성과 어떤 관계를 맺었는가 그리고 그 과정에서 형성된 공론장의 특성을 어떻게 파악할 것인가라는 '구성적 재결합'의 문제가 그것이다.

☐ 조선시대 사람들은 어떻게 여론을 모았을까?

① 조선시대의 공론 구조

조선 후기 공론장의 맹아를 파악하기 위해서는 먼저 조선시대의 공론 구조를 전반적으로 이해할 필요가 있다. 조선 건국 원년의 '태조실록'에서부터 공론은 '천하국가의 원기(元氣)'라 규정할 만큼, 공론의 이념은 언로(言路) 사상이나 간쟁(諫諍)의 정신과 더불어 조선조 통치체제를 밑받침한 이데올로기였다(최정호, 1986, 98쪽).

조선은 세계사적으로 어떤 나라보다 일찍 '공론'을 내세웠지만, 자급자족적인 농업을 중시하고 공업과 상업을 천시했기 때문에 '공론의 커뮤니케이션'이 지닌 한계는 뚜렷했다. 조선의 양반 계급이 백성을 위한다며 내세운 '민본정치' 또한 '군자는 생각이 지위에서 벗어나지 않아야 한다'(君子 思不出其位: 論語, 憲問 28)는 사고에서 벗어나지 못했다. 심지어 조정의 언관까지 사림사회에 근거를 둔 여러 당파들의 당리당략에서 자유롭지 못한 실정이었다(김세은, 2001, 122쪽). '양반'은 토지와 신분 그리고 지식을 중심으로 자신들의 커뮤니케이션 단위를 형성함으로써 기득권을 안정적으로 유지하고 '신분제 지배층'으로 뿌리를 깊숙이 내려갔다(윤병철, 1993, 68쪽). 요컨대, 조선의 공론 구조는 '사대부 계급만을 위한 공론권'으로 폐쇄적이고 중앙지향적 성격을 벗어나지 못했다(최정호, 1986, 103쪽).

하지만 임진왜란과 병자호란을 거치면서 조선사회는 전환점을 맞는다. 앞서 역사학계의 연구 성과를 간략히 기술했듯이, 농업에서 생산력의 발전에 따른 신분제 질서의 동요와 부의 축적에 따른 상업과 수공업, 광업의 활성화는 그에 걸맞은 커뮤니케이션 체계를 요구할 수밖에 없었다.

조선왕조 스스로 '변화'를 의식해 공론에 참여할 수 있는 범위를 확대함으로써 여론을 수렴하는 모습(박광용, 2001)을 보인 것도 그 때문이다. 하지만 '노론' 일색의 '세도정치'가 들어선 19세기에 이르러 지배세력 내부의 공론 구조는 과거보다 더욱 폐쇄적으로 변질하고 말았다.

무엇보다 중요한 것은 설령 '여론'을 수렴한다고 해도 그것이 어디까지나 중세의 신분제 질서를 유지하려는 데 목적이 있었기 때문에 농민과 상인, 수공업자들 사이에서 싹트는 새로운 움직임까지 담아낼 수는 없었다는 사실이다.

② 문예적 공론장의 태동

조선시대의 폐쇄적 커뮤니케이션 체계에서 새로운 싹이 본격적으로 나타난 것은 역사학계에서 영·정조 시대라고 불리는 18세기로, 이때부터 조선사회는 대단히 역동적으로 변하고 있었다(이이화, 1994).

'공론정치'를 표방한 조선사회에서 사림의 공론이나 지방의 공론(향중 공론) 형성의 기반 가운데 하나가 선비들에게 일반화해 있던 시 모임(詩社)이나 강학(講學) 모임이었다. 18세기 전후 시기가 되면 그 시 모임이나 강학 모임의 전통이 위항인(委巷人: 서리·중인·평민들)들에게까지 일반화해 갔다. 이와 관련해, 『한국천주교회사』를 쓴 프랑스 신부 샤를 달레(Charles Dallet, 1874 / 1979, 서론)의 기록은 흥미로운 사실을 전해준다.

"방문, 야회, 초대, 그 밖의 보통 사교관계는 매우 잦고 (…) 사랑 즉 바깥 방은 집 앞쪽에 있고 항상 아무에게나 개방되어 있다. 집주인은 평소에 거기서 거처하고 할 수 있는 대로 많은 친구를 맞아서 잘 대접하는 것을 자랑으로 여긴다. (…) 특히 여름에는 학자들끼리의 이런 모임이 조그마한 학회가 되어, 한 주일에 서너 번씩 모여서 문학비평 문제를 토론하고 유명한 저서의 뜻을 깊이 캐고 여러 가지 시작(詩作)을 비교한다. 평민은 평민대로 거리나 길가나 주막에 모인다."

샤를 달레의 기록은, 당시의 '학회'나 '유명한 저서의 뜻' 그리고 '문학 비평'이나 '시작'(詩作)이 유학의 특성상 정치 시국과 무관하지 않았다는 점에서, '사랑방 공론'이나 '여항(閭巷) 공론' 또는 평민의 '주막 공론' 같은 여론 형성의 문화가 확산되어갔다는 것을 입증해주는 사료이다.

실제로 당시 사료에는 정치적으로 몰락한 사족 가문의 사랑채, 심지어 행랑채에서 인정을 받아 지방 수령 내지 학자로까지 지위가 상승했던 집사(執事)나 비부(婢夫)들의 기록도 나타난다(박광용, 2001). 대표적인 인물이 정여립 사건에 연루되었던 17세기의 정개청이다. 양반 지배층과 일반 백성을 연결하는 정치적·문화적 중간 공유 영역이 서서히 형성되고 있었던 것이다. 더구나 이 시기에 지방 향촌까지 서당 교육이 일반화하고 서적의 간행이 늘어난 사실은 평민의 의식 수준이 꾸준히 향상해갔음을 뜻한다.

조선 후기의 이런 움직임은 하버마스의 공론장 개념이 유럽의 18세기에 카페나 선술집에서 시작해 문예 공론장으로 전개되었다는 사실[79]과 비교해볼 만한 대목이다. 유럽에서 그랬듯이 조선에서도 '문예 공론장'은 중세 질서에 대한 신랄한 비판을 담고 있었다. 17세기 이후에 사대부 중심의 문학이 위항문학, 평민문학, 여류문학으로 확대되어간 것은 그만큼 학문적·교육적 교류(커뮤니케이션)가 활발했음을 의미한다. 상품 관계의 발전과 더불어 중세 신분제도가 와해되어가는 과정을 배경으로 김천택·김수장을 중심으로 한 시인 집단이 형성되고 그들에 의하여 서민계층의 문학이 사조적 경향을 이루며 발생·발전한 것이다(조선사회과학원, 1988, 451쪽). 양반문화의 평민화와 상호교류 현상이 빚어지기도 했는데, 대표적인 인물이 박지원이다. 박지원의 『양반전』은 양반의 권리와 칭호가 매매되는 현실을 생동한 화폭으로 보여주며 "한갓 문벌을 재물로 하여 조상의 덕만 팔아먹는" 양반들을 날카롭게 비판하고 있다(조선사회과학원, 1988, 452쪽).

실학자들의 북학사상도 청나라 대중문화의 유행과 맞물리면서 중인, 서얼층을 비롯한 도시와 농촌의 중간계층으로까지 퍼져갔다. 이는 서얼

---

79 하버마스는 공론장을 근대 유럽의 전개 과정에서 이분화된 국가와 시민사회 사이에 위치하는 영역으로 둘 사이를 매개하는 것이라고 규정하고 아래 도표(하버마스, 1962, 98쪽)를 제시했다. 하버마스는 공론장을 '사적·이기적 인간들이 여론의 창출 능력을 가진 공중으로 회집하는 커뮤니케이션 마당'이라면서 역사적으로 다양한 형태가 있다고 분석한다.

사적 부문		공권력의 영역
부르주아 사회 (상품교환과 사회적 노동의 영역) 핵가족의 내부공간 (부르주아 지식인)	정치적 공론장 문예적 공론장 (클럽, 신문) (문화적 재화시장) '도시'	국가 (내부행정의 영역) 궁정 (궁정·귀족사교계)

통청운동(庶孽通淸運動)에서 볼 수 있듯이 19세기 정치 상황이 지닌 한계를 극복하는 가운데 이루어낸 문화 역량의 확장이었고 대중적인 지적 활동의 활성화였다.

중세 지배체제의 핵심인 신분제는, 이미 17세기에 허균의 한글 소설 『홍길동전』이 나오면서 지배세력 일각에 의해서도 정면으로 공격받기 시작했다. 『홍길동전』은 국왕의 명령보다 우위에 있는 주인공의 절대적인 능력을 그리는 등 중세의 한계를 넘나드는 획기적인 내용을 담고 있다(김창현, 2002, 82~83쪽). 구전설화를 밑절미로 18세기에 소설로 나온 『춘향전』은 이몽룡의 시를 빌어 "금동이에 부은 맛좋은 술은 천백성의 피요, 옥소반의 좋은 안주는 만백성의 기름이라"며 양반계급의 통치를 신랄하게 비판해 독자들의 사랑을 받았다. 19세기의 방랑 풍자시인 김삿갓도 부패하고 타락한 양반에 대한 증오와 풍자를 전국 곳곳에 '전파'하는 '커뮤니케이터' 구실을 하였다.

이미 민간인이 판매 목적으로 간행한 출판물인 방각본(坊刻本)은 17세기 이후 상품화폐경제의 발달과 함께 늘어나고 있었다. 영조 초기부터 방각본 출판이 활성화하면서 양반 신분의 선비는 물론이고 사대부의 규수·중인·서출·서리 등이 독자층으로 떠올랐고, 19세기에 이르면 사대부 가문의 부녀자뿐만 아니라 평민에게까지 독자층이 퍼져갔다(부길만, 2003, 34~37쪽).

여기서 그치지 않는다. 19세기엔 소설뿐 아니라 잡기(雜記), 만설(漫說), 가사문학, 시조문학(특히 사설시조), 판소리 등 다양한 장르의 문학 작품들이 '총서'로 묶여 나왔다. 풍자와 해학을 통해 사회 현실을 비판하는 목소리가 강하게 들어 있는 작품들이 당시 정치적·사회적 상황들에 끼친 영향은 매우 컸을 것으로 보인다(김창현, 2002, 99~102쪽).

중세에서 근대로의 이행기가 시작된 사회의 산물인 소설이 유럽과 함께 동아시아에서 창작되었고, 특히 동아시아에선 그 전환의 양상이 조선에서 또렷했다는 국문학계의 최근 연구 성과(조동일, 2002, 337쪽, 350쪽)는 문예 공론장이 형성되고 있었음을 뒷받침해준다.

문제는 조선에서 유럽과 비슷한 시기에 형성되어가던 문예 공론장이 정치적 공론장으로 발전하는 길은 유럽과 달랐다는 데 있다.

③ 정치적 공론장의 맹아

문예적 공론장을 바탕으로 확산되어가던 신분제에 대한 비판의식은 19세기에 들어와서 한 차원 높은 운동으로 전개될 조짐이 두드러지게 나타난다. 조선 중세사회의 정치질서에 정면 도전하며 올라온 '민란'이 그것이다. 민란의 중심에 향회(鄕會)가 있었다는 역사학계의 연구 성과(안병욱, 2000)에 주목하는 이유도 여기에 있다.

영·정조 시대의 새로운 움직임은, 정조 사후 '세도정치'가 형성됨에 따라 여론수렴 과정이 닫히면서 19세기에 연이은 농민봉기로 표면화했다. 19세기를 '민란의 세기'라고 평할 만큼 1812년에는 평안도에서 홍경래의 난이, 1862년에는 충청·영남·호남의 70여 개 군에서 민란이, 그리고 1894년에는 갑오농민전쟁이 일어났다. 역사적인 세 사건들 사이에도 크고 작은 농민봉기가 줄기차게 일어났다. 지배세력은 공론 구조를 폐쇄적으로 닫은 그만큼 사회 통제력을 잃어가고 있었다.

그 결과 '세도정권' 아래 조세와 부역체계는 크게 문란해졌다. 이에 따라 백성은 감당하기 어려운 세금을 내기 위해 향촌 차원에서 대책을 강구할 수밖에 없었다. 백성들은 부당하고 불공정한 수취를 당할 때, 처음에는 수령을 찾아가서 호소하기도 하고 집단으로 항의하기도 했다. 그 호소나 항의가 받아들여지지 않을 때 '소요'를 일으키게 되는데, 그 과정에서 '공론의 마당'으로 등장한 것이 바로 향회였다.

향회는 본디 향촌의 교화(敎化)나, 수령의 보조기구, 그리고 이를 전제로 수령(守令)이나 이서(吏胥)들의 횡포를 견제하기 위한 기능을 가졌으며 지배기구의 일부였다. 18세기 중엽까지도 대체로 불평등한 신분제 속에서 지배체제를 안정적으로 유지하기 위해 열리는 것들이 대다수였다.

하지만 조세정책과 제도가 자주 바뀌면서 향촌의 여론을 '의식'할 수밖에 없었던 18세기 중엽에 이르러 향회의 성격에 변화가 일어나기 시작했다. 정규적인 조세에 더해 각 지방에서 편의적으로 부과하는 여러 명목의 수취가 행해졌는데, 이를 위해서는 형식적으로라도 납세자의 동의를 얻어야 했다. 이때 수령은 기왕의 향회를 적절히 활용하면서 의견을 구하거나, 다른 방법으로 민의(民意)를 수렴했다.

가령 1745년(영조 21년) 고양군(高陽郡)의 군수는 이대정(里代定)이라는 새로운 방안을 만들어 리마다 대소민인(大小民人)의 여론을 조사해 그 동의를 얻었고, '궐액'이 생길 때는 상하노소(上下老少)가 모두 모여 공론(公論)으로 대안을 마련하도록 했다(高陽文牒, 1745, 안병욱, 2000). 비록 제한적인 범위였지만 자치적으로 논의해 여론으로 결정하는 것이 모든 것을 수령 일변도로 통제, 시행하는 것보다 더 효율적이라고 판단했기 때문이다.

읍을 통치하는 과정에서 여론을 중시하고 자치적 운영을 유도하는 경향은 18세기 후반의 대표적 실학자 안정복(1777)이 한 고을을 다스리며 남긴 기록에서 좀 더 확연해지고 있다. 그는 관 일변도의 행정이 안고 있는 문제를 민의 자치로 해결하려고 했다. 읍의 사정에 밝은 향소(鄕所)에서 폐정(弊政)을 보고하게 했고, 장시(場市)에 직접 여론 수집함을 설치하여 백성들이 감히 말하기 어려운 관의 폐단까지 조사하려 했다. 중요한 일일수록 여론을 정확히 파악하여 그 여론에 따라 실행하려 했다. 만일 민심이 원하지 않는 일이라면 강제로 실시하지 않겠다고도 했다(此等大事 不可昧然行之 故先爲告示惟爾民人等 相與商確便與不便各爲論報 若民心不顧則亦

不强令爲之 此意知委坊曲大小民人等處 無有一民不知之弊, 안정복, 1777, '捌設防役所傳令').

　　바로 이 지점에서 우리는 신분을 넘어선 공론장의 맹아를 발견하게 된다. 신분적인 구별이 없이 '大小民人'(대소민인) 모두의 의견을 묻는 '마당'이 새롭게 나타났기 때문이다. 비록 한계는 있었어도 양반과 평민이 함께 '자치'에 참여한 것은 신분제에 바탕을 둔 중세체제와 커뮤니케이션체계가 내부적으로 무너지고 있었음을 뜻한다.

　　실제로 농업 생산력과 상업의 발달로 기존의 신분체제는 의미를 잃어가고 있었다. 백성 가운데 일부는 적극적인 경제활동을 통해 부를 축적했고, 이를 기반으로 개별적인 지위 상승을 이루기도 했다. 반면에 기존의 양반들 가운데 빈곤층으로 몰락하는 사람들이 생겨나면서 기층사회의 경제관계와 신분제의 내적인 구조에 큰 변동이 나타났다.

　　이런 향촌사회의 변화 흐름에서 가장 주목할 세력이 당시 사료에 '요호'(饒戶)로 기록된 사람들이다(안병욱, 2000). 요호는 한자 말뜻 그대로 농촌사회의 변화에서 적극적인 활동으로 부를 축적한 층과, 농업 생산력의 향상이나 변화에 수반되는 상업의 발달로 성장한 상인층, 그리고 중세적인 통제체제가 혼란한 틈에 적절히 편승하여 부를 축적한 향리(鄕吏) 등의 하급관리들, 기타 특수한 직역(職役)들로 이루어졌다.

　　요호들은 일반적으로 중세체제에 편승함으로써 신분을 상승하고자 하는 경향을 나타냈고 더러는 수령을 비롯한 지배층에 편입되기도 했다. 그러나 개별적으로 사회적 지위의 성장을 추구하던 요호들이 19세기에 들어와 세도정치의 폐쇄적인 공론 구조에 근본적인 한계를 느끼면서부터, 향회는 그들 상호 간에 집약된 여론을 바탕으로 연대를 가능하게 하는 무대, 곧 '새로운 활동의 장(場)'이 되었다.

　　삼남지역 곳곳에서 향회가 민회(民會)로 불려지고[80] 민란으로 전환한 것은 여러 사료에서도 확인할 수 있다. 향회는 거사 뒤에도 중요했다. 관권을 배척하거나 상대적으로 약화시킨 뒤의 공백을 민인(民人)들의 주체적 의지로 활용해나갔으며 이런 과정에서 향회는 새로운 면모를 보였다. 이 과정에서 주동적으로 나선 요호의 역사적 의미는 유럽에서 중세사회를 해체시킨 시민계급과 비교해 맹아적 형태라고 볼 수 있다.

기층사회와 지배층 사이에 언로가 막히고 분단된 상황에서 요호는 물론이고 일반 백성의 요구는 갈수록 첨예화했다. 향회와 민회가 그 요구를 수렴하면서 백성들에게 정당성을 인정받고, 역사 변동의 원천이 될 힘을 결집할 수 있는 '정치적 공론장'으로 발전한 것이다.

☐ 우리나라 최초의 근대 신문이 탄생하다

① 개항과 근대 신문 창간

사랑방 공론이나 주막 공론, 여항 공론에 이어 문학과 사상에서 새로운 흐름이 문예적 공론장을 형성해가고, 마침내 향회라는 정치적 공론장이 민란이라는 정치투쟁의 마당으로 전개되어 갔지만, 그 과정에 인쇄매체로서 신문을 낳지는 못했다.

앞서 분석했듯이 근대문학으로서 소설이 독자적인 발전을 이루었고 그 방각본의 인쇄 출판도 활발했던 사실을 주목한다면, 시기의 문제일 뿐 조선 스스로 신문이나 다른 형태의 인쇄 공론장을 창안했을 가능성은 높았다.

---

80   가령 1893년 동학의 보은집회에 참석한 백성들은 그들 스스로 집회를 일러 다른 나라에서 정책을 논의하고 결정하는 바와 같은 '민회'라고 불렸다(안병욱, 2000).

따라서 "우리나라 커뮤니케이션사의 맥락 속에는 근대적 커뮤니케이션에로 발전해나갈 요소(말하자면 준비)가 거의 없었다"는 종래의 '이식론'(임근수, 1975)은 사실과 맞지 않는 정체성론에 근거한 주장이다.

하지만 그 못지않게 분명한 것은 '문예 공론장'에서 아직 신문을 만들어내지 못한 상태로 '개항'이 이루어지고 자본주의 열강의 근대 문명과 마주친 사실이다. 게다가 당시 조선의 지배세력은 서학(西學)과 서교(西敎: 기독교)를 구분하지도 않은 채 무조건 배격하는 폐쇄적 공론 구조를 유지해온 상황(강재언, 1996, 252쪽)이었기에, 일본의 '무력시위'로 열린 강제적 개항을 맞아 국가적 위기를 해소해나갈 능력을 결여하고 있었다.

바로 그 개항 공간에서 비로소 조선 최초의 근대 신문이 '생성'되었다. 1883년 10월 1일(양력 10월 31일), 서울에서 창간된 한성순보가 그것이다.

조선에서 한성순보 창간을 주도한 것은 지배세력 내부의 젊은 지식인들인 개화파, 그 가운데서도 박영효와 유길준이었다. 철종의 사위인 박영효는 1882년 일본에 수신사로 건너갔을 때, 일본의 '최고 계몽사상가'로 평가받는 후쿠자와 유키치(福澤諭吉 1835-1901)를 만난다. 후쿠자와는 '게이오대학'(慶應大學)의 창립자일 뿐만 아니라 시사신보(時事新報)를 창간한 인물로서, 1만 엔 지폐에 초상화가 실려 있을 만큼 현대 일본인들의 존경을 받는 인물이다.

미국의 문명에 깊은 감명을 받아 일본 '근대화'에 앞장선 후쿠자와는 '메이지유신' 이후 일본의 새로운 발걸음에 매혹된 '조선 젊은이들의 스승'으로 나타났다(Bruce Cumings, 1997 / 2001, 158쪽). 박영효에게 조선의 문명개화를 위해서는 신문의 발행이 필요함을 역설하면서 신문 발행을 돕겠다고 나선 인물도 바로 후쿠자와였다.

후쿠자와는 일본에 온 조선의 '명문가 젊은이'들을 포섭하는 데 집요했다. 박영효보다 앞서 1881년 5월 초에 '신사유람단'의 어윤중 수행원으로 일본에 온 유길준을 그해 6월 8일 자신이 세운 게이오대학에 입학시켰다. 한국 최초의 일본 유학생인 유길준이 다섯 달 가까이 후쿠자와의 집에 머문 사실은 유념할 대목이다(김영희, 1994, 114쪽). 유길준은 그곳에서 후쿠자와가 시사신보를 창간하는 과정을 지켜보았다.

후쿠자와는 박영효의 귀국 길에 자신의 제자인 이노우에 가쿠고로(井上角五郎 1860~1938)를 비롯한 편집 기술자와 인쇄공 7명을 동행하게 했다. 조선에 돌아온 직후 박영효와 유길준은 후쿠자와가 기대했던 대로 조선 정계의 실력자로 떠오른다. 특히 박영효는 1883년 1월 7일 한성부 판윤으로 취임하면서 고종에게 신문의 필요성을 적극 제기했고, 마침내 고종은 같은 해 2월 28일 한성부가 신문 발간을 맡으라는 명을 내렸다.

물론, 박영효의 과감한 행보에 "민씨 측에서 어떤 위압감과 불안감을 느껴"(이광린, 1979, 67쪽) 4월에 한성부 판윤은 바뀐다. 박영효가 광주유수(廣州留守)로 좌천되고 유길준도 사임하면서 귀국할 때 함께 온 일본인들도 대다수 돌아갔다. 이에 따라 신문 창간사업의 주도권이 한성부에서 통리교섭통상사무아문(統理交涉通商事務衙門)으로 옮겨지고 그 산하기구로 박문국이 설치되었다.

하지만 그렇다고 신문 발행에 일본의 영향력이 배제된 것은 결코 아니었다. 조선을 '견학'한다는 명분을 내세워 일본인 기자들의 도움을 받아 체류하던 이노우에 가쿠고로가 박문국의 번역관과 한성순보의 편집고문으로 정식 '고용'되었기 때문이다. 조선시대의 오랜 공론정치 구조에 새로운 획을 긋는, 첫 근대 미디어의 탄생에 일본의 제국주의적 영향력이 짙게 드리운 것이다.

② 근대 신문 생성의 특성

근대 신문 발행의 주체가 일본에 다녀왔고 그곳에서 일본인으로부터 신문 발행을 적극 권유받았다는 이유만으로 일본의 영향력을 과대평가한다면, 그것은 균형을 잃은 분석임에 틀림없다. 개화파가 독자적으로 신문을 발행할 계획을 지니고 있던 터에, 일본의 권유가 있었다는 분석이 얼마든지 가능하기 때문이다.

실제로 개항(1876)을 전후해 중국과 일본에 다녀온 사람들은 '견문기'에서 신문이 개화에 긴요한 기관이라고 설명했다. 이를테면 1873년과 1874년 두 차례에 걸쳐 동지사절(冬至使節)의 일원으로 베이징을 다녀온 강위와 수신사로 1876년 일본에 다녀온 김기수, 그리고 신사유람단의 일원으로 1881년 일본을 다녀온 엄세영은 견문기나 보고서에서 서양은 물론이고 중국과 일본에서도 신문을 발행한다는 사실을 알렸다(정진석, 2001, 17쪽).

이는 조선의 지배세력 내부에서 신문 발행의 필요성을 인식하고 있었다는 것을 입증해주는 사료임에 틀림없다. 따라서 후쿠자와와 이노우에의 영향력을 과대평가할 필요 없이 독자적인 발전에 주목해야 한다는 견해도 있다(차배근, 1996).

하지만 이런 분석은 일본의 영향력과 관련해 다음 두 가지 점에서 설득력이 떨어진다.

첫째, 개화파에게 신문 발행을 권유한 일본인이 한낱 평범한 지식인이나 정치인이 아니라는 사실이다. 후쿠자와 유키치는 메이지유신 시기 일본 지배세력의 '이데올로그'였다. 일본 역사학계가 '최고의 계몽사상가'로 평가하지만, 조선에 관한 한 그는 전혀 계몽주의자가 아니었다. 그가 박영효나 유길준에게 접근해 귀국하면 신문을 만들라고 권한 진정한 의도는 결코 조선의 '계몽'에 있지 않았다. 조선의 개화파와 연계를 통해 조선에서 일본의 영향력을 확대하려는 의도였다.

후쿠자와는 "같은 문자를 쓰고 인종이 같은 아시아 민족이 일본을 맹주로 대동단결하여 서구 열강을 아시아에서 물리쳐 부흥시키자"는 흥아론

(興亞論)에 대해 "값싼 인종주의나 동정주의에 연연하는 것"이라고 비판한 인물이다. 그는 "서구 열강의 문명 제국과 벗하여 일본을 문명화하고 서구 열강의 방식에 따라 아시아를 침략하자"는 탈아론(脫亞論)을 처음 제기했다(강준만, 2000, 35쪽).

일본에 기운 개화파가 주도한 갑신정변이 실패로 끝나고 한성순보가 불타버린 뒤 후쿠자와는 자신의 '본색'을 노골적으로 드러냈다. 조건부의 잠정적인 일조제휴론(日朝提携論)을 접고, 이전의 국권 확장론과 아시아 진출론에 침략성을 더하면서 조선 지배와 대청전쟁(對淸戰爭)에 대비한 군비 확장을 격렬하게 주장한다. 그의 『탈아론』(1885년 3월 16일)은 제휴론의 포기 선언이자 중국과의 경쟁에서 일시적 패배 선언임과 동시에 장래의 '조선 지배'와 대청 승전을 맹세하는 구미 중심적 문명개화의 선언이었다(김봉진, 2001, 167쪽).

심지어 후쿠자와는 '조선인민을 위하여 조선의 멸망을 축하한다'(1885)는 글까지 발표해 조선 침략론을 전개했다(강창일, 1999, 127~128쪽). 따라서 박영효에게 신문 발간을 권했던 1882년, 후쿠자와의 의도가 어디에 있었는지는 굳이 설명을 필요로 하지 않는다.

둘째, 후쿠자와는 박영효에게 단순히 신문 발간을 권유한 게 아니라 귀국 길에 그의 제자들을 함께 보내 신문 발행에 깊숙이 개입했다. 그리고 그 가운데 핵심 인물인 이노우에는 박영효와 유길준의 도움으로 조선의 정계에서 곧 주요 인물이 된다. 이노우에가 당시를 회고하며 남긴 글을 보자.

"나는 조선 조야의 많은 사람들과 광범위하게 교제했다. 다행스럽게도 나는 왕궁을 자유롭게 출입할 수 있었기 때문에 그들이 갖고 있는 깊은 내외의 사정을 탐색할 수 있었다. (…) 외아문(外衙門)에 적절히 관여할 수 있게 되었고 동시에 정부의 고문 지위를 얻을 수 있었다. 이로써 그동

안 애쓰고 희망해온 것을 이루기 위한 서막을 열게 되었다."(井上角五郞, 1891 / 1995, 33쪽)

이노우에는 "왕궁을 자유롭게 출입"해 "조야의 많은 사람들과 광범위하게 교제"하면서 무엇을 노렸을까. 왕궁 안에서 '지위'를 차지한 그가 "이로써 그동안 애쓰고 희망해온 것을 이루기 위한 서막을 열게 되었다"고 회상한 것은 유념할 대목이다. 바로 다음 문장에서 이노우에는 '서막'의 정체를 밝힌다.

"1883년 11월 한성순보 제1호를 발행했다. 나는 외아문에 관여하면서 신문의 경영과 기획을 수행하기 위하여 내가 거처하는 곳을 사무실로 정하고 박문국(博文局)이라고 불렀다. 외아문에 있는 민영목과 김윤식을 당상(堂上)으로 하고, 해외 사정에 밝은 사람들을 모집하여 주사(主事) 및 사사(司事)로 임명하였으며, 나는 이를 관장하는 주임(主任)이 되었다. 매월 3회 발간한 이 신문은 정부의 소식과 해외의 사정을 게재하여 부(府), 현(縣), 주(州), 군(郡), 진(鎭) 및 만호(萬戶)에 배포했다. 이것이 바로 조선에서 신문의 시작이었다."(井上角五郞, 1891, 34쪽)

물론, 이노우에의 회고에는 '자기 과시'가 담겼으리라는 점을 감안해 비판적으로 분석할 필요가 있다. 하지만 후쿠자와가 이노우에를 조선으로 떠나보내며 한 '지시'에 주목할 필요는 있다. 후쿠자와는 이노우에를 불러 "군이 일본인이라는 사실을 결코 망각해서는 안 된다"고 다짐을 받으며 자신의 속내를 확연히 드러냈다(井上角五郞, 1891, 5~6쪽).

"나는 조선이 완전히 독립하기를 바라고 있으나, 여러 가지 상황을 미루어볼 때 어려울 것으로 판단된다. 그러나 일본 이외의 어떤 나라도 조선에 손을 뻗치는 것은 결단코 용납할 수 없다. 조선을 계도하는 것은 오직 일본의 권리이며 또한 의무이다."

조선에 신문을 만들기 위해 떠나보내는 제자에게 "조선을 계도하는 것은 오직 일본의 권리이며 또한 의무"라고 다짐을 받는 것은 허투루 여길 대목이 결코 아니다.

물론, 한성순보가 일본의 영향 아래 놓여 있었다고 해서 노골적으로 친일 신문의 모습을 보인 것은 아니다. 한성순보 제1호로부터 30호까지에 나타난 '각국 근사란'(各國近事欄)의 뉴스원으로 인용된 각국 신문의 빈도 수를 살펴보면, 중국(청나라)이 일본에 비해 압도적이라는 사실을 알 수 있다.[81]

하지만 문제의 핵심은 당시 번역 책임자로서 편집고문이 이노우에였고, 그가 신문에 어떤 기사를 번역해 실을지 판단하는 '편집자'였다는 사실이다. 당시 중국의 신문을 가장 많이 인용한 것은 사실이지만, 그 또한 상당수가 영국과 미국을 비롯한 열강의 선교사나 상인들이 발간한 신문들이었다.

게다가 중국은 외국 정세에 대한 기사가 일본에 우호적이라고 해서 신

---

[81] 청나라 신문 인용이 신보(申報, 上海申報 포함) 244건을 비롯해, 상해신보(上海新報, 上海新聞, 上海報 등) 36, 자림호보(字林滬報) 100, 순환일보(循環日報) 60, 중외신보(中外新報) 59, 향항화자보(香港華字報, 香港報 포함) 22, 문회보(文匯報) 2, 그리고 복주일보(福州日報), 하문서자보(廈門西字報) 1, 기타 40 등, 모두 568건으로 전체의 80.11%를 차지했다. 다음은 일본 신문으로 시사신보(時事新報) 13, 우편보지신문(郵便報知新聞) 6, 일본신문(日本新聞) 5, 동경일일신문(東京日日新聞) 4, 일본보(日本報)(日本新報 포함) 15, 기타 4 등 합계 47건으로 6.63%이다. 3위는 영국(17건)으로 2.40%이다. 그리고 인도 7건, 독일 6건, 프랑스 5건, 미국 4건, 러시아(俄國) 3건, 서자지(西字紙)라 하여 13건, 기타 39건 등이었다(최준, 1976, 38~39쪽).

문사를 습격까지 했으며, 조선의 백성도 이노우에가 편집고문으로 있다는 사실만으로 일본에 편향적 기사를 쓴다고 인식해 비판적이었다(안종묵, 2003, 24쪽). 조선에 주둔하고 있던 '화병'(華兵)'의 범죄기사를 계기로, 중국의 공식 항의를 받고 결국 이노우에가 편집 고문직에서 물러난 사실도 그의 위상과 영향력이 어느 정도였는지를 역설적으로 '입증'해준다.

유념할 대목은 한성순보가 '서세동점'(西勢東漸), 곧 서양 세력의 동양 진출을 맞아 한·중·일 동양 3국의 공존공영을 강조하며 이들 국가들과 돈독한 외교의 필요성을 개진한 사실이다.

"먼 것을 사귀는 것은 가까운 것을 사귀는 것만 못하고 가까운 것을 사귀는 것은 이웃을 사귀는 것만 못하다. 이는 저것이 어리석고 이것이 지혜롭기 때문은 아니다. 대체로 이것을 사귀는 것이 본(本)이고 저것을 사귀는 것은 말(末)이니 본(本)이란 정이 친밀하여 사랑이 깊고 말(末)이란 정이 소원하여 사랑이 얕다. 사랑이 얕은 자는 염려도 단순하고 사랑이 깊은 자는 염려도 자상한 것이 이치이고 또한 형세이다."(한성순보, 1884년 7월 3일자)

이 기사가 담고 있는 인교론(隣交論)은 당시 일본의 조선 침략 의도가 뚜렷했던 점에 비추어 우려할 만한 논조가 아닐 수 없다. 일본에 대한 경계의식을 허물고 '사랑'과 '자상'을 강조하고 있기 때문이다.

개화파의 기본 인식이기도 한 동양 3국 공영론은 한성주보로 이어지고 그 뒤 독립신문에 이르러 "일본 맹주론"(김민환, 1995, 404쪽)으로 '발전'함으로써 한 시대를 오도하는 잘못을 저지르게 된다. 한성순보에서 독립신문에 이르는 근대 신문들이 '동양 3국 공영론'에 매몰되어 민중을 계몽의 대상으로만 본 것도 한국 언론이 밖으로부터 틀 지워진 한계에서 비롯된다.

향회가 민회로 이어지고 또 그것이 갑오농민전쟁 시기에 집강소라는 정치적 공론장으로 결실을 맺었음에도, 개화파와 그들의 대변지였던 근대 신문들은 아래로부터 민중의 요구를 시종일관 적대시하거나 외면했다. 결국 한국의 근대 공론장은 밖으로부터 형성됨으로써 아래로부터의 민중 요구를 배제해 공론장 자체의 결정적 한계를 지니게 되었다.

□ '이식론'과 '자연발생론' 사이에서

지금까지 분석했듯이, 조선사회 내부에서 움튼 공론장의 맹아가 자라나 근대 공론장을 형성하기 전에 자본주의 열강과 부딪쳤고, 그 결과 한국 공론장은 자주적 발전의 길을 걷지 못했다.

근대 언론의 생성 문제를 두고 그동안 언론학계에서는 이식론(移植論, a transplantation theory)과 접목 잡종론(接木雜種論, a graft hybrid hypothesis)이 대립되어 왔다. 학계의 논의를 외인론(外因論)과 내인론(內因論) 그리고 내외인 합작론(內外因合作論)으로 나누는 분류(안종묵, 2003, 19쪽)도 있지만, 근거가 빈약한 내인론을 제외한다면, 이식론과 접목 잡종론은 외인론과 내외인 합작론의 구분과 맥락을 같이한다고 볼 수 있다.

이식론을 집약한 임근수(1975, 127쪽)는 "서구의 근대 신문은 어떠한 시원으로부터 출발해서 봉건사회의 커뮤니케이션 형태로 형성되어진 뒤에 다시 자연발생적으로 근대사회의 근대 신문으로 발전·성립되어진 것인데 반하여, 비서구 사회의 근대 신문은 그 전반적 근대화 과정에서 있어서와 마찬가지로 인위적·인공적 또는 타율적 노력에 의하여 비자연발생적으로 부식되어진 것"이라고 설명한다.

따라서 그는 서구 근대 신문의 생성 과정을 '자연발생적 시원설'로 이해하고, 한국을 비롯한 모든 비서구 사회의 그것은 '묘목의 이식(移植) – 착근

(着根) − 배양(培養) − 생장(生長)'으로 공식화한 '비자연발생적 이식설'로 연구해야 한다고 주장했다.

이에 대해 차배근(1996, 5~33쪽)은 "한국 언론사학계에서 가장 일반화된 이식설"에 의문을 제기하며 자신의 견해를 '접목 잡종설'로 명명했다. 그는 근대 언론의 생성 과정에 관련된 여러 가지 사료를 찾아보면 이식설에 상반된 것들이 적지 않다면서 다음과 같이 분석했다.

> "이식설처럼 서구사회의 근대적 언론문물을 받아들여 생성된 것은 사실이지만, 이를 그대로 이식해서 부식시킨 것은 아니며, 그것을 능동적이고 선별적으로 수용하고 또한 우리의 전통적 신문 현상에 접목시켜 우리 나름대로 한국화해서 일본이나 중국 또는 미국의 근대 신문들과는 그 특성이 다른 독특한 한국적 신문으로 생성되었다고 보는 것이 오히려 더 타당하다."(차배근, 1996, 30쪽)

차배근이 자신의 논리를 설명한 오른쪽 도식을 보면, '한국의 전통적 신문 현상'으로 조보를 들고 그것에 '외래의 근대 신문 문물'이라는 '접'을 붙임으로써 근대 신문이 생성되었다는 접목 잡종론의 논리를 한눈에 파악할 수 있다.

차배근의 연구는 임근수의 이식설에 내포된 '한국사 정체성론'을 벗어나, 한국 내부의 연속성을 강조했다는 점에서 큰 의미가 있다. 하지만 근대 신문의 현상을 중세시대의 조보와 "접목시킴으로써 우리 근대 신문은 서양의 근대 신문과 우리의 전통적 신문 현상의 중간의 형질을 지니게 된 잡종"(차배근, 1996, 30쪽)이라는 분석에서 멈추고 있다. 이에 따라 접목 잡종론은 조보와 '접목'된 신문이 근대 시민사회의 바탕인 공론장과 빚을 수밖에 없는 갈등을 구조적으로 파악하기 어렵다.

한국 근대 신문의 생성 과정과 그 접목 관계

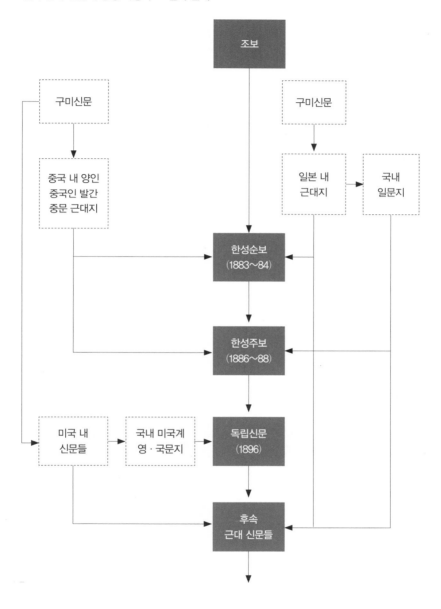

출처: "한국 근대 신문의 생성 과정과 독립신문", 차배근, 1996, 『언론과 사회』 14호, 31쪽.

따라서 이식론과 접목 잡종론은 역사 현상에 대해 제도적 변화에만 연구를 한정함으로써 현상이 지닌 사회구조적 변화를 간과하고 있다는 공통점을 지닌다고 할 수 있다.

언론 현상을 학제적으로 접근한 이 글에서는 이식론과 접목 잡종론을 지양해 근대 공론장의 생성을 내재적 발전론의 연장선에서 '갈등 구조론'으로 파악했다. 지금까지 분석한 한국에서의 공론장과 근대 신문의 생성 과정을 '발생적 구조주의'(genetic structuralism)에 따라 구조의 전체성(wholeness)을 부각해 도식화하면 다음과 같다.

도식에서 볼 수 있듯이, 한국에서 공론장 생성은 유럽과 다른 길을 걸었

유럽과 한국의 공론장 생성 비교

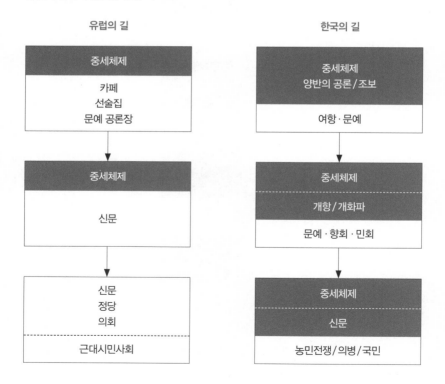

다. 유럽에서 공론장은 카페와 선술집에서 시작해 문예 공론장을 거쳐 신문을 통해 중세 신분제 체제를 무너뜨림으로써 근대 민주사회를 여는 데 핵심적 구실을 했다.

하지만 한국에서 공론장의 출범은 전혀 달랐다. 조선사회 내부에서 싹 트고 있던 주막과 여항의 공론이 문예 공론장으로 발전하고 이것이 향회와 민회의 정치적 공론장으로 전개되고 있었지만, 그 과정에서 신문을 만들지 못했다. 오히려 신문은 중세체제의 내부에서 지배세력의 한 당파인 '개화파'의 필요성과 외세의 의도가 맞아떨어져 창간됨으로써, 아래로부터 형성된 유럽의 공론장과는 큰 차이를 보였다.

이는 서양의 신문 개념을 조선에 처음 소개하고 신문 창간에 깊이 관여한 유길준의 글에서도 엿볼 수 있다. 유길준(1895, 294쪽)은 "신문사의 역할이 국가를 위하여서는 간관(諫官)의 직책을 다하고 있으며 우리 사회를 향하여서는 사필(史筆)의 구실을 하고 있다"고 설명함으로써 중세시대의 사관이나 간관의 연장선에서 근대 신문을 바라보고 있다. 그 결과 "만약 신문사가 (…) 망령되게 국가의 법령을 논난하고 사람들의 언행을 비판하여 실상이 없는 행위를 할 것 같으면, 정부가 내리는 벌을 면하기 어렵다"고 주장하거나, 심지어 "나라를 존중하고 임금을 사랑하는 데에 간무한 정성을 다하는 글은 세상 사람들의 충성심을 고무시키게 된다"고 임금에 대한 충성을 강조했다.

반면에 '국민'에 대한 인식은 전혀 다르다. 유길준(1895, 109쪽)은 "국민들의 언론에 대한 관심을 널리 진작하여 야비하고 비루한 습속이라든가 더럽고 지저분한 습관이라든가 속이거나 거짓된 행실이라든가 불공평한 조치 등등을 대중을 상대로 여론화하여 논박하며 또는 신문지상에 열거함으로써 지탄하여 국민들로 하여금 이러한 논박과 지탄을 꺼리게" 해야 한다면서 "국민의 지식이 부족한 나라인 경우, 갑작스럽게 그 나라 국민들에게 국정 참여권을 주어서는 안 된다"(125쪽)고 못 박았다.

결국 신문과 관련해서 '국민'을 계몽이나 교육의 대상으로 바라보는 한계에서 벗어나지 못함으로써, 박영효·유길준을 비롯한 개화파는 아래로부터 형성되고 있었던 공론장과 중세사회의 변혁 열망을 적대시하게 된다.

신문이 근대 시민사회를 열어나가는 데 공론을 모아간 '유럽의 길'과 달리 아래로부터의 공론화 요구와 갈등 구조를 이룬 것이 '한국의 길'이었다. 한국 저널리즘이 '발생'할 때, 아래로부터 올라온 시민들을 위한 공론장이 아니라 아래로부터 백성이나 의병들의 요구를 적대시하는 '구조'가 형성된 것이다.

☐ 남겨진 과제들

지금까지 하버마스가 제기한 공론장이 조선 후기에 맹아적 형태로 싹트고 있었음을 규명하고, 이어 개항 뒤 일본을 통해 근대 대중매체가 들어오면서 공론장이 형성되는 과정과 구조를 학제적 연구방법으로 분석했다.

한국 공론장과 근대 신문의 생성 과정을 이 글에서 제안한 '갈등 구조론'으로 분석할 때, 이식론이나 접목 잡종론, 또는 외인론이나 내외인 합작론으로 파악할 수 없는 역사적 현상을 설명할 수 있다.

첫째, 비록 개화파들이 한국 근대 신문의 형성에 주체가 되었지만(채백, 2003, 17쪽), 개화파가 지닌 한계로 말미암아 결국 한국 공론장은 밖으로부터 그리고 위로부터 틀 지워짐으로써 유럽의 길과 달리 아래로부터의 공론을 배제했음을 구조적으로 파악할 수 있다. 개화파의 신문 주도는 한성순보에 머물지 않고 이노우에가 다시 관여한 한성주보는 물론이고, 독립신문으로 계속 이어진다.

둘째, 한국 근대 공론장이 지닌 갈등의 역동적(dynamic) 특성을 분석할 수 있다. 물론, 하버마스의 공론장이란 개념 자체가 그 안에 갈등 요소들을 포함하고 있다. 하지만 앞의 '유럽과 한국의 공론장 생성 비교' 도식에서 보았듯이 한국에서 공론장은 갈등의 표출이 자유롭지 못하고, 밖과 위로부터 제한된 특성을 지닌다. 그 결과 언론이 공론장에서 나타나는 갈등들을 소통시킴으로써 풀어가기보다는, 자유롭고 평등한 구성원들에 의한 공론장의 성숙을 가로막게 되어 지속적으로 갈등이 일어날 수밖에 없었다.

셋째, 갈등 구조론은 근대 미디어를 형성한 주체들이 신문을 단순히 이식했든 아니면 능동적으로 추진했든, 조선 후기 사회에서 싹튼 아래로부터의 공론장 맹아와 무관하거나 그것을 적대시한 사실을 중요하게 인식함으로써 공론장을 정상화하기 위해 무엇이 필요한가를 연구문제로 제기해준다.

넷째, 기존의 자본주의 맹아론이 '생산력의 변화'라는 토대만을 중심에 놓고 연구되어온 점에 비추어 근대 공론장의 갈등 구조 인식은 새로운 지평을 열어준다. 하버마스의 공론장은 의사소통과 토론을 중시하기 때문에 기존의 생산력을 중시한 '내재적 발전론'을 보완할 수 있다. 이 지점에서 학제적 연구의 성과는 언론학만이 아니라 '자본주의 맹아론' 논쟁이 다시 일고 있는 역사학계에도 시사점을 줄 수 있다.

이제 남겨진 연구 과제는 근대 공론장이 생성될 때의 구조적 특성들이 한성순보 이후 한국 언론사의 전개 과정에서 어떻게 지속되었는지에 대한 치밀한 천착이다. 더 나아가 그 구조적 특성들이 언론사의 전개 과정에서 얼마나 극복되었는지 그리고 온전히 극복하기 위해서는 무엇을 어떻게 해야 하는지도 연구 과제로 남아 있다. "한국 사회에서 근대는 여전히 성취되어야 할 그 무엇이며 동시에 극복하지 않으면 우리의 생활세계 전체가 파국을 면치 못할 그 무엇"(최원식, 2001, 59쪽)이기 때문이다.

공론장 자체가 유럽과 미국에서도 '재봉건화'하고 더 나아가 세계화에 맞부딪친 상황에서 한국 공론장의 재구성은 근대의 완수와 동시에 탈근대라는 이중적 과제를 지니고 있는 것이다.[82]

---

82   이 글은 '한국 공론장의 갈등 구조: 근대 신문의 생성 과정을 중심으로'라는 제목으로 『한국언론정보학보』 27호(2004년 12월)에 실렸다. 이를 밑절미로 쓴 박사학위 논문은 『한국 공론장의 구조변동』으로 출간(커뮤니케이션북스, 2005)되었다.

2부

민중언론학과
한국 사회

6장

한국 기업의 '사회적 책임'과
소통

☐ 기업의 사회적 책임이란 무엇인가

경제와 사회에서 기업이 차지하는 비중이 무장 커지면서 경영학 차원을 넘어선 학문적 탐색이 나타나고 있다. '진보신당' 강령 제정에 깊숙이 참여했던 철학자 김상봉은 "우리가 원하든 원치 않든 우리 시대 세계화의 주역이 된 기업을 참된 만남의 공동체로 만들어 시장을 약탈과 착취의 지평이 아니라 인류의 보다 확장되고 고양된 만남의 지평으로 만들기 위해 할 수 있는 일"(김상봉, 2012, 48쪽)을 묻고 나섰으며, 사회학자 김동춘은 '기업에 의한 사회의 식민화'에 우려의 목소리들이 커지고 있는 해외 학계의 흐름을 소개하고 "기업이 단순히 사회의 일부인 것이 아니라 오히려 사회가 기업의 모델과 논리에 따라 재조직되는 오늘날의 사회"를 '기업사회'로 개념화했다(김동춘, 2006, 5쪽).[83]

기업사회라는 개념에 동의하든 않든, 분명한 것은 기업의 사회적 책임 (CSR: Corporate Social Responsibility)을 강조하는 학문적, 실천적 관심이 지구촌에 퍼져가고 있다는 사실이다. 한국 사회에서는 '기업사회'에 대한 학문적 접근은 물론, CSR에 대한 논의가 부족한 실정이지만, 대기업들이 CSR을 부분적이나마 수용하고 언론보도가 간헐적으로 나타나는 모습은 주목할 현상이다. 대기업과 언론이 '기업의 사회적 책임'에 관심을 보이는 현상만으로도 과거와 견주면 큰 변화이기 때문이다.

일찍이 학술운동을 펼쳐온 학술단체협의회(학단협)는 1987년 6월 대항쟁 이후 한국 사회의 새로운 지배구조를 '재벌과 언론'으로 규정하고 연합 심포지엄을 열었다(학술단체협의회, 1996). 딱히 학단협이 아니더라도 재벌

---

83 김동춘은 미국의 경제사회에 뿌리를 둔 기업사회의 거대한 물결 속에서 자신의 존재와 처지에 대한 자각을 일깨우는 새로운 페다고지(pedagogy)가 요청된다고 분석했다 (2006, 32쪽).

로 불리는 대기업과 언론에 대한 비판적 담론은 적지 않았다. 그나마 대기업들이 CSR을 전면 거부하지 않고 언론이 조금씩 보도해가는 이유도 '재벌 개혁'의 줄기찬 요구 - 2010년대 들어 '경제민주화'로 표현되고 있다 - 에 대응하려는 전략으로 볼 수 있다. 기업사회로 구조화하고 있는 한국 사회에서 기업의 사회적 책임을 둘러싼 담론들의 성격을 정확히 이해해야 할 필요가 여기에 있다.

과연 CSR은 대기업들이 비판 여론을 모면하기 위해 내세우는 전략에 지나지 않는 것일까? 이 글은 CSR을 그렇게만 인식할 때 대기업에게 사회적 책임을 추궁하고 공공성을 견인해내는 '경제 민주화'의 중요한 실천 영역을 놓칠 수 있다는 문제의식에서 비롯했다. 국제표준화기구(ISO: International Organization for Standardization)가 2010년 11월에 발표한 CSR의 글로벌표준인 ISO26000의 내용은 적어도 기업경영의 전략적 차원을 넘어서 있기 때문에 실사구시의 자세로 엄밀하게 분석해야 옳다는 게 이 글의 밑절미에 깔린 문제의식이다.

☐ CSR을 둘러싼 논쟁

① CSR의 이론적 배경

기업의 사회적 책임(CSR)에 대한 담론의 '기원'은 19세기 말에 등장한 '복지 자본주의론(welfare capitalism)'에서 찾을 수 있다. 어린이 노동을 금지하고 최저 임금과 최장 노동시간을 규정해 '노동 복지'를 입법화하려는 움직임 앞에서, 기업들이 복지에 관심을 기울이기 시작함으로써 '사회적 책임' 논의가 싹텄기 때문이다(노한균, 2011; 곽숙이, 2013).

1930년대 들어서면서 기업의 본질을 놓고 주주의 재산으로 보는 '주주 모델(shareholder model)'과 주주 이외의 사회적 요구까지 고려하는 '이해관계자 모델(stakeholder model)' 사이에 벌―도드 논쟁(Berle―Doddde bate)이 벌어졌다. 1950년대에 보원(Bowen)이 『Social responsibility of the businessmen』을 출간하고 "사회의 목적과 가치 측면에서 바람직한 정책을 추구하거나 결정하고 일련의 행동을 취해야 하는 기업가의 의무"로 사회적 책임을 규정(Bowen, 1953)하면서 'SR'이라는 말이 등장했다.

하지만 CSR을 둘러싼 담론이 본격적으로 나타난 것은 1970년대 이후다. 이 시기에 다국적기업(multinational corporations)들의 활동이 늘어나면서 기업의 사회적 책임이 쟁점으로 부각됐다. 특히 1989년부터 '실존 사회주의 체제'가 무너지면서 신자유주의가 전 세계적으로 확산됨에 따라 기업에게 사회적 책임을 묻는 담론도 단순한 경영 이념 차원을 넘어섰다.

신자유주의 체제가 보편화하고 글로벌 대기업의 권력이 커져감에 따라 그에 상응한 책임을 물어야 옳다는 논리가 힘을 얻어가면서 CSR에 국제표준을 만들자는 논의가 2001년 국제표준화기구(ISO) 이사회에서 처음 제기되었다. 그 뒤 여러 나라들이 적극 공감하면서 2005년 3월 브라질에서 첫 회의[84]가 열렸고, 이어 8차 총회까지 치르며 의견을 수렴하고 초안을 다듬어 세계 77개국 대표들 93%의 찬성으로 마침내 2010년 11월 1일 국제표준을 제정했다. ISO26000은 CSR이 인류의 '지속가능 발전'에 필수적

---

84 ISO26000 제정 작업은 브라질 총회로부터 6개월 뒤인 2005년 9월 태국 방콕의 2차 총회를 통해 초안의 기본 방향을 설정하면서 가속도가 붙었다. 2006년 3월 1차 작업 초안을 공개하고 이 초안에 대해 접수된 2000여 개의 의견과 같은 해 5월 포르투갈 리스본에서 개최된 3차 총회 토론 내용을 종합하여 2차 작업 초안을 마련했다(2006년 10월). 2차 초안에 대해서는 5000여 개의 의견이 접수되었으며, 2007년 1월 29일부터 2월 2일까지 호주 시드니에서 열린 제4차 총회에서 접수된 의견들을 종합해 3차 초안을 만드는 방안을 논의했고, 그해 7월에 3차 초안이 발표되면서 윤곽이 잡혔다.

이라는 인식에서 출발했으며 기업의 지배구조를 비롯한 핵심 주제에 대해 세계인권선언, 국제노동기구(ILO)협약, OECD 다국적기업 가이드라인 등을 총망라했다는 평가를 받았다(황상규, 2011). 한국 정부는 처음엔 국제표준 제정에 소극적이었지만 세계적 흐름을 파악하고 찬성했다.

국제적으로 학술연구도 크게 늘어났다. ISO26000 제정 작업 자체에 이미 각국 학자들이 참여했다. 특히 2008년 9월 세계적 금융기업들의 탐욕적 투자로 글로벌 위기가 불거지면서 기업의 사회적 책임에 학문적 관심이 커졌다.

물론, CSR을 부정적으로 보는 시각도 여전히 견고하다. 기업은 이윤 창출을 위한 조직이므로 재화와 서비스를 생산해 판매하고, 더 많은 이윤을 남기는 것이 최고의 가치라고 주장하는 신자유주의적 프레임이 지배적인 나라들이 실제로 더 많다고 볼 수도 있다.

다만 OECD 국가들, 특히 유럽에선 CSR 자체를 부정적으로 보는 완고한 시각은 찾아보기 어렵다. 미국에서도 경영학 연구 맥락에서 CSR을 다루며 효율성이나 생산성, 이미지 차원으로 접근하는 논문들이 늘어나고 있다. 기업들 또한 CSR을 불편하게 여기는 차원을 벗어나서 '사회공헌' 활동을 통해 기업 브랜드 이미지를 높여가고 있다. 기업들의 이윤 극대화라는 '미시적 최선'이 20세기 후반 들어 사회 불안정과 환경 파괴라는 '거시적 재난'을 불러오면서, 그 딜레마를 해결할 '전략적 방법'으로 CSR을 제시하는 연구도 있다(안영도, 2011, 6쪽). 다만 그 전략적 CSR의 궁극적 성격이 '장기적 경쟁력 향상을 위한 투자'라는 점에서는 기업경영의 틀을 벗어나지 못한다.

바로 그렇기에 CSR을 근본적으로 비판하는 연구들이 주목을 받아 왔다. 대기업들이 자신들의 힘을 정당화하려는 이데올로기 맥락에서 CSR을 분석(Banerjee, 2007)하거나, CSR이 경제와 사회 사이의 구분을 해체하는 신자유주의적 인식론에 기반을 두고 있다는 비판적 연구(Shamir, 2008)들이 그것이다. 한국의 비판적 사회학계도 기업의 사회공헌 활동에 대해 이윤 동기를 넘어설 수 없다는 당위론에 기대어 확대 해석을 경계해온 것이 사실이다(조대엽, 2007, 58쪽).

실제로 CSR이 신자유주의 자체를 비판하는 게 아니라 신자유주의 체제로 인한 부작용을 줄여 비판세력을 '체제 내화'하려는 자본의 전략이라고 볼 수 있는 근거는 적지 않다. 하지만 21세기 들어 CSR의 국제표준인 ISO26000이 제정되는 과정을 냉철하게 짚어보면, CSR을 기업의 사회공헌 활동 맥락이나 경영 전략 차원에서만 보는 관점은 현실을 설명하는 데 한계가 또렷하다. ISO26000은 그동안 양적으로 확산되어온 CSR 논의를 질적으로 전환했기 때문이다.

지금까지 한국 학계에서 CSR은 미국 학계의 영향을 받아 기업경영 전략 차원에서 주로 논의되어왔고, 바로 그렇기 때문에 '신자유주의의 이데올로기'에 지나지 않는다는 비판을 받아왔다. 물론, 그와 다른 시각에서 분석한 연구들도 꾸준히 나오기는 했다. 기업경영 전략 차원을 넘어선 기존 연구들은 크게 두 관점으로 나눌 수 있다.

첫째, 공공성의 재구성 관점이다. 여기서 공공성(publicness)은 국가, 시민사회, 시장에 내재된 법적·제도적 측면의 모든 공적 요소를 포함하는 광범위한 개념이다. 그 관점에서 볼 때 기업의 사회적 공헌활동은 시장 영역에 할당된 공적 기능이라는 점에서 '시장 공공성'으로 파악할 수 있다(조대엽, 2007). 공공성의 재구성 관점에 선 연구자들은 기업의 사회공헌활동을 기업 활동의 내재적 차원이 아니라 '사회구성의 질서' 변화를 통해 설명함으로써 사회학적 시각을 확보할 수 있다고 연구 의의를 밝힌다.

둘째, 노동운동의 전략적 관점이다. 공공성의 재구성 관점에서 한발 더 나아가 노동조합 운동이 자신들의 의제를 사회적으로 확대하는 데 CSR을 활용할 수 있다고 보는 연구들이다(노광표·이명규, 2007). 노동조합이 기업의 사회적 책임이라는 담론들에 대해 냉소적이거나 방관적 자세를 벗어나 적극 개입함으로써 단체협상을 진전시킬 수 있고 글로벌 대기업들에 대한 사회적 규제도 강화할 수 있다고 제안한다.[85]

문제는 기업경영의 전략적 관점과 공공성의 재구성 관점, 노동운동의 전략적 관점 사이에 소통이 전혀 이뤄지지 않는 데 있다. 굳이 소통이 필요한가라는 질문도 가능하겠지만, 소통 부재로 인한 문제의 핵심은 기업의 사회적 책임에 대한 공론화가 한국 사회에서 진전되지 못하는 데 있다. 그직·간접적 결과로 한국 대기업의 문제점은 무장 쌓여가고 있다.

CSR이 세계경제사회에서 큰 흐름(trend)을 형성해가고 있기에 한국 대기업들의 인식과 실천에서 또렷하게 나타나는 한계는 단순히 기업 차원의 문제점으로 끝나지 않는다. 국제표준화기구가 ISO26000을 공표한 상황에서 기업의 사회적 책임에 대한 사회 구성원들의 소통 부재와 둔감이 앞으로 한국 대기업들의 미래는 물론, 수출 의존도가 큰 한국의 경제와 사회에 어떤 그림자를 드리울지는 민감한 현실적 문제일 수밖에 없고 그만큼 적극적인 공론화가 필요하다.[86] 한국 언론을 분석해야 할 이유가 여기 있다.

신자유주의 질서를 언제나 '글로벌 스탠더드'로 강조해온 한국 언론이 정작 기업의 사회적 책임에 대해 국제표준화기구가 제시한 글로벌 스탠더

---

85 CSR을 주제로 한 노동계의 토론회가 2008년4월 한국노동연구원에서 열렸을 때 민주노총, 한국노총, 참여연대, 한국노동사회연구소, 한국노동연구원이 후원자로 나섰으며 토론회 내용은 책으로 출간됐다(이장원 엮음, 2008).

86 기업의 사회적 책임이 대기업의 미래에 얼마나 중요한가는 동아일보에도 소개된 미국 의류회사 갭(GAP)을 보기로 설명할 수 있다. 갭은 평소 100명의 조사원이 세계 2700개 공장을 모니터링한다고 자랑해왔다. 그러나 2007년 인도의 하청업체가 10~13세 어린이들의 노동력을 착취한 사실이 드러나자 갭의 매출은 한 달 만에 25% 급감했다. 한국의 대기업들도 갭처럼 불의의 타격을 입는 기업이 나올 수 있다(동아일보 2010년 7월 6일자 34면).

드를 외면하거나 왜곡함으로써 경제와 사회의 미래를 어둡게 만들고 있기 때문이다.

② 한국 언론의 태도

한국의 대기업들이 CSR의 세계적 흐름에서 완전히 벗어나 있는 것은 아니다. '글로벌 CSR 콘퍼런스 2011'이 한국에서 열린 것[87]을 그 '증거'로 내세우는 전문가도 있다. 행사를 주관한 유엔 글로벌콤팩트(UNGC) 한국협회의 사무총장은 정부 지원 없이 기업 협찬으로 행사를 개최했다면서 이는 기업들이 CSR을 부담 아닌 기회로, 선택 아닌 필수로 생각하는 인식의 전환을 입증해주는 것이라고 풀이했다. 그는 한국이 CSR 및 사회책임투자(SRI)의 글로벌 허브가 되자는 비전을 내놓기도 했다.[88]

한국 신문과 방송들 또한 세계적 흐름에 마냥 둔감한 것은 아니어서 CSR 보도를 외면만 해온 것은 아니다. 기실 전경련, 대한상공회의소, 경영자총협회가 언제나 '개탄'하듯이 한국 사회에는 '반기업 정서'가 폭넓게 퍼져 있기에 CSR은 여느 나라보다 중요하다. 실제로 서울에서 열린 글로벌 CSR 국제회의장에서 기자들은 UNGC 사무총장에게 한국을 대표하는 기업들의 UNGC 가입이 저조한 이유를 무엇이라고 생각하는지 물었다.[89]

---

87 2011년 11월 22일 서울 신라호텔에서 열린 '글로벌 CSR 콘퍼런스 2011'에는 게오르그 켈 유엔 글로벌콤팩트(UNGC) 사무총장, 위겟 라벨 TI 회장, 볼프강 엥슈버 유엔 책임투자원칙(UNPRI) 회장을 비롯해 세계 15개국에서 CSR 이슈를 주도하는 인사들 600여 명이 참석했다.

88 내일신문. 2011년 11월 23일 16면. 한국을 CSR의 허브로 만들자는 주장은 실제 한국 기업의 현실에 비추어 판단하면 허황된 '정치적 수사'에 지나지 않는다.

89 기자들의 질문에 사무총장은 "한국 기업들은 일종의 완벽주의를 추구하는 것 같다. UNGC의 원칙들을 실천할 준비를 다 갖춘 뒤에 가입하려는 것 같다"고 점잖게 답했다. 현장에 있던 한 기자(곽정수, 2011a)는 그 답변을 보면서 "자격 미달을 완벽주의로 포장한 (사무총장의) 순발력이 대단하지만, 정말 낯 뜨거운 일"이라고 말했다. UNGC의 국제

한국 사회 구성원들의 일상생활에 큰 영향을 끼치고 있는 대기업의 성장과 반기업 정서 사이의 괴리감은 개개 기업의 미래는 물론, 한국 경제와 그 안에서 살아가는 구성원들의 삶을 위해서도 바람직하지 않다. 따라서 기업과 사회 구성원 사이를 소통해야 할 언론이 과연 그 소임을 다하고 있는가를 분석할 필요가 있다.

기업의 사회적 책임에 대한 연구가 여러 학문 분야에서 포괄적으로 이뤄지고 있기에 그와 관련한 언론의 책임을 분석하는 작업은 그만큼 광범위할 수밖에 없다. 더구나 반기업 정서가 강한 사회에서 기업의 책임을 둘러싼 문제는 어떤 연구 대상보다 연구방법의 엄밀성을 요구한다. 따라서 언론에 대한 이념적 접근과 판단 이전에 실제로 신문과 방송이 CSR을 어떻게 보도하고 논평해왔는지를 구체적 지면과 화면 분석을 통해 실증적으로 접근할 필요가 있다. 가장 바람직한 방법은 기업의 사회적 책임에 대한 보도와 논평을 모두 찾아 텍스트를 분석하는 것이겠지만 그렇게 하기엔 물리적 제약이 따를 수밖에 없다.

기업의 사회적 책임과 관련해 핵심 의제를 중심으로 언론보도를 분석할 때, 가장 주목할 개념은 국제표준인 'ISO26000'이다. 국제표준화기구는 2010년 스위스 제네바의 국제회의센터(CICG)에서 롭 스틸 ISO 회장을 비롯해 각국 대표부 관계자들이 참석한 가운데 지침서(guidance) 발간 행사를 가졌다(고동수, 2011). 지침서는 7가지 핵심 주제 – 조직 거버넌스, 인권, 노동 관행, 환경, 공정운영 관행, 소비자 이슈, 지역사회 참여와 발전 – 에

이사를 맡고 있는 SK 최태원 회장의 사례가 본보기다. SK는 앞서 2003년 글로벌 분식회계 사건 이후 준법경영실을 설치하고 윤리경영 실천을 다짐했지만 2011년 최 회장은 회사공금 횡령 혐의로 다시 검찰 조사를 받았고 끝내 구속됐다. UNGC는 기업의 지속 가능 경영을 위해 인권·노동·환경·반부패의 4대 원칙 준수를 추구한다. 전 세계 100여 개 국가의 수천여 회원들로 이루어져 있다. 하지만 한국의 회원사는 아직 200개에도 못 미친다.

대한 실행 지침과 쟁점 해설, 권고 사항들을 담고 있다(ISO, 2010).

바로 그 국제표준, CSR에 대한 7가지 핵심 의제를 한국의 기업들이 어떻게 받아들였는지, 언론은 어떻게 보도했는지 신문 지면과 방송 뉴스를 통해 실증적으로 분석할 필요가 있다. 분석에 적용한 이론은 의제 설정(agenda setting)과 틀짓기(framing) 이론이다.

의제설정이론과 틀짓기 이론은 언론보도가 현실 반영이 아니라 현실을 구성하는 것이라는 전제를 공유하고 있다. 언론이 현실을 거울처럼 객관적으로 비춰주지 않고 뉴스를 선택하거나 배제함으로써 사회적 현실을 구성할 때의 틀이 곧 프레임이다. 일찍이 언론의 질적 연구방법을 개척한 터크만은 뉴스가 프레임(틀)을 통해 특정한 주제나 조직 및 집단을 집중적으로 부각할 수 있다고 지적했다(Tuchman, 1978, 1쪽). 같은 맥락에서 베넷은 언론을 현실에 대한 윤곽을 형성해가는 적극적 '사회현실 규정자'로 보았다(Bennett, 1982, 287~308쪽). 하틀리(Hartley, 1982, 6~7쪽)도 어떤 사건의 원자료를 수용자가 친숙하게 수용할 수 있도록 인지 가능하게 변형시킨 산물이 뉴스라고 정의했다. 터크만이 프레임을 설명하며 강조했듯이 언론이 '특정한 주제나 조직 및 집단을 집중적으로 부각'할 때, 바로 그 부각된 것이 의제로 설정된다는 점에서 틀짓기 이론은 의제설정이론과 맞닿아 있다. 의제설정이론은 미디어가 집중하는 보도(미디어 의제, media agenda)들이 그 사회의 공중의제(public agenda)와 정책의제(policy agenda)를 결정하는 것으로 가정한다. 이때 미디어 의제는 신문과 방송의 내용 분석을 통해 검증한다(Rogers, 2004, 11쪽).[90]

---

[90] 의제설정이론의 시작은 월터 리프만(Walter Lippmann)의 '머릿속의 그림(the pictures in our heads)과 바깥세상'에서 착상됐으며 버나드 코헨(Bernard C. Cohen)의 명제, "언론은 사람들의 생각에는 별 영향을 끼치지 못할지 모르지만, 무엇에 대해 생각할 것인가에는 놀라울 정도로 성공적이다"에서 개념화하기 시작했다. 미국 커뮤니케이션 학자 도널드

두 이론을 근거로 신문과 방송의 보도와 논평을 실증적으로 분석해 규명할 연구문제는 다음 세 가지다.

연구문제 1. 한국의 신문과 방송들은 기업의 사회적 책임에 대한 국제 표준인 ISO26000을 어떻게 보도하고 논평했는가?

연구문제 2. 한국 대기업들은 실제로 ISO26000을 어느 정도 이행하고 있는가?

연구문제 3. 한국의 신문과 방송들은 ISO26000의 7가지 핵심 의제를 적절한 비중으로 보도하고 있는가?

연구문제 1을 풀기 위해 한국의 여론시장을 독과점하고 있는 세 신문사(조선일보, 동아일보, 중앙일보)와 세 방송사(KBS, MBC, SBS)의 보도와 논평에서 기업의 사회적 책임에 대한 국제표준인 'ISO26000'을 얼마나 비중 있게 보도했는지 의제설정이론으로 분석하고, 그들과 편집정책에 차이가 있는 신문(한겨레)을 실증적으로 비교해보았다. 연구문제 2에서는 한국을 대표는 기업들이 ISO26000을 얼마나 정확하게 인식하고 실행하고 있는지를 국내 매출액 1위와 2위인 삼성전자와 현대자동차가 스스로 낸 보고서들을 통해 조사하고 그 조사 결과가 언론보도와 어떤 연관성이 있는가를 추론했다.

이어 연구문제 3에서는 한국 언론이 ISO26000 보도 가운데 7가지 핵심 의제를 얼마나 적절하게 반영하고 있는지 비교 분석했다. 의제들에 대한

쇼(Donald Shaw)와 맥스웰 맥콤(Maxwell McCombs)이 1970년대 선거 캠페인과 관련한 의제를 연구하며 보편적인 연구방법으로 떠올랐다. 의제설정이론에 대한 상세한 서술은 Rogers(2004, 4~11쪽) 참고.

실증적 분석을 통해 우리는 기업의 사회적 책임을 바라보는 한국 언론의 틀(frame)이 무엇인지 또 그 함의는 무엇인지를 포착할 수 있다.

□ 한국 언론의 CSR 보도 분석

한국 정부는 국제표준으로서 ISO26000이 지닌 의미를 간과하진 않았다. 지식경제부 기술표준원과 한국표준협회는 '자가진단 체크리스트'를 내놓았다(표 20).

[표 20] ISO26000 이행 수준 자가진단 체크리스트

핵심 주제	쟁점	문항 수	문제번호
조직 거버넌스		5	Q1~Q5
소계		5문항	20점
인권	실사	7	Q6~Q12
	인권 위험상황	2	Q13~Q14
	공모회피	2	Q15~Q16
	고충처리	3	Q17~Q19
	차별과 취약그룹	3	Q20~Q22
	시민권과 정치적 권리	4	Q23~Q26
	경제, 사회 및 문화적 권리	2	Q27~Q28
	근로에서의 기본 원칙과 권리	6	Q29~Q34
소계		29문항	116점
노동 관행	고용과 고용관계	6	Q35~Q40
	근로조건과 사회적 보호	10	Q41~Q50
	사회적 대화	3	Q51~Q53
	근로에서의 보건과 안전	10	Q54~Q63
	근로에서의 인적 개발과 훈련	3	Q64~Q66
소계		32문항	116점

환경	오염 방지	10	Q67~Q76
	지속 가능한 자원 이용	11	Q77~Q87
	기후변화 완화와 적응	5	Q88~Q92
	자연보호, 생물 다양성 및 자연 서식지 복원	9	Q93~Q101
소계		35문항	140점
공정운영 관행	반부패	5	Q102~Q106
	책임 있는 정치 참여	2	Q107~Q108
	공정 경쟁	6	Q109~Q114
	영향권 내에서의 사회적 책임 촉진	3	Q115~Q117
	재산권 존중	3	Q118~Q120
소계		19문항	76점
소비자 이슈	공정 마케팅, 사실적이고 편파적이지 않은 정보와 계약 관행	7	Q127~Q127
	소비자의 보건과 안전 보호	5	Q128~Q132
	지속 가능 소비	1	Q133
	소비자 서비스, 지원 및 불만과 분쟁 해결	3	Q134~Q136
	소비자 데이터 보호와 프라이버시	4	Q137~Q140
	필수 서비스에 대한 접근	2	Q141~Q142
	교육과 인식	2	Q143~Q144
소계		24문항	96점
지역사회 참여와 발전	지역사회 참여	2	Q145~Q146
	교육과 문화	4	Q147~Q150
	고용 창출과 기능 개발	4	Q151~Q154
	기술 개발과 접근성	2	Q155~Q156
	부와 소득 창출	1	Q157
	보건	1	Q158
	사회적 투자	2	Q159~Q160
소계		16문항	64점
계: 160개 문항(640점). 문항별 4점 만점			

* 출처: 지식경제부 기술표준원, 한국표준협회.

정부가 ISO26000의 표준을 무시할 수 없을 만큼 국제적 파급력이 크다고 판단했다는 점, 국제표준에 근거해 구체적으로 진단 리스트를 내놓음으로써 ISO26000에 관한 인식을 확산하는 데 나섰다는 점을 평가하는 데 인색할 필요는 없다.

하지만 정부가 한 일은 체크리스트를 만든 수준에서 더는 한 걸음도 나아가지 않은 '책임 회피용'에 그쳤다. 정부 차원에서 노동 관행과 인권의 배점이 높은 자가 진단표를 내놓았지만, 실제 한국의 기업들에게 전혀 영향을 끼치지 못했고 그럴 의지도 보이지 않았다. 정부가 제시한 자가 진단표를 기업이 묵살하는 과정에서 우리는 흥미로운 사실을 발견할 수 있다. 한국 언론의 철저한 외면이 그것이다.

무엇보다 ISO26000에 대한 신문과 방송의 보도 자체가 양적으로 절대 부족이다. 이미 국제사회가 2001년부터 활발하게 논의했고 2010년 국제표준을 공식 발표했지만, 제정된 지 옹근 2주년을 맞은 2012년 11월 1일까지 신문 지면과 방송 뉴스에서 ISO26000과 관련한 보도는 지극히 적다.

신문과 방송의 ISO26000과 관련한 보도 검색은 한국언론진흥재단이 운영하는 기사통합관리시스템(KINDS)를 활용했다. 다만 조선일보와 중앙일보는 KINDS에 기사를 제공하지 않고 있기에, 두 신문의 인터넷사이트를 활용했다. 조사기간은 ISO26000 발표 2주년인 2012년 11월 1일까지로 설정했다. ISO26000이라는 개념이 2000년 전후에 나타났지만 조사 첫 시점은 그로부터 3년 전인 1997년 11월 1일부터 잡았다.

먼저 신문 시장에서 발행 부수 1, 2, 3위(전국 종합일간지 기준)인 조선일보, 중앙일보, 동아일보의 ISO26000과 관련한 지면을 검색하면, 보도량의 절대적 부족을 확인할 수 있다.

15년 동안의 지면을 조사한 결과, 조선일보의 신문 지면에 실린 기사('조선경제' 포함) 가운데 'ISO26000'이란 말이 들어간 기사는 겨우 24건에 지나지 않는다. [표 21]에서 나타나듯이 중앙일보 보도는 19건으로 더 없고, 상대적으로 많다고 하지만 동아일보도 32건에 지나지 않는다. 한겨레 61건과 비교하면 확실히 차이가 있다. 세 신문사가 ISO26000에 얼마나 소극적 보도를 해왔는지 단적으로 드러난다. 세 신문사와 한겨레 사이에 존재하는 지면 자체의 양적 차이를 감안하면 소극성은 더 두드러질 수밖에 없으며, 신문시장 점유율까지 고려하면 여론 형성의 문제점이 한층 심각해진다.

[표 21] 한국 신문의 ISO26000 보도 건수(1997년 11월 1일~2012년 11월 1일)

구분	조선일보	동아일보	중앙일보	한겨레
'ISO26000'이 들어간 기사	24	32	19	61

[표 22] 한국 방송의 ISO26000 보도 건수(1997년 11월 1일~2012년 11월 1일)

구분	한국방송	문화방송	서울방송
ISO26000 보도	5	2	0

공영방송도 예외는 아니다. 같은 기간에 지상파 방송 3사의 ISO26000 보도는 [표 22]가 보여주듯이 다 합쳐서 고작 7건에 지나지 않는다. 그나마 공영방송인 한국방송 5건, 문화방송 2건이다. 건설기업을 '모태'로 한 '민영방송'인 서울방송은 아예 기사가 없다.

결국 신문시장을 독과점한 세 신문사와 방송시장을 독과점한 세 방송사 모두 '기업의 사회적 책임'에 대한 국제표준(글로벌 스탠더드)을 소극적으로 보도하거나 아예 외면했다는 사실을 확인할 수 있다. 여기서 우리는 언론이 미디어 의제로 부각하지 않을 때 공중 의제로 설정될 수 없다는 의제설정이론의 기본 논리를 확인할 수 있다.

☐ 세계적 흐름에 뒤처진 한국 대기업

정부의 소극적 대응과 그마저도 외면해온 언론보도로 한국 사회 구성원들에게 ISO26000은 공중 의제로 설정되지 못했음은 물론, 낯선 개념이 되었다. 직접적 당사자인 한국 기업들이 실제로 ISO26000의 표준을 얼마나 이행하고 있는지 조사해보면 문제는 더 심각해진다.

한국을 대표하는 수출 대기업으로 2013년 3월 현재 매출액 1위와 2위인 삼성전자와 현대자동차는 각각 자신의 홈페이지에 기업의 사회적 책임과 관련된 활동을 적극 소개하고 있다. 홈페이지에 '전시'한 CSR 성과들은 홍보 또는 과시용이 대부분이라는 비판적 시선도 가능하지만, 바로 그렇기 때문에 그 기업이 얼마나 ISO26000의 국제표준을 이행하고 있는지 파악할 수 있는 최선의 1차 자료임에는 틀림없다.

삼성전자와 현대자동차는 각각 사회적 책임을 주제로 한 보고서를 내놓았다. 삼성전자의 CSR사무국(2012)이 정기적으로 발표하는 '지속가능경영보고서'는 '사회적 책임 실천 및 가치 창출' 제목 아래 "경제적 이익 창출이라는 기업 본연의 목표를 달성하는 동시에 양극화, 빈곤 및 기아 등 전지구적 문제를 해결하고 사회적으로도 긍정적 가치를 창출하기 위해 노력하고 있다"면서 "아동 및 청소년 교육 지원, 저소득층 의료 혜택 제공"을 강조한다(삼성전자 CSR사무국, 2012, 5쪽).

현대자동차 경영전략실(2012) 보고서도 지속가능 경영에 대한 의지와 성과를 투명하게 드러냄으로써 이해관계자가 현대자동차에 대해 균형적인 시각을 가질 수 있도록 했다고 자부한다. 보고서는 "사회책임 경영" 대목에서 현대자동차가 2008년에 사회책임 경영을 선포하고 '사회책임위원회'를 구성한 사실을 부각했다(현대자동차 경영전략실, 2012, 9쪽).

삼성전자와 현대자동차의 보고서는 두 기업이 '사회적 책임'을 얼마나 잘 수행하고 있는지를 과시하고 있다. 한국을 대표하는 두 대기업이 CSR에 관심과 정성을 쏟는다면 좋은 일이거니와, 세계적 기업으로 더 성장해나가기 위해 사회적 책임의 국제적 표준을 무시할 수 없다는 사실을 누구보다 명확하게 인식하고 있다는 증거로 판단할 수도 있다. 두 기업의 회장이 '신년사'에서 직접 사회적 책임을 강조하기도 했다.[91]

그러나 한국 기업인들의 연설이나 기업들이 적극적으로 발표하는 보고서, 홈페이지에 소개한 내용들을 국제표준인 ISO26000으로 꼼꼼히 분석하면 사뭇 다른 결과가 나온다. ISO26000은 [표 20]에도 나타나듯이 7개 핵심 주제별로 '기대 사항'을 명시했는데, 여기에는 "결사의 자유와 단체교섭권을 보장하고, 강제노동과 아동노동을 금지하여야 한다"(인권 조항)를 비롯해 "노동 조건을 국제노동기준 및 국내법에 따르는지 확인하여야 한다"가 포함돼 있다(황상규, 2011).

그런데 두 대기업이 '과시'하는 CSR 보고서와 관련 1차 자료들을 아무리 조사해도 ISO26000의 기대 사항을 충족하는 대목을 찾을 수 없다. 두 대기업이 국제표준을 사실상 외면하고 있다는 분석을 뒷받침할 객관적인

---

91 월간지 『이코노미플러스』는 2012년 2월호에서 "한국의 CSR-나눔 경영 대탐사" 제하의 기사에서 다음과 같이 쓰고 있다. "기업의 사회적 책임이 새해 벽두부터 '키워드'가 되고 있다. 이건희 삼성그룹 회장, 정몽구 현대차그룹 회장, 김승연 한화그룹 회장 등이 신년사 등을 통해 사회적 책임을 화두로 내걸었을 정도다. 기업의 사회적 책임은 더 이상 예외가 없음을 엿볼 수 있는 대목이다. 이건희 삼성그룹 회장은 지난 1월 2일 서울 장충동 신라호텔에서 열린 삼성그룹 신년 하례식에서 "삼성은 국민경제를 발전시키고 지속적인 성장의 토대를 마련하는 것이 주어진 책임이자 의무"라며 "국민기업으로서 사회적 책임을 다해야 한다"고 했다. 정몽구 회장도 이날 열린 현대차그룹 시무식에서 "현대차그룹은 국가경제와 사회 발전에 공헌하는 모범적인 기업이 되도록 최선의 노력을 다하겠다"고 했다. 김승연 회장도 지난 1월 1일 신년사를 통해 "단순한 물질적 나눔을 넘어서 지역사회의 동반 성장과 균형 발전에 기여하는 나눔의 리더가 되어야 한다"고 했다. 재벌 총수들이 사회적 책임을 강조하며 앞다퉈 나서고 있는 모양새다." 하지만 이 기사가 나온 바로 그 해 8월에 한화그룹 김승연 회장은 배임 혐의로 법정 구속됐다.

보고서도 이미 나와 있다. SR코리아(2012)가 두 대기업을 비롯한 35개 기업에 대해 ISO26000 이행 수준을 상세하게 분석해 내놓은 보고서가 그것이다.

SR코리아가 학술단체는 아니지만, CSR 전문기관으로 보고서를 발표하기까지 ISO26000 이행과 관련된 모든 자료들을 종합하고 분석했기 때문에 충분히 신뢰할 수 있다. 무엇보다 세세한 내용까지 모두 공개해놓고 있기 때문에 당사자인 기업들로서도 언제든지 반론이 가능하고 전문가들도 직접 검증할 수 있다.

보고서는 국내 35개 대기업의 사회책임 수준을 평균 "B(양호)" 등급으로 평가했다. AA(초우수)와 A(우수) 등급은 없다. BB(우량) 등급 12개, B(양호) 등급 9개, CC(보통) 등급 8개, C(개선) 등급 6개다. 문제는 국내 매출액 순위 1, 2위 기업으로 국민 경제에 큰 비중을 차지하고 있는 삼성전자, 현대자동차는 물론, 3위인 한국전력까지 모두 등급이 낮다는 데 있다. 실제로 두 대표적 기업만이 아니라 주요 기업들의 홈페이지를 조사해보면 여러 부문에서 ISO26000 국제표준에 크게 부족한 사실을 확인할 수 있다.

[표 23]에서 볼 수 있듯이 삼성전자는 무노조 방침 철회, 노동 기본권 보장, 산업재해·직업병 대책, 순환출자 구조개선, 부패 방지와 같은 개선 과제들이 산적해 있다. SR코리아의 분석 보고서와 삼성전자의 지속가능 경영보고서가 모두 2012년에 나왔지만 큰 차이를 보이고 있는 것이다.[92]

SR코리아 보고서가 개선해야 할 과제로 지적한 무노조 방침 철회, 노동 기본권 보장, 산업재해·직업병 대책, 순환출자 구조개선, 부패 방지와 같은 의제들에 대해 삼성전자의 보고서는 아예 언급조차 하지 않고 있다. 다

---

92 그럼에도 한국 대기업들은 자화자찬만 늘어놓는다. 가령 삼성전자는 외부 검증을 받았다며 평가 점수가 A+라고 공언했다(삼성전자 CSR사무국, 2012, 127쪽). 객관적 사실과 다른 주관적 평가는 상황이 나아지는 데 큰 걸림돌일 수밖에 없다.

[표 23] 국내 주요 기업의 ISO26000 이행 수준 평가와 개선 과제

	기업	지배구조	인권	노동	환경	공정	소비자	지역사회	ISO26000 개선 과제
1	삼성전자	C	B	D	C	C	C	A	무노조 방침 철회, 노동기본권 보장 산업재해 직업병 대책 순환출자 구조 개선 및 부패 방지
2	현대자동차	C	B	C	A	C	C	B	사내하청 등 비정규직 문제 배임, 횡령, 비자금 등 부패 방지 소비자 안전과 제품 리콜 문제
3	한국전력 공사	B	B	C	D	C	B	B	에너지, 온실가스 저감 노력 필요 발전소 입지 및 송전선로 문제 납품, 하도급 비리 근절
4	SK에너지	C	A	B	C	D	C	A	에너지, 온실가스 저감 노력 필요 정유사 간 불공정 담합 행위 근절 순환출자 구조 개선 및 부패 방지
5	LG전자	B	A	C	B	B	B	B	비정규직 문제 폐가전제품 재활용 책임 강화
6	포스코	A	A	D	C	B	A	A	에너지, 온실가스 저감 노력 필요 인도 오리사주 제철소 환경문제
7	GS칼텍스	B	C	D	C	C	D	B	에너지, 온실가스 저감 노력 필요 정유사 간 불공정 담합 행위 근절
8	기아자동차	C	B	B	A	C	B	C	소비자 안전과 제품 리콜 문제 순환출자 구조 개선 및 부패 방지
9	S-Oil	A	A	B	D	C	C	B	에너지, 온실가스 저감 노력 필요 정유사 간 불공정 담합 행위 근절
10	현대중공업	B	A	C	C	C	A	B	비정규직 문제 해결 산업재해 직업병 대책

* 출처: SR코리아 보고서(2012)를 원본으로 연구자가 재구성.

만 보고서(삼성전자 CSR사무국, 2012, 56쪽)의 '노동 및 인권' 항목에서 "노사 관계는 임직원과 회사가 서로 협조하며 공동 발전을 추구하는 상생상화의 관계가 되어야 한다는 기본 원칙에 따라 해외 사업장에서 노사협의회를 운영"한다고 주장할 뿐이다. 비단 삼성전자에 국한된 문제는 아니다. SR코리아는 ISO26000에 근거해 현대자동차의 사내하청 비정규직 문제, 배임·횡령·비자금 조성과 같은 부패 방지를 개선 과제로 제기하고 있지만, 현대자동차 보고서는 이에 대해 언급조차 없다.

한국을 대표하는 두 기업, 삼성전자와 현대자동차가 '기업의 사회적 책임'에 쏟는 '정성'과 홍보는 객관적인 평가 보고서와 '캐즘'(chasm, 균열)이라 불릴 만큼 큰 차이가 있다. 대기업들로서는 ISO26000이 인증 아닌 검증체제로 시작되었기에 강제성이 없으므로 영향력이 크지 않으리라 판단할 수 있고 따라서 그 이행에도 소홀할 수 있다. 하지만 그것은 급변하는 21세기 기업환경에서 잠재적 위험을 외면하는 단견이며 효율적 대처방안도 아니다. 이미 세계경제의 장기 침체 국면에서 기업들의 경영 환경에 위험 요인이 높아지고 있기 때문만은 아니다.

오스트리아 빈대학 교수로 표준화 작업을 주도한 마르틴 노이라이터(Martin Neureiter)가 밝혔듯이 ISO26000은 3년마다 내용을 보완한다. 노이라이터는 앞으로 ISO26000이 사회책임 경영을 인증할 표준을 제시하게 될 것으로 전망했다. 이미 유럽에선 ISO26000 인증을 자발적으로 취득함으로써 소비자와 수출입 국가에 적극 다가가는 기업이 늘어나고 있다(곽정수, 2011b). 정부 차원의 움직임도 활발하다. ISO26000이 출범한 뒤 유럽 여러 나라들은 자국 기업을 위해 '가이드라인'을 만들었고, 사회책임을 제대로 이행하는 기업에만 투자하는 사회책임투자(SRI)도 빠르게 성장하고 있다. ISO26000이 유효한 수단이 되고 있다는 증거다. 오스트리아·덴마크·스페인·포르투갈과 같은 유럽 국가들은 물론, 한국 대기업들이 적극 진출하고 있는 브라질, 멕시코를 비롯해 중남미의 여러 국가가 ISO26000을 근거로 기업의 사회책임에 관한 별도의 '국가표준'을 만들고 있다.[93]

유럽과 비교하면 미국은 기업의 생존과 이윤 창출이라는 틀(프레임)에 갇혀서 총체적인 사회적 책임을 거론하기보다 실리적 활동에 초점을 맞춘다는 점에서 한계가 있다(Cooper, 2004). 그럼에도 미국에서 CSR이 확산되고 있는 것은 주목할 흐름이다.[94]

이미 '세계의 공장'으로 자리를 굳힌 중국은 처음에 반대했지만 찬성으로 돌아선 뒤 정부가 빠른 속도로 추동해나가고 있다. 중국 경제가 저가품으로 성장하는 것은 한계에 부닥쳤고 더 발전하려면 고부가가치 제품 생산으로 전환해야 한다는 전략적 판단과 맞닿아 있다. 저가품인 경우는 사회책임 이행 여부가 큰 문제가 되지 않았지만 고가 제품을 사는 유럽과 미국의 소비자들은 다르다는 사실을 간파했기 때문이다. 중국 정부는 좋은 품질 외에도 기업이 제품 생산 과정에서 사회책임을 제대로 이행하도록 요구하고 있다. 일본은 처음부터 긍정적으로 받아들이며 전 산업계가 유럽과 마찬가지로 ISO26000에 공감했다.[95]

문제는 한·중·일 동아시아 3국 가운데 한국, 특히 대기업들의 둔감과 소통 부재이다. 대기업의 사회적 영향력이 크기 때문에 CSR의 국제표준

---

93 ISO26000이 법으로 사회책임을 강제하는 것이 아니라 자발적으로 이행하도록 하는 일종의 권고나 제안의 성격을 지니고 있지만, 국가표준은 자국 기업의 사회책임 이행에 관한 통일된 행동강령을 제시함으로써 사실상 사회책임을 강제한다(곽정수, 2011b).

94 미국을 대표하는 기업 가운데 하나인 GE는 과거에 허드슨 강에 폐기물을 버렸고, 월마트는 저임금과 노조 불인정으로 악명이 높았지만 두 기업은 2005년에 각각 '사회책임 우량 기업'으로 변신했다. GE는 최고경영자가 직접 발의한 에코메지네이션(ecomagination)이라는 개념을 통해 기업경영의 전환을 이루었다(안영도, 2011, 87쪽).

95 일본 경제단체연합회(경단련)의 행보는 한국의 전경련과 대조적이다. 일본 경단련은 ISO26000의 발효 이후 '기업 행동 헌장'을 ISO26000에 맞추어 개정하고 개정된 헌장을 기업이 활용할 것을 촉구하고 나섰다(한겨레 2012년 7월 3일자).

을 '강제'할 수 있는 것은 노이라이터도 지적했듯이 소비자들일 수밖에 없다. 그런데 소비자, 곧 국민 대다수가 아예 그 문제에 대해서 생각하지도 못하게 언론이 보도하고 있다. 의제설정이론의 핵심인, 코헨(Cohen, 1993)의 명제, 곧 "언론은 사람들의 생각(what to think)에는 별 영향을 끼치지 못할지 모르지만, 무엇에 대해 생각할 것인가(what to think about)에는 놀라울 정도로 성공적이다"가 관철되고 있다. 그것은 단순히 양적 보도의 문제로 그치지 않는다. 한국 언론의 의제 설정에 나타나는 문제점은 내용 분석에서 더 심각하게 드러난다.

☐ 언론의 외면과 기업의 무관심

삼성전자 및 현대자동차의 SR 관련 보고서와 SR코리아 보고서 사이에 나타나는 깊은 균열은 단순히 시각 차이로 볼 문제가 아니다. ISO26000 이행 여부에 대해 SR코리아가 엄밀한 분석과 근거를 제시하고 있어서만은 아니다. 이미 외국계 기관투자가들이 한국 기업의 노동환경을 문제 삼으며 문제를 제기하고 나섰다.

대표적 보기로 삼성전자에서 일하다가 희귀병으로 숨진 노동자들의 산재 처리 논란과 관련한 움직임을 들 수 있다. 유럽과 미국의 기관투자가들이 삼성이 산재 처리를 외면한 사실과 관련해 진상 규명을 요구하고 나섰다. 세계 3대 기금 운용사로 꼽히는 네덜란드 'APG자산운용'을 포함한 8곳의 기관투자가들(총 운용자산 470조 원)[96]은 2010년 5월 21일 삼성전자

---

96 모두 '유엔 책임투자원칙(PRI · Principles for Responsible Investment)'에 서명한 투자기관

사장에게 보낸 '삼성전자의 노동환경 안전정책과 실행에 관한 리뷰'라는 제목의 질의서에서 "우리는 투자를 대행하는 기관으로서 우리가 투자하는 회사의 환경친화, 사회책임, 지배구조 건전성에 관해 주의 깊게 검토해야 할 의무가 있다"며 "삼성전자 출신 노동자들이 제기한 노동자의 건강과 작업환경의 안전성 문제에 대해 심각한 의혹을 표명한다"고 밝혔다.[97]

한국 주요 기업, 특히 매출액 1, 2위 기업의 ISO26000 이행 수준이 우

들이다. 코피 아난 당시 유엔 사무총장의 주도로 만들어져 2006년 4월 발표된 유엔 책임투자원칙은 환경친화, 사회책임, 지배구조 건전성 문제를 투자 의사 결정 때 적극적으로 반영하는 것을 뼈대로 한다. 현재 전 세계 투자 자본의 15% 이상을 운용하는 700여 개 투자기관이 동참하고 있다. 삼성전자에 대한 공동 질의에 참여한 기관투자가들은 총 6가지 질문을 던졌다. 우선 2010년 4월 15일 삼성전자 반도체사업부 메모리담당 조수인 사장이 백혈병 산재에 대해 "제3의 컨소시엄을 구성해 역학조사를 하겠다"고 말한 것과 관련해 △언제부터 계획을 이행할 것인지 △조사 결과를 어떻게 다룰 것인지 △조사 결과를 투자자들과 언론에 어느 수준까지 공개할 것인지를 물었다. 또한 투자자들은 △현재 투병 중인 사실이 알려진 전직 노동자들을 위한 의료적 지원 등 대책이 있는지 △노동자들에게 적절한 교육이 이뤄지고 있는지 △전체적인 작업장 안전 관리가 효과적으로 이뤄지는지 등에 대한 답변도 요구했다. 삼성반도체 백혈병 산재 논란은 지난 2007년 삼성전자 반도체 기흥공장에서 일하던 황유미(23)가 급성골수성 백혈병에 걸려 사망하면서 시작됐다. '세계시민'들의 연대 활동도 활발하다. 미국 텍사스 주 오스틴 시의 삼성전자 반도체 공장 정문 앞에서는 집회가 열렸다. '전미통신노동자회'(CWA), '책임 있는 기술을 위한 국제 캠페인'(ICRT) 등 미국 내 시민·사회·노동 단체들이 모여 삼성전자 반도체 공장 노동자들의 죽음을 알리고 회사 쪽의 책임 있는 진상 규명을 요구 했다. 앞서 2010년 4월 28일 '세계 산업재해 사망 노동자 추모의 날'에는 전 세계 62개 단체가 삼성반도체 백혈병 문제에 대해 공동성명을 발표한 바 있다(한겨레21 제812호 2010년 5월 27일).

97 한국 기업이 '사회적 책임' 때문에 피해를 본 사례들은 이미 여러 곳에서 나타나고 있다. ① 2012년 해외 프로젝트 수주를 앞둔 대기업 ㄱ사. 해외 거래처가 사회적 책임(SR)에 대한 국제표준인 ISO26000 적용성과에 대한 보고서를 요청했다. ㄱ사 관계자는 "세계 각국의 프로젝트를 진행하면서 기술력을 검증받았는데 ISO26000 이행내용까지 제공해야 하느냐"며 반문했다. 그러자 해외 거래처는 ㄱ사가 "사회적 책임을 지지 않는 기업"이라며 거래를 중단했다. ② 유럽에 전자제품을 수출하는 ㄴ사는 유럽 전역에서 대규모 불매운동 상황에 직면했다. ㄴ사에 부품을 공급하는 제3세계 국가의 협력업체가 열악한 노동환경과 공해를 유발한다며 유럽의 시민단체들이 거래처를 바꿀 것을 요구한 것이다(경향신문 2010년 1월 28일).

수하지 못한 것은 비단 그 기업의 문제로 그치지 않는다. 수출입 의존도가 큰 한국 경제에서 대기업들의 미래는 국민경제와 직결될 가능성이 높다. 삼성전자의 수출액은 2011년 650억 달러를 넘어 대한민국 전체 수출액의 16.5%를 차지할 정도다(아시아경제 2012년 9월 10일).

그렇다면 글로벌기업의 대열에 합류했음을 자부하고 있는 삼성전자와 현대자동차의 CSR보고서는 글로벌 표준인 ISO26000이 명문화한 인권과 노동의 문제점을 외면한 채 어떻게 '자화자찬'만 늘어놓을 수 있을까.

우리는 그 소통 부재의 중요한 원인을 신문과 방송 보도에서 찾을 수 있다. 한국 신문들이 'ISO26000'을 보도한 기사 가운데 'ISO26000'과 '노동'이라는 말을 함께 언급한 기사는 [표 24]에서 나타나듯이 절반 수준이다. ISO26000의 핵심인 7개 의제 가운데 '노동'이 엄연히 들어가 있는데도 그렇다. 그 말은 ISO26000을 보도할 때 개념상 '노동'이라는 말이 자연스럽게 따라올 수밖에 없음을 뜻하는 동시에, 한국 언론이 ISO26000의 핵심 의제들을 온전히 보도하지 않고 있음을 의미한다.

[표 24] 한국 신문의 ISO26000 보도 건수(1997년 11월 1일~2012년 11월 1일)

구분	조선일보	동아일보	중앙일보	한겨레
ISO026000 보도	24	32	19	61
ISO026000 & 노동 보도	12	16	14	35
비율(%)	50.0	50.0	73.7	57.4

중앙일보가 'ISO26000'과 '노동'을 함께 언급한 기사의 비율이 높은 것은 사실 보도에 충실했다고 평가할 수 있다. 하지만 보도 자체(19건)는 가장 적고, 한겨레 보도(61건)와 비교할 때 큰 차이가 난다는 점에서 한계는 또렷하다.

노동이 그 자체로 ISO26000의 핵심 의제 가운데 하나이기에 [표 24]에 나타난 'ISO26000'과 '노동'을 함께 언급한 기사들의 비율만으로는 그 기사가 어떤 의제를 설정했는지 '편집 경향'을 파악하기 어렵다.

하지만 '노동조합'이라는 말로 검색하면 기사가 설정하는 의제를 확실히 가늠할 수 있다. [표 20]과 그것이 근거한 ISO의 공식문서에 나타나듯이 ISO26000은 '인권' 가운데 '시민권과 정치적 권리'는 물론 '경제, 사회 및 문화적 권리'에 이어 '노동에서의 기본 원칙과 권리'(fundamental principles and rights at work)를 주요 표준으로 삼고 있다(ISO, 2010). 노동기본권에 '단체결성권'으로 불리는 노동조합을 결성할 권리가 들어가는 것은 민주주의 사회에서 상식이다. 더구나 '노동 관행' 의제에선 '고용과 고용관계'뿐만 아니라 '노동조건과 사회적 보호'나 '사회적 대화', '노동에서의 보건과 안전'이 두루 포함돼 있다.

삼성전자가 노동조합을 결성할 헌법적 권리를 원천적으로 가로막는 행태나 희귀병에 걸린 반도체 노동자들에 대한 산재 보험처리 여부를 놓고 사회적 갈등을 불러일으키는 사안[98], 현대자동차가 대법원 판결 이후에도 '불법파견' 시정에 늑장을 부리고 있는 사안들은 ISO26000에 대한 정면 위반으로, 언론사의 편집 경향을 떠나 신문과 방송이 마땅히 다루고 공론화에 적극 나서야 할 의제이다.

한국 언론의 문제점은 앞서 [표 21]과 [표 22]에서 보았듯이 ISO26000 보도의 양이 절대적으로 부족하다는 데만 있지 않다. [표 24]처럼 한국 신

---

98 2012년 3월까지 '반올림(반도체 노동자의 건강과 인권 지킴이)'에 제보된 반도체 전자산업 직업병 피해자 수는 155명, 그 가운데 이미 사망한 사람은 62명. 삼성전자, 삼성전기, 삼성SDI 등 삼성에서 일하다 직업병을 얻은 이는 138명에 이른다. 하지만 삼성은 이들의 병이 회사와 아무 관계가 없는 개인 질병이라고 주장한다. 근로복지공단 역시 직업병 피해자들의 산업재해 승인을 하지 않고 있다가 2012년 4월 10일 처음으로 반도체공장 직업병에 대해 산재 승인을 했다(김수박·김성희, 2012; 박일환, 2010).

문의 'ISO26000과 노동' 보도 비율만의 문제도 아니다. 더 심각한 문제는 'ISO 26000'을 이행하기 위해 한국의 대기업들이 직면한 의제인 '노동조합'과 관련한 보도 비율이다.

[표 25] 한국 신문의 'ISO26000과 노동조합' 보도 건수(1997년 11월 1일~2012년 11월 1일)

구분	조선일보	동아일보	중앙일보	한겨레
ISO26000 보도	24	32	19	61
ISO26000 & 노동 보도	12	16	14	35
노동 보도비율(%)	50.0	50.0	73.7	57.4
ISO26000 & 노동조합 보도	3	2	0	28
노동조합 보도비율(%)	12.5	6.3	0	45.9

[표 25]에 나타나듯이 'ISO26000'을 다룬 보도에서 '노동조합'(또는 '노조'로 검색)을 거론한 기사의 비율은 극도로 적다. 조선일보는 물론이고 'ISO26000'을 보도할 때 '노동'이라는 단어를 함께 쓴 비율이 높았던 중앙일보도 노동조합과 관련해서는 이례적으로 단 한 건도 없다. 중앙일보와 삼성의 '특수한 관계'[99] 때문에 빚어진 현상이라는 분석이 가능하다. 그나마 한겨레가 28건으로 ISO26000 보도에서 노동조합의 문제를 함께 언급했지만 국제표준이 2010년에 발표된 사실을 감안하면 부족하다. 물론, 부족하다고 해서 조선일보, 동아일보, 중앙일보의 보도와 비교할 때 또렷이 드러나는 차이까지 굳이 간과할 필요는 없다.

---

99 여기서 중앙일보와 삼성을 '특수한 관계'로 설명한 이유는 중앙일보가 공식적으로는 삼성으로부터 독립했다고 주장하지만, 삼성의 법무팀장이었던 김용철은 중앙일보 홍석현 회장의 주식은 실제로 이건희의 소유라고 밝혔기 때문이다. 김용철의 증언 이전에 중앙일보와 삼성의 관계가 밀접하다는 걸 입증할 수 있는 기사들의 사례는 수없이 많다.

노동조합을 언급한 조선일보와 동아일보의 기사도 노동 쪽에 방점을 두거나 노조의 필요성을 적극 제기하고 있는 것은 아니기에 ISO26000 보도가 편향적이라고 단정하는 데 아무런 문제가 없다. 헌법에 보장된 노동자의 단결권조차 부정하는 삼성을 비롯한 한국 기업의 사회적 책임 문제를 조명하는 데 신문 보도가 크게 부족한 것은 더 말할 나위 없다.

방송의 경우는 더 심각하다. [표 22]에서 살펴보았듯이 지상파 방송 3사의 ISO26000 보도는 지금까지 고작 7건에 지나지 않았다. 그 가운데 '노동'을 함께 언급한 기사는 1건으로 예외적 현상이라 판단할 수밖에 없다. [표 26]에서 볼 수 있듯이 한국방송의 기사 5건 가운데 1건이며 문화방송은 없다. 서울방송은 아예 ISO26000 보도가 없기 때문에 분석의 대상이 될 수 없다. 지상파 방송을 모두 합쳐 ISO26000과 '노동'을 함께 언급한 보도는 지금까지 오직 1건인데 그나마 메인뉴스 시간이 아니라 시사 프로그램('KBS 시사기획 창')에서 다뤘다는 사실은 현대사회에서 방송의 대중적 파급력에 비추어 놀라운 사실이다.

[표 26] 한국 방송의 'ISO26000과 노동조합 보도 건수(1997년 11월 1일~2012년 11월 1일)

구분	ISO26000	ISO26000 & 노동	비율(%)	ISO26000 & 노동조합	비율(%)
한국방송	5	1	20	1	20
문화방송	2	0	0	0	0
서울방송	0	0	0	0	0

결국 한국의 여론시장을 주도하는 3개 신문과 3개 방송은 기업의 사회적 책임에 대한 국제표준인 ISO26000을 특정한 틀로 보도해왔다는 결론을 도출할 수 있다. 7가지 핵심 주제를 중심으로 보도하는 게 아니라 7개

부문 어디서도 중요하게 제시되지 않은 '기부'나 '사회공헌 활동'과 같은 지극히 좁고 낡은 프레임으로 CSR을 보도하고 논평해온 사실이 입증됐다.

따라서 한국의 신문과 방송은 기업의 사회적 책임을 평가하는 국제표준에 대해 의도적이든 아니든 개념 파악조차 제대로 하지 못하고 있다고 해도 지나친 비판이 아니다. 사회 구성원들로 하여금 기업의 사회적 책임과 관련해 인권과 노동을 아예 생각도 못 하게 만들고 있다는 점에서 의제설정이론이 정확하게 맞아떨어지고 있다.

□ 진정한 '글로벌 스탠더드'를 위하여

지금까지 의제설정이론과 틀짓기 이론에 근거해 한국의 대기업들과 언론들이 CSR의 국제표준을 어떻게 받아들여 이행하고 있으며, 어떻게 보도하고 논평했는지 각각 기업 보고서와 언론보도를 통해 실증적으로 분석했다.

연구문제 1에서 한국 언론이 신자유주의를 언제나 '글로벌 스탠더드'로 강변(손석춘, 2009)해오면서도 정작 CSR의 글로벌 스탠더드인 ISO26000에 대해선 의제화에 소홀하거나 외면했음을 분석했다. 한국의 여론시장을 독과점하고 있는 세 신문사와 세 방송사는 무엇보다 양적 보도에서 크게 부족했다. 그 결과 CSR의 국제표준이 미디어 의제는 물론, 공중 의제와 정책 의제로 설정되지 못했다.

연구문제 2에서 한국의 기업인들과 기업들은 CSR을 스스로 강조하면서도 국제표준과는 거리가 있는 '기부'나 '사회공헌활동'에 관심을 쏟을 뿐 실제 ISO26000의 의제에 전혀 충실하지 못하고 있음을 밝혔다.

연구문제 3에서는 한국 언론의 ISO26000 관련 보도에 양적 문제만 아니라 질적 문제점이 심각하다는 사실을 드러냈다. 7가지 핵심 의제를 적절한 비중으로 보도하지 않고 있으며, 노동이나 인권과 관련한 적극적 보도는 3개 신문사의 지면과 3개 방송사의 뉴스를 통틀어 사실상 없었다.

세 가지 연구문제 탐구를 통해 우리는 한국 언론이 보수·진보라는 '편집 경향'의 문제로 정당화하기 어려울 만큼, 언론으로서 마땅히 공론화해야 할 의제를 외면함으로써 기업의 사회적 책임과 관련한 담론을 특정 틀에 가두었다는 결론을 도출할 수 있었다.

이러한 연구 결과는 큰 우려를 자아낸다. 한국의 대기업들이 앞으로도 '기업의 사회적 책임'과 그 국제적 표준에 대해 둔감할 가능성이 높고, 그것이 그 기업은 물론 한국 경제에 짙은 그림자를 드리울 수 있기 때문이다. 논문에서 분석했듯이 유럽, 미국, 일본의 기업인들이 실행하고 있는 사회적 책임 수준에 견주어 한국 기업인들과 기업들의 그것은 지나치게 낮다. 국제표준화기구의 ISO26000 기업부문 이행 총괄책임자로 일한 마틴 노이라이터가 한국 언론과의 인터뷰에서 "지금 유럽의 소비자들은 삼성의 '무노조'를 제대로 모르고 있다. 실태를 아는 순간 NGO 또는 언론이 유럽의 소매상들에게 삼성 제품을 팔지 못하도록, 소비자에겐 사지 못하도록 압력을 가할 수 있다. ISO26000 제정과 시행을 계기로 노동권 보호를 포함한 사회책임 전반에 대한 관심과 감시가 제고될 것이다. '무노조'는 문제가 될 것"이라며, 삼성이 세계시장에서 계속 물건을 팔고 싶다면 노동조합을 허용해야 한다고 경고한 발언은 그냥 넘길 일이 아니다(경향신문 2009년 9월 3일; 한겨레21 제847호 2011년 2월 11일). 현실적으로 한국 경제는 '수출주도형'이기에 문제는 더 심각하다.[100]

---

100 실제로 ISO26000을 비롯한 기업의 사회적 책임 또는 지속가능 경영이 거론되면서 삼

21세기 지구촌에서 기업의 사회적 책임은 누구도 거역할 수 없는 큰 흐름을 형성하고 있다.[101] 더구나 사회적 네트워크 서비스(SNS)가 지구촌에 폭넓게 퍼져 있는 시대에서 한국의 수출 대기업들이 국제표준을 제대로 이행하지 못할 때 언제 '치명상'을 입을지 모르고, 그것은 해당 대기업만이 아니라 한국 경제와 구성원들의 삶에 큰 타격을 줄 수 있다. 언론의 의제 설정이 중요한 이유가 여기 있다.

이 글의 제언은 다음 세 가지로 요약할 수 있다. 첫째, 지금부터라도 한국 언론이 ISO26000의 7가지 핵심 주제를 의제로 설정하는 데 적극 나서고, 대기업들이 이행해나가는 선순환을 이뤄야 한다. 연구 결과에서 확연하게 드러났듯이 작금의 한국 언론과 기업들은 소통 부재로 인한 악순환을 벗어나지 못하고 있다. 한국 언론은 국제표준기구가 제시한 ISO26000이 21세기 지구촌에서 기업 활동을 할 때 더는 외면할 수 없는 조건임을 직

성·LG전자에는 유럽이나 선진국 시민단체의 압력이 끊어지지 않고 있다. 지금까지는 인권 탄압국이나 부도덕한 기업으로부터는 부품을 공급받지 말라는 주문이 대부분이었다. 마이크로소프트나 필립스 같은 글로벌 기업들은 전 세계 협력업체에 '사회적 책임'을 지키지 않으면 공급 계약을 취소하고 있다. 선진국들은 ISO26000이 강제 규정은 아니지만 준수 여부를 투자나 제품 구매 때 가이드라인으로 활용할 가능성이 크다. 사회적 책임에 인색한 기업은 수출길이 막히는 비관세 장벽에 직면할 가능성이 크다(경향신문 2010년 1월 28일자).

101 CSR 국제표준화의 시작이 당시 유럽에서 논의되고 있던 지속가능 개발 담론을 담은 유럽식 CSR의 국제적 확산이라는 국제정치학적 의도가 담겨 있다는 분석이 있다. ISO26000뿐만 아니라 유럽이 ISO, IEC, ITU와 같은 주로 공적 표준화를 다루는 표준화 기구에서 하나의 목소리(초국주의)로 여러 개의 투표권을 행사하고 있기에 제기된 비판이다. 하지만 이런 정치적 비판에 대해 이진랑(2012)은 사회학적 측면에서 유럽은 하나의 체계가 아니며 그 안에는 다양한 이해관계가 힘의 역학 관계에 의해 최종 목소리로 나온다고 보는 게 옳기에 ISO26000 선정 과정을 유럽의 패권주의가 관철되는 것으로 파악하는 분석은 현실을 제대로 인식하지 못한 비판이라고 반비판한다. 다만 시민사회의 역량이 상대적으로 강한 유럽이 국제 커뮤니케이션에서 사회적으로 더 높은 수준의 표준을 요구하는 것이라고 풀이한다.

시해야 한다. 기업경영자들도 최소한 ISO26000 이행이 훌륭한 경쟁력을 확보하기 위한 능동적인 전략임을 인식할 필요가 있다(유엔 글로벌컴팩트, 2012).

둘째, 기업의 사회적 책임을 연구하거나 논의할 때, 기업경영의 전략이나 노동운동의 전략이라는 프레임을 넘어서야 한다. 기업경영의 프레임은 CSR에서 노동 의제를 외면할 경우에 기업의 존립조차 위기에 몰릴 수 있다는 점을 간과하고 있으며, 노동운동의 전략적 프레임은 CSR에서 노동조합의 의제만이 아니라 '재벌 개혁'이나 '경제 민주화'와 같은 공적 의제를 다룰 수 있다는 점을 간과하고 있기 때문이다. 바로 그 지점에서 공공성 재구성의 관점이 제시하는 '시장 공공성'(조대엽, 2007)의 차원도 넘어설 수 있다.

마지막으로 앞서 살펴보았듯이 한국 언론과 기업이 스스로 ISO26000를 의제로 설정해 갈 가능성은 적기 때문에 시민사회가 그것을 압박해나가야 한다. 시민운동과 노동운동의 연대로 '기업사회'를 바꿔나가는 데 글로벌 스탠더드인 ISO26000은 '고리'가 될 수 있다.

2010년대 들어서면서 '경제 민주화'가 시대적 과제로 떠오르며(손석춘·유종일, 2012), 공적 의제가 되었기에, 시민운동과 노동운동이 소통하고 연대해나갈 객관적 조건은 과거와 견주어 성숙했다. 한국의 대기업과 언론이 CSR의 국제표준인 ISO26000 보도를 사실상 무시하고 있는 소통 부재의 현실을 그들 탓으로만 돌리며 방관할 수 없는 일이기에 더욱 그렇다. 시민사회와 노동운동 진영에서 그동안 CSR과 그 국제표준인 ISO26000을 의제로 설정하기 위해 얼마나 활동해왔는가도 중요하게 짚어야 할 문제다. 다만 이 글에서는 일차적 책임이 있는 대기업과 언론으로 연구 대상을 좁혔다. 이 글의 한계이기도 하다.

ISO26000은 아직 미완이다. 국제표준기구가 예고했듯이 3년마다 보완해나갈 예정이다. 기업의 사회적 책임과 그 국제표준에 대한 학문적 탐구는 경제 민주화를 구현하고 '기업에 의한 사회의 식민화'를 실사구시로 벗어나는 과정에서 결정적이진 않더라도 유용한 '실천적 무기'가 될 수 있다.[102]

---

102 이 글은 제목 그대로 비판사회학회의 『경제와 사회』 99호(2013년)에 실렸다.

7장

도구적 지식과
지식인의 도구화

☐ "대학은 죽었다!"

대학의 죽음, 학문의 죽음을 진단하는 담론이 퍼져가고 있다. 2013년 12월 '안녕들 하십니까' 묻는 고려대 재학생(경영대) 주현우의 대자보에 공감하는 대학생들은 바로 그 학교 그 학과를 2010년에 자퇴한 김예슬이 대자보를 붙일 때보다 크게 늘었다. 김예슬은 학교를 자퇴하며 대학과 권력, 자본을 '삼각동맹'으로 비판했다. '안녕들 하십니까'는 그 연장선에서 대학생들의 '고통'에 감성적으로 다가선 대자보다.

주현우의 대자보가 철도노조 파업을 비롯한 사회적 이슈에 무심한 대학생들의 '안녕'을 물으면서 대학가에 걸린 대자보는 열흘 만에 1200여 장을 돌파했다.[103] 대학생들 사이에 대학에 대한 절망의 담론이 공감을 얻어가고, 이미 김예슬이 자퇴를 선언하며 지식의 도구화를 강도 높게 비판했지만, 대학이 변화할 전망은 보이지 않는 것이 현실이다. 대학을 실제로 운영하는 주체들은 대학생들이 제기하는 '도구적 지식 생산'과 '대학의 죽음'에 전혀 공감하지 않기 때문이다.

자퇴생 김예슬과 재학생 주현우의 대자보가 붙은 대학의 교수들이 두 학생의 주장을 어떻게 인식하고 있는지 공식 표명한 글은 나오지 않았다. 하지만 대학 총장과 경영대 학장이 대학을 운영하는 틀은 두 사람이 대학 사이트(site)에 공표해 놓은 글에서 확인할 수 있다. 고대 김병철 총장은 "지혜로운 글로벌 리더 양성과 신지식 창조를 주도하는 대학"을 강조하며 '세계 일류 대학'을 다짐했다(김병철, 2012). 주목할 것은 두 학생이 다닌 경영대학이다. 이두희 학장은 "국내 최고일 뿐만 아니라 아시아 최고의 경영대학이라는 오늘의 위상에 안주하지 않고 세계적 명문 경영대학을 향해 비

---

103 이연희·이재, 대학가 21C 대자보 열풍, 한국대학신문 2013년 12월 20일자.

상할 것"이라면서 "세계경제의 성장을 주도하게 될 진정한 글로벌 경영 리더"라는 "원대한 꿈의 날개"를 펼치라고 독려했다(이두희, 2013).

비단 고대만이 아니다. 한국의 최대 기업인 삼성이 소유한 성균관대 총장은 "글로벌 리딩 대학이 21세기 국가와 인류 사회를 선도할 창조적 인재 양성과 지식 창출을 주도할 것"이라고 전망했다(김준영, 2011). 대학 총장과 학장들의 공식 언명에 따르면 한국의 대학은 '신지식 창조'와 '21세기 국가와 인류 사회를 선도할 지식 창출'을 주도하고 있다.

대학의 지식 생산에 대한 대학 총장·학장들의 '자부심'과 실제로 그 지식을 '전수'받고 있는 대학생들의 '자괴감'은 큰 시각차를 보이고 있다. 대학 총장·학장들의 언술에 담긴 논리로 추정하면, 대학을 실제로 운영하는 주체들에게 김예슬이나 주현우를 비롯해 대학가에 열흘 동안 게시된 1200여 장의 대자보는 주목해야 할 '커뮤니케이션 현상'이 아니라 변화해 가는 시대적 흐름을 파악하지 못한 학생들의 '치기' 차원으로 해석됐을 가능성이 높다. 두 학생이 제기한 문제가 교수 사회에서 적극 논의되지 못한 이유도 같은 문맥으로 추정할 수 있다.

지식 생산을 놓고 대학 안에 존재하는 두 시각이 앞으로도 평행선을 그으며 접점을 찾지 못한다면, 한국 사회에서 대학은 커뮤니케이션이 막힌 공간으로 전락할 가능성이 높다. 대학의 위기, 학문의 위기를 진지하게 짚어야 할 이유가 여기 있다.

☐ 대학 · 권력 · 자본의 삼각동맹

학문과 지식인에 대한 비판은 새삼스런 일은 아니다. 학문 초창기부터 지식인에 대한 비판이 나왔다. 이를테면 소크라테스가 '너 자신을 알라'며 거리로 나선 계기는 당대 학자들의 무지를 간파한 직후였다. 그 뒤로도 역사 전개 과정에서 지식인들에 대한 비판은 끊어지지 않았는데, 역설이지만 바로 그렇기에 지식 생산의 건강성이 담보되었다고 볼 수도 있다.

20세기 후반에도 지식인 비판은 활발했다. 실존주의 철학으로 한국전쟁 이후 대학가에 적잖은 영향을 끼친 장 폴 사르트르(Sartre, 1965, 10~11쪽)는 지식인에 대해 "본질적으로 무력한 존재들이다. 그들은 전혀 생산하지 않으며, 기껏 봉급에 의존하여 먹고사는" 존재라고 꼬집었다. 사르트르는 중세 서유럽에서 상공인들이 출현한 이후 그들의 이데올로기를 강화하는 데 지식인의 역할이 중요했으며, 그런 전통이 점점 실용적인 전문가를 만들었다고 분석했다.

한국 사회에서도 1960년대부터 30년 가까이 지속된 군부독재 아래 '어용 지식인'이라는 말이 대학가 안팎에서 종종 쓰였다. 1960~80년대에 대학은 '어용 교수'와 함께 '우골탑'이라는 말을 들었다. 따라서 새삼 대학의 죽음, 학문의 위기를 거론하는 담론을 언제나 있었던 불만 또는 '비판을 위한 비판'으로 여길 수도 있다.

하지만 2010년대 대학과 학문에 대한 비판 담론에는 세 가지 특성을 찾을 수 있다.

첫째, 1987년 6월 대항쟁으로 대통령 직선제를 되찾은 뒤 사라졌던 '어용 지식인'에 대한 비판이 거의 사반세기 만에 다시 제기되고 있다. 2010년대인 지금은 '어용'이라는 말만 직접 쓰지 않을 뿐, 대학이 대학생들을 체제에 순응하도록 길들이고 있다는 비판의 성격은 동일하다. 다만, 과거와 달리 정치권력을 해바라기하는 '어용'의 개념을 넘어서고 있다.

둘째, 과거의 대학과 학문 비판이 정치적 정당성 없는 군부독재와 손잡은 일부 교수들을 겨냥했다면, 2010년대의 비판은 권력과 자본, 대학이

'삼각동맹'을 형성하고 있다고 주장한다. 과거처럼 특정 교수 몇몇을 어용으로 지목한 게 아니라, 대학이 삼각동맹의 하나로 도구적 지식을 생산한다는 대학 전반에 대한 비판을 담고 있다.

셋째, 대학 전반에 대한 비판이라는 특성 때문에 비판 대상자가 구체적으로 호명되지 않음으로써 대학에 몸담은 대다수 학자들이 둔감하다. 여기서 '둔감'은 반응적 행위 차원의 문제에 그치지 않는다. 대학이 권력·자본과 삼각동맹을 형성하고 그 체제에 순응하도록 길들임으로써 학문의 전당 아닌 '취업의 전당'이 되었다는 대학생들의 비판에 학문적 관심이나 대응도 찾아보기 어렵다.

세 가지 특성으로 인해 대학 안에서 대학의 위기와 학문의 위기에 대한 소통은 이뤄지지 않고 있다. 대학생들과 일부 교수들이 '도구적 지식 생산'에 강력한 문제를 제기하고 있지만, 대학 총장과 학장들을 비롯해 대학을 운영해나가는 현실적 주체들은 '인류 사회를 선도할 지식 창출'을 자임 또는 자부하고 있다.

이 글은 평행선을 긋고 있는 두 흐름 사이에 불거지는 갈등을 해소하는 데 목적이 있지 않다. 그것을 감당할 만한 연구 역량에 한계도 있거니와, 그 해결이 과연 논문의 장에서 가능할까에 회의적이기 때문이다.

다만, 두 흐름 사이에 생산적 소통을 위해서는 물론, 한국 대학과 학문의 미래에 대한 진전된 논의를 위해 최소한 짚어야 할 문제를 두 가지로 간추리고 그 문제를 탐구하는 것으로 연구를 한정했다. 갈등 해소를 위해서는 먼저 두 흐름에 대한 논리적 분석과 소통이 필요하기 때문이다.

연구문제 1. 대학은 권력·자본과 삼각동맹[104]을 형성하고 도구적 지

---

104 권력·자본과 대학의 '삼각동맹'이라는 말은 단순한 저널리즘 용어가 아니다. 대학 자퇴

식을 생산하는가?

연구문제 2. 대학이 생산해야 할 바람직한 지식의 패러다임은 무엇인가?

　'최소한 짚어야 할 문제'로 설정했지만 두 연구문제의 탐구 영역도 광범위하기 때문에 불가피하게 연구 대상과 자료를 제한할 수밖에 없다. 여기서는 서울·연세·고려대 세 대학의 일상적 '최고 의사결정권자'인 대학 총장들이 대학을 운영하는 논리를 분석하고 그것을 김예슬과 주현우를 비롯한 대학생들의 대자보 논리와 비교했다.

　대학의 도구적 지식 생산과 바람직한 지식의 패러다임을 연구하면서 서울·연세·고려대 총장들로 연구 대상을 한정한 것은 이른바 '명문대'라는 사회적 평가에 동의해서가 결코 아니다. 대입 수능시험의 성적을 중심으로 '객관적' 순위가 형성된 '명문대' 용어는 학술적 개념도 아닐 뿐만 아니라, 연구자는 그 사회적 '통념'에도 전혀 동의하지 않는다. 오히려 한국 대학의 문제점이 가장 집중된 대학이라고 보았기에, 연구 대상을 세 대학으로 한정했다. 실제로 대자보를 쓰고 자퇴함으로써 사회적 파장을 일으킨 대학생 세 명이 각각 고대생 김예슬(2010년 3월), 서울대생 유윤종(2011년 10월), 연대생 장혜영(2011년 11월)이라는 사실도 고려했다.[105]

생 김예슬도 주장했지만, 교수로 재직하며 계간 『문화과학』에 관여해온 이득재도 '삼각 동맹'을 비판했다(이득재, 2008, 164~168쪽).

[105] 대기업이 대학을 인수한 성균관대와 중앙대도 도구적 지식 생산의 문제점을 분석할 수 있는 사례이다. 앞서 문제 제기에서 성대 총장의 대학관을 언급한 이유이다. 다만 이 글은 도구적 지식 생산을 대학과 자본·권력의 '동맹' 관계를 중심으로 분석했기에 대기업에 직접 '편입'된 두 대학은 주된 연구 대상으로 삼지 않았다. 그렇다고 대기업이 대학을 인수하면서 나타나는 문제점들이 가볍다는 뜻은 전혀 아니다. 이 글과는 별개로 '기업과 대학'에 대한 집중된 연구가 필요하다.

연구문제인 '삼각동맹'이나 '도구적 지식'을 분석하는 연구방법으로 가장 적실한 이론은 프랑크푸르트학파의 비판이론(critical theory)이다. 비판이론은 현대 자본주의사회의 구조와 이데올로기를 분석하는 데 괄목할 만한 학문적 성취를 이루었고, 이성이 '목적에 합당한 수단을 계산하는 도구'로 전락했다며 '도구적 지식 생산'의 문제를 일찍이 제기했다.

특히 비판이론 1세대 학자인 호르크하이머(Horkheimer, 1947, 218쪽)는 '도구적 이성'을 개념화하면서 "이성이 인간에 의해 인간적 자연과 인간 외적 자연을 지배하는 도구가 되어버린 이래로, 진리를 발견하려는 이성의 고유한 의도는 좌절되었다"고 분석했다. 호르크하이머에 따르면, 계몽의 기획은 형식화되고 도구화된 주관적 이성의 전면화로 발전했으며, 이로부터 현대 문명의 위기가 등장했다. 유용성 이외의 어떠한 객관적 원칙도 인정하지 않기 때문에, 도구적 이성은 억압적 현실과 그것을 뒷받침하는 이데올로기를 비판하지 않는다.

따라서 도구적 이성은 지배적 이익에 쉽게 굴복하며, 비합리적인 억압적 현실을 비판하기보다는 그 현실에 적응하는 데에만 관심을 갖는다(Horkheimer, 232쪽). 학생들의 대자보 논리 분석에 비판이론이 적합한 이유가 여기 있다. "사물의 참된 본성을 파악하고, 우리의 삶을 이끄는 원칙들로 확정하는 기관으로서의 이성은 시대에 뒤떨어진 것으로 여겨졌다"(Horkheimer, 36쪽)는 언술은 대학 총장들의 논리 설명에도 이론적 유용성을 갖는다. 호르크하이머가 아도르노와 함께 쓴 『계몽의 변증법』에서 "계산 가능성과 유용성의 척도에 들어맞지 않는 것은 계몽에게는 의심스러운 것"이라고 분석한 대목도 마찬가지다(Adorno & Horkheimer, 1947, 25쪽).

하지만 여기서는 연구문제를 탐구하는 데 비판이론을 적용하지 않았다. 비판이론이 마르크스주의에 기반을 두고 있다는 '비판'을 의식해서는 아니다.[106] 비판이론으로 연구문제를 분석하는 것은, 대학 내부에 평행선을 긋고 있는 두 시각의 소통을 목적으로 한 이 글의 문제의식에 적합하지 않거니와, 서구 자본주의를 대상으로 분석한 비판이론이 한국 사회를 설명하는 데 꼭 들어맞는 것도 아니기 때문이다.

세 총장의 논리가 근거한 지식기반사회 이론에 대해서도 필자는 마르크스주의적 시각과 달리 부정하지 않는다. 오히려 '지식기반사회'를 처음 제기한 다니엘 벨(Daniel Bell)이 언급한 지식 개념을 받아들인다. 그가 제시한 '지식' 개념, 곧 "이성적 판단이나 경험적 결과를 제시하는 사실이나 개념에 관해 조직화한 진술의 집합체로서 어떤 체계적인 형태로 전달매체를 통하여 제3자에게 전달되는 것"(Bell, 1973, 176쪽)이 지닌 중요성은 현대사회에서 가볍게 볼 수 없다.

문제의 핵심은 지식 생산이 중요한지 아닌지에 있지 않고, 어떤 지식인가에 있다. 벨의 지식 개념 위에서 이 글은 한국 사회에서 대학의 지식 생산을 분석하고 바람직한 방향을 제언하는 데 '자본주의의 다양성'(Varieties of Capitalism, VOC)을 이론적 틀로 삼았다. VOC 이론은 2001년 소스키스(D. Soskice)가 '자유시장경제'(LME)와 '조정시장경제'(CME)를 비교한 연구를 발표한 뒤 여러 나라에서 활발하게 연구되고 있다(Hall & Soskice, 2001).

이 글은 지식기반사회 이론과 자본주의 다양성 이론을 토대로, 연구문제 1에서 세 대학의 총장들과 대자보 학생들의 주장을 논리적으로 비교 분석한 뒤, 연구문제 2에서 한국 대학의 지식 생산 방향에 대해 패러다임 전환을 제안하는 순서로 구성됐다.

---

106 기실 비판이론을 곧장 마르크스주의와 연결 짓는 것은 사실과도 다르다. 비판이론가 가운데 하버마스만 보더라도 그의 의사소통 이론이나 공론장 이론 모두 마르크스주의와 일정한 거리를 두고 있다.

□ 대학은 왜 '적'이 되었나

① 큰 배움도 큰 물음도 없는 대학

대학과 학문이 죽었다는 비판은 비단 대학생들만의 '대자보 논리'가 아니다. 김예슬과 주현우가 다니던 대학에서 생활했던 한 학자가 대학을 '지식생산의 공장'으로 규정하고 비판한 글은 한국 대학의 현실을 '낯설게 파악'하는 데 도움을 준다. 박노자는 "대학교라는 지식경제의 한 중요한 공장"에 대해 고려대 정교수의 '평균 연봉 1억 5468만 원'과 비정규직 시간강사의 강사료를 비교한 뒤 "시간강사에 대한 초과 착취로 얻어지는 잉여"가 전임교수들에게 돌아간다고 비판했다(박노자, 2013).

한국에서 비정규직 교수로 있다가 노르웨이 대학으로 건너간 박노자의 주장에 정규직 교수들이 거부감을 느낄 수 있다. 더구나 저널리즘에 기고한 박노자의 글을 인용해 정교수와 시간강사의 임금 격차에 대해 논의하는 것은 학술지 논문에서 '금기'일 수도 있다. 하지만 도구적 지식 생산의 문제를 온전히 다루려면, 지식을 생산하는 교수 사회의 은폐된 현실−그래서 불편할 수 있는−을 직시할 필요가 있다. 대학 교수사회가 얼마나 불평등한 차별적 구조를 갖고 있는가를 일반 전임교수들은 망각하기 십상이기에 더 그렇다. 비정규직 시간강사−그들이 바로 학문 후속 세대다−와 정교수 사이에 임금 격차가 10배가 넘는 현실은 대학조직답지 않은 차별로 전임교수들이 앞장서서 풀어야 할 문제다.

박노자의 언술에는 섣부른 판단도 있다. 그는 대학에서 '가장 치열하게 투쟁하는 주체'는 더 이상 학생들도 아니고 비정규직 청소 노동자들이라고 주장했지만, 비정규직 교수들이 힘겹게 싸우고 있고 대학생들 사이에서도 도구화된 지식 생산에 대한 비판이 이어지고 있다. 박노자가 거론한 고대에서 비정규직 교수로 강의해온 김영곤은 '대학강사 교원 지위 회복'

과 '대학생들의 학습권'을 위해 국회의사당 앞에서 2014년 1월 현재, 7년째 천막농성을 벌이고 있다. 김영곤(2013)은 시간강사가 전임교수가 되는 병목을 거치려면 '자기검열'을 할 수밖에 없고 그 결과 대학에서 비판이 사라져간다고 분석한다.[107]

심지어 대자보 '오늘 나는 대학을 그만둔다, 아니 거부한다'를 붙이고 자퇴한 김예슬(2010)은 자신이 몸담았던 대학을 서슴없이 '적'으로 규정했다.

"이제 나의 적들의 이야기를 시작하겠다. 이 또한 나의 적이지만 나만의 적은 아닐 것이다. 이름만 남은 '자격증 장사 브로커'가 된 대학, 그것이 이 시대 대학의 진실임을 마주하고 있다. 대학은 글로벌 자본과 대기업에 가장 효율적으로 '부품'을 공급하는 하청업체가 되어 내 이마에 바코드를 새긴다. (…) 큰 배움도 큰 물음도 없는 '대학'(大學) 없는 대학에서, 나는 누구인지, 왜 사는지, 무엇이 진리인지 물을 수 없었다. 우정도 낭만도 사제 간의 믿음도 찾을 수 없었다."

김예슬은 대학을 '적'으로 생각하게 된 계기를 묻는 기자 질문에 삼성 이건희 회장에게 명예 철학박사 학위가 수여되는 것을 막으려던 학생들이 출교당한 사건과 경영대 '이명박 라운지'에 앉아 신문에서 '나는 주식회사 대한민국의 CEO'라는 대통령의 발언을 읽었던 '사건'을 들었다. 김예슬은 비단 고대만의 문제가 아니라며 대학이 기업의 가치관을 부추기고 그 탐욕에 활짝 열려도 좋은 것인지를 물었다(경향신문 2010년 4월 14일자).

김예슬 선언이 나오고 교수들은 공식적 반응을 보이지 않았다. 그러자

---

107 김영곤의 천막농성에는 역시 비정규직 교수이자 아내인 김동애가 동참하고 있다. 김영곤은 전임교수를 100% 충원하고 강의실의 학생 수를 줄여야 한다고 주장한다. 그는 시간강사의 교원 지위가 회복되면 "강사와 학생 사이에 쌍방향 토론수업이 가능해 대학생의 학습권을 획기적으로 개선"할 수 있고, "지금처럼 학점 스펙에 매여 전문직과 대기업 정규직을 절대적으로 선호하는 것이 아니라 강의실에서 자신의 꿈을 발견하고 이를 실현할 일을 찾을 수 있다"고 주장한다(김영곤, 2013).

일주일 뒤 '교수님들의 양심을 묻습니다 – 김예슬 선언엔 왜 침묵하십니까?'라는 대자보가 붙었다(심해린, 2010). 대자보는 "존경받는 교수님이라는 직위는, 월급은 어디에서 나오는 것"인가를 추궁하고, 언제까지 비정규직과 청년실업이라는 이름표를 달고 고통받는 청년들을 외면할 셈이냐고 물었다. 수많은 교수들이 시장 만능주의에 경종을 울리며 '인문학의 위기'를 외쳤음에도 정작 그에 대한 학생들의 저항에는 왜 침묵하느냐는 물음은 가볍게 넘길 사안이 아니다.[108]

서울대 사회과학대 재학생 채상원은 '오늘 나는 대학을 거부한다, 아니 싸움을 시작한다' 제하의 대자보에서 대학을 "본격적 무한경쟁의 닫힌 공간일 뿐이며 그 공간은 우리에게 그 어떤 삶의 의미도, 방향도 가르쳐주지 않는다"고 비판했다(머니투데이 2010년 3월 30일자).

대자보가 잠잠해진 2013년 12월에 주현우가 다시 대자보를 썼고 대학가에는 '대자보 열풍'이 불었다. 주현우는 "시골 마을에는 고압 송전탑이 들어서 주민이 음독자살을 하고 자본과 경영진의 '먹튀'에 저항한 죄로 해고 노동자에게 수십억의 벌금과 징역이 떨어지고, 안정된 일자리를 달라 하니 불확실하기 짝이 없는 비정규직을 내놓은 하 수상한 시절에 어찌 모두들 안녕하신지"라고 물었다.

대학이 사회에 무심하다는 주현우의 감성적 문제 제기는 급속도로 퍼져갔다. 전국 대학에 대자보가 1200장이 걸린 열흘 동안 '안녕들 하십니까'라는 제목으로 개설한 커뮤니티 페이지는 한국에서 페이스북이 열린 이후 가장 빠른 속도로 공감대를 넓혀갔다.[109]

---

108 대자보를 쓴 '이화여대 07학번 심해린'은 대자보를 쓴 심경을 "대학생들은 이렇게 깊이 고민하고 아파하고 있는데 정작 이 문제에 대답해야 할 학교가, 또 교수님들이 모두 침묵"해서라고 밝혔다.

109 대자보가 처음 게시된 뒤 열흘째인 2013년 12월 20일 현재 '안녕들 하십니까' 페이지에

② 서울·연세·고려대 총장의 논리

도구적 지식 생산으로 '자격증 브로커'가 된 대학과 인류를 선도하는 지식 창조의 '글로벌 대학'이라는 기호처럼 현실을 바라보는 대학생과 대학 총장 사이의 깊은 캐즘(chasm)에 '다리'를 놓기 위해서는 총장들의 대학관을 자세히 분석해보아야 한다.

대학생들이 도구적 지식 생산에 근본적인 문제 제기[110]를 했는데도 대학에 아무런 변화가 없는 이유는 학사를 관장하는 주체들의 논리에 학생들의 주장이 들어올 수 있는 여지가 없기 때문이다. 서울·연세·고려대 총장들이 대학 현실을 인식하는 논리는 무엇보다 총장들이 대학 사이트에 게시한 글에서 또렷하게 나타난다.

서울대 총장 오연천은 '급변하는 지식기반사회'에서 세계 유수 대학들이 대학의 위상과 역할을 재정립하고 시대적 변화에 부응하기 위해 몸부림치고 있다고 강조하면서 지금을 "새로운 역사적 전환기"이자 "거센 도전에 직면한 엄중한 위기"라고 진단했다. 연세대 총장 정갑영도 대학을 둘

'좋아요'를 누른 사람들은 26만 2532명이다. 소셜미디어 컨설턴트 유승찬은 "현재 박근혜 대통령의 페이스북 페이지의 좋아요 숫자가 7만 7000명이고, 지난 대선 당시 야권 후보였던 문재인 의원이 21만 5000명인데 이 경우도 2년에 걸쳐 모아진 숫자"라며 "페이지가 만들어지고 채 일주일 만에 26만 명의 '좋아요'가 모인 것은 한국에서 페이스북이 열린 이후 가장 빠른 속도로 확산된 유례없는 경우"라고 말했다. '안녕들 하십니까'는 적어도 SNS 공간에서는 대통령 선거를 뛰어넘는 관심과 공감대를 확보했다는 분석이다(주간경향 1057호, 2013년 12월 31일).

110 학생들만의 주장은 아니다. 고려대 강수돌 교수(경영학)는 '김예슬 선언' 앞에 "올 것이 왔다고 생각했다"면서 "이 '불편한 진실'을 누가 까발릴 것인가 하는 문제였을 뿐, 사실 '자격증 브로커로서의 대학'이란 비판은 모두가 알고 있었다"고 말했다. 인하대 김진석 교수(철학)는 "대학은 창조적이지도 않은 비싼 교육의 대가로 졸업장을 파는 사업을 하고 있다"며 그나마 "과거에는 대학을 나오면 괜찮은 일자리를 얻을 수 있어 대졸자 주류 사회의 시스템이 굴러갔지만, 지금은 대학을 졸업한 다수가 실업 상태"라고 주장했다(한국대학신문, 2010년 3월 26일자).

러싼 외부 환경은 갈수록 어려워지고 동시에 빠르게 변화한다고 본다. 고려대 총장 김병철도 세계는 이미 하나로 연결되어 커다란 공동체를 이루고 있으며 변화는 예측 불가능하고 동시다발적인 형태로 일어난다고 주장한다.

급변하는 지식기반사회, 갈수록 빠르게 변화하는 환경, 예측 불가능하고 동시다발적인 변화라는 규정에서 볼 수 있듯이, 세 대학의 총장들은 한목소리로 '위기의식'을 고취한다.

그렇다면 총장들은 '위기'를 맞은 대학의 목표를 어디에 두고 있을까. 오연천은 "능동적으로 미래 세계를 이끌고 개척하는 최첨단 연구와 교육"으로 지식 생산을 강조한다. 정갑영은 "글로벌 시대의 도전에 선도적으로 대응"하여, "세계 최고의 명문으로 도약"하겠다고 다짐한다. 김병철도 글로벌 리더를 양성하는 "명실상부 세계 일류로 인정받는 대학"을 만들겠다고 약속한다.

하버드, 예일, 프린스턴 대학의 총장들이 사이트에서 공동체를 강조하고 사회와의 소통을 강조하는 것과 대조적이다.[111] 더러는 그 대학들은 이미 '세계 명문'이 되어 있기에 굳이 그럴 필요가 없다고 볼 수도 있겠지만, 중요한 것은 '세계 최고의 명문'과 '세계 일류 대학'이라는 기호에 나타나듯이 대학 운영에 경쟁을 중시하는 한국 대학 총장들의 인식 논리와 사고체계다. 그들의 위기의식 또한 자칫 획일적 경쟁에서 뒤처질 가능성을 우려했다고 판단할 수 있다.

세 대학의 총장들이 학자로서 신문에 쓴 칼럼, 인터뷰, 저서, 사회적 활

---

111 예컨대 미국 하버드대 드류 파우스트 총장이 사이트에 게시한 글은 짧은 문장에서 대학 안팎의 사람들을 모두 언급하고 있다. "People make a university great, so whether you are a prospective student, current student, professor, researcher, staff member, graduate, parent, neighbor, or visitor, your interest and enthusiasm are valued and appreciated."

동을 분석하면 그들이 강조하는 '글로벌 연구'와 지식 생산의 성격이 더 명확하게 나타난다.

미국 대학에서 '재정 관리'를 전공한 행정학 교수 오연천의 특이한 점은 정부 부처와의 친화성이다. 지식경제부, 기획재정부, 정보통신부, 기획예산처를 오가며 활동했다.[112] 맡은 일이 겹쳐 문제도 불거졌다. 공기업 민영화의 방향과 원칙을 정하는 기획재정부 산하 '공기업선진화추진 특별위원회' 위원장일 때, 당시 민영화 대상이던 금융 공기업 산업은행의 사외이사를 맡고 있어 공정성 논란이 일었다. 게다가 산업은행이 지분 매각 의사를 밝힌 대우조선해양을 인수하겠다고 나선 두산중공업의 사외이사도 맡고 있었다. 매각 업체와 인수 의사를 밝힌 업체의 이사를 겸임하며 '민영화' 특위 위원장을 맡은 셈이다. 법조계는 내부정보를 이용한 불공정 거래 가능성을 제기하며 도의적 문제를 거론했다. 국회에서 이런 질문을 받고 '심란한 표정'을 짓고 있는 사진까지 통신사에 포착됐다(뉴시스 2008년 8월 11일자). 산업은행·두산중공업·한국산업기술평가원·산업기술연구회 등 4곳의 사외이사를 맡고 있는데, 사외이사를 2개 이상 맡을 수 없도록 한 '서울대 전임교원 사외이사 겸직 허가에 관한 지침'을 위반했다는 지적도 받았다.[113] 정부와의 친화성 못지않게 기업과의 친화성도 나타난다.

공기업선진화특위 위원장을 맡은 데서 알 수 있듯이 오연천은 민영화

---

112 2007~2009년 지식경제부 산업발전심의위원회 위원장, 2005~2009년 지식경제부 산업기술평가원 이사장 및 선임이사, 2008년 기획재정부 공공기관 운영위원회 위원, 2003~2007년 정보통신부 정보통신정책심의위원회 위원장, 2001~2003년 기획예산처 정부투자기관 경영평가단 단장을 역임했다.

113 오연천은 또 공기업·준정부기관의 비상임이사들에 대해 직무실적을 평가하는 공공기관 운영위원회의 인사보수위원회 위원 자격으로, 한국기술평가원 비상임이사인 자신의 직무수행을 평가하고 연임에 찬성했다. 이는 '공공기관운영위원회 위원은 직접적인 이해관계가 있는 사항에 대한 심의·의결에서 제척된다'는 공공기관의 운영에 관한 법률 시행령의 위반이라는 비판을 받았다(경향신문 2008년 8월 8일자).

론자다. 이미 1999년 세계은행(The World Bank)의 '민영화 담당 자문관'을 역임했다. 가장 최근에 낸 저서 – 엄밀하게 말하면 저서가 아니다. 신문칼럼 모음집이다 – 에서도 그는 '강한 시장'을 강조했다(오연천, 2009).

미국 대학에서 경제학을 전공하고 귀국 이후 내내 교수로 재직한 정갑영의 특이한 점은 전국경제인연합(전경련)과의 친화성이다. 삼성경제연구소 석좌연구위원을 지낸 그는 총장으로 선임될 때 재단법인 '자유기업원' 이사장을 맡고 있었다. 자유기업원은 전경련이 돈을 대는 곳으로 사업 목표의 첫 순위가 '여론 형성'이다. 정갑영은 1990년대와 2000년대에 전경련이 주는 상을 받았고, 2010년에 들어서선 한국경제신문사가 주는 '다산경제학상'을 받았다. 한국경제신문사의 대주주가 전경련임을 감안하면, 전경련과 그의 친화성을 짐작할 수 있다. 그는 또 '한국CEO포럼'이 발족할 때 학자로서 창립총회에 참여했다(연합뉴스 2001년 6월 19일자). 포럼은 주주가치 중시, 시장경제체제 확립을 창립 목표로 선언했다.

전경련과의 친화성답게 정갑영은 확고한 '민영화론자'로서 글을 써왔다. '민영화 왜 자꾸 미루나' 제하의 칼럼(매일경제 2002년 10월 29일자)은 민영화 이후에 가격이 상승한 사례를 든 민영화 반대론자들에 대해 "사라진 보조금 때문에 가격이 오르는 것은 민영화에서 유발된 것이 아니다. 보조금은 수익자가 부담해야 할 비용을 다른 사람이 엉뚱하게 부담한 부분"이라고 공박했다. 그는 이어 민영화로 '근로자의 후생'도 '고용 규모'도 증가할 수 있다면서 실패 사례에 집착하여 더 이상 본질을 왜곡하지 말자고 주장했다.

현대자동차 노사가 40여 일에 걸친 쟁의 끝에 합의를 이뤘을 때 정갑영의 논평도 주목할 필요가 있다. 당시 전경련은 현대자동차에서 합의된 노조의 경영 참여가 다른 기업으로 확산될 가능성을 우려했다. 하지만 노조가 얻어낸 '경영 참여'는 공장을 이전할 때나 노동자들을 해고할 때 경영진이 일방적으로 할 수 없다는 수준에 지나지 않았다.[114] 정갑영은 전경련 논리를 적극 옹호한다. "노동시장의 개혁 방향은 노동 유연성을 확대하는 방향으로 전개돼야 한다"며 "이번 현대차 노사협상은 유감스럽게도 반대 방향으로 결론이 났다"고 비판했다. 정갑영은 생산공장 이전 등 경영진이 정책을 결정할 때 노조의 동의를 얻어야 하는 환경이 조성되면 기업이 시장 환경에 따라 신축성 있게 대처할 수 없게 된다고 주장했다(매일경제 2003년 8월 6일자).

정갑영은 전경련의 대학 총학생회 간부 경제교육에 1기부터 강사로 나섰다(한국경제 2004년 1월 26일자). 전경련은 "이번 프로그램을 통해 대학 내 여론을 주도하는 총학생회 간부들이 시장경제와 기업 활동의 중요성을 바르게 이해함으로써 반(反)기업 정서를 해소시키는 데 도움이 되기를 기대한다"고 밝혔다. 2004년 대선자금 수사와 관련해 정갑영은 '이 불황에 경영인 구속해야 하나' 제하의 시론(조선일보 2004년 2월 27일자)을 기고했다. 그는 2011년에 동아일보사 객원 논설위원으로도 활동했다. 금융위기로 신자유주의에 대한 비판이 미국 안에서도 활발하게 나오던 시기였지만, 그는 공기업 민영화가 지지부진하다고 다그쳤다. 심지어 '공기업 선진화는 어디로 갔나' 제하의 칼럼(동아일보 2011년 3월 25일자)에서 "일본의 전기요금이 우리의 2.4배이고 미국도 1.4배라니 우리 전기요금 구조가 무언가 크게 잘못된 것 같다. 정부가 공기업을 희생양으로 삼아 전기요금을 무리하게 억누른 결과 아니겠는가. (…) 값싼 전기요금이 반드시 경제의 효율

---

114 전경련은 그 합의에 대해 "아무리 노사간의 합의라고 하더라도 헌법과 민·상법이 보장하는 기업제도의 기본 취지에 반한다는 점에서 향후 그 해석과 운용에 있어 위헌 내지 위법의 소지가 있음을 배제하기 어렵다"고 비난했다. 경영자총협회도 "현대차 노조의 파업 만능주의 행태에 대하여 개탄을 금할 수 없다"며 "경영권 침해 조항은 세계 어느 나라에서도 유례를 찾기 힘든 것으로 우리나라 전체 자동차 산업의 장래를 어둡게 하는 독소적인 요인이 될 것으로 극히 우려된다"고 밝혔다.

성을 높여 주는 것도 아니다"라고 주장했다. 총장으로 재임하며 그런 칼럼들을 모아 『위기의 경제학』이라는 '저서'를 냈다(정갑영, 2012).

전경련과 깊숙한 연관을 맺은 정갑영은 2004~2012년 한국수출입은행 경영자문위원, 2009~2010년 신한금융지주 사외이사를 역임하는 동시에 오연천에 버금갈 정도로 정부 부처 활동에 적극 나섰다. 통신위원회 위원, 대통령직속 농어업·농어촌 특별대책위원회 위원, 전기위원회 위원, 정부 투자기관 운영위원회 위원, 행정개혁위원회 위원을 역임했다. 총장으로 활동하면서 2013년부터 국민경제자문회의 거시금융분과 위원장, 법무부 정책위원회 위원장을 맡고 있다.

오연천과 정갑영 총장의 삶과 글을 분석하면, 김예슬이 왜 권력과 자본과 대학이 삼각동맹을 형성하고 있다고 비판했는지를 '이해'할 수 있다.

김병철은 앞의 두 총장과 조금 다르다. 독일 대학에서 농학 학위를 받은 그의 특이점은 '가문'이다. 그는 고려대를 창립한 김성수의 손자다. 김성수는 동아일보 창간도 주도했다. 현재 동아일보사 사장이자 고려대 재단 이사장인 김재호는 김병철의 조카다. 태생부터 자본에 친화성을 지닐 수밖에 없다. 다만, 자연계열 학자이기에 인문사회계열 총장들과 달리 현실 문제를 언급한 공적 발언을 찾기 어렵고, 신문 칼럼을 모아 '저서'를 내지도 않았다. 그럼에도 총장이 된 직후에 가진 언론 인터뷰에서 그의 대학관을 파악할 수 있다.

신임 총장 인터뷰(매일경제 2011년 4월 23일자)에서 김병철은 세계적인 대학을 위해 학부부터 국적에 개방적인 시스템을 만들겠다고 밝혔다. 그가 생각하는 대학의 지향점을 짐작할 수 있다. "대한민국은 역사상 가장 짧은 기간 내에 개발도상국에서 선진국이 된 노하우가 있으므로 이를 '한국개발학' 같은 학문으로 개발하면 많은 개발도상국들이 유학생들을 파견하고 원원이 가능"하다는 발언에선 그가 한국 사회를 어떻게 보고 있는지 판단할 수 있다. 재임 2년 뒤 인터뷰(매일경제 2013년 6월 22일자)에선 "(취임 이후) 영어 강의 비율도 늘고 심지어 경영대는 교수회의도 영어로 한다던데"라는 기자 질문에 "10년 전만 해도 영어 강의는 전체의 10% 수준에 그쳤지만 지금은 35%에 달한다. 교원 10명 중 1명이 외국인이다. 총장이 된 후 새로 뽑은 교원 중 외국인이 26%나 된다"고 자부했다.

김병철이 스스로 밝힌 '치적'은 앞서 인용한 대학생 채상원의 대자보가 "영어강의 확대, 상대평가제 등의 제도는 더욱 많은 것을 강요하고 무조건 일렬로 줄을 세우는 것을 멈추지 않는다"며 이를 "시대에 뒤떨어진 낡은 커리큘럼, 창의성이라고는 찾아볼 수 없는 획일화된 교육 방식 (…) 낙후한 교육관"이라고 비판한 대목과 대조적이다. 채상원의 대자보는 "새 사회의 동력을 창출할 수 없는 대학에서는 그 어떤 비전도 찾을 수 없다"며 수업 내용과 수업 방식에서부터 병든 대학사회의 본격적 수술에 나서야 한다고 주장했다. "전체 대학 내 패러다임의 변화"를 강조한 대자보의 '결론'은 시사적이다.

③ 삼각동맹과 도구적 지식

세 대학 총장들의 삶과 글을 분석하면서 우리는 그들이 정부와 기업에 깊은 연관성을 지닌 사실을 확인할 수 있었다. 여기서 특정 시기 대학 총장들의 삶과 글로 그 대학 전체를 재단한다면 성급한 판단일지도 모른다. 하지만 적어도 두 가지 점에서 세 대학 총장의 삶과 글은 단순히 개인 차원의 문제가 아니다.

첫째, 세 대학은 총장을 선임할 때 대학 구성원 특히 교수들의 의사를 반영한다.[115] 정부와 전경련에 친화적인 학자들과 재단 창업자의 손자가

---

115 서울대 총장은 사실상 직선제이고 연세대와 고려대도 교수들의 선택 과정을 거친다. 연

대학 총장이 되는 과정에서 교수들의 전반적 의사가 반영됐다고 본다면, 서울·연세·고려대 교수 모두는 분명 아니지만 적어도 다수는 총장의 삶과 글에 동의했거나 최소한 문제 없다는 판단을 했다고 추정할 수 있다.

둘째, 세 대학 총장들의 말과 글은 개개인의 표현이기도 하지만, 사회적 담론을 구성하는 다양한 인자들이 그물망처럼 작동하며 발화되었다고 볼 수 있기에 한국 사회의 정치경제적, 역사적, 담론적 심층구조와 무관하지 않다. 총장 개개인의 판단만이 아니라 사회구조적 현상으로 볼 수 있다는 뜻이다.

그 맥락에서 김예슬, 심해린, 채상원, 주현우의 대자보 내용을 촘촘히 짚을 필요가 있다. 대학을 삼각동맹의 하나인 '적'으로 규정한 사실엔 동의하지 않더라도 냉철하게 성찰할 문제들이 담겨 있기 때문이다.

대학은 글로벌 자본과 대기업에 가장 효율적으로 '부품'을 공급하는 하청업체가 되었다거나 큰 배움도 큰 물음도 없는 '대학(大學) 없는 대학'에서 무엇이 진리인지 물을 수도 없었고 '사제간의 믿음'도 찾을 수 없었다는 대학생의 판단은 근거 없는 '선동'인가? 비정규직과 청년실업이라는 이름표를 달고 고통받는 청년들을 언제까지 외면할 것인가를 교수에게 묻는 대학생은 과연 뜬금없는 것인가? 인문학의 위기를 외친 수많은 교수들이 정작 지식의 도구화를 비판하는 학생들의 저항에 왜 침묵하느냐는 대자보는 지나치게 감정적인가? 대학이란 곳은 본격 무한경쟁의 닫힌 공간일 뿐이

세대는 학교법인 이사회가 인준 대상자를 지명하면 교수들이 이에 대해 찬반 투표를 실시한다. 정갑영 총장은 이사회로부터 인준 대상자로 지명된 뒤 교수 직선투표에서 86.6%의 지지를 받아 총장직에 올랐다. 고려대도 '총장후보자 추천위원회'를 열고 총장 후보에 응모한 10명 중 예비심사 투표를 통과한 후보자 9명의 발전 계획서 등을 검토해 후보를 3명으로 압축했다. 총장 추천위는 각 단과대 대표 교수 15명, 재단 인사 4명, 교우회 인사 5명, 교직원 3명, 학생(안암 세종 캠퍼스 및 대학원 총학생회장) 3명 등 총 30명으로 구성됐다. 심사에서 김병철이 가장 높은 점수를 얻었다.

며 그 공간은 우리에게 그 어떤 삶의 의미도, 방향도 가르쳐주지 않는다는 대자보는 침소봉대인가? 마을에 고압 송전탑이 들어서 주민이 음독자살하고 자본과 경영진의 '먹튀'에 저항한 '죄'로 해고 노동자에게 수십억의 벌금과 징역이 떨어지고, 안정된 일자리를 달라 하니 불확실하기 짝이 없는 비정규직을 내놓은 수상한 사회에 대학은 침묵하고 있다는 주장은 사실과 다른가?

네 학생이 던진 문제를 한국 대학을 '대표'하는 세 대학의 총장과 그들을 총장으로 뽑는 데 동의한 다수의 교수들이 진지하게 답하거나 최소한 성찰할 필요가 있다. 심해린(2010)은 '자유 · 정의 · 진리', '진 · 선 · 미', '의에 죽고 참에 살자'와 같은 건학정신은 버린 채 "대학을 취업 학원으로 전락시킨 각 대학 총장님들"에겐 "기대조차 하지 않는다"고 대자보에 썼지만, 교육자로서 학생들과의 적극적인 커뮤니케이션은 필요의 차원을 넘어 의무이기 때문이다.

경영대 학장 이두희 – 2010년 총장 후보로도 '출마'했다 – 는 '세계경제의 성장을 주도하게 될 진정한 글로벌 경영리더'라는 원대한 꿈을 펼치라고 주문하지만, 그 대학 학생은 대자보를 붙이며 대학을 '적'으로 규정해 자퇴하고 그 학생을 지지하는 움직임이 끊어지지 않는 대학의 오늘은 누구를 위해서도 바람직하지 않다.

소수이지만 '진보적 교수'들도 책임에서 자유롭지 못하다. 김예슬 선언에 대해 "가장 진보적이라는 언론조차 이 의미를 알아채지도, 제대로 다루지도 않았다. 진리를 논하며 우리의 숨통을 틔워주던 진보 지식인과 교수님들조차 거의 모두가 침묵했다. 몇몇 분들은 '거의 눈물 날 정도로 기뻤다', '뒤늦은 성년식을 축하한다'며 좋은 소리를 하면서도 정작 교수직인 자신에 대한 성찰은 빠져 있었다"는 비판이 나왔기 때문이다(심해린, 2010).

대학은 삼각동맹의 도구적 지식을 생산하는가라는 연구문제 1에 대해 지금까지의 분석에 근거해서 확정적 결론을 내리기는 어렵다. 대학이 정부 및 기업과 '동맹'을 형성하고 있다거나, 대학의 모든 지식이 기존체제를 유지하고 강화하기 위한 도구라고 단언할 근거를 찾지는 못했기 때문이다.

그러나 적어도 대학이 정부 및 기업과 논리를 공유하며 기업이 요구하는 지식을 생산하는 경향(tendency)은 확인할 수 있다. 실제로 그런 경향에 대한 비판은 교수들에 의해 간헐적이나마 제기되어 왔다.

이득재(2008, 165쪽)는 권력이 대학을 신자유주의적으로 재편해왔고, 궁극적 목적은 '기업 대학'을 만드는 데 있다며 국가 · 자본 · 대학을 삼각동맹으로 비판했다. 고대를 2008년 정년퇴임한 정치학자 최장집은 퇴임강연에서 "민주주의 발전에서 대학에 어떤 역할도 기대하기 어렵다"며 대학이 "신자유주의적 세계화를 추동하는 본산이자 동시에 그 세계화의 부정적 결과가 그대로 집중되는 곳"이라고 지적했다(경향신문 2008년 6월 21일자). 그는 대학의 외적 발전은 이미 세계적 수준을 넘어서 미국의 일류 대학에 비해 모자라지 않지만 내적 발전은 별로 나아진 것이 없다며 무엇보다 "사회정의와 진리를 추구하는 열정을 발견하기 어렵다"고 말했다(매일경제 2008년 6월 21일자). 서울대를 정년퇴임한 경제학자 김수행도 자본주의사회는 "자본가 계급과 연관된 정치인, 공무원, 학자가 지배계급을 형성하고 있다"며 학자를 지배계급 형성의 주요 부분으로 보았다(김수행, 2013).

따라서 대학이 기업과 시장을 위한 도구적 지식을 생산하는 경향성에 대해 이제는 '대학 공론장'에서 적극 논의해가야 옳다. 그런 논의마저 없을 때 대학이 정부 및 기업과 논리를 공유하는 상황은 물론, 도구적 지식 생산으로 인한 지식인들의 도구화 추세도 가속화할 수밖에 없다.

□ 지식 생산의 패러다임을 바꾸자

① 신자유주의적 경쟁 패러다임

대학이 도구적 지식을 생산하는 경향성이 뚜렷하다면, 지식기반사회에서 바람직한 지식－여기서 지식은 다니엘 벨을 따라 '이성적 판단이나 경험적 결과를 제시하는 사실이나 개념에 관해 조직화한 진술의 집합체'로 정의한다－은 무엇인가에 대한 논의가 마땅히 따라야 한다. 행정학자와 경제학자로서 각각 서울대와 연세대 총장을 맡고 있는 두 교수가 '공기업 민영화'를 시종일관 강조한 지식[116], 전경련의 논리를 대변하며 '노동의 경영 참여'를 비난해온 지식[117]이 과연 얼마나 학문적 진실에 부합하고 사회적으로 정당성 있는 것인가라는 물음에 회의적일 수밖에 없기 때문이다. 대학에 영어 강의를 더 늘리고 외국인 교수를 더 채용한 게 대학 총장의 '업

---

[116] 공기업 민영화가 세계 곳곳에서 어떤 결과를 불러오는지에 대해서는 이미 여러 연구 결과가 나와 있다. 예컨대 영국 상수도사업이 민영화된 뒤에 수도 요금은 거의 50퍼센트나 올랐고, 요금을 내지 못한 2만 가구에 수돗물 공급이 중단되었다. A형 간염 발병은 몇 년 사이에 갑절로 늘었고, 남아프리카공화국에서는 콜레라 전염병이 창궐했다. 결국 미국 애틀랜타, 프랑스 그르노블, 독일 포츠담에서 수돗물 민영화 실험은 중단됐고, 볼리비아 물 전쟁이 상징하듯이 시민의 저항으로 다국적 기업이 철수한 사례도 있다. 미첼 라이몬과 크리스티안 펠버는 세계 곳곳에서 실행되어온 무분별한 민영화의 실체를 드러내며 피해 현장을 생생하게 기록했다. 그들은 "건강은 돈으로 환산할 수도 없고 금으로 그 무게를 잴 수도 없다. 이것을 깨닫기 위해 군이 경제학을 공부할 필요는 더더욱 없다. 그런데 전 세계에서 관찰되는 한 가지 흥미로운 현상이 있다. 경제학을 공부한 다음에는 건강이 다른 상품과 똑같은 물건이며, 따라서 자유시장에서 거래되어야 한다고 생각하는 사람이 적지 않다"고 비판했다(Michel Reimon, 2003, 53쪽).

[117] 현대자동차 노사합의에 대해 "경영권 침해 조항은 세계 어느 나라에서도 유례를 찾기 힘든 것"이라는 재계의 반발은 전혀 사실과 다르다. 독일은 현대자동차 노사합의와 차원이 다를 만큼 높은 수준의 노사공동 결정제도를 운영하고 있다. 사실을 호도하는 주장을 재계가 펼 때 그것을 바로잡아야 할 학자가 오히려 그들의 논리를 강화해주는 발언을 한 것은 어떤 이유를 들더라도 정당화될 수 없다.

적'으로 과시되는 상황에선 더욱 그렇다.

서울·연세·고려대 총장들이 세계 속의 '글로벌 대학'을 강조하는 상황이기에 그 '글로벌'이라는 개념에 담긴 '지식'부터 학문적 논의가 필요하다. '글로벌 시대'라는 말이 거의 모든 대학에서 애용되고 있듯이, 실제로 글로벌은 외면할 수 없는 시대적 흐름이 된 게 엄연한 사실이다. 20세기 말부터 몰아친 정보과학기술 혁명으로 지구촌이 하나로 연결되어 가는 현상은 과거와 견주어 또렷하다. 특히 한국 사회에서 살아가는 사람들의 삶은 세계 경제의 흐름과 깊숙이 연결되어 있다. 1997년 IMF 이후 신자유주의 체제가 뿌리내리면서 한국 경제의 대외 의존도가 한층 커졌기에 세계적 흐름의 정확한 인식은 개개인에게 삶의 조건이 되었다.

문제는 세계를 바라보는 한국 사회의 인식이 너무 빈곤하다는 데 있다. 일차적으로는 미국 중심의 신자유주의적 세계화를 곧 '글로벌'로 여론화하는 신문과 방송 보도 때문이다. 김성해·심영섭(2010)은 한국인이 세계를 바라보는 창문이라 할 수 있는 국제뉴스가 "갇혀 있을뿐더러 국제 이슈를 비판적·종합적으로 읽는 데 한계가 있다"고 분석한다. 한국 언론에선 미국이 곧 국제사회이고, 로이터와 AP가 취재하고 연합뉴스가 번역해주는 기사만으로 국제사회에 대한 인식이 충분하다고 생각하는 사람이 많은 게 현실이다.

더 큰 문제는 한국 언론의 '갇힌 창문'을 지적해야 할 대학이 오히려 그 '닫힌 논리'를 강화한다는 데 있다. 그 점에서 언론학의 책임은 다른 학문보다 크다. 한국 언론이 신자유주의적 경쟁체제를 곧장 '글로벌 스탠더드'로 등식화하는 상황에서 신문과 방송에 대한 산업적 접근과 연구는 많았던 반면에, 언론의 '갇힌 창문'과 특정한 여론 형성에 대한 비판적 연구는 적었다. 미디어 현상에 대한 도구적 접근은 전국 종합일간지 시장을 독과점하고 있는 세 신문사에 종합편성채널을 주는 과정에서 '이데올로그'로

활동했던 언론학자들의 모습에서도 확인할 수 있다.[118]

세 대학 총장 오연천과 정갑영, 김병철의 현실 인식과 학자적 실천 활동에서 나타나듯이, 그들에게 '글로벌'은 '미국식 신자유주의 경쟁체제'와 등치된다. 오연천·정갑영과 달리 독일에서 학위를 받은 김병철까지 영어 강의와 외국인 교수 비율을 강조하며 '세계 최고의 명문대학'으로 가는 경쟁을 강조하고 있다.

미국 중심으로 세상을 바라보고 연구하면서 한국 사회의 공론장은 물론, 대학의 학문적 공론장마저 '티나(Tina)식 사고'(There is no alternative)가 지배하고 있다. 다름 아닌 세 총장의 글과 말, 사회적 실천이 그 증거다. 공기업 민영화와 신자유주의적 경쟁체제를 글로벌 스탠더드로 여기고 대학 경쟁력에 몰입하는 대학 총장들의 생각은 미국의 노벨 경제학상 수상자 스티글리츠(2012)나 폴 크루그먼(2012)이 신자유주의를 비판하는 모습과 대조적이다.

스티글리츠(Stiglitz, 2012, 123쪽)는 "근대 경제학의 아버지로 불리는 애덤 스미스는 개인적인 이익 추구는 마치 보이지 않는 손처럼 만인의 행복을 창출한다고 주장"했지만 "금융위기를 거친 오늘날에는 어느 누구도 금융업자들의 개인적인 이익 추구가 만인의 행복으로 이어진다고 주장하지 않는다"고 강조한다. 그들의 이익 추구는 기껏해야 금융업자들의 행복으로 이어졌을 뿐이고, 사회의 나머지 성원들에게는 희생을 안겼다는 것이다. 역시 노벨경제학상 수상자인 폴 크루그먼(Krugman, 2012, 114쪽)은 신자유주의 체제 아래서 미국은 상위 1%가 전체 소득에서 차지하는 비중이

---

118 이명박 정부 시기에 공영방송인 문화방송의 경영진으로 '좌파 방송인 축출'을 과시하듯 발언한 방송문화진흥회 이사장이나 한국방송의 사장을 임기 중에 사임시키는 데 앞장선 한국방송 이사장 모두 언론학자였다는 사실은 언론 못지않게 언론학자들이 권력의 도구가 된 사례다.

7.7%에서 17.1%로 증가했다면서, "그 말은 다른 조건이 그대로라면 그밖에 다른 모든 사람들의 소득 비중은 약 10% 줄어들었다는 뜻이라고 간명하게 비판했다.

요컨대 문제는 신자유주의 경제체제가 더 이상 '글로벌 스탠더드'도 아니고, 신자유주의의 본산지인 미국에서도 노벨경제학상 수상자들에 의해 비판받고 있다는 데 있다. 더 큰 문제는 그럼에도 한국의 학계와 언론계는 여전히 '글로벌'의 의미를 '신자유주의식 경쟁체제'로 등식화하는 사람들이 많다는 데 있다.

② 자본주의 다양성과 다양한 지식 소통

토머스 쿤(Kuhn, 1962)은 '한 시대를 지배하는 과학적 인식 · 이론 · 관습 · 사고 · 관념 · 가치관 등이 결합된 총체적인 틀 또는 개념의 집합체'를 '패러다임'으로 정의했다. 쿤에 따르면, 과학사의 특정한 시기에는 언제나 개인이 아니라 전체 과학자 집단에 의해 공식적으로 인정된 모범적인 틀이 있다. 한국 언론계와 학계에서 미국 중심으로 세계를 바라보고 연구하는 것이 '정상과학'(normal science)처럼 받아들여져 온 것이 그 전형적 사례다.

한국 대학은 변화해가는 세계를 풍부하게 이해하기 위해서는 물론, 창조적 지식을 생산하기 위해서라도 패러다임 전환이 필요하다. 한국 사회와 대학의 현실에서 패러다임 전환의 이론적 기반은 '자본주의 다양성'(VOC) 이론에서 찾을 수 있다. 그 제안에 "한국 사회와 대학의 현실에서"라는 조건을 붙인 이유는 명료하다. 자본주의 다양성 이론이 21세기 들어여러 나라에서 논의되고 있기에 세계적 차원에선 새로운 패러다임이라 할수 없지만, 신자유주의적 경쟁체제, 미국식 정치경제체제가 선진국으로가는 '유일한 모델'로 암묵적이든 명시적이든 소통되고 있는 한국 사회와대학의 현실에는 패러다임 전환이 분명하기 때문이다.

물론, 한국 학계가 VOC에 대한 연구에서 완전히 뒤처져 있는 것은 아니다. 학계 일각에서 미국식 경제체제에 대한 비판과 한국의 발전모델에 대한 논의가 개진되어왔다. 이병천(2005), 이정우(2005), 조형제 · 정건화 · 이정협(2006), 김인춘(2007)의 연구가 그것이다. 그들의 연구에는 세계화가 경제와 제도를 신자유주의라는 하나의 모델로 수렴시킨다는 자본주의 수렴화 이론과 달리, 지역 또는 국가 사이에 자본주의의 다양성이 지속된다는 '자본주의 다양성' 이론이 전제되어 있다. 하지만 대학의 '주류'를 형성하고 있는 지식 생산은 서울 · 연세 · 고려대 총장의 글에서 확인할 수 있듯이 신자유주의적 경쟁체제를 '글로벌 기준'으로 전제하고 있다.

자본주의 다양성 이론은 선진 자본주의 국가의 유형과 특징을 설명하는 이론(Hall & Soskice, 2001)으로, 특정한 이데올로기가 스며들어 있지 않다. 경제체제의 다양성을 접근하는 이론적 갈래도 다채롭다. 가장 많이 알려진 이론은 '주주 자본주의'와 '이해관계자 자본주의'의 구분이다(Hutton, 2002). 이해관계자 자본주의는 시장의 사회적 책임성을 강조하고 자본의 구조적 권력에 대한 견제장치를 제도화한다.

생산체제(production regimes)를 중시한 학자들은 조정시장경제(coordinated market economy, CME)와 자유시장경제(liberal market economy, LME)로 유형화한다(Soskice, 1999). 시장경제체제를 중심에 놓고 사회적 시장경제와 자유시장경제로 구분하는 학자도 있다. 경제개방의 대응 방식에 초점을 두고 이익집단 조직 및 관료의 역할에 따라 자유주의적 대응 방식, 국가주의적 대응 방식, 코퍼러티즘(Corporatism, 사회적 합의주의) 대응 방식으로 구분할 수도 있다. 사회경제시스템을 영미모델, 사민주의모델, 동아시아모델, 유럽대륙모델, 남부유럽모델로 유형화(Amable, 2004)하기도 한다. 일찍이 에스핑 안델센(Esping−Andersen, 1990)은 복지를 기준으로 선진 자본주의 체제를 세 가지 유형으로 구분했다. 복지제도의 포괄성, 보편성, 관대성을 기준으로 한 탈상품화의 정도에 따라 사회민주주의 복지국가, 보수적 복지국가, 자유주의적(또는 잔여적) 복지국가가 그것이다.

지구촌 시대를 맞아 자본주의가 신자유주의적 세계화로 단일화되고 있다는 생각이 한국 학계에선 지배적이지만, 다양성은 오히려 더 두드러지게 나타나고 있다. 자유시장경제가 더 신자유주의적으로 발전하고 있는 반면, 조정시장경제는 탈규제보다 오히려 자국 제도의 안정성과 비교우위성을 극대화하고 있기 때문이다(김인춘, 2007).

지금까지 언급했듯이 세계가 사회주의 체제 몰락 이후 자본주의 경제체제로 단일화했다고 해서 모두 똑같은 체제로 운영되는 것은 아니다. 자본주의 경제체제 내부에도 여러 갈래가 있기 때문이다. 따라서 미국식 모델을 유일한 선진 경제체제로 – 의식했든 안 했든 – 전제한 패러다임에서 벗어나야 옳다.

신자유주의적 체제를 글로벌 스탠더드로 전제하는 패러다임에서 벗어날 때,[119] 자본주의에도 다양한 정치경제체제가 존재하고 있다는 사실을 중시할 때, 한국 대학에서 가르칠 수 있는 지식은 지금보다 훨씬 더 풍요로울 수 있다. 다양한 프레임으로 세상을 바라볼 때, 창조적 경제도 가능성이 열린다.

신자유주의적 세계화 세력은 지구촌의 모든 나라를 '경쟁'으로 압박하며, 경제의 구조조정 과정에서 국가는 아무런 구실도 할 수 없고, 시장과 초국적기업이 세계경제를 주도한다고 주장했다. 하지만 자본주의 다양성

---

119 한국의 지식 생산에 패러다임 변화가 필요하다는 논의는 김현철·류웅재의 연구에서도 나타난다. 김현철·류웅재(2013)는 애덤 스미스와 신자유주의자들이 주장했던 '보이지 않는 손'은 본래 존재하지 않았다며 '근대 이성론에 입각한 학문과 믿음의 체계'라는 패러다임에 변화가 요청된다고 주장했다. 기실 자본주의 다양성 이론 또한 자본주의에 대한 획일적 이해를 벗어나는 데서 출발한다.

이론에서 판단할 때 그것은 이데올로기에 지나지 않는다. 앞서 언급한 많은 연구들이 보여주듯이, 세계화의 압력에 따른 각국의 대응은 동일하지 않다.

정치와 경제가 어떻게 연관되느냐에 따라 다양한 경제체제가 가능하다는 '지식'은 세계화 시대에 피할 수 없는 국가 경쟁력과 무관한 논의가 아니다. 오히려 '지식기반경제'가 보편화해가는 시대에 국가 경쟁력을 회복하기 위해서라도 필요하다. 세계화 시대에 여러 국가의 경쟁력은 국내 기업이 세계 시장에서 상품을 판매할 수 있는 성과 경쟁력(performance competitiveness)만이 아니라 구조 경쟁력(structural competitiveness)을 포함한다(신동면, 2004).

따라서 세계화의 압력에서 우리가 나아가야 할 정치경제체제가 영·미식의 자유시장 경제체제와 자유주의적 복지국가로 한정되어 있지 않다는 지식을 폭넓게 공유할 필요가 있다. 미국식 신자유주의 체제만이 세계화이고 글로벌 스탠더드라는 논리, 또는 그것만이 경쟁력을 강화한다는 논리 모두 근거가 없기 때문이다.

세계화라는 압력 앞에서도 개별 국가들은 어떤 정치적 선택을 하느냐에 따라 서로 다른 경제체제를 발전시켜가고 있다. 특히 한국의 정치경제체제는 기존의 관료 주도의 경제성장 모델과 신자유주의 모델[120]로 풀 수 없는 여러 가지 문제점을 안고 있고, 그로 인한 갈등이 끊임없이 불거지고 있다.

---

[120] 1960년대 이후 경제성장을 주도했던 관료 주도 모델은 1980년대 후반부터 약화되면서 1997년의 외환위기를 맞았다. 1980년대 후반 이후 한국은 국가기구가 자본을 효과적으로 통제하지 못했고, 국가정책의 사회적, 민주적 기반을 확립하지 못하였다. 이병천은 시장 자유화로 발전모델의 부분적 전환이 '재벌 이익에 부합되는 신자유주의적 국가'로 귀결되는 결과를 가져왔다고 분석했다(이병천, 2005). 특히 경제위기 직후 – 김대중 정부가 들어섰지만 – 한국 경제는 영미형 자유시장경제(LME) 체제로 급속히 전환되었다. IMF의 요구를 무비판적으로 수용함으로써 근본적으로 시장에 순응하는 체제로 변화했다.

미국식 자본주의 체제와 다르다고 해서 유럽식 자본주의 체제를 그대로 따르는 것 또한 주체적인 태도가 아닐뿐더러 현실에 적용 가능성도 적다. 바로 그렇기에 한국 사회에 대한 과학적 현실 분석을 밑절미로 새로운 정치경제체제를 구상하는 국내 싱크탱크들의 연구 성과도 가볍게 볼 수 없다. 한국 사회에 신자유주의 체제가 보편화하면서 2005년부터 새로운 사회를여는연구원(새사연), 희망제작소, 복지국가소사이어티를 비롯한 싱크탱크들이 대학 밖에 출범했고 어려운 재정 여건 속에서도 꾸준히 대안적 정책 의제를 제시해왔다. 대학이 도구적 지식 생산에 매몰되어갈 때 대학 밖에서 창조적 지식 생산이 이뤄져 온 셈이다.[121]

경제체제의 다양성과 정치경제의 연관성을 중시해서 세계화를 탐구하면, 경제를 비롯한 정치·사회의 모든 부문에서 대한민국이 직면한 여러 문제와 관련해 이미 여러 나라에서 현실화 한 정책과 지식을 풍부하게 얻을 수 있다.

이를테면 2013년 현재 한국 사회의 큰 쟁점인 부익부 빈익빈이나 청년실업의 문제들을 다른 나라들은 어떻게 대처했는지, 양극화를 해소하기 위해서는 무엇이 필요한지, 2012년 대선에서 여야 가릴 것 없이 공약한 '경제 민주화'의 구체적 정책들은 다른 나라들에서 어떻게 구현되고 있는지와 같은 지식들은 대학생은 물론, 한국 사회에서 살아가는 대다수 사람들에게 긴요하다.

경제문제와 관련한 지식만이 아니다. 왜 그 나라들에서는 '입시 지옥'이 없는지, 왜 노동시간이 우리와 견주어 큰 차이가 있는지, 청소년과 노동자들을 자살로 몰고 가는 교육 문제와 노동문제를 해결하기 위해서는 어떤

---

121 가령 새사연은 1960년대 정부주도 모델, 1997년 이후 자본주도 모델과 다른 '노동 중심 모델'을 제시했고, 그것을 하부구조로 '주권 민주주의'를 구상했다(손석춘, 2014).

'선진국 정책'이 필요한지도 대학생과 사회 구성원들이 두루 알고 싶은 지식이다. 아니, '알 권리'가 있는 지식이다.

이 글은 유럽의 복지국가 정책을 우리 현실을 고려하지 않고 무조건 도입하자거나 주주자본주의보다 이해관계자 자본주의가 더 좋다는 차원의 논리를 전개하려는 게 아니다. 그런 가치 판단 이전에 자본주의 정치경제체제가 다양하다는 사실에 관한 지식, 자본주의로 운영되는 나라들에서 한국인의 일상과 사뭇 다른 삶을 영위하는 사람들이 있다는 지식이 한국 대학은 물론 사회 전반에 폭넓게 공유되어야 한다는 것을 제안하는 데 목적이 있다. 정책 대안에 대한 풍부한 지식은 사회적 문제를 해결하는 과정에서 상상력을 넓히고 창조적 지식 생산을 북돋을 수 있다.

벨이 정의한 '이성적 판단이나 경험적 결과를 제시하는 사실이나 개념에 관해 조직화한 진술'들을 광범위하게 소통하고 새로운 지식을 생산해내는 과정에서 선입견 또는 편향성이 있을 때, 지식기반사회를 선도해가는 것은 불가능하다. 정치경제체제의 다양성과 정책대안들에 대해 지식을 공유하고 그 다채로운 지식들을 소통함으로써 새로운 창의적 지식이 생산되는 선순환을 이룰 때, 그때 비로소 한국 대학은 도구적 지식 생산 경향에서 벗어나 진정으로 새로운 시대를 선도해갈 수 있다.

☐ 소통과 융합으로 가는 길

'세계 일류 대학'으로 '인류 사회를 선도할 지식'을 생산한다는 대학 총장들의 다짐과 '취업 브로커'로 도구적 지식을 생산할 뿐이라는 대학생들의 대자보 선언에 확연히 드러났듯이, 대학의 지식 생산을 바라보는 두 시각은 아무런 커뮤니케이션 없이 평행선을 달리고 있다. 두 시각 사이에 소통을 위해 이 글에서는 두 가지 연구문제를 설정했다. 첫째, 대학은 권력-자본과 삼각동맹을 형성하고 도구적 지식을 생산하는가? 둘째, 대학이 생산해야 할 바람직한 지식의 패러다임은 무엇인가?

연구 결과, 한국 대학은 삼각동맹을 형성하고 도구적 지식을 생산한다고 단정할 수는 없지만 그런 경향은 뚜렷하게 나타나고 있다. 따라서 자본주의 다양성 이론에 근거해 다양한 지식의 생산과 폭넓은 지식 소통이 필요하다. 근대 대학의 정신을 확립한 훔볼트(Humboldt)의 말처럼 대학의 이념이 '교수와 학생으로 이루어진 자유롭고 평등한 학문 공동체'라면, 대학이 자본의 도구적 지식을 생산한다는 대자보 앞에 학자들의 성찰이 필요하다.

새삼 강조하지만 자본주의 다양성에 근거한 풍부한 지식들의 소통과 융합은 기존의 보수와 진보, 좌파와 우파의 문제로 바라볼 의제가 아니다.

서울·연세·고려대 총장을 비롯한 그의 선임에 찬성한 다수 교수들에게 자본주의 다양성 이론에 근거한 폭넓은 지식의 소통을 주장하는 것은 '좌파'로 보일 수 있고, 반면에 마르크스 연구를 꾸준히 해나가는 몇몇 학자들에게는 '우파' 개량주의로 보일 수밖에 없다. 바로 그렇기에 VOC는 지식을 생산하고 소통하는 데 적합한 연구 기반일 수 있고, 한국 대학의 갈등을 풀어가는 이론으로 '유용할 수 있다.

이 글은 지식 생산에 대한 대학 안의 두 시각 사이에 커뮤니케이션을 목적으로 했지만, 문제를 제기하는 수준에 그치는 한계를 지니고 있다. 앞으로 더 정교한 논의, 의미 있는 커뮤니케이션을 위해 세 가지를 제언한다.

첫째, 경향에 대한 경계다. 대학이 권력·자본과 삼각동맹을 형성하고 도구적 지식을 생산한다는 비판에는 대학에 몸담고 있는 학자들 대다수가 선뜻 동의하지 않을 것이다. 하지만 문제는 그런 경향이 서울·연세·고려대 총장들이 교수로서 걸어온 길과 글을 분석해보면 나타난다는 데 있다. 따라서 그럴 의도가 없다면, 세 대학 총장들과 대학사회에 성찰이 필요하다. 훔볼트가 '대학정신'을 강조하며 직업적 유용성을 앞세우는 계몽주의적 교육을 비판하고 권력과 일상성으로부터 해방된 공동체를 모색(이광주, 2008, 48쪽)한 이유, 훔볼트 이후 대학의 이념이 '고독과 자유'로 존중받아온 이유를 짚어야 한다.

둘째, 자본주의 다양성에 근거한 다양한 지식의 소통이다. 미국식 신자유주의 체제가 보편적인 자본주의 체제라고 생각하거나 심지어 유일한 자본주의 체제라고 의식적이든 무의식적이든 전제하는 경직된 패러다임에서 벗어나야 한다. 특히 자연과학적 지식과 달리 인문사회과학의 지식은 현실을 비판적으로 분석하고 더 나은 삶을 전망해야 하기에 더욱 그렇다. 신자유주의적 경쟁체제라는 특정한 패러다임에 맞춰 대학의 경쟁력을 평가하고 특정한 틀의 논문 형식에 맞춘 양적 지식 생산을 '독려'해온 것은 아닌지 성찰이 필요하다. '지식기반사회'론에 비춰보아도 지식 생산과 소통은 다양하게 펼쳐져야 한다.

셋째, 대학에 점점 커져가는 조선·중앙·동아일보사의 '영향력'에 대한 비판적 인식과 실천이다. 언론시장을 독과점한 세 신문사는 단순히 보수 성향의 언론이 아니라, 저널리즘 원칙에 어긋나는 보도와 논평을 무시로 해왔다. 각각 종합편성 채널을 확보한 뒤 폐해는 더 심각하다(손석춘, 2011). 무엇보다 그 신문들이 대학을 평가하며 사실상 줄 세우는 현실은 학계 차원의 심도 있는 논의를 요구하고 있다. 사회적 지탄을 받고 있는—그 지탄에 동의하든 않든 엄연한 사회현상이다—언론사가 학문의 건강성까지 위협한다면, 시대적 '난센스'가 아닐 수 없다. 학자가 '독과점 언론'의 문제를 비판해야 할 때 오히려 그들의 논리를 강화하는 칼럼 기고를 '명예'나 '사회참여'로 인식한다면, 언론과 대학의 미래는 모두 어둡다.

지금까지 논의했듯이 대학이 도구적 지식의 생산기지로 변해가는 경향은 교수와 학생은 물론, 국가의 미래를 위해 바람직하지 않은 흐름이다. 대학가에 열흘 동안 걸린 1200여 장의 대자보는 한국 대학에 울린 '경보음'이다. 더 늦기 전에 도구적 지식 생산과 지식인의 도구화를 학문의 공론장에서 자유롭고 평등하게 숙의할 때다.[122]

---

122 이 글은 제목 그대로 한국언론학회의 『커뮤니케이션이론』 10권1호(2014년 봄)에 실렸다.

8장

리영희 비판과 반비판의
논리적 비판

☐ 리영희 바로 보기

한국 언론의 '정파주의'[123]가 깊어가고 있다는 우려의 목소리가 언론계는 물론 학계에서 커지고 있다. 정파적 언론의 문제점은 언론계가 함께 기려야 할 언론인을 두고도 평가가 엇갈리는 모습에서 극명하게 드러난다. 한국기자협회가 2006년 제정한 '기자의 혼' 상 첫 수상자인 리영희를 바라보는 시선이 바로 그것이다. 조선일보·동아일보·중앙일보가 전하는 언론인 리영희와 한겨레·경향신문에 나타난 리영희는 사뭇 대조적이다.

리영희는 그의 비판자들조차 인정하듯이 한국 언론계는 물론, 사회 전반에 깊고 넓은 영향을 끼친 언론인이기에 문제는 더 심각하다(연세대학원신문, 1999년 12월 9일자 10면). 언론계를 포함해 지식인 사회에서 리영희를 바라보는 스펙트럼은 '냉전−반공시대의 어둠'을 밝혀준 '사상의 은사'에서 '의식화의 원흉'까지 극에서 극이다. 그런 사회적 평가에 정파적 언론이 큰 몫을 해온 것은 주지의 사실이다.

그럼에도 언론학계에서 리영희에 대한 평가는 "초보 수준"이다(최영묵, 2012b). 학계에서 논란이 일어났지만 철학자나 정치학자들이 주도했다. 언론학자들이 대응했다고 하더라도 짧은 글이 많았고, 학술지를 통해 논의가 이뤄지진 못했다. 바로 그렇기에 『한국언론정보학보』가 리영희와 송건호, 장준하까지 기획논문으로 짚은 것은 큰 의미가 있다.[124] 더구나 리영희의 제자였던 언론학자 최영묵과 한겨레 기자 출신 연구자 이봉현이 내놓은 두 편의 논문은 언론학계에서 리영희를 연구하는 디딤돌이 될 수 있다.

---

123 이 글에서 정파주의의 개념은 "언론의 보도 자세가 정치세력 또는 정파의 정책노선과 밀접하게 공조현상을 보이는 상태"로 커뮤니케이션학계에서 논의하는 "정당과 매체의 병행관계(Press−Party Parallelism)"를 의미한다(이재경, 2008).

124 한국언론정보학회(2012), 『한국언론정보학보』 통권 59호,

최영묵(2012b)은 리영희의 저술과 인터뷰 분석을 통해 언론 사상가이자 실천가의 면모를 잘 드러내 주었다. 최영묵이 부각했듯이 리영희는 '현장 언론인'이자 투철한 계몽주의자로 살면서 사상의 자유, 실천으로서의 저널리즘 정신 확산을 위해 노력한 한국 사회의 '계몽적 지식인'이었다. 최영묵은 맺음말에서 "20세기 후반 한국 사회, 한국 언론계, 한국 언론학계에 리영희 선생이 존재했다는 것은 큰 축복"이라고 평가했다. 다만 최영묵 스스로 '연구의 한계'라고 밝혔듯이 리영희에 대한 극단적으로 대립되는 시선과 논리를 분석하지 않았을 뿐만 아니라 그 함의에 대해서도 논의하지 못했다. 최영묵은 "관련한 후속 연구를 통해 보완이 필요하다"고 매듭지었다. 이봉현(2012)은 리영희의 언론사상과 언론 현장을 함께 분석했지만 '뉴미디어 환경과 언론인 직업 규범'의 맥락에서 짚었기에 아쉬움이 남는다.

이 글은 리영희의 언론사상과 실천을 정리한 최영묵과 뉴미디어 시대의 직업 규범을 열쇳말로 분석한 이봉현의 논문을 디딤돌 삼아 두 논문이 집중하지 않은 문제를 학계의 공론장에 제기하는 데 목적이 있다.

그 문제의식은 '기자의 혼' 상 첫 수상자인 리영희에 대해서까지 극단적 평가를 서슴지 않은 한국 언론에 소통이 필요하다는 판단과 이어져 있다. 평행선을 이루는 평가들에 소통을 시도하는 이유는 두 가지로 간추릴 수 있다.

첫째, 이미 고인이 된 리영희를 두고서도 생존 때와 다름 없이 언론계 안팎에서 논쟁이 지속되고 있기 때문이다. 이를테면 조선일보가 리영희를 일러 '비겁한 지조'로 몰아세우는 대학교수의 칼럼을 게재하는 것이 그런 대표적 사례.[125] 리영희를 둘러싼 학계와 언론계의 비판이 끊어지지 않

---

[125] 서울대 사학과 교수 박지향은 '용기 있는 변절과 비겁한 지조' 제하의 칼럼(2011년 3월 24일자)에서 다음과 같이 썼다. "나 역시 학창시절 사회의식이 있는 젊은이들의 필독서

는 모습은 그만큼 리영희의 글이 큰 영향을 끼쳤다는 사실을 입증해주지만 학자들과 언론인들이 틈날 때마다 제기하는 비판들[126]에 문제점이 있다면 그 오류가 더는 여론을 오도하지 않도록 엄밀한 학문적 분석이 필요하다.

둘째, 근본적으로 리영희는 정파적 언론 질서에서 어느 한 쪽에서만 높이 평가하고 다른 쪽은 낮춰 평가해도 좋을 언론인이 결코 아니기 때문이다. 리영희는 갈수록 정파주의에 물들어가는 한국 언론이 저널리즘의 본령을 되찾는 과정에서 중시해야 할 언론인이다. 리영희를 대립되는 정파의 어느 한 편만 추앙하는 '사상의 은사'로 기리는 데서 더 나아가야 한다는 게 이 글의 문제의식이다. 리영희가 "언론을 망치는 것도 언론인 자신이고 언론을 일으켜 세우는 것도 언론인 자신의 이념과 생활의 자세"(리영희, 1977, 308쪽)라고 강조한 사실에 주목한 이유가 여기 있다.

였던 고 리영희 교수의 저작에서 많은 영향을 받았다. 지조를 지키며 수형생활까지 마다하지 않은 그는 분명 용기 있는 지식인이었다. 그러나 나는 리 교수가 작고하기 전에 한 가지만은 인정해주기를 바랐다. 즉 자신이 모택동의 중국에 대해 잘못된 허상을 퍼뜨려 많은 젊은이들을 혼란에 빠뜨렸다는 사실 말이다. 그러나 그는 말없이 떠나고 말았다."

126 리영희에 대한 비판적 언론보도는 끊어지지 않는다. 고인의 부음 앞에서도 동아일보는 "주사파가 활개 칠 수 있는 공간을 더 넓게 만들었다"고 썼다(2010년 12월 6일 34면). 이 글을 쓰고 있는 시점에도 인터넷 정론지를 자처하는 데일리안에는 다음과 같은 글이 실려 있다. "(…) 그들이 말하는 '진보'는 리영희식 진보이다. 리영희가 지은 『전환시대의 논리』와 『8억 인과의 대화』라는 두 권의 책은 70년대와 80년대 운동권의 입문 필독서였다. 그는 80년대 말부터 '진보-보수 두 날개가 있어야 한다'고 말했고 중국과 북한을 진보, 미국과 서방을 보수라고 끊임없이 암시했다. 이 사고방식이 2012년 현재에도 고스란히 유지되고 있다"(박성현, 이제 대한민국에도 보수주의가 탄생한다, 데일리안 2012년 10월 24일). 문제는 곧 뒤에서 밝히겠지만, 서울대 교수를 비롯한 지식인들의 비판이 사실과 다르다는 데 있다.

☐ '살아 있는 신화'와 '친북 좌파의 대부'

리영희에 대한 학계와 언론계의 기존 연구와 논의는 논문 들머리에서 언급했듯이 '진보의 대부'나 '사상의 은사'에서 '의식화의 대부'나 '친북좌파의 수괴'까지 또렷하게 갈라져 있다.

먼저 리영희를 적극적으로 높이 평가하는 연구들이 있다. 철학자 박병기는 이미 1990년대에 쓴 논문 「리영희 – 휴머니즘으로서의 이데올로기 비판」에서 리영희 사상의 고갱이로 휴머니즘을 꼽고 그 사상이 '애국적 정의감'에서 출발해 이성 중심으로, 다시 이성에 대한 회의로 전개됐다고 분석했다(박병기, 1996). 이어 리영희의 삶과 사상을 평전 형식으로 짚은 책들이 출간됐다. 김만수(2003)의 『리영희 – 살아 있는 신화』는 '실천하는 지식인'과 '상식을 실천한 평화주의자'로서 리영희를 정리하고 평가했다. 강준만(2004)의 『리영희, 한국 현대사의 길잡이』는 리영희를 한국 현대사의 큰 줄거리를 읽을 수 있는 투명한 창으로 자리매김한다. 리영희가 이론에서부터 출발한 게 아니라 사실과 진실에서부터 출발해 실천으로 나아갔다는 점을 주목했다. 김삼웅(2010)의 『리영희 평전 – 시대를 밝힌 사상의 은사』는 작고 직전까지 리영희를 인터뷰해 내놓은 평전이다. 김만수, 강준만, 김삼웅의 책이 '평전'에 기울어 있다면 젊은 학자들과 언론인들이 필자로 참여한 『리영희 프리즘』(고병권 외, 2010)은 리영희의 팔순을 맞아 기획된 책으로, 세대별로 리영희를 보는 다양한 시선을 담았다.

이어 비평문으로 철학자 홍윤기(2011)의 「철학시민 그분, 리영희!」와 언론학자 최영묵(2012a)의 「언론자유와 우상타파를 위한 불퇴전의 삶」이 있다. 홍윤기는 표제에서도 확연하게 나타나듯이 리영희의 삶이 '철학함' 그 자체였다고 평가한다. 최영묵은 리영희 1주기를 맞아 리영희의 삶과 언론사상을 정리하고 현재적 의미를 분석했다. 최영묵(2012b) 스스로 지적했듯이 "홍윤기와 최영묵의 글도 리 선생 작고 후에 리 선생에 대한 '추모'를 목적으로 작성되었다는 점에서 한계가 있다."

지금까지 살펴본 논문과 저서, 비평문들이 리영희의 삶과 사상에 적극적인 긍정을 담고 있는 것과 정반대로 매우 부정적이고 비판적인 연구들이 있다. 앞서 언급한 철학자 박병기가 리영희의 휴머니즘을 높이 평가할 때, 이미 문학평론가 이동하는 리영희의 저작이 문화혁명의 실상을 왜곡했다며 "영광의 제단에서 끌려 내려왔어야" 한다고 비판했다(이동하, 1999, 170쪽). 이어 2006년부터 철학자 윤평중(2006)과 정치학자 조성환(2007), 김광동(2009)이 잇따라 리영희를 비판하고 나섰다.

특히 윤평중의 「이성과 우상: 한국 현대사와 리영희」는 철학 교수가 본격적으로 리영희를 비판한 첫 논문이다. 윤평중은 리영희의 공적을 인정하면서도 그가 한국 사회를 북한맹(北韓盲)과 시장맹(市場盲)으로 만들었다고 비판했다. 조성환(2007)은 「우상 파괴자의 도그마와 우상」 제하의 논문에서 리영희가 중국의 문화대혁명과 관련된 글을 비롯해 현실을 왜곡했다는 점에서 결코 상찬의 대상일 수 없다고 주장했다. 김광동(2009)은 비평문 「리영희－한국 친북좌파 사상의 대부」에서 아예 더 나아가 리영희는 "한국의 모택동주의자로 출발"해 "김일성과 김정일 체제에 대한 애절한 동경"을 했다며 그의 "변신"을 "월남자에서 친북자로, 모택동주의에서 김일성주의로"로 설명했다.

지금까지 기존 연구와 논의를 짚어보았듯이 리영희에 대한 연구는 엄밀한 학문적 접근보다는 평전과 비평, 대중적 저서 중심으로 이뤄져 왔다. 그나마 철학자들의 논문이 공백을 메워왔다.[127]

---

127 철학계에선 앞서 언급한 박병기가 1996년에 쓴 논문 이후 윤평중의 비평적 논문, 그리고 이순웅(2008)이 '인본적 사회주의'에 대해 분석한 논문이 나왔다.

바로 그렇기에 『한국언론정보학보』에 실린 두 편의 논문은 소중하다. 최영묵(2012b)은 「리영희의 '언론사상'과 실천에 관한 연구」에서 리영희가 남긴 17권의 저서, 인터뷰와 대담자료, 언론보도, 증언, 체험적 사실들을 검토하고, 그가 학자라기보다는 저널리스트로, 언론학자라기보다는 국제 관계나 남북문제 전문가라는 정체성을 갖고 살았으며, "평생 당대 수구언론의 기회주의와 정치권력과의 유착, 후안무치한 상업주의, 사실과 진실에 대한 왜곡에 대해 구체적인 비판을 멈추지 않았다"고 강조했다.

이봉현(2012)은 「뉴미디어 환경과 언론인 직업 규범의 변화: 리영희 언론정신을 통한 탐색연구」에서 언론인들로부터 '기자정신'의 역할 모델로 인정받는 리영희의 언론사상을 실증적 글쓰기를 통한 실체적 진실 추구, 전문성에의 열정, 독자(민중)와의 상호교육으로 정리하고 디지털시대에는 저널리즘의 가치를 열린 자세로 수용자와 밀접히 상호작용함으로써 성취해야 한다고 분석했다.

언론학계에서 리영희를 본격적으로 연구하는 데 디딤돌이 될 두 논문엔 그러나 아쉬움도 짙게 남는다. 학계에서 리영희에게 제기된 비판적 논의들을 사실상 무시함으로써 리영희를 비판하는 쪽과의 소통을 전혀 시도하지 않았기 때문이다.

물론, 비판론자들의 논리와 그 논리를 뒷받침할 논거가 두루 약하기에 굳이 학문적 토론의 대상이 될 수 없다는 판단도 가능하다. 하지만 이동하, 윤평중, 조성환, 김광동의 비판 가운데 적어도 윤평중의 그것은 논리적으로 검토해볼 만한 가치가 있다. 조성환과 김광동의 글과 달리 윤평중의 비판은 비교적 학술적으로 접근하며 나름대로 논점을 명확하게 제시하고 있기 때문이다. 따라서 리영희를 둘러싼 시각들 사이에 소통을 위해서는 학문적 비판에 학문적 대응이 필요하다. 리영희를 모택동주의자에서 김일성주의자로 변신했다는 식의 천박한 비평문과 윤평중의 비판 논문은 수준이

다르기 때문이다.

여기서는 리영희를 둘러싼 극단적 평가들 사이에 소통을 위해 양쪽의 논리를 가장 학문적으로 제시한 윤평중과 최영묵의 논문을 '텍스트'로 서로 소통하지 못한 지점은 무엇인지, 그리고 두 논문 모두 놓치고 있는 리영희의 언론사적 의미는 무엇인지 분석했다. 이를 위해 리영희를 둘러싼 학자들의 비판과 반비판의 논리가 얼마나 실제와 부합하는지 리영희의 저작과 대담에 근거해 짚었다. 직접 리영희의 언술을 통해 두 극단적 평가들을 분석할 때 옳고 그름을 정확하게 판단할 수 있기 때문이다.

☐ 리영희 비판과 반비판의 논리

① 리영희 비판의 논리

"그가 남긴 비체계적인 '인본적 사회주의' / 우리 사회 시장맹 · 북한맹 만들어". 중앙일보가 2006년 11월 8일 3면 머리기사로 편집한 제목이다. 기사는 그해 9월 18일 한국프레스센터에서 열린 '리영희 저작집' 출간기념회에서 50년 집필 생활의 은퇴를 공식 선언하는 모습의 리영희의 사진까지 큼직하게 담았다. 누가 보아도 은퇴를 공식 선언한 지성인을 겨냥한 자극적 편집이다.

문제의 기사는 "서양철학자 윤평중(한신대) 교수가 1970~80년대 '민주화운동의 대부' 리영희 전 한양대 교수를 비판적으로 재조명했다"로 시작한다. 이 기사를 주목해야 할 이유는 학계에서 논의되는 게 바람직할 문제를 그 논문이 공개도 안 된 상태에서 일간지가 종합면 머리로 큼직하게, 그것도 선정적인 제목으로 편집했기 때문이다. 집필 생활에 공개적으로 은

퇴를 밝힌 전직 교수에 대한 한 교수의 비평적 논문을 갑자기 일간지 종합면 머리기사로 올린 것은 분명 이례적이고 의도적이다. 리영희를 둘러싼 비판과 반비판이 학문의 공론장에서 제대로 논의되지 못한 이유 중의 하나가 여기 있다. 리영희를 공격하는 형태의 신문 편집이 차분하게 학문적으로 논의할 수 있는 여지를 처음부터 남겨두지 않았기 때문이다.[128]

중앙일보 기사가 나간 직후 윤평중의 비평 논문 「이성과 우상—한국현대사와 리영희」를 실은 『비평』(2006년 겨울 재창간호)이 발간되었고 그 글은 윤평중이 펴낸 책(2008, 이하 인용은 이 책을 근거로 했다)에도 실렸다. 기사에선 윤평중이 리영희를 공격하려는 의도가 묻어나지만 실제 논문을 읽어보면 반드시 그런 것은 아니다.

윤평중(2008)은 "가히 불꽃 같은 삶이었다. 리영희의 삶은 실천적 지식인의 전범을 보여준다"며 그의 시대적 역할을 적극 인정했다. "냉전 반공주의의 음험한 본질과 은폐된 작동기제를 폭로하는 데 있어 한국 현대사에서 리영희처럼 투명한 이성을 나는 알지 못한다. 민주화 이후 오늘날 우리가 공유하고 있는 반공 규율사회의 모순에 대한 인식의 상당 부분은 리영희로부터 빚진 것"이라고 적극적으로 평가했다. 하지만 "감탄과 경의의 와중에서도" 윤평중은 리영희가 "소박한 인본적 사회주의의 우상"을 세운 걸 이제는 바로 보아야 한다고 주장한다.

윤평중은 "리영희가 세운 사회주의라는 우상은 모택동의 중국에 대한 그의 숭앙에서 절정에 달한다"며 그 근거로 리영희가 직접 썼거나 편역한 중국 관련 책들을 조목조목 제시한다. 요컨대 리영희가 중국의 '문화혁명'

---

128 대학교수가 리영희를 비판하면 이를 신문이 크게 부각하는 보도 행태는 그 뒤에도 반복된다. 중앙일보 보도 4개월 뒤 이번에는 정치학자 조성환의 글을 동아일보가 "리영희, 北에 주관—낭만적 기준 적용… 우상이자 시대착오" 제하에 보도한 게 그것이다(동아일보 2007년 3월 1일자).

을 미화해 독자를 오도했다는 비판이다. 윤평중은 학자이자 교수인 리영희가 "머리에 뿔 달린 중공 빨갱이식의 반공 구호가 횡행했던 세상의 균형을 잡기 위한 방안이었다"고 말하지만, 또 "리영희가 편역한 중국 관련 책들은 빨갱이 구호의 선동성이나 피상성과 대조되는 논리적 체계를 갖추었지만", 그 책들의 내용은 "모택동 치하의 중국을 미화한 채 형언하기 어려운 중국 인민의 비극과 고통을 은폐하는 성격의 글들이 모여 사회주의 중국의 실제인 양 그려지는 효과를 낳았다"고 비판했다.

윤평중은 또 리영희가 2005년 펴낸 『대화』에서 "30년 전의 문화대혁명 시기의 평가와, 30년 후의 실제적 검증 사이의 괴리는 비단 나 한 사람에 한정된 문제일 뿐만 아니라 전 세계의 중국현대사 연구자들에게 거의 공통된 사실"이라고 '변명'했지만 "내가 보기에 그의 해명은 주관적으로 옹색하며, 객관적으로도 비학문적이다. 주관적 차원에서 지식인 리영희의 염결성을 회의하게 하며, 객관적 지평에서 중국 전문가 리영희의 학문성을 의심하게 만드는 답변"이라고 비판했다.

결론으로 윤평중은 자본주의의 우상을 부순 자리에 리영희가 세운 것은 사회주의의 우상이었다며 "소박하고 도식적인 리영희의 인본적 사회주의는 시장맹과 북한맹을 배태하면서 우리 시대를 계몽함과 동시에 미몽에 빠트렸다"고 평가했다.

② 리영희 비판의 반비판 논리

윤평중의 리영희 비판에 대해 곧장 반비판이 나왔다. 언론학자 강준만과 철학자 홍윤기가 한겨레에 반비판의 글을 실었다.[129]

---

129 리영희를 둘러싼 비판과 반비판이 신문을 통해 이뤄지는 모습은 그 자체가 탐구해볼 만한 언론 현상이다. 앞서 소개한 중앙일보 기사는 맨 끝에 "리 교수는 올 9월 50년 집필 생

"리영희 비판에 되묻는다" 제하의 기고문에서 강준만은 "최근 중앙일보는 리영희가 남긴 '비체계적인 인본적 사회주의'가 우리 사회를 '시장맹(盲)·북한맹(盲)'으로 만들었다고 주장하고 나섰다. 그런 주장을 편 글을 소개했을 뿐이며 공과를 공정하게 소개했다고 할 수도 있겠지만 편집 효과상 두드러지는 건 그 메시지다. 여기에 리영희의 정신적 제자였음을 자처한 내부 논객의 비슷한 비판까지 가세했다"고 지적했다. 이어 "삼성과의 관계라는 '축복과 저주'를 동시에 안고 있는 중앙일보는 그래도 그간 나름의 '자본의 합리성'이라는 미덕을 보여왔다. 그랬던 중앙일보가 분위기에 휩쓸려 리영희마저 그 전쟁의 한복판에 세우는 건가?" 되물었다. 강준만은 "그래도 중앙일보는 말이 통할 것 같아 제안을 하나 하고 싶다. 분위기에 휩쓸리지 말고 리영희 탐구를 제대로 하기 바란다. 전 사원이 『대화』를 읽고 독서 토론회를 해보길 권한다. 바로 이 책에 국난 극복의 비전이 담겨 있기 때문"이라고 썼다.

강준만이 그렇게 판단한 근거는 리영희가 "교조주의적 도그마에 강한 혐오감을 드러냈다"는 데 있다. 가령 리영희는 『대화』에서 1980년대 후반 운동권을 풍미했던 이른바 사회구성체 논쟁을 분열주의적 공쟁(空爭)으로

활의 마감을 선언했다. 2000년 뇌출혈로 쓰러진 이후 글을 쓰기가 어려운 상태다. 그를 통해 세상 보는 눈을 배웠던 후학들이 대답해야 할 차례다"라고 썼다. 한겨레는 8일 만인 2006년 11월 16일자에 윤평중을 비판하는 글을 실으며 다음과 같이 밝혔다. "리영희 선생이 한국 사회를 망쳐놨다? 지난 8일 중앙일보는 '그가 남긴 비체계적인 인본적 사회주의, 우리 사회 시장맹·북한맹 만들어'라는 큰 제목을 단 '한신대 윤평중 교수의 (리영희) 비판'을 3면 머리기사로 실었다. (…) 기사는 '진보 지식인 대부 리영희 교수, 그의 공과를 되묻는다'면서도 명백히 '과' 쪽에 초점을 맞췄다. 아울러 '진보진영' 전체를 겨냥한 듯한 그 기사에서 '공'은 '과'의 설득력을 높이기 위한 장식물처럼 몇 줄 붙였다. 아직 정식으로 발표되지 않아 일반 독자들이 금방 확인해볼 수도 없는 그 글을 연합뉴스에 이어 중앙 등 몇 개 신문들이 비슷한 톤으로 다뤘고, 일부 신문은 그 뒤 칼럼까지 썼다. 기사들, 그리고 그 모본인 윤평중 교수의 글은 과연 제대로 된 것인가? 강준만 교수(전북대·언론학)와 홍윤기 교수(동국대·철학)의 '리영희 비판에 대한 비판'을 싣는다."

비판했고, 한국 사회의 분열에 환멸을 토로하면서 이런 달갑지 않은 요소가 '민족적 유전자'를 형성하게 된 것은 아닌가 하는 회의를 품을 때가 있다고 밝혔다. 강준만에 따르면 리영희는 모든 비극의 원인을 외세 탓으로 돌리는 '민족적 면책론'도 거부했고, 뼈아픈 자기비판과 민족적 각성을 요구했으며, 나라를 망친 것은 지도층이나 지배 계층이고 나라를 염려하고 지킨 것은 대중이나 민중이라는 관점에도 이의를 제기했다는 것이다.

언론학자 강준만의 반비판 초점이 중앙일보의 공격적 편집이었다면, 철학자 홍윤기의 비판은 윤평중의 논문에 집중했다. "당신의 '이성'은 허수아비를 향해 있다" 제하의 기고문에서 홍윤기는 "헛다리 비판을 하느니 차라리 인신공격을" 하라고 주문했다. 홍윤기는 중앙일보 보도를 보면 "리영희 선생의 '인본적 사회주의'의 영향으로 우리 사회는 시장과 북한을 바로 알지도 못할 정도로 맹(盲)한 '인본적 사회주의 국가'"라고 꼬집은 뒤 윤평중의 "글을 직접 보니 이 보도가 오보는 아니었고, 또 정황은 더 심각"했다고 비판했다.[130]

홍윤기는 "리영희 선생이 어느 글에서 스스로를 '사회주의자'로서 '사상적' 입장이나마 세웠던가" 묻고 "선생은 사회주의의 도덕적이고도 인간주의적인 기본 가치를 선택적으로 수용하자고 주장하기는 했지만, 그것이 과연 자본주의를 부정하고 사회주의를 우상화시키겠다는 이데올로기적

---

130 홍윤기는 그 이유로 윤평중의 다음과 같은 언술을 꼽았다. "리영희의 사회주의적 정향은 직관적이며 그만큼 파편적이다. 사회주의에 대한 체계적이고 이론 정합성을 갖춘 논의 자체가 부재한 것이다." "자본주의의 우상을 부순 자리에 리영희가 세운 것은 바로 사회주의의 우상이었다." "리영희의 인본적 사회주의와 유가적 도덕주의는 근대적 시장의 입체성과 역동성을 제대로 이해 못 하는 시장맹(市場盲)으로 귀결됨으로써 자유인의 존재 근거를 부인하는 자기모순에 빠진다." "조야(粗野)하고 도식적인 그의 인본적 사회주의는 시장맹과 북한맹(北韓盲)을 배태(胚胎)하면서 우리 시대를 계몽함과 동시에 미몽에 빠뜨렸다. 리영희는 결국 냉전 반공주의가 압살한 불행한 시대의 자식이었던 것이다."

의도나 목표와 연결된 일"이었는지 또 "시장체제가 생활에 안겨주는 각종 고통을 리영희 선생은 집요하게 '비판'하고 '고발'하기는 했지만 과연 시장체제를 전면적으로 부정하는 '대안'의 탐구를 자신의 '학문적 주제'로 삼았던 적"이 있었는지 반문했다. 이어 "(윤평중이) 비판하는 리영희 씨는 우리가 아는 리영희 선생과 동명이인"인 것 같다며 "그런 헛다리 비판을 우리 철학 교수들은 허수아비 공격의 오류라고 학생들에게 가르친다"고 비판했다. 이어 "아무래도 철학을 업으로 하는 교수들의 얼치기 사회과학부터 깨져야" 한다면서 "이렇게 한없이 오류로 가득 찬 A4 11쪽짜리의 조야한 잡문을 학교 연구비까지 지원받아가며 쓸 일이 아니라 차라리 리영희 선생을 속 편하게 인신공격 하시"라고 권했다. "그것이 철학교수의 비판이라는 것이 얼치기라는 직업상의 기밀을 은폐하는 데 더 효과적이라는 동류의식이 발동"한다며 "학문적 연민의 심정"까지 밝혔다.

☐ "진실은 나의 신념이요 삶"

① 비판과 반비판의 논리적 오류

앞서 살펴본 비판과 반비판은 비판 논문이 소개되고 반비판의 글이 발표된 신문 지면의 성격에서 비롯된 것일 수도 있겠지만 이성적 논쟁이라기보다는 '공격과 반격'의 틀에 갇혀 있다. 강준만의 반비판은 비교적 논리적이지만 중앙일보에 전 사원이 『대화』를 읽고 독서 토론회를 해보길 권함으로써 논리적 설득력을 잃었다. 강준만은 그런 의도가 없었겠지만, 신문사 '전 사원'에게 특정 책을 읽고 독서 토론회를 하라는 말을 진지한 제안으로 받아들일 사람은 없을뿐더러 다분히 감정적 언사로 다가올 가능성이

크기 때문이다.[131]

철학자 홍윤기의 반비판도 지나치게 감정적이어서 오히려 반론의 효과를 반감시켰다. 예컨대 "한없이 오류로 가득 찬 A4 11쪽짜리의 조야한 잡문을 학교 연구비까지 지원받아가며 쓸 일이 아니라 차라리 리영희 선생을 속 편하게 인신공격하라"는 비판은 그 자신부터 '인신공격의 오류'를 범하고 있을뿐더러 윤평중의 논문을 과소평가하고 있다.

홍윤기가 "윤평중의 논문을 읽어보니 중앙일보의 소개 기사보다 문제가 더 심각하다"고 밝힌 대목도 신문의 공격적 보도가 그에게 선입견을 주었다고 판단하지 않는 한 이해하기 어렵다. 중앙일보의 다분히 공격적 편집과 비교하면 윤평중의 논문은 나름대로 논리를 갖추고 있기 때문이다.[132]

따라서 비판과 반비판 사이에 의미 있는 소통을 위해서는 감정적 접근을 최대한 배제하고 논리적 접근이 요청된다. 윤평중으로 대표되는 리영희 비판론자들의 논문과 비평에서 공통적으로 나타나는 핵심 논리는 다음세 가지로 추출할 수 있다.

논리 1: 중국의 마오쩌둥과 문화대혁명을 지나치게 미화해 소개함으로써 그 글을 읽은 당대의 젊은 독자들에게 현실을 잘못 인식케 했다.

---

131 물론, 강준만(2004)은 윤평중 논문 이전에 이미 이동하(1999)가 리영희를 비판할 때 반비판의 글을 발표했고 그것을 책으로 묶어 냈기에 짧은 신문 기고문에서는 체계적인 반론을 펴지 않았다고 볼 수도 있다. 하지만 리영희를 다룬 강준만의 저서에서 문화대혁명을 다룬 대목도 리영희의 시각을 정면으로 분석하고 있지는 않다(강준만, 2004, 307~308쪽).

132 홍윤기는 그 뒤 리영희를 본격적으로 다룬 논문에서 그를 "대한민국 주권자인 시민의 시민능력 진화의 모델"이라고 격찬하면서도 윤평중의 리영희 비판은 언급하지 않았다(홍윤기, 2011, 354쪽).

논리 2:   그럼에도 문화대혁명을 잘못 판단한 과오에 대해 학자와 지성
          인으로서 충분히 해명하지 않았다.

논리 3:   앞의 두 논리 1과 2 때문에 리영희는 한국 사회의 '시장맹'과
          '북한맹'에 책임이 크다.

그런데 윤평중을 비판한 학자들의 논리는 리영희 비판의 출발점인 논리 1을 비켜감으로써 '논점회피의 오류'를 범하고 있다. 리영희를 주제로 언론학계에서 사실상 첫 학술논문을 쓴 최영묵(2012b)도 "윤평중과 김광동은 비판은 리 선생이 평생 주창해온 인간중심주의와 자유주의, 부당한 권력의 작용에 대한 비판, 독단과 도그마에 대한 경계와 성찰에 대해서는 사실상 무시하고 자신들의 협애한 세계관과 프레임(친미−반공−시장자본주의)을 가지고 리 선생을 재단하고 있다"고 언급하는 데 그치고 있다.

비판과 반비판 사이에 소통이 안 되는 이유다. 리영희를 비판한 윤평중에 대해 리영희 쪽의 '대응'이 감정적이거나 문제의 핵심을 놓침으로 해서 논쟁에 이익을 보는 쪽은 리영희 비판론자들이다. 그들은 자신들의 리영희 비판이 옳았다고 확신했을 가능성이 더 높다. 그들의 리영희 비판 논리가 여론시장을 독과점하고 있는 몇몇 신문들을 통해 틈날 때마다 재생산되고 있는 까닭도 기실 여기 있다.

그렇다면 이 문제를 어떻게 풀어야 옳은가. 다름 아닌 리영희가 제시한 '기자정신' 또는 "언론인의 이념과 생활 자세"에서 해법을 찾을 수 있다.

② 비판의 근거: 진실 추구의 고투

− 리영희의 진실 추구

최영묵(2012b)은 "1950년대 후반 기자가 된 후 리 선생의 삶을 이끈 근본

이념은 실존적 '자유'와 사회적 '책임'이었다"고 분석했다. 물론, 리영희는 실존적 자유와 사회적 책임을 강조했다. 하지만 그보다 더 명확하게 자신의 저작 활동과 저작에 담긴 고갱이를 반복해서 밝힌 게 있다. '진실 추구'가 그것이다. 무엇보다 리영희를 비판하는 학자들이 한결같이 '주 텍스트'로 삼은 『우상과 이성』 머리말에서 다음과 같이 명료하게 정리했다.

"나의 글을 쓰는 유일한 목적은 진실을 추구하는 오직 그것에서 시작되고 그것에서 그친다. 진실은 한 사람의 소유물일 수 없고 이웃과 나눠 져야 할 생명인 까닭에 그것을 알리기 위해서는 글을 써야 했다. 그것은 우상에 도전하는 이성의 행위이다. 그것은 언제나, 어디서나 고통을 무릅써야 했다. 지금까지도 그렇고 영원히 그러리라고 생각한다."(리영희, 1977, 머리말).

진실에 대한 강조는 그로부터 30년이 더 지나 한국기자협회로부터 '제1회 기자의 혼' 상을 수상했을 때도 나타난다. 리영희는 수상 소감에서 "진실만이 내가 추구하고 숭배하는 가치"라고 단언했다(『기자협회보』 2006년 5월 24일).

이봉현(2012)도 리영희는 "거의 모든 것을 회의하고 질문하고, 허위와 가식으로 가려진 진실된 가치를 밝혀내어, 진실 이외의 그 무엇에 대해서도 충성을 거부하는 종교와 같은 신념이 자리를 잡아가고 있었다"고 분석했다. 이봉현은 "(리영희가) 대학에서 각각 두 번 해직됐고 세 번 재판을 받은 것은 사실과 진실에 대한 지식인의 책무를 이행하려는 몸부림"이었다며, 전문적인 언론인이자 학자로서 리영희가 글을 써온 원칙은 방법 측면에서 "방대한 자료의 섭렵을 요구"하는 "실증적인 글쓰기"라고 강조했다.[133] 리영희는 앉아서 받는 자료나 발표하는 자료로 기사를 쓰지 않았으

---

[133] 리영희는 1996년 인터뷰에서 "나는 실증론적 글쓰기를 하는 사람이에요. 구체적인 문제

며, 200자 원고지 9매를 쓰기 위해 예닐곱 권의 책을 뒤적이는 것은 보통이고, 칼럼 한 꼭지를 쓰기 위해 미국 상원 의회록 1200쪽을 읽고 겨우 한두 가지 통계자료를 찾아 쓸 때도 있었다(안철홍, 1994, 246쪽). 리영희는 "다른 필자들이 적당한 선에서 유야무야로 넘어가려고 하는 것이 글을 쓰는 진정한 지식인의 자세가 아니기 때문에 일단 문제의 규명은 철저하게 밑바닥까지 해야 한다"는 자세를 갖고 있었다(김만수, 2003, 66쪽).

문제는 리영희에 대한 상찬이 지나치게 흐르면서 그런 분석이 거꾸로 발목을 잡는 데 있다. 당장 문화혁명에 대한 리영희의 글쓰기는 어떻게 판단해야 옳은가라는 질문이 얼마든지 나올 수 있기 때문이다.

더러는 중국의 문화혁명과 관련한 리영희 자신의 글과 번역들은 그의 언론 활동과 무관하다고 판단할 수도 있겠지만 그렇지 않다. 리영희 자신이 외신부장(국제부장) 출신으로 중국 문제를 천착했고, 그 연장선에서 『전환시대의 논리』를 펴냈다. 중국 정치에 대한 리영희의 탐색도 한국 언론이 중국 보도와 미국 보도를 똑바로 해야 한다는 단순한 메시지만 담고 있는 게 아니었다. 리영희 자신이 "중공의 문화혁명을 남한 사회의 독자들에게 전할 때 자본주의사회의 병든 생활 방식과 존재 양식에 대해서 대조적인 삶의 모습을 제시하고 싶었다"고 명확하게 밝히고 있기 때문이다(리영희, 2005, 433~435쪽). 전태일의 분신을 부른 천민적 자본주의 체제와 인혁당재건위 사건을 조작해, 민주화운동을 벌이던 8명을 전격 처형한 독재체제 아래서 새로운 사회의 상으로서 중국의 정치경제체제를 구체적으로 소개하려는 리영희의 글쓰기는 사유의 지평을 크게 넓혀주었다.

에 대한 통계와 증거를 가지고 알게 해서 스스로 판단하게 하지 나는 가치판단을 안 해요. 자료를 찾으면 90%는 썼다고 봐야지요. 자료를 구하고 정리해서 분류해서 보존하는 일이 힘들었어요. 60~70년대는 외국 출입이 제한되어 국내 대사관으로 주 일 회 순례를 다녔어요. 자료로 30년을 하니까 이제 지쳤어요"라고 말했다(오숙희, 1996).

리영희의 의도는 중국이 문화대혁명을 벗어나 개혁개방을 추진하는 단계에서도 나타난다. '당산 시민을 위한 애도사'(한겨레 1988년 11월 6일자)가 그것이다. 리영희는 1976년에 겪은 중국 당산 대지진과 77년 미국 뉴욕시의 12시간 정전 사태를 비교하며 "부자 나라의 시민들은 남의 것을 빼앗고 강간했다. 세계에서 어쩌면 제일 가난한 사회의 당산 시민들은 자기 것을 버리면서 이웃을 도왔다"고 썼다. 그런데 그로부터 12년이 지난 1988년 현재 리영희는 "중국은 지금 미국식의 물질적 풍요를 이루려고 안간힘을 쓰고 있다. 시민들은 코카콜라에 입맛을 들였고, 지식인들은 보다 절묘한 노동자 관리를 위해서 MIT대학 경영학 교과서를 들고 밤을 새운다. 자본 원리와 물질주의의 신이 도덕주의와 평등사상을 추방했다. 지금 중국 사회는 타락과 부패, 사기와 횡령, 범죄와 인간소외의 깊은 늪으로 빠져 들어가고 있다"고 썼다. 리영희가 미국식 자본주의를 예찬만 하는 언론들에 맞서 사유의 지평을 넓히려고 얼마나 노력했는가를 보여주는 글이다.

하지만 그 과정에서 리영희가 마오쩌둥과 문화혁명을 과도하게 평가한 대목이 저작 곳곳에서 발견되는 것은 숨길 수 없는 사실이다. 대표적 보기는 "모택동이 사회주의혁명에서 차지하는 위치는 마르크스·레닌·스탈린 세 사람을 합친 것보다 위대하다"라거나 문화혁명에 대해 "모택동이 마르크스·레닌·스탈린과 다른 것이 있다면 그것은 제도적 혁명에 만족하지 않고 인간(사상) 혁명을 가능한 것으로 보고 또 실제로 인간의 관념을 혁명하기 위한 노력을 했다는 것 (…) 소위 '인간성'이라는 이름으로 본질적으로 고정, 불가변하다고 생각해온 관념과 신앙에 대한 거대한 도전인 까닭에, 세상은 지금 다만 놀라움으로 중국을 바라볼 뿐"(리영희, 1977, 152쪽)이라고 쓴 대목이다.

마오쩌둥의 사상은 물론 그의 인격 자체를 희화화하던 1970년대에 마오의 사상을 긍정적으로 조명하는 글은 진실 추구의 열정과 용기가 없었다면 불가능한 일이었다. 미국식 자본주의만이 한국의 나아갈 길이라고 여겼던 친미 사대주의적 사회에서 그와 다른 사회 구성이 가능하다는 진실을 보여주는 글은 반공독재체제에서 살고 있던 동시대인들에게 새로운 지평을 열어주는 의미가 있었다.

다만, 그것이 의미 있고 용기 있는 진실 추구였다는 정당한 평가와 함께 리영희가 마오쩌둥을 "마르크스·레닌·스탈린 세 사람을 합친 것보다 위대하다"고 소개한 사실도 우리는 이제 정확하게 바라볼 때가 되었다. 1970년대와 80년대 초반까지 마오쩌둥과 문화혁명에 대한 리영희의 글은 누가 보더라도 지나친 대목이 적잖게 발견되기 때문이다.

그러므로 비판론의 논점을 무작정 회피하거나 가치 없다고 논외로 무시하는 것은 옳지 못하다. 오히려 리영희의 중국 사회와 문화대혁명에 대한 서술이 다른 글들과 달리 '실증론적 글쓰기'는 아니었다는 사실을 인정할 필요가 있다.

따라서 리영희 비판론자들의 논리 1(중국의 마오쩌둥과 문화대혁명을 지나치게 미화해 소개함으로써 그 글을 읽은 당대의 젊은 독자들에게 현실을 잘못 인식케 했다)은 정당하다. 리영희가 한국 사회에 새로운 대안적 세계관을 제시하기 위해 해직과 투옥을 감수하며 자신이 탐색한 진실을 동시대인들과 나누었다는 사실을 평가하고 또 사회적 성취를 정당하게 인정하는 것과, 그것이 전혀 과오가 없었다는 것은 별개의 문제다. 리영희의 위상을 더없이 높게 평가하는 사람들이 굳이 그것을 부정하거나 논점을 회피하는 것은 자연스럽지 못하고, 올바른 대응도 아니다.

– 고투의 과정으로서 진실
앞서 리영희가 사회주의라면 무조건 적대시하던 냉전적 세계관이 지배하던 시대에 새로운 사회의 상상력을 불러일으켜 준 리영희가 마오쩌둥과 문화대혁명을 지나치게 과대평가한 사실을 분석했다. 문제의 핵심은 비판론자들의 논리 1이 정당하다고 해서 그것이 리영희에 대한 '상찬'을 거두거나 '시장·북한맹'으로 비판할 근거가 될 수 없다는 데 있다.

왜 그런가? 리영희는 언론인의 자세로 그가 늘 강조한 '진실 추구의 고투'를 결코 멈추지 않았기 때문이다. 리영희는 1991년 1월 연세대에서 열린 한국정치연구회 월례토론회에서 「사회주의의 실패를 보는 한 지식인의 고민과 갈등」을 주제로 발표했다. "나는 지난 반세기의 냉전시대 지식인이 넓은 의미로 '구조결정론'에 빠졌던 것으로 생각하게 되었다. 사회학적 용어로서 '계급' 또는 계급관계적 구속성의 구조라는 점에서나, 앞에서 말한 바와 같이 지식인의 사유와 실천적 표현이 구조화되었던 현실을 말한다. 현실의 진행을 고정된 법칙과 그것에서 연역한 사유의 틀로 해석하는 관습에 젖어 있었지 않았나 하는 자기비판이 크다. 소련, 동유럽 사태의 변화 앞에서 혼란에 빠진 나 자신이나 여러분 대동소이하리라 생각한다." (리영희, 1991)[134]

리영희는 동유럽과 소련의 사회주의는 실패했다고 분명하게 선을 그었다. 그 발표와 관련해 진보진영에서 비판이 일었을 때도 중앙일보와의 인터뷰에서 단호하게 자신의 생각을 밝혔다. 중앙일보 기자가 1991년 1월의 학술대회에서 '사회주의 실패는 인간의 이기적 본성을 간과하는 데 있다'는 주목할 만한 발언을 했다며 이는 새로운 변신의 노력인가, 지난 논리의 수정을 뜻하는가라고 물었을 때 "사회주의라는 구조만 갖추면 사회주의적 도덕인간을 만든다는 구조결정론에 대한 반성이었다. 교조적 결정론에 대한 회의, 김일성주의를 과신하는 학생세력에 대한 비판이기도 했다. 허황된 구조결정론과 사회주의 인간상에 대한 비판이었다. 나치가 꿈꾸었던

---

134 당시 강연 내용을 리영희가 정리해서 기고한 글이 『신동아』(1991년 3월호)에 게재됐다.

이상적 아리안족이나 모택동의 문화혁명, 김일성의 인간형이 모두 인간의 본성을 인위적으로 조작하려는 환상에 불과하다"고 답했다(중앙일보, 1993년 2월 20일자).

리영희는 명백하게 "김일성주의를 과신하는 학생세력에 대한 비판"이라고 밝혔고 "모택동의 문화혁명"도 콕 집어 "환상에 불과하다"고 말하며 '구조결정론'에 대한 반성을 토로했다.

따라서 윤평중을 비롯한 리영희 비판학자들의 논리 1과 달리 2와 3은 홍윤기가 비판한 '허수아비의 오류'가 적중하고 있다. 물론, 비판론자들은 리영희의 해명이 충분하지 않았다고 주장할 수 있다. 하지만 리영희가 어디까지 어떻게 과오를 인정했어야 옳은지 오히려 묻고 싶다. 비판론자들은 리영희가 중앙일보처럼 편향된 매체와도 기꺼이 인터뷰에 응하며 이미 "김일성주의를 과신하는 학생세력"과 "모택동의 문화혁명"을 날 세워 비판하고 "반성"이란 표현까지 쓴 사실을 있는 그대로 평가할 필요가 있다. 요컨대 리영희가 중국 문화혁명을 잘못 판단한 과오에 대해 학자와 지성인으로서 충분히 해명하지 않았고 그 때문에 리영희는 한국 사회의 '시장맹'과 '북한맹'에 책임이 크다는 논리는 사실과 어긋난다.

같은 맥락에서 비판론자들의 논리 1도 다시 짚을 필요가 있다. 리영희의 진실을 추구하는 고투가 줄기차게 이어져 왔기 때문이다. 굳이 리영희 언론사상을 '진실'이라고 하지 않고 '진실 추구의 고투'라고 한 이유도 여기 있다. 리영희는 진실을 추구하기 위한 과정을 고통스럽다고 명토박아 말했고 실제로 그 길을 걸었다. 리영희는 1960년대와 70년대의 상황, 한마디로 압축하면 중국을 '적성국가'로만 생각하고 박정희 독재를 찬양하는 대학교수들이 줄을 이어 나오던 바로 그 시점에, 동시대인들에게 세상을 보는 새로운 시각을 보여주었다. 당시 그는 해직과 투옥의 고투를 겪으며 자신이 믿었던 진실을 증언했다. 그의 저작은 유신독재의 틀에 갇혀 살아가는 사람들에게 새로운 상상력을 불러일으킴으로써 한국 민주화운동에 적잖은 사상적 자극을 주었다.

하지만 1980년대 이후 문화대혁명의 실체가 서서히 드러나고 1989년 동유럽공산주의 체제의 몰락과 뒤이은 소련의 붕괴를 목도하면서 리영희는 기꺼이 과오를 인정했다. 중국 문화대혁명과 김일성주의를 비판함으로써 그의 저작에 영향을 받은 진보운동 일각에 대해서도 명확하게 메시지를 건넸다. 그것은 또 다른 진실 추구의 고투였다. 이봉현(2012)이 리영희의 '실체적 진실'을 디지털시대에 미덕으로 분석한 것은 돋보이는 분석이지만, '실체적 진실'보다는 끝없이 진실을 찾아가는 고투로 이해하는 것이 뉴미디어시대를 전망하는 데 더 적합할 수 있다.[135] 굳이 철학적 개념으로 말하자면 '실체적 진실'보다는 '과정적 진실'이다. 미국 언론계와 학계에서도 저널리즘적 진실을 '과정'으로 파악하고 있다(Kovach & Rosenstiel, 2001). 꾸준히 보도해나가는 과정에서 앞서의 잘못을 바로잡아가는 취재 과정을 좀 더 길게 보면, 중국 혁명에 대해 리영희가 추구해나간 진실의 과정과 이어진다고 볼 수 있다. 결국 미국 언론계와 학계가 제시한 과정으로서의 진실이라는 개념에서 볼 때, 리영희는 그 과정에서 권력이나 상식이 틀 지운 세계관을 넘어서려는 고투를 쉼 없이 전개해간 언론인이었다.

진실을 추구해가는 '과정'에서 당대의 다른 지식인들과 비교하더라도 고투의 발자국을 또렷하게 남긴 리영희는 한국현대사 전공인 역사학자 서중석과의 인터뷰에서 끝없이 공부해나가는 자세를 밝혔다(리영희·서중석,

---

[135] 리영희의 진실관은 학문적으로 정제되어 발표되진 못했다. 하지만 그의 진실을 향한 고투와 그 과정에서 자기 견해를 공개적으로 수정하는 자세는 1997년부터 미국의 저명한 언론인들이 결성한 '저널리즘을 염려하는 언론인 위원회(CCJ: Committee of Concerned Journalists)'가 3년여에 걸친 집단 토론을 거쳐 내놓은 결론과 유사하다. 과정으로서의 진실이 그것이다. 바로 그 점에서도 리영희 저널리즘의 21세기 현재적 의미를 찾을 수 있다(Kovach & Rosenstiel, 2007, 35~49쪽).

1991, 97쪽). "나는 지금 거대한 역사적 변혁 앞에서 지적, 사상적 그리고 인간적 겸허의 무게에 짓눌려 있는 심정입니다. 그와 동시에 주관적 오류나 지적 한계가 객관적 검증으로 밝혀질 때, 부정된 부분을 '사상적 일관성'이라는 허위의식으로 고수할 생각은 없습니다. 더 공부해야겠다는 생각이 간절합니다."[136]

그럼에도 대학에서 문학, 철학, 정치학, 사학을 가르치는 학자들까지 사실과 달리 리영희를 비난하는 모습은 납득하기 어렵다. 학자가 다른 학자를 비판할 때는 그 학자가 쓴 글들을 충분히 읽어야 하는 것은 학문적 논쟁의 전제이자 기본이기 때문이다.

윤평중과 그 이후 정치학자, 사학자들이 정파적 언론사들과 더불어 줄기차게 거론하는 이른바 '북한맹'과 '시장맹'에 대해서도 그것이 과연 시대적 진실인가에 대한 엄밀한 분석이 필요하다. 현재 한국 사회에서 북한맹과 시장맹이라 할 때, 그 '맹목'의 정체가 무엇인가부터 냉철하게 분석해야 옳기 때문이다.

무릇 사회과학에서 개념과 현실은 최대한 부합해야 유용하다. 한국 사회의 현실은 리영희가 지적 활동을 할 때부터 지금 이 순간까지 줄곧 '시장 맹신주의'와 '맹목적 대북 적대주의'가 주류다. 비판론자들이 주장하듯이 시장을 '부정'하고 북한을 '찬양'하는 사람들이 대한민국의 주류로 등장한 경험이 과연 있는가는 얼마든지 실증적으로 판단할 수 있는 물음이다. 흔히 노무현 정부를 리영희와 연결해 거론하는 학자들과 언론인들이 많지만, 참여정부는 한미 자유무역협정과 대북송금 특검에 나섰다.

---

136 기실 리영희(1974)는 첫 저서인 『전환시대의 논리』 머리말에서 이미 "이 속에 수록된 몇 편의 글은 발표될 때에도 빈약한 한 사회과학도의 가설이었던 것처럼 코페르니쿠스의 지동설이 발표된 때부터 531년 2개월이 지난 지금도 역시 가설"이라며 진실을 추구하는 연구자의 자세를 밝혔다.

물론, 노무현 정부에 대한 판단에선 시각 차이가 나타날 수 있다. 다만 분명한 사실은 있다. 지금 한국 사회의 문제는 '시장을 부정하거나 북한을 맹목적으로 추종하는 사람들' – 그 두 가지 요건을 두루 갖춘 사람들이 과연 실체로서 얼마나 존재하는지, 또 그들이 한국 사회의 전개 방향에 얼마나 영향을 끼치고 있기에 강단의 학자들까지 이데올로기 공세에 '전위'로 나서는지 의문이지만 – 에 있는 게 아니라, 맹목적으로 시장을 맹신하고 북한에 적대적인 사람들이 견고한 세력을 형성한 데 있다.

그럼에도 착시가 일어나는 배경에는 한국 언론의 문제가 깔려 있다. 지금도 김대중–노무현 정부를 '친북좌파 정권'으로 몰아치길 서슴지 않는 언론사들에 대해 조성환, 박지향은 논외로 하더라도 왜 "극단의 시대에 중심 잡기"를 자신의 소명으로 삼은 철학자 윤평중이 적정한 비판 – 리영희를 비판할 때의 '날카로움'은 차치하고라도 – 조차 들이대지 않는지 납득하기 어렵다. 반면에 윤평중이 새로운 우상을 만들었다고 비판한 리영희는 앞서 소개한 성찰들과 함께 한국 언론의 문제점을 줄기차게 제기해갔다. 예컨대 리영희는 사회학자 김동춘과의 대담에서 "이 나라의 민주주의와 평화적 민족자주적 통일에의 길에서 조선일보를 필두로 하는 '체제파' 신문들이 군부나 극우집단보다도 장애적 역할을 하고 있다"고 비판했다 (리영희 · 김동춘 대담, 1995).

리영희는 『기자협회보』와 가진 인터뷰(2004년 8월 19일자)에서도 "1960년대 말 조선일보 외교부 출입기자 시절, 다른 언론사 기자들과는 달리 각종 외신과 자료를 수합해 정확한 팩트에 근거로 베트남 전쟁에 대한 보도를 한 힘의 원천과 신념이 어디서 나왔는지 궁금하다"는 질문에 간명하게 "진실"이라고 답했다. 이어 "기자는 진실을 추구하는 직업"이라고 단언한 뒤 "진정한 언론이라는 것은 거짓의 가면을 벗기는 것"이라고 강조했다. 리영희는 "진실을 찾아내 우리 생활환경 전반을 왜곡되게 의식하고 판단하는 것을 바로잡아 주어야 할 자는 기자"라며 "강자가 약자를 거짓으로 다스리는 그 행위를 범죄행위"라고 비판했다. "진실을 추구하는 오로지 한 일념으로 어떠한 고난도 이겨"냈다고 회고한 리영희는 "진실을 전달하는 것은 매우 값진 것"으로 "진실은 나의 신념이요, 삶"이라고 거듭 밝혔다.

리영희가 지적했듯이 "언론을 망치는 것도 언론인 자신이고 언론을 일으켜 세우는 것도 언론인 자신의 이념과 생활의 자세"라면, 진실 추구의 고투는 정파주의 틀에 갇힌 한국 언론이 보수와 진보를 넘어 진지하게 성찰해야 할 과제라는 게 필자의 제언이다.

□ 리영희의 언론사적 의미

지금까지 리영희를 둘러싸고 언론계와 학계에서 평행선을 이루는 평가들 사이에 소통을 위해 양쪽의 논리를 학문적으로 접근한 철학자 윤평중과 언론학자 최영묵의 논문을 중심으로 비교하고, 서로 소통하지 않거나 놓치고 있는 지점을 찾아 리영희의 저작에 근거해 분석했다.

리영희에 대한 비판과 반비판의 논리가 각각 범하고 있는 '허수아비의 오류'와 '논점 회피의 오류'를 리영희가 제기하고 실천한 '언론인의 자세'인 '진실 추구의 고투'라는 지평에서 짚어보았다. 사회주의라면 그것이 공산주의든 사회민주주의든 무조건 적대시하고 심지어 고문과 처형을 서슴지 않았으며, 중국을 국가로서 인정하지 않고 언론에서도 '중공'으로 표기하던 군사독재 시대에 리영희가 해직과 투옥을 감수하면서 자신이 파악한 진실을 동시대인과 나누어 새로운 사회의 상상력을 불러일으킨 사실, 그 과정에서 리영희가 마오쩌둥과 문화대혁명을 지나치게 과대평가했지만 그것을 시정하는 데 전혀 인색하지 않았다는 사실을 '진실 추구'의 틀로 정리했다.

정파주의의 골이 깊어가고 있는 한국 저널리즘의 현실, 더구나 사실관계조차 확인하지 않고 권력과 자본의 논리를 좇아 쏟아내는 보도와 논평들이 끝없이 이어지는 상황에서 리영희가 평생 걸어갔던 '진실 추구의 고투'는 한국 언론계는 물론, 언론학계를 비롯한 지식인 사회가 소중히 삼아야 할 가치다. 진실은 그냥 편하게 얻어지는 게 아니라 고통 속에서 얻어진다는 것을 리영희는 『우상과 이성』을 비롯한 저작 활동에서만이 아니라 온 삶으로 보여주었다.

무엇보다 리영희의 '진실을 추구하는 고투'는 오늘날 '의사(quasi) 보수와 진보'로 나누어 있는 언론계에서 모든 언론인들이 다시 생각해보아야 할 가치이자 덕목이라는 점에 그의 언론사적 의미가 있다.

아울러 '북한맹'과 '시장맹'이라는 '기호'가 보여주듯이 학계와 언론계에서 집요하게 자행되는 리영희 비판의 오류와 정치적 의도가 더는 여론을 오도하지 않도록 학문적 감시가 필요하다. 아울러 리영희를 대립되는 정파의 어느 한 편만이 추앙하는 '사상의 은사'로 기리는 데서 더 나아가, 정파를 넘어 모든 언론인들에게 자신의 직업적 소명을 성찰케 하는 '기자의 거울'로 읽어야 한다.

물론, 이 글의 한계는 또렷하다. 리영희 사상의 전체적 면모를 드러내지 못했을 뿐만 아니라 깊이 들어가지도 못했다. 다만 소모적으로 평행선을 이루는 '리영희 평가'는 적어도 지양되는 계기가 되었으면 한다. 마지막으로 한 사회학자의 리영희 평가와 리영희 자신의 말을 적시한다.

"리영희를 '사상의 은사', '생각의 스승'이라고 부를 수 있다면, 그것은 그가 훌륭한 '정보'나 '견해'를 들려주었기 때문이 아니라, 그가 우리를 '생각하게' 했기 때문이다. 이 점에서 스승이란 우리에게 생각을 불러일으키는 존재, 우리를 각성케 하는 모든 존재에게 부여할 수 있는 이름이다."(고병권 외, 2010, 16쪽).

　"나는 지금 거대한 역사적 변혁 앞에서 지적 갈등을 겪고 있고, 지적 오류와 단견을 겸허하게 수용하면서 좀 더 공부를 하고 싶습니다."(리영희–장명수 대담, 1991).[137]

137　이 글은 제목 그대로 『한국언론정보학보』(2013년)에 실렸다.

9장

남북통일사상의 '하부구조'와 소통

□ 통일 대박론과 흡수 통일

통일담론과 통일운동에 헤게모니(hegemony) 변화 조짐이 나타나고 있다. 한국방송(KBS)의 '국민 통일의식 조사'에 따르면, 2014년 8월 현재 이른바 '통일 대박론'을 지지하는 여론이 과반을 넘고, 국민 4명 중 3명은 '김정은 체제'에 반감을 지니고 있다.[138]

김영삼 정부가 1994년 김일성 주석 사망 직후 북이 곧 붕괴되리라는 전망 아래 '흡수 통일'을 완곡하게 거론할 때조차 시민사회에서 비판 여론이 거세게 일어났던 상황과 견주면 큰 차이가 아닐 수 없다. 옹근 20년 뒤인 2014년 박근혜 정부가 '통일 대박'론에 이어 '드레스덴 선언'[139]으로 사실상 흡수 통일론을 공언해도 비판 여론에 힘이 실리지 않고 있기 때문이다.

1994년 김영삼의 '북한 붕괴론'과 2014년 박근혜의 '통일 대박론' 사이에 두 차례의 남북 정상회담이 이뤄졌고 역사적인 6·15공동선언과 10·4 공동선언이 나온 사실에 주목하면, 흡수 통일론의 헤게모니가 관철되어가는 양상은 철학적 성찰을 요구한다.

---

138 KBS가 2014년 광복절을 맞아 실시한 '국민 통일의식 조사'에서 박근혜 대통령의 통일 대박론에 대한 공감 여부를 묻는 질문에 응답자의 61.5%가 '공감한다'고 답했다. '현 정부의 대북 정책'에 대해서도 68.9%가 찬성했다. 김정은 체제에 대한 호감도 조사에서는 74.7%가 '반감을 느꼈다'고 답했다. 특히 응답자의 51.2%가 '매우 반감을 느낀다'고 대답해 2013년 조사 때보다 8.9% 포인트 높아졌다(KBS 9시 뉴스, 2014년 8월 15일).

139 박근혜 대통령은 2014년 3월 28일 독일 드레스덴에서 남북 주민의 인도적 문제 우선 해결, 남북 공동번영을 위한 민생 인프라 구축, 남북 주민 간 동질성 회복 등 3가지 구상을 북측에 제안했다. 이에 대해 북측 최고 권력기구인 국방위원회는 4월 12일 담화를 통해 드레스덴 선언을 흡수 통일 논리이자 황당무계한 궤변으로 비판했다. 국방위는 통일 구상을 밝힌 장소로 드레스덴을 택한 데 대해 "도이췰란드(독일)는 '흡수 통일'로 이루어진 나라"라며 "바로 그곳에서 박근혜가 자기가 구상하고 있다는 '통일'에 대해 입을 놀렸다는 것만으로도 불순한 속내를 짐작하고도 남음이 있다"고 주장했다(조선중앙통신/연합뉴스, 2014년 4월 12일). 박근혜 정부는 '흡수 통일'의 방안이 아니라고 밝혔지만, 남쪽 내부에서도 흡수 통일론이라는 분석이 지배적이다.

남쪽 시민사회에서 줄기차게 전개되어 온 통일운동이 통일담론에서부터 헤게모니를 잃어가며 침체 국면을 맞고 있기에 문제는 더 심각하다. 흡수 통일론을 저지하기는커녕 자칫 견제할 주체마저 튼실하게 꾸리지 못할 수 있기 때문이다. 기실 남쪽 학계에서는 이미 1990년대 이후 '역사적 재난과 자연적 재난이 겹친 북의 체제 위기상황'을 지켜보면서 "대부분의 통일 연구가 암묵적으로 남한 주도하의 평화통일을 전제"(이병수, 2010, 61~62쪽)해왔다.

동독이 서독에 편입되는 방식으로 '평화 통일'되었듯이 남북 사이에도 체제 경쟁이 사실상 끝났다는 논리의 연장선에서 흡수 통일론이 명시적이든 암묵적이든 자연스럽게 동의를 얻어가고 있는 현실[140]을 더는 외면하지 않고 직시해야 할 과제가 우리 시대 철학에 주어져 있다. 철학이 통일의 시대사적 과제를 어떻게 사유하고 실천했는가를 짚어보아야 할 이유가 여기 있다.

◻ 분단과 통일을 사유하자

흡수 통일론이 헤게모니를 장악해가는 과정에서 여론시장을 독과점해온 언론사들은 큰 몫을 했다. 조선일보 · 동아일보 · 중앙일보는 남북관계와

---

[140] 심지어 남북공동선언의 지지자로 알려진 김근식도 "남과 북의 체제 통합은 현실적으로 일방의 근본적 변화와 타방으로의 흡수라는 방식을 거쳐야 할 것이다. 평화 공존과 북한 변화라는 점진적 평화통일 과정을 통해 법제도적 통합의 후유증과 비용을 최소화하려고 노력하지만 '똑같이 사는 통일'로서 통일의 완성 단계는 불가불 한쪽의 체제 전환과 이를 통한 흡수 통일일 수밖에 없기 때문"이라고 주장한다(김근식, '북한 급변사태와 남북연합: 통일과정적 접근', 『북한연구학회보』 13권 2호, 2009, 57~77쪽)

관련된 모든 사안에서 '자유민주주의적 통일'을 강조하고 그 밖의 통일론에는 '주사파' 또는 '종북'의 딱지를 붙이는 프레임(frame)으로 일관해왔다.

세 신문 가운데 가장 극단적 보도로 일관한 조선일보는 6·15공동선언이 나올 때부터 '대한민국 정체성을 위협한다'는 논리로 비판해왔다. 조선일보는 남북 정상회담을 한 김대중 정부와 노무현 정부를 '친북좌파 정권'으로 몰아세우는 보도와 논평을 서슴지 않았고, 동아일보도 이에 가세했다. 세 신문 가운데 남북 정상회담에 상대적으로 긍정적 모습을 보였던 중앙일보도 흡수 통일의 범주에서 벗어난 것은 아니었다. 다만, 삼성이라는 대자본의 시장 확대 전략 차원에서 남북관계의 진전을 바라고 있었기에 비교적 온건해 보였을 뿐이다.

독과점 언론들의 흡수 통일론은 흔히 '냉전시대의 유물'로 간주되어 왔지만, 그렇게만 인식하는 것은 객관적 조건은 물론 주체적 조건의 변화를 경시한 오류다. 남과 북이 분단된 이후 내내 통일운동을 주도해온 사회단체와 비판적 지식인들은 남쪽에 분단체제를 유지하고 강화해나는 '분단세력'이 존재한다고 전제해왔다. 오랫동안 통일운동의 헤게모니를 지녔던 그들에게 조선일보, 동아일보, 중앙일보는 분단세력을 대변하는 '이데올로그'이자 '나팔수'에 지나지 않았다.

하지만 통일운동 세력이 비판해왔던 '분단세력'은 지난 20년에 걸쳐 서서히 진화해왔으며 더는 통일에 소극적이지 않다. 분단체제의 유지, 강화가 아니라, 적극적인 흡수 통일론으로 스스로를 '재무장'하고 있다. 이를테면 다음의 언술을 보기로 들 수 있다.

"통일로 가는 길엔 수많은 장애물이 있다. 무엇보다 우리는 통일에 대한 무관심과 통일 비용에 대한 과도한 걱정을 극복하지 않으면 안 된다. 분단으로 인한 손실이 통일에 드는 비용보다 훨씬 크다는 것을 깨달을 때가 됐다."

뜻밖에도 이 언술은 시민사회로부터 내내 '반통일 세력'으로 꼽혀온 조선일보가 광복절 기념으로 낸 사설[141]의 결론 대목이다.

6·15공동선언에 대해 '대한민국 정체성'을 훼손했다고 비판해온 조선일보는 2014년 신년특집으로 '통일이 미래다'를 의제로 설정하며 흡수 통일을 능동적으로 전개해나가고 있다. 분단세력의 '공세적 변화'는 김일성 주석 사망 이후 북이 '고난의 행군'을 겪으며 남과 북의 경제력 차이가 비교할 수 없을 만큼 벌어지고, 김정은으로 3대째 후계가 이어지는 객관적 조건의 변화를 반영하고 있다.

여기서 주목할 것은 흡수 통일론을 뒷받침하는 철학적 사유다. 윤평중은 분단과 통일의 문제에 '철학적 문제 설정'이 필요하다면서 "이 주제(헌법철학)에 대해 사회과학적 논저는 넘쳐나지만 철학적 탐구는 거의 존재하지 않는다"고 지적한 뒤 "이것은 한국 철학자의 중대한 직무유기가 아닐 수 없다"고 비판했다. 이어 "이 주제처럼 한국 철학에서의 이론과 실천의 괴리와 자생성의 결여를 생생하게 예증하는 사례도 드물다"고 강조했다(윤평중, 2009).

철학의 직무유기를 질타한 윤평중은 자신의 "헌법철학적 문제화 작업이 한반도의 분단과 전쟁, 그리고 통일에 대한 논의에서 은폐되어온 철학적 핵심을 짚어줌으로써 가장 긴박하고도 혼란스러운 이 사안에 대한 이해도를 높일 수 있을지도 모른다"고 기대했다.

하지만 철학계가 분단과 통일을 사유하지 못했다고 질타하며 '철학적 핵심'을 짚었다고 자부한 그의 논문은 '기대'를 전혀 충족시켜주지 못하고 있다. 그가 "양산되어 온 통일담론의 설득력과 타당성을 판별하는 하나의

---

[141] 조선일보 사설 "유라시아 1만 5000㎞ 자전거 장정, '통일 한국 꿈' 싣고 오라"(2014년 8월 14일자)

준거 틀이 출현하게 되는 것"이라고 논문에 부여한 의미도 지나치다. 이미 오래전부터 뿌리내려 있던 '흡수 통일론' 이상의 준거 틀이 될 수 없기 때문이다.[142] 그럼에도 여기서 굳이 윤평중의 논문을 분석하는 이유는 내용과 별개로 그가 던진 문제의식의 적절성에 있다. '분단과 통일의 문제 설정에 대한 철학의 직무유기'와 '양산되어온 통일담론의 설득력·타당성을 판별하는 하나의 준거 틀'이라는 문제의식은 지금도 유효하기 때문이다.

물론, 윤평중이 논문을 발표할 때와 달리 철학계에서 통일인문학[143]을 개척해가는 또렷한 연구 흐름도 나타나고 있다. 그럼에도 학계에 '분단과 통일의 철학적 문제 설정'이 충분하다고 볼 수는 없으며, 흡수 통일론이 헤게모니를 갖게 됨에 따라 남북관계는 무장 악화되고 있다.

이 글은 통일을 '남에 의한 북의 흡수'로 현시적이든 묵시적이든 전제하는 한국의 정치·경제·언론계 엘리트들이 공유하는 사유방식과 논리에 담긴 사상적·실천적 함의를 분석하고, 그들과의 소통을 위해 남북통일의 사상, 통일의 철학을 우리가 어떻게 형성해가야 옳은가를 탐색한 결과물이다.

---

142 윤평중은 자신의 논문에서 흡수 통일을 명시적으로 주장하지는 않는다. 하지만 백낙청의 분단체제론을 비롯해 '수렴이론'과 북쪽의 정치체제를 집중 비판함으로써, 그가 의도했든 아니든 남과 북의 헌법철학이 양립 불가능하다는 철학적 '논증'은 흡수 통일론자들의 주장에 정당성을 주고 있다.

143 통일인문학은 '소통·치유·통합'을 기조로 건국대 통일인문학연구단이 선구적으로 개척해나가고 있다. 건대 통일인문학연구단은 2014년부터 대학원에 통일인문학과를 개설했다.

☐ 공존을 위한 접점 찾기

① 남북 헌법의 '양립 불가능'론

윤평중은 남북의 헌법이 불가공약적으로 서로 수렴될 수 없다며 "한국 헌법의 자유민주적 성격과 조선민주주의 인민공화국 헌법의 주체사회주의(유일영도체계)적 성격이 철학적으로 양립할 수 없다. (…) 통일을 운위할 때 논리적 가능성은, 통일헌법이 '자유민주적인 것'이 되든지 아니면 '주체사회주의적인 것'이 되든지 두 가지뿐"이라고 판단 근거를 밝혔다.

1948년부터 지금까지의 남북 현행 헌법에 어떤 철학적 접점이 발견되는가라는 질문을 던진 윤평중은 헌법으로 명문화된 남과 북의 사상은 양립할 수 없다고 단언한다. 국가 통합성의 궁극적 준거, 정치적 결사체의 고유한 핵심이 헌법이라면, 상호 수렴에 의한 남북 헌법의 만남 가능성은 무망한 일이라는 그의 주장은 가볍게 넘길 사안이 아니다. 그가 통일운동가들의 진정성과 수렴 이론적 통일담론의 절실함을 부인하지 않는다며 사뭇 '열린 자세'와 '중도'를 자임하기에 더욱 그렇다. 그는 '헌법철학의 통찰'을 배제한 수렴이론적 통일담론은 원론적으로 튼실한 것이 될 수 없으며, 진보성을 내세운 수렴이론이 무성찰적으로 유통될 때 빚어질 수 있는 맹목성에 대해 주의해야 한다고 강조한다.

그런데 윤평중이 '맹목성'의 전형적 사례로 든 것은 뜻밖에도 남과 북이 역사적 합의로 내놓은 '3대 문건', 곧 남북공동성명(1974), 남북 사이의 화해와 불가침 및 교류-협력에 관한 합의서(1992), 남북공동선언(2000년)이다. 세 문건 모두 자주, 평화통일, 민족단결의 원칙을 공유하지만, 그 공유의 내용을 들여다보면 접점을 찾을 수 없다고 주장한다.

그는 "조선민주주의 인민공화국 (…) 활동의 지도적 지침"(북 헌법 제3조)인 주체사상은 "사람이 모든 것의 주인이며 모든 것을 결정한다"고 선언하고, 이 명제는 "사람이 자주성과 창조성, 의식성을 가진 사회적 존재"라는 명제와 이어진다고 설명한다. 그런데 주체사상이 자주성을 생명이라고 강조할 때 그것은 '사회정치적 생명'으로, '어버이 수령'이 주기 때문에 남과 북의 사상적 접점은 찾을 수 없다는 논리를 편다.

윤평중은 '위대한 김일성 수령'에 대한 무조건적이고 절대적인 충성을 선포하는 원칙이 1998년 헌법 서문으로 결정되면서 '자주성은 수령에 대한 절대적 충성과 정확히 동의어'가 됐다고 주장한다. 주체사상이 운위하는 사회정치적 생명체는 개인이 아니라 민족과 계급을 지칭하기 때문에 민족은 수령의 영도를 쫓음으로써 비로소 자주적일 수 있게 되며, 결국 '북한 담론체계 안의 민족은 수령에 절대적으로 충성하는 사람들의 집합'이다. 그래서 '김일성－김정일 민족'이라는 말이 나온다고 분석한다.

결국 그에게 "북한이 말하는 민족 대단결의 참뜻"은 "김부자 민족(북한 인민+친김부자 성향의 남한 주민)과 비김부자 민족 사이의 범주적 구별을 전제"한다. 따라서 이성적 통일담론은 '우리 민족끼리'라는, "북한이 제창하고 많은 남한 국민들이 기꺼이 후렴하는 감성적 구호"를 헌법철학적으로 수용할 수 있겠는가라는 중대한 의문에 답해야 한다고 비판한다.

② '헌법철학'과 흡수 통일의 한계

'자유민주적 입헌주의' 사상과 '주체사회주의' 사상 사이에 접점이 없다는 주장은 비단 철학의 직무유기를 질타한 철학자만의 '독창적' 결론이 아니다. 그렇게 판단하는 사람들이 한국 정치, 경제, 사회의 주류를 이루고 있다. 독과점 언론사의 고위 언론인들과 그 언론에 칼럼을 기고하는 교수들도 유사한 주장을 끊임없이 확대재생산해왔다. 그 자신 독과점 신문에 줄곧 고정 필자로 기고하고 있는 철학교수 윤평중은 그들의 사고를 헌법철학의 이름으로 뒷받침했을 뿐이다. 분단과 통일을 바라보는 한국 지배세력과 언론계의 논리를 파악할 수 있다는 점에서 그의 논문을 평가할 수는 있겠지만, 바로 그렇기에 그 논문이 지닌 문제점은 개인의 한계로 그치지 않는다.

일차적 문제는 철학의 직무유기를 질타하며 전개한 철학자의 접근 방식이 기존 사회과학자들의 접근이나 저널리즘적 접근과 다른 차원을 전혀 보여주지 못했다는 데 있다. 윤평중이 의도했든 아니든 그의 주장은 자유민주주의 사상과 주체사상은 공존이 불가능하다며, 대북 대결주의나 흡수 통일을 노골화하는 세력을 대변하거나 적어도 뒷받침하고 있다.

하지만 자유민주주의와 주체사상이라는 헌법철학적 접근은 흡수 통일론이 근거한 '배타적 이분법'에 지나지 않는다. 배타적 이분법에 근거한 흡수 통일론은 뿌리가 깊다. 그들은 이북에 대한 적대적 담론이 대한민국의 국가적 정체성 확립에 크게 기여했다고 주장해왔다. 하지만 이병수가 비판했듯이 자유민주주의의 의미를 민주화의 맥락이 아니라 오직 반공의 맥락에서만 이해하는 것은 "대한민국의 민주화 과정을 대한민국의 역사와 대한민국의 헌법적 이념으로부터 배제"하는 오류에 지나지 않는다.[144]

여기서 주목할 것은 실제로 헌법철학이 구현되는 생생한 현실이다. 남쪽의 자유민주주의 헌법철학이 과연 그대로 현실에 구현되고 있는가에 긍정적으로만 대답할 사람은 얼마나 될까. 무엇보다 자유민주주의의 근간인 사상의 자유가 국가보안법으로 제약받고 있으며, 헌법에 명문화된 '행복추구권'이나 '노동기본권' 모두 보장받지 못하고 있다. 헌법 119조의 '경제민주화' 조항도 현실과 전혀 다르다.

---

144 이병수는 "남한 사회에서 그간 이루어져 온 민주화와 남북의 평화공존의 진전을 누락한 채 이야기되는 대한민국의 정체성이란 결국 반공을 국시로 삼았던 과거 독재정권에 대한 향수와 미화 외에 다른 것이 아니"라고 강조한다. 이병수와 통일인문학은 흡수 통일론을 비판하며 '차이'를 인정하는 '갈등의 평화적 관리'를 논리적으로 제시했다(이병수, 2010).

북쪽의 주체사상 헌법철학도 마찬가지다. 윤평중의 논문을 보면 북의 헌법은 수령에 대한 절대적 충성을 밝히는 언사로 일관되어 있다고 판단하기 십상이다. 하지만 사실은 다르다. 윤평중은 수령에 대한 무조건적이고 절대적인 충성을 선포하는 원칙이 헌법 서문으로 결정화되었다고 주장하면서 그것을 근거로 '자주성은 수령에 대한 절대적 충성과 정확히 동의어'라고 강조하지만, 서문 어디에도 수령에 대한 '무조건적이고 절대적인 충성' 따위의 언술은 나오지 않는다. 서문에 "위대한 수령 김일성 동지의 사상과 령도"를 강조하지만, 정작 강조되는 것은 그 내용이다. "공화국을 인민대중 중심의 사회주의 나라로, 자주, 자립, 자위의 사회주의 국가로 강화 발전"했으며 "가장 우월한 국가사회제도와 정치 방식, 사회 관리체계와 관리 방법을 확립"했다고 주장한다. 물론, 앞서도 밝혔지만 그것이 현실로 구현되어 있는가는 별개의 문제다. 헌법 서문은 "사회주의 조국의 부강번영과 주체혁명 위업의 계승완성을 위한 확고한 토대를 마련"했다고 밝힘으로써, '계승 완성'에 무게를 싣고 있다.

헌법 서문에 통일에 대한 언급도 "조국 통일의 근본 원칙과 방도를 제시하시고 조국 통일운동을 전민족적인 운동으로 발전시키시여 온 민족의 단합된 힘으로 조국 통일 위업을 성취하기 위한 길을 열어놓으시였다" 수준에서 그치고 있다. 헌법 제1조는 "조선민주주의인민공화국은 전체 조선 인민의 리익을 대표하는 자주적인 사회주의 국가이다"이다.

헌법 제9조의 '민족 대단결'에 대해 "김부자 민족(북한 인민+친김부자 성향의 남한 주민)과 비김부자 민족 사이의 범주적 구별을 전제"한다는 윤평중의 주장도 지나친 해석이다. 과연 '우리 민족끼리'를 윤평중의 주장처럼 "북한이 제창하고 많은 남한 국민들이 기꺼이 후렴하는 감성적 구호"로서 '김부자 민족끼리'라고 받아들일 만큼 비이성적 사람이 남쪽에 얼마나 되겠는가. 더 나아가 북의 인민들 가운데 자신을 실제 '김부자 민족'으로 믿는 사람은 또 얼마나 될까.

헌법철학적 접근이 필요 없는 것은 아니지만, 철학적 사유가 개념들을 고정불변의 실체로 여겨 절대화한다면, 관념론에 매몰될 수 있다. 현실을 고정불변의 대상으로 보지 않고 언제나 변화한다고 보는 철학적 사유는 남과 북의 '헌법 현실'을 보는 데도 타당하다. 실제로 이미 남쪽과 북쪽 모두 수차례에 걸쳐 헌법을 개정해왔고, 앞으로도 그럴 것이다.

더구나 남과 북의 헌법이 명문화한 조항과 구체적 현실에 차이가 큰 이유가 다름 아닌 '분단체제'에서 빚어졌다는 데 주목한다면, 자유민주주의 사상과 주체사상을 들어 두 헌법철학이 양립할 수 없다며 '분단체제론'이나 '남북공동선언'을 비판하는 것은 섣부르다. 풍부한 현실을 새롭게 포착함으로써 분단체제로 왜곡된 '자유민주적 입헌주의' 사상과 '주체사회주의' 사상을 넘어서는 사상을 얼마든지 창조적으로 구상할 수 있기 때문이다. 창조적 구상은 서로의 차이를 무시하고 억압하는 동일성의 통일을 넘어 "타자성을 인정하면서 공존이라는 새로운 삶의 양식을 새롭게 배우는 과정"(김성민, 2009)에서 가능하다.

주목할 것은 어떤 시대든 새로운 사상이 큰 흐름을 형성할 때, 단지 철학적 사유만으로 이뤄지지 않았다는 사실이다. 남과 북의 통일을 이끌어갈 사상도 그 문맥에서 짚어야 옳다.

③ 통일사상의 사회경제적 기반

어떤 사상이 특정 시대를 주도해갈 때는 언제나 그럴만한 사회경제적 조건이 '하부구조'로 자리했다. 예컨대 서유럽이 중세 신분제 사회에서 근대 시민사회로 넘어갈 때, 계몽사상의 확산은 상공업에 기반을 둔 상공인 세력이 커져가는 상황과 맞물려 있다. 그 과정을 날카롭게 분석한 철학자 마르크스는 물질적 생산 활동이 인간의 생존뿐만 아니라 사회 발전을 위해서도 반드시 요구되는 역사의 기본 전제라고 확신했다. 역사적 유물론을 정식화한 『정치경제학 비판』 서문에서 밝혔듯이 경제적 토대가 변화하면 조만간 거대한 상부구조 전체가 변혁된다고 보았다. 마르크스는 국가나 법률과 같은 사회제도가 '물질적 생활 관계'에 근거를 두고 있다고 보았기 때문에 경제적 토대와 그에 대한 분석을 중시했다(손철성, 2007, 111~127쪽). 마르크스가 보기에 새로운 사회의 경제적 토대가 결정되면 이에 따라 법률이나 정치 제도, 학문과 같은 상부구조의 형태도 자연스럽게 결정된다.

남과 북을 통일하는 사상 또한 지금까지 역사가 발전해온 흐름에서 크게 벗어날 수 없다. 남과 북의 통일에 사상적 기반은 중요하고, 통일헌법을 만드는 과정에서 공유 또는 공감해야 할 사안임에 틀림없다. 하지만 그 사상이 철학자들의 책상에서 관념적 조합이나 결합만으로 이뤄질 수 있다고 판단한다면 ─ 마르크스가 『정치경제학 비판』 서문에서 제시한 명제에 동의하든 하지 않든 ─ 착각이다. 남과 북으로 갈라져 서로를 적대시하는 문화가 지배적인 상황에선 더욱 그렇다. 그 말은 철학은 빈곤하다는 뜻이 아니다. 빈곤한 철학을 할 게 아니라 풍부한 현실을 포착하는 철학을 하자는 제안이다.

기실 '자유민주적 입헌주의' 사상과 '주체사회주의' 사상 사이에 접점을 찾는 게 어렵다는 '언술' 정도는 굳이 철학자가 아니더라도 다 알고 있다. 따라서 철학자의 '직무'는 둘 사이에 접점을 찾기 어렵다는 상식적 주장을 논리적으로 정당화하는 데 있지 않다. 통일을 이룰 사상에 대한 새로운 접근을 모색해야 한다. 사상과 사회경제적 변화는 대체로 조응해왔기 때문이다.

남과 북 체제에 접점을 찾을 수 없다는 주장은 결국 흡수 통일론의 정당성과 당위성으로 이어질 수밖에 없지만, 그 또한 하부구조를 갖고 있다. 남쪽에 의한 북쪽의 흡수 통일은 '자유민주주의'의 하부구조인 자본주의 시장경제를 전제한다.

문제는 철학이 의식했든 아니든 대한민국 헌법의 경제 조항과 달리 실제 경제는 부익부 빈익빈을 심화시키는 '수출 대기업 중심의 신자유주의식 체제'라는 데 있다. 결국 그 체제로 북을 흡수하는 주장이 되거나 적어도 그것을 옹호하는 데 '헌법철학적 탐색'이 기여한다면, 과연 그 '철학적 문제 설정'은 우리 시대 '철학의 직무유기'를 벗어난 사유일까, 아니면 의도와 달리 역사 발전에 더 걸림돌이 될 '철학의 직무유기'일까.

☐ '통일민족경제'를 생각한다

① 통일 대박론과 경제 중심주의

한국의 정치경제체제를 사실상 지배하고 있는 대기업 자본이 세운 연구소들은 오랫동안 '통일 비용'을 강조해왔다. '천문학적 비용'을 우려하는 그들의 연구 보고서는 통일 논의의 진전을 가로막는 논리적 기반이었다.

그러나 2014년 들어 박근혜 정부의 '통일 대박론'과 거의 동시에 시작한 조선일보의 의제 설정[145]으로 경제적 이익을 추구하는 흡수 통일론이 남쪽 정치, 경제, 사회 엘리트들 사이에 큰 흐름을 형성해가고 있다.[146]

---

145 조선일보는 2014년 1월 1일자 1면 톱기사 "남북 하나 될 때, 동아시아 번영의 미래 열린다"를 시작으로 통일 의제를 본격적으로 제기했다. '통일이 미래다. One Korea, New Asia' 기획시리즈에 대해 조선일보 사보(2014.1.24.)는 "통일에 대한 관심이 좌·우 진영 모두에서 사그러들고 있는 상황에서 본지의 기획은 통일운동의 새 이정표를 세웠다는 평가를 받고 있다"며 『기자협회보』와 한겨레신문 등의 기사·칼럼을 인용했다. 흡수 통일론의 헤게모니가 관철되는 양상을 볼 수 있다.
146 대통령이 통일 대박론을 발표하기 직전인 2013년 12월 21일 당시 국가정보원장 남재준

흡수 통일론에는 미국 '투기자본'까지 가세하고 있다. 박근혜 대통령은 통일 대박론을 발표하는 자리에서 '미국의 세계적인 투자가' 짐 로저스의 조선일보 인터뷰 기사를 언급하며 "이분이 만약 남북통합이 된다면 자신의 재산을 다 한반도에 쏟겠다. 그럴 가치가 충분히 있다고 했다. 만약 통일이 된다면 우리 경제는 굉장히 도약할 수 있고 우리 경제가 실제로 대도약할 수 있는 기회"라고 주장했다. 통일은 대박이라는 대통령과 세계적인 투기꾼의 관점이 정확하게 일치한다. 통일 대박론 발표 직후 새누리당 대표는 '통일헌법'을 거론했고 곧이어 새누리당 싱크탱크인 여의도연구소는 통일헌법을 비롯한 통일 관련 연구를 위해 '통일연구센터'를 설치했다. 결국 정치권력과 언론이 국가적 의제로 설정해가고 있는 흡수 통일론의 목적은 '경제적 이익 추구'이다.

하지만 경제적 이익 추구를 중심에 둔 통일담론의 한계는 뚜렷하다. 이병수는 "통일의 이익 혹은 손실을 말하기보다 우리가 과거와 현재를 통해 겪고 있는 분단의 고통에 더 방점이 놓여져야 한다"면서 "미래의 어떤 도달 상태를 전제로 하는 득실의 계산보다 지금 당장의 고통 해소에 초점을 맞추어야 한다"고 강조했다(이병수, 2011).

따라서 경제적 이익 추구 차원이 아닌 경제적 고통을 풀어가는 '윤리적 차원의 사유'가 필요하다. 통일 문제를 경제적 득실로 판단하는 통일 대박론의 경제 중심주의와 달리 남과 북의 민족 구성원 다수가 겪고 있는 경제적 고통을 해소하기 위한 사유는 시대적 요청이다. 앞서도 언급했듯이 경제적 생산 활동은 인간의 생존뿐만 아니라 사회 발전을 위해 반드시 요구

의 발언에서도 박근혜 정부의 흡수 통일론을 확인할 수 있다. 국정원 간부 송년회에서 원장 남재준은 2015년까지 통일을 이루자면서 "우리 조국을 자유민주주의 체제로 통일시키기 위해 다 같이 죽자"고 사뭇 비장한 각오를 다졌다(권순철, 「아닌 밤중에 통일 대박론' 미스터리」, 경향신문 2014. 2.9).

되며, 우리가 결코 무시할 수 없는, 아니 무시해서는 안 되는 '역사의 기본 전제'이기 때문이다.

철학은 경제를 경시하거나 사회과학자들에게 맡겨둘 게 아니라 고전적인 진보사상가들이 그랬듯이 경제의 윤리적 차원 또는 인간적 차원을 적극 사유해야 한다. 철학적 사유가 하부구조로서 경제를 도외시할 때, 시대를 깊이 있게 포착하지 못하고 시류에 영합하는 경제 중심주의 사상이 통일담론의 헤게모니를 장악할 가능성이 높기에 더 그렇다. 남북통일 사상의 하부구조로서 '통일민족경제'를 제안하는 이유가 여기 있다. 통일의 하부구조로서 '통일민족경제'의 개념은 흡수 통일을 전제로 한 경제적 이익 추구 통일론의 하나가 아니다. 정반대의 대척점에 있는 통일론이다.

② 통일민족경제의 개념

'통일민족경제'는 흡수 통일론의 하부구조인 '신자유주의 정치경제체제'와 다른 새로운 정치경제체제를 적극적으로 사유하는 개념이다. 그렇기에 현재의 남과 북이라는 '지역경제'를 단순히 '1+1' 식으로 합치는 개념이 아니다. 남과 북 각각의 지역경제가 상호 연관을 통해 경제적 효과를 높일 수 있도록 발전해온 게 전혀 아니기에, 두 지역경제의 단순 합이 통일경제의 미래상일 수 없다. 통일을 실제로 이루려면 남과 북을 아우르는 경제권에 대한 총체적인 구상이 필요하며 그 비전 아래서 각각의 지역경제가 재편되고 수렴되는 과정이 필요하다. 그 맥락에서 여기서는 통일민족경제를 잠정적으로 '남북통일의 하부구조'로 정의한다.

통일민족경제는 일찍이 박현채가 제시한 '민족경제론'을 계승할 필요가 있다. 박현채에게 민족경제론이 "민족주의운동의 경제적 기초"(박현채, 1986, 서문)라면, 통일민족경제론은 '통일운동의 경제적 기초'이다. 1978년에 첫 출간된 『민족경제론』은 정치경제학에 근거한 진보를 한국에 구현하려는 창조적인 지적 산물이었다(장상환, 2007, 121~145쪽). 박현채는 『민족경제론』에서 '민중의 생활상의 요구'를 내내 강조하고 '민중적 민족주의'를 경제로 구체화하면서, 진보를 '경제 잉여의 배분에서 민중의 참여의 확대'로 간명하게 정의했다.

박현채가 『민족경제론』을 출간한 뒤 36년이 흐른 오늘날에 그 책의 논리를 그대로 답습하는 것은 무리이고 후학의 도리도 아니다. 한국 경제는 그 사이에 '개발독재'를 통해 "종속적 산업혁명, 즉 국가 주도, 외자 도입, 수출 지향, 공업화를 거치면서 만성적 물자부족 상황, 원조에 의존하는 종속경제의 상황을 벗어"났고, 이미 '글로벌 환경'에 깊숙이 편입됐다(장상환, 2007). 그 결과, 재벌독점자본의 지배 강화와 외국 자본과의 협력 강화, 경제 불안정, 양극화의 심화 등 자본의 과잉에 따른 자본주의의 모순 심화라는 문제를 안고 있기에 '자립경제 민족경제론'의 적용은 한계를 지닐 수밖에 없다. 장상환은 "경제발전 초기처럼 외국 자본을 민족자본과 대립되는 것으로 파악하는 것은 '자립경제'를 꾸준히 추구해온 북한의 경제가 침체하고 큰 곤경에 처해 있는 것으로 볼 때 취할 방향은 아니"라고 주장한다.

박현채의 논리와 달리 세계화, 지구화를 주체적으로 받아들여야 한다는 주장도 진보적 학계 일각에서 나오고 있다. 자본이 주도하는 지구화를 적극적으로 활용하되, 그것이 자본주의 세계체제에서 자본의 이익에만 유리하게 진행되지 못하도록 관리해야 한다는 제안이다(한반도사회경제연구회, 2007, 16~18쪽).

'남북통일의 하부구조'로서 '통일민족경제'는 현실의 변화를 인식하되 박현채의 핵심적 문제의식인 '민중의 생활상의 요구'와 '경제 잉여의 배분에서 민중의 참여 확대'를 통일의 지평까지 확대해서 살려내는 개념이다.

박현채의 민족경제론이 남쪽에 머물고 있었던 것과 달리 통일민족경제론은 남과 북을 모두 대상이자 주체로 사유한다. 그때 일차적으로 주목할 객관적 사실은 분단체제와 확연히 다른 통일민족경제의 규모다. 양적 차이만이 아니라 질적 차이까지 또렷하다. 분단 이후 남쪽은 4900만 인구로 세계경제 규모 15위(2012년 기준, 1294조 1635억 달러)의 경제적 성과를 이뤄냈다. 남과 북이 단일한 민족경제를 형성할 수 있다면, 인구는 7000만 명을 훌쩍 넘는다. 이는 영국과 프랑스의 6000만 인구보다 많고 8200만의 통일 독일과 견주어 조금 작은 규모다. 인구와 경제 규모가 경제발전에 결정적 요소는 아니지만, 다른 조건이 동일할 경우 규모가 큰 편이 경제발전에 한결 유리한 것만은 틀림없다.

2014년 들어서면서 흡수 통일론의 통일 대박론자들도 그 사실을 강조하고 나섰지만, 통일 대박론과 달리, 어쩌면 정반대로 통일민족경제론은 한국경제가 신자유주의식 일방적 세계화를 벗어나는 데 중요한 기반이 된다는 데 주목한다. 경제발전의 기본 방향을 수출 중심에서 내수 중심으로 전환하려면 내수시장 규모가 중요하기 때문이다. 경제의 자립성을 높이고 수출 대기업 의존도가 높은 남쪽 경제의 구조적 재편을 위해서도 내수시장 크기는 핵심 문제다. 극심한 경제 봉쇄로 고통받아온 북이 남과 더불어 민족경제를 구상해가는 '동반자'가 된다면, 통일민족경제는 7000만 명으로 늘어난 인구와 그에 기초한 내수시장의 확대로 수출과 내수산업이 균형을 갖춘 경제체제를 성과 있게 구상할 수 있다.

남과 북이 '정치적 통일' 이전 단계로 통일민족경제를 구현해나갈 때 남쪽은 '신자유주의적 세계체제'에 맞설 내부 토대가 분단체제일 때보다 훨씬 튼실해진다. 북쪽 민중 또한 '경제 봉쇄'에서 벗어나 남쪽과의 경제 협력으로 '개성공단' 수준과는 견줄 수 없는 경제적 이익을 누릴 수 있다. 실제로 북은 외무상 리수용이 미얀마에서 열린 동남아시아국가연합(ASEAN) 지역안보포럼 연설에서 밝혔듯이 '인민들의 복리를 위한 경제개

발'을 주요 목표로 삼고 있다.[147]

통일민족경제론을 구상할 때 북의 풍부한 지하자원은 큰 도움이 될 수 있다. 한반도(조선반도)에서 대부분의 지하자원은 북에 있으며 그 양은 민족 경제발전에 필요한 원자재 대부분을 자체 조달하기에 부족함이 없을 정도다. 자체 원료에 기초한 공업은 경제의 내포적 발전을 보장하는 기초가 된다.

인구가 7000만이 넘고 풍부한 지하자원을 활용할 때 통일민족경제의 내포적 발전은 낙관할 수 있다. 신자유주의적 세계화 시대에 민족경제의 튼실한 성장은 새로운 민주주의를 구현하는 하부구조가 될 게 분명하다. 통일민족경제가 내포적 발전을 추구한다고 해서 대외무역을 끊는다는 뜻은 전혀 아니다. 그럴 이유가 전혀 없다. 세계 여러 나라들과 적극 수출입을 해나가되, 그 중심을 내포적 발전에 둔다는 의미 이상도 이하도 아니다.

③ 남북통일의 하부구조 형성

남과 북 전체를 하나의 공동체로 바라보고 경제발전을 구상하는 것은 우리 역사에서 단 한 번도 구현되지 못했던 과제다. 분단 이전에는 농업 중심의 왕조체제가 수천 년 이어졌고 일제 강점기를 겪었다.

통일의 하부구조로서 통일민족경제 형성은 정치적 통일 이전에라도 남북 경제협력의 질적 발전을 통해 얼마든지 가능하다. 남북 전체의 자원 구조를 파악하여 이를 함께 활용하는 방안을 세우고, 남과 북의 잠재된 가능성을 고려했을 때 서로 힘을 모아 집중해야 할 산업을 전략적으로 선택해

---

147 조선민주주의인민공화국 리수용 외무상(2014)은 "공화국 정부는 지금 경제를 추켜세우고 인민 생활을 향상시키는 것을 중요한 목표로 제기하고 여기에 힘을 넣고 있다. (…) 우리에게는 투자가 필요하고 과학기술 교류가 필요하다"고 강조했다. 리수용, 「아세안지역연단 상회의 조선대표단 단장 연설」, 조선중앙통신, 2014년 8월 12일.

서 공동으로 육성해가야 한다. 남과 북 전체의 지정학을 고려한 물류나 관광 정책도 구상하고 정책화해나갈 수 있다. 따라서 남북 경제협력을 말하면서도 실제로는 국가 사이의 무역을 염두에 두거나 남쪽 기업의 시장 확대를 위해 북에 진출하려는 전략에선 벗어나야 한다. 그것을 견인할 통일운동이 관건임은 두말할 나위 없다.

통일민족경제를 추구하는 남과 북 사이의 경제협력은 '특수관계'라는 말에 걸맞게 대외적으로는 하나의 경제 단위로 기능할 만큼 대내적 유기적 연관도를 높여 통일경제 부문을 창출하고 확장해가야 한다. 경제제도의 점차적 접근도 필요하다. 예컨대 남과 북이 통일경제의 한 부분으로 첨단산업을 공동으로 육성한다면, 그 기업은 어떤 경영 구조와 노동 구조를 가져야 하는지, 남과 북의 농업이 통일농업으로 가려면 어떤 경작 구조와 협업 구조가 필요한지를 결정해나가야 한다. 그것은 남과 북이 각각 개방과 자급자족의 양극단에 있는 신자유주의 체제와 주체경제체제를 극복하고 새로운 경제체제를 일궈내는 과정이기도 하다.

남쪽의 진보진영에서 새로운 경제체제를 모색하는 담론들은 만족스러운 수준은 아니지만 꾸준히 나왔다. 생전의 박현채는 소련과 동유럽이 무너지는 현상을 목격하면서 국가 기간산업 부문의 계획경제를 기조로 하되 여타 부문에서는 시장경제원리를 도입할 것을 제안했다(박현채, 1992). 박현채의 대안은 '실현 가능한 사회주의(Feasible Socialism)'를 탐색해온 알렉 노브(Alec Nove)의 문제의식과 맞닿아 있다.[148] 장상환(2005)은 대안경제전략으로 '사회적 소유의 확대 및 민주적 통제의 강화'를, 정성진(2007)은 '케인스주의 복지국가'는 대안이 될 수 없다며 '참여계획경제'를 제안했다.

---

148 알렉 노브(2001)는 책 서문에서 "현실 세계의 모든 악을 '자본주의' 탓으로 돌리고, 소비에트의 역사적 경험을 간단하게 무시하며 사회주의에 대한 진지한 사고를 혁명 이후의 세계에 대한 공상적인 이미지들로 대체하는" 진보적 지식인들을 비판했다.

통일부에 등록된 사단법인 새로운사회를여는연구원(2006)은 신자유주의 대안으로 노동자들의 창조성을 성장 동력으로 한 '노동 중심 경제'를 제시하며, 한국경제의 대안을 통일의 과제와 유기적으로 결합했다. 더 나아가 통일민족경제의 성격을 노동주권, 직접경영[149], 금융주권을 뼈대로 한 '민주경제'로 제안하고 남쪽의 전자기술과 북쪽의 위성기술을 결합함으로써 첨단산업의 공동 개발을 제안했다(손석춘, 2014).

미국이 주도하는 지구적 차원의 신자유주의 경제체제를 지금 당장 폐기할 수는 없겠지만, 통일민족경제라는 새로운 경제체제를 바탕으로 동북아시아 공동체도 구상할 수 있다.[150] 노동을 중심에 둔 민주경제론을 기반으로 남과 북을 아우르는 통일민족경제를 형성해감으로써 새로운 경제체제의 토대를 확장하고, 이를 발판으로 동북아시아를 포함해 아시아 대륙으로 눈을 돌려 경제협력을 구상해간다면, 미국 주도의 신자유주의적 세계질서에 맞서는 새로운 세계를 건설해나가는 데 전환점을 마련할 수 있다. 마르크스는 자본주의를 넘어선 사회를 '마땅히 조성되어야 할 하나의 상태, 따라가야 할 하나의 이상(Ideal)'이 아니라 "현 상태를 극복해나가는 현실의 운동"으로 정의했다(칼 마르크스, 이대환 옮김, 1987, 54쪽).

남북통일의 하부구조로서 통일민족경제에 대한 사유는 변혁운동으로 이어질 수 있고, 그 하부구조를 구현해가는 과정에서 남과 북의 '헌법철학'을 넘어선 새로운 정치사상을 일궈낼 수 있다. 바로 그 점에서 흡수 통일을

---

149 '직접경영'은 기업경영에 노동자의 전면 참여를 지칭하는 개념으로 이미 독일은 '노사 공동 결정 제도'로 직접경영의 첫걸음을 내디뎠다.

150 미국이 중남미 국가들을 상대로 줄기차게 추진하던 FTA를 좌절시키고 등장한 남미 국가들의 '(미주대륙을 위한) 볼리바리안 대안'Bolivarian Alternative for the Americans(이하 ALBA)은 좋은 보기다. 2004년 12월 출범부터 ALBA는 미국의 패권과 IMF, 세계은행, 자유무역, 신자유주의를 비판하고 나섰다. 동아시아에서도 남과 북의 통일경제를 이음새로 새로운 지역 공동체를 모색하는 것은 세계사적 의미를 가질 수 있다.

비판하는 대안적 통일을 '대등 통일'(강만길, 1999)의 개념에 철학적 사유를
더하는 '창조적 통일'로 적극 명명할 필요가 있다.

☐ '창조적 통일'로 소통하기

지금까지 통일담론의 헤게모니를 장악해가고 있는 '흡수 통일론'의 철학
적 사유가 현실을 고정불변의 실체적 개념으로 파악하는 한계가 있을 뿐
만 아니라, 그 담론의 하부구조에는 결국 남쪽의 신자유주의식 자본주의
체제가 자리하고 있음을 논의했다. 이어 남북통일의 하부구조로서 통일민
족경제론을 제시했다.

이는 남의 자유민주주의 사상과 북의 주체사상이 양립할 수 없다며 결
국 흡수 통일의 정당성을 주장하는 논리를 비판하고 창조적 통일의 사유
를 개념적으로 제시했다는 의미가 있다. 하지만 한계도 뚜렷해서 앞으로
의 연구 과제로 남겨졌다.

첫째, 통일민족경제론의 논리와 실행방안을 더 구체화해나가야 한다.
남과 북이 통일된 나라의 하부구조로서 '민족경제의 균형적 발전'을 어떻
게 일궈갈 것인가라는 이론적 탐색과 함께, 통일민족경제론을 공적 의제
로 설정해가며 통일운동의 새로운 지평을 열어가야 한다. 남과 북이 통일
민족경제를 논의하고 실천해나갈 '남북공동기구'를 만들도록 여론을 모아
가고 힘을 결집할 방안도 논의해야 한다. 통일민족경제를 형성하는 운동
은 지구촌의 다른 나라들이 본보기로 삼을 민주경제를 구현하는 운동과
이어져 있다.

둘째, 하부구조를 구체화해가는 과정에서 새로운 정치사상을 모색해가

야 한다. 물론, 조급하게 다가서서 내올 문제는 아니지만, 그렇다고 저절로 숙성하기를 기다려서도 안 된다. 지구촌 모두가 따르고 싶은 가장 앞선 민주주의 모델을 구상해야 한다. '민주공화국' 대한민국과 조선'민주주의'인민공화국이 '새로운 민주주의 공화국'으로 창조적 통일을 이룰 때 가능하다. 통일헌법의 기반이 될 사상 또한 갑자기 "하늘에서 내려오는 것"일 수 없다. 남과 북 사이에 '민중의 생활상의 요구'에 바탕을 두고 '민중의 정치경제적 참여'를 위한 소통을 활발하게 펼쳐갈 때, 그것을 하부구조로 새로운 정치경제체제를 사유할 수 있고 그때 통일의 사상도 영글어갈 수 있다.

사람과 삶을 중심에 둔 통일인문학의 문제의식은 통일의 새로운 정치경제체제를 구체화해가는 연구에서도 적실하다.[151] 흡수 통일론을 비판하는 통일민족경제론은 근대적 이성과 정신의 철학에 근거한 정치경제체제 담론을 벗어나 "민족적 역량을 최대화할 수 있는 문화적이고 역동적인 공동체"(박영균, 2009)를 건설하는 기반이기도 하다.

두 연구 과제와 더불어 통일민족경제로는 통일운동을 펼쳐가는 현장에서 '이론적 무기'로 숙성의 과정을 거쳐야 한다. 흡수 통일론의 헤게모니를 저지할 뿐만 아니라, 통일운동을 신자유주의 극복운동에 이론과 실천 모두 결합해나가야 할 과제가 통일민족경제론에 주어져 있다. 흡수 통일이 아닌 통일을 '창조적 통일'로 명명하고 소통으로 내용을 채워갈 때, 남북통일의 하부구조를 인문학적으로 사유하는 노동은 그 자체로 새로운 철학이 될 수 있다.[152]

---

151 1978년 출간된 박현채의 『민족경제론』 1장도 '인간을 위한 경제학 서설'이다. 통일민족경제론 또한 사람을 위한 정치경제체제를 지향한다.
152 이 글은 제목 그대로 『통일인문학』 59호(2014년)에 실렸다.

10장

'아기장수' 설화의
내적 커뮤니케이션

설화 – 민중의 커뮤니케이션

'아기장수'는 한국의 대표적인 광포 설화다. 전국 골골샅샅에서 바위와 연못을 '증거'로 실화처럼 전승되어 왔다. 설화를 듣는 사람, 특히 나이 어린 아이들에게는 마을 안팎에 구체적인 지명이 실존하고 있기 때문에 실제로 있었던 일로 받아들여졌을 가능성이 높다.

'아기장수'는 평범한 집안에 비범한 아기가 태어나면서 부모로부터 '역적'이 될지 모른다는 두려움 때문에 죽임을 당하는 비극이다. 이 설화의 비극에는 세상을 바꾸고 싶었던 민중의 좌절감이 담겨 있다는 평가가 지배적이었다. 세상을 바꿀 장수가 출현하리라는 기대가 담겨 있다는 분석이 나오기도 했지만 주된 흐름은 아니었다.

하지만 '아기장수'에서 좌절감이나 기대감을 읽는 데서 벗어나 설화가 '커뮤니케이션'이라는 관점에서 접근할 필요가 있다. 인쇄술이 발달하지 못하고 기록문학이 지배계급 사이에만 유통되던 시절에 설화는 민중이 현실을 인식하고 생각을 공유하는 소통(커뮤니케이션)의 수단이었다.

이 글의 문제의식은 광포설화의 주인공으로서 '아기장수'가 한국인(조선인)들 사이에 어떻게 소통되어 왔으며 그 '커뮤니케이션 효과'는 무엇일까에 있다. 궁극적으로 아기장수 설화가 소통되는 현재적 의미 – 여기서 '현재'는 비단 오늘날만이 아니라 설화가 연행되는 순간들을 뜻한다 – 를 탐색하는 이 글은 한국 고유의 문학치료학과 서양에서 발달한 커뮤니케이션학을 융합하는 실험적 성격을 지니고 있다.

아기장수 설화의 비극적 서사에 대한 연구는 사뭇 가멸다. 국문학계의 선행연구는 크게 세 범주로 나눌 수 있다.[153]

---

153 선행 연구의 세 범주는 강미정(2011)의 분류를 재구성하고 더했다.

① 아기장수를 '민중영웅'으로 본 연구들이다. 여기에는 아기장수가 신화적 속성을 지녔음에도 주류에 들어가지 못한 채 버려진 영웅담으로 보거나[154] 역사적으로 실패한 민중항거의 경험들을 되새김질케 하는 민중 영웅에 대한 작품으로 분석[155] 한 논문들이 있다.

② 아기장수 설화에서 피지배계급을 눈여겨본 연구들이다. 여기에는 사회구조와 지배계급 아래서 살아가는 피지배계급의 한계의식을 각성시킨 작품으로 분석한 논문[156]과 아기장수의 잠재적 가능성을 아예 봉쇄한 부모 또는 주변인들의 문제를 제기한 작품으로 본 논문들[157]이 있다.

---

154 천혜숙, 「아기장수 전설의 형성과 의미」, 『한국학논집』 13, 계명대학교 한국학연구소, 1986, 133~151쪽.

155 하창수, 「아기장수 전설의 형성과 기능」, 부산대 석사논문, 1981; 윤재근, 「조선시대 저항적 인물 전승 연구」, 고려대 박사논문, 1988; 유영대, 「설화와 역사인식―이성계 전승을 중심으로」, 고려대 석사논문, 1981; 이경엽, 「장수전설의 전승양상과 전승의식에 관한 연구」, 전남대 석사논문, 1991; 김수업, 「아기장수 이야기 연구」, 경북대 박사논문, 1995; 김창현, 「아기장수 설화에 나타난 한국 민중들의 생명관」, 『人文科學』 33집, 성균관대학교 인문과학연구소, 2003, 105~121쪽; 권도경, 「백범 문화콘텐츠의 스토리텔링에 나타난 아기장수 전설의 재맥락화와 그 의미」, 『국제어문』 41집, 국제어문학회, 2007, 141~183쪽; 김나영, 「고전 서사문학에 나타나는 영웅적 특징과 그 의미―주몽신화, 아기장수 전설, 홍길동전을 중심으로」, 『돈암어문학』 13, 돈암어문학회, 2000, 233~262쪽; 고정연, 「설화의 통합적 교육방법 연구: 아기장수 우투리를 중심으로」, 고려대학교 교육대학원 석사논문, 2007.

156 이혜원, 「좌절된 힘의 의미―아기장수 전설의 현대적 변용양상」, 『어문논집』 32집 1호, 안암어문학회, 1993, 397~412쪽; 장장식, 「전설의 비극성과 상상력 ― 아기장수 전설을 중심으로」, 『한국민속학』 19집, 한국민속학회, 1986, 503~508쪽; 한순미, 「처용과 아기장수의 문학적 변용에 담긴 비극성」, 『한국언어문학』 70집, 한국언어문학회, 2009, 403~423쪽.

157 김영희, 「비극적 구전서사의 연행과 '여성의 죄'」, 연세대 박사논문, 2009; 김창현, 「영웅좌절담류 비극소설의 특징과 계보 파악을 위한 시론―아기장수 설화에서 바라본 '비극'의 보편성과 한국적 특수성에 기반하여」, 『동아시아고대학』 13집, 동아시아고대학회, 2006, 81~112쪽; 박성순, 「아기장수 전설과 민중의식」, 『국어국문학 논문집』 16집, 동국대학

③ 아기장수가 성공했다면 어떤 역량을 발휘할 수 있을지에 관하여
   전망한 연구로 이를 진인 출현설과 연결 지은 논문(신동흔, 1990,
   103~127쪽)과 아기장수 설화의 연속선상에서 다른 방향으로 진행
   되는 미래상을 상정함으로써 아기장수 설화에 드러나 있지 않았지
   만 잠재되어 있던 내용을 확장한 연구(강미정, 2011)가 있다.

☐ "민중 사이의 보이지 않는 토론"

'아기장수'에 대한 국문학계의 기존 연구들은 이 설화에 대한 더 이상의 연
구가 필요한지 의문을 던질 정도로 많고 다채롭다. 그럼에도 '아기장수'는
끝없이 새로운 접근이 필요할 만큼 생명력 있는 설화다. 숱한 설화 가운데
지배세력을 가장 날카롭게 고발하고 있는 작품일 뿐만 아니라 세계적으로
보아도 결코 손색없는 비극이기 때문이다.

서양에서 오이디푸스 이야기가 끝없이 연구되고 새롭게 조명되어 왔듯
이 '아기장수' 또한 그렇게 가꾸어가야 할 가치가 있다. 그 맥락에서 이 글
은 '아기장수'에 대한 기존의 연구 성과에 힘입어 이 설화를 '커뮤니케이션'
관점으로 접근하려고 한다.

물론, 기존 연구를 톺아보면, 커뮤니케이션을 언급한 연구가 전혀 없
지는 않다. 이를테면 설화를 '하나의 커뮤니케이션 현상'으로 본 강유리

교 국어국문학부, 1993, 165~180쪽; 강유리, 「아기장수 설화연구」, 「한국고전연구」 2,
한국고전연구학회, 1996, 260~289쪽; 신현주, 「아기장수 설화의 비극성 연구」, 서강대
학교 교육대학원 석사논문, 2005; 전수경, 「아기장수 설화의 교육적 가치와 활용방안 연
구」, 인천대 교육대학원 석사논문, 2007.

(1996, 261쪽)는 "설화를 화자와 청자가 주고받은 의사소통의 결과물이라고 한다면, 설화 텍스트는 단순히 하나의 고정된 줄거리로서의 이야기만을 말하는 것이 아니라, 이야기 현장에서 첨가되거나 삭제된 것들까지를 모두 포함한다"고 강조했다.[158] 그는 아기장수 이야기를 지배층의 이데올로기를 유포시키기 위한 의도적 매개물로 보기는 어렵다며 "이미 자연화되어 있는 이데올로기가 이야기 속에 흡수되어 구체화되고 있다고 보는 편이 좀 더 타당할 것"이라고 결론 내렸다.

김창현(2003)은 아기장수 설화가 "일부 지역, 일부 민중들 사이에서 전승되는 데 그치지 않고 전 한반도, 수많은 사람들 사이에 회자되면서 해명과 변명들을 포함한 많은 확장 변이형을 만들어냈다는 데 주목해야 한다"면서 "이것은 이 주제를 둘러싸고 민중들 사이에 보이지 않는 토론이 전개되었다는 의미"라고 풀이했다. 수많은 변이형들은 그 의사소통의 흔적들이다. 김창현은 설화를 통해 '한국 민중의 생명에 대한 사상, 감정을 엿볼 수 있다'고 분석했다.

김정애는 아기장수의 비극적 좌절에 대한 기왕의 연구는 대부분 시대적 질곡과 신분적 한계라는 것을 원인으로 돌리고 있지만, 교육적 효용성을 담보하려면 시대적 상황에 대한 이해뿐만 아니라 텍스트와 독자가 조응하는 '교섭경험'의 경지로까지 나아가야 한다고 제안한다. 김정애(2009)는 특히 "교육 현장에서 아동에게 다양한 설화를 구연한 경험이 있는데, 아동들은 유난히 아기장수에 상당한 관심을 보였다. 그리고 이 설화에 대해 아동들은 아기장수를 죽인 관군이나 어머니에 대한 원망을 적극적으로

---

158 설화를 커뮤니케이션의 하나로 보았지만 "설화 그 자체가 커뮤니케이션의 주된 주제(목적)가 되면서 동시에 그런 상황을 연출하는 매체로서도 기능"한다거나 "매체로서의 더 중요한 의미는 설화가 어떤 커뮤니케이션 상황 속에서 문화적 관습이나 전통적 인식, 구연자나 청자의 세계관 등 이야기 외적인 정보를 소통시키는 매체로서 기능한다"는 서술에서는 커뮤니케이션 개념의 정돈이 필요해 보인다.

표현하였고, 더 나아가서는 그에 대해 복수를 해야 한다는 반응을 보이기도 했다"고 밝혔다.

김영희(2009)는 구전서사 연구자들이 1970년대부터 '연행'을 주요 분석 영역으로 고려하기 시작했다면서 연행 주체와 연행 맥락에 대한 기존 연구들을 제시하고 '비극적 구전서사'를 탐구했다.

설화를 의사소통이나 토론의 결과물로 접근하거나 '교섭 경험' 또는 '구전서사 연행' 분석에서 볼 수 있듯이, 선행연구들이 여러 성과를 거두었지만 '커뮤니케이션 이론'을 중심에 놓고 분석한 논문은 아직 없다고 볼 수 있다. 그 말은 설화를 커뮤니케이션 이론으로 분석해야 옳게 이해할 수 있다는 뜻이 전혀 아니다. 설화 연구의 지평을 조금 더 넓히자는 뜻 이상도 이하도 아니다.

설화가 당대의 커뮤니케이션 – 그 시의 많은 사람들에게 메시지를 전달했다는 점에선 '매스 커뮤니케이션'으로 볼 수도 있다 – 이었다면, 연행 주체인 화자 중심의 연구를 넘어서서 '설화를 주고받는 사람들은 어떤 효과를 기대했을까'라거나 '듣는 사람들이 설화를 어떻게 받아들였을까'와 같은 '커뮤니케이션 효과'의 문제에 대한 연구가 필요하다. 수신자와 '효과'를 중심에 둘 때 '아기장수'를 비롯한 설화를 다채롭게, 더러는 깊게 이해하는 데 도움을 줄 수 있다.

☐ 아기장수 설화의 커뮤니케이션

① 문학치료학과 커뮤니케이션학의 융합

커뮤니케이션의 정의는 인간에 대한 정의만큼 다양하다. 커뮤니케이션 연구자들은 대체로 사회학자 찰스 호튼 쿨리(Charles Horton Cooley)가 정의한 "인간관계가 존재하고 발전하게 되는 기제(mechanism)"를 '커뮤니케이션'으로 받아들인다.[159]

쿨리의 정의를 따른다면, 서양에서 이론적 체계를 갖춘 커뮤니케이션 학은 한국 고유의 문학치료학과 '소통'하고 '융합'함으로써 서로에게 큰 도움이 될 수 있다. 문학치료학을 개척한 정운채가 강조했듯이, 문학치료학의 '서사(epic)'는 '인간관계의 형성과 위기와 회복에 대한 서술로서, 인간관계의 주체가 관계를 이해하고 운영하는 과정'이기 때문이다(정운채, 2006, 324~326쪽).

우리의 삶을 구조화하고 운영하는 서사인 '자기서사'와 자신의 자기서사에 영향을 끼치는 문학작품의 서사인 '작품서사'를 분석하는 과정에서 커뮤니케이션 이론은 두루 새로운 시각을 던져줄 수 있다. 작품서사를 통해 우리의 자기서사를 보충하고 강화하며 통합의 단계를 거쳐 자기서사의 변화를 유도하는 것이 문학치료학이기에 더욱 그렇다(정운채, 2006, 9쪽).

커뮤니케이션은 공동체를 뜻하는 커뮤니티와 말 뿌리가 같다. '공통되는(common)', 또는 '공유한다(share)'는 뜻의 라틴어 'communis'가 그것이다. 비단 말 뿌리만 동일하지 않다. 커뮤니케이션과 커뮤니티(공동체)는 서로 떼기 어려울 만큼 이어져 있다. 실제로 커뮤니케이션 없는 공동체(커뮤니티), 또는 공동체 없는 커뮤니케이션은 상상하기 어렵다. 사람이 '정치적 동물'로 살아가고 사회가 전개되어가는 '메커니즘'이 커뮤니케이션이다.

---

[159] William E. Porter & Wilbur Schramm, 최윤희 옮김, 1998, 17쪽. 그런데 '커뮤니케이션'에 대한 쿨리의 정의를 받아들인다면, 그것을 '소통'으로 옮기는 데 부담이 있다. 선입견일 수 있지만 그 정의와 '막히지 않고 잘 통함'이라는 '소통'의 정의는 차이가 있기 때문이다. 뜻있는 커뮤니케이션 학자들에게 '커뮤니케이션'의 적실한 우리말은 숙제로 남아 있다. 국문학 연구자들의 적실한 제언을 기대한다.

바로 그렇기에 커뮤니케이션을 연구한다는 것은 사람을 연구하는 것이다. 사람들 사이의 관계, 집단, 조직과 사회와의 관계를 연구하며, 서로 영향을 끼치고 정보를 교환하고, 가르치고 가르침을 받으며 즐거움을 나누는 사람들을 탐구한다(William & Schramm, 1998, 18쪽). 커뮤니케이션은 기본적인 사회과정(process)이고, 사람은 정보(정보 내용인 메시지)를 처리하는 동물이기에 정보와 커뮤니케이션의 변화는 언제나 사회 변동을 불러온다(William & Schramm, 1998, 32쪽).

물론, 문학치료학과 커뮤니케이션학이 동일할 수는 없다. 커뮤니케이션이 인간관계가 존재하고 발전하게 되는 기제라면, 문학치료학은 인간관계의 주체가 관계를 이해하고 운영하는 과정을 중시하기 때문이다.

그런데 커뮤니케이션학에서도 과정을 중시하는 흐름이 있다. 커뮤니케이션의 고전적 이론 가운데 하나인 '해롤드 라스웰(Harold D. Lasswell) 모델'은 흔히 'SMCRE 모델'로 불린다(Harold D. L, 1948). '누가→무엇을→어떤 채널을 통해→누구에게→어떤 효과를 가지고 전달하는가'의 줄임말이다. 커뮤니케이션의 기본요소로서 SMCRE은 인간관계가 형성되고 회복되는 과정을 연구하는 데도 유용한 이론적 틀이 될 수 있다.

먼저 'S(sender / source)'는 커뮤니케이션 송신자, 메시지를 보내는 존재다. 'M(massage)'은 송신자가 수신자에게 보내는 내용이다. 커뮤니케이션에서 메시지는 언어적 요소뿐만 아니라 비언어적 메시지도 아우른다. 'C(channel)'는 송신자와 수신자를 이어주는 채널이다. R(receiver)은 수신자로 '매체를 읽고, 보고, 듣는 모든 사람들'이다. 현대사회에서 '미디어에 노출될 수 있는 모든 소비자를 총칭'하기도 한다. 마지막으로 E(effect)는 최종적으로 어떤 효과를 나타내는가, 또는 어떤 효과를 얻을 것인가의 문제다.

설화가 커뮤니케이션이라면, SMCRE의 커뮤니케이션 이론은 설화를 분석할 때도 적실할 수 있다. 연행의 주체인 송신자 못지않게 설화의 수신자도 중요하고 송신자의 메시지가 얼마나 정확하게 수신자에게 전달되었는지 그 효과도 설화 연구에서 비중 있게 짚을 필요가 있다.

② 아기장수 설화의 메시지 분석

커뮤니케이션 이론을 바탕으로 '아기장수'를 접근할 때, 설화를 말하는 사람, 들려주는 사람이 송신자다. 수신자는 그 설화를 듣는 사람이다. 효과는 설화를 들려준 사람이 들은 사람에게 어떤 영향을 얼마나 주었는가의 문제라고 간추릴 수 있다.

커뮤니케이션의 SMCRE이론으로 아기장수 설화를 접근할 때, 다음 네 가지 연구문제를 설정할 수 있다.

연구문제 1.　'아기장수'를 말하는 사람은 어떤 메시지를 전달하고 싶었을까.

연구문제 2.　'아기장수'를 들은 사람은 어떤 메시지를 받았을까.

연구문제 3.　'아기장수'를 말한 사람은 어떤 효과를 얻었을까.

연구문제 4.　'아기장수'는 21세기에 어떻게 소통되고 있을까.

설화의 송수신자들이 모두 선인들이기 때문에 네 가지 문제를 연구하는 방법은 이론적 분석과 논리적 추론을 중심에 놓을 수밖에 없다.

다만, 설화는 무엇보다 '열린 텍스트'이고 기나긴 세대를 통해 수많은 사람들이 주고받으며 소통해왔기 때문에, 이론과 논리에 머무는 것은 '초록빛 생명'을 잃은 '잿빛 연구'로 전락하기 십상이다. '아기장수'를 들은 사람(수신자)들의 심리가 실제로 어떻게 변화해갔는지 그 효과를 파악할 필요도 있다. 커뮤니케이션 이론으로 '아기장수'를 탐구하되 '비실험적 현장

연구'를 더한 까닭이다.

심리학의 전통적인 실험에서는 선행조건 또는 처치의 특정 집합을 만들어서 행동에 대한 가설을 검증한다. 하지만 실험이 가능하지 않거나 바람직하지 않은 상황에서 '비실험적 접근'을 선택한다. 실제 상황에서 가설을 검증하는 것이 필요하거나 중요할 때 사용된다. 선행조건을 만들지 않기 때문에 실험 결과에 대해 인과적 진술을 할 수는 없지만 '관계'에 대한 설명은 충분히 가능하다(Anne Myers & Christine Hansen, 2003, 65~75쪽). 따라서 대학생들을 대상으로 사전 예고 없이 설화 '아기장수'를 들려주고 그들이 어떻게 받아들이는지 즉석 설문조사를 했다.

대학생들에게 설화를 들려준 '현장'에서 설문조사를 한 까닭은 그들이 송신자 대다수였을 '기성세대'(어른)와 수신자 대다수였을 아이들 사이에 놓인 청년세대이기 때문에, 설화의 소통 과정에서 송신자와 수신자들의 '생각' – 후술하겠지만, 그 '심리'가 내적 커뮤니케이션이다 – 을 두루 헤아릴 수 있다고 가정했기 때문이다.

현장 설문조사에 앞서 강의실에 모인 학생들에게 아무런 가치 판단도 담지 않고 '아기장수'의 뼈대만 들려준 뒤 설문지를 배포했다.

게시된 설화 지문: "옛날 어느 곳에 한 평민이 아들을 낳았는데, 태어나자마자 겨드랑이에 날개가 있어 이내 날아다니고 힘이 센 아기장수였다. 부모는 이 아기가 크면 장차 역적이 되어 집안을 망칠 것이라고 해서 맷돌로 눌러 죽였다. 아기장수가 죽을 때 유언으로 콩 다섯 섬과 팥 다섯 섬을 함께 묻어달라며 비밀을 지켜달라고 하였다. 얼마 뒤 관군이 아기장수를 잡으러 오고 부모의 실토로 무덤을 열어보니 콩은 말이 되고 팥은 군사가 되어 막 일어나려 하고 있었다. 결국 아기장수는 성공 직전에 관군에게 들켜 다시 죽었다. 그런 뒤 아기장수를 태울 용마가 나와서 주

인을 찾아 울며 헤매다가 용소에 빠져 죽었다."[160]

설문지는 네 가지 연구문제를 탐색하기 위해 SMCRE 이론에 근거하되 작품서사와 자기서사를 두루 측정할 수 있도록 설계했다. '아기장수' 설화와 관련해 '아기장수를 왜 죽여야만 했는가'라거나 '아기장수를 죽인 이유는 정당한가'라는 질문을 '아기장수 이야기 해석의 핵심 열쇠'라고 주장하는 연구들이 많이 나왔지만, 여기서는 그 질문들을 배제했다. 그 질문들이 필요 없다고 판단해서가 아니라 내적 커뮤니케이션을 탐색하는 이 글의 성격상 적절하지 않고 새로운 질문이 필요하다고 판단했기 때문이다. 그 결과 설문을 다음과 같이 구성해 제시했다.

[설문 1] 옛날 어른들은 왜 이 이야기를 아이들에게 들려주었다고 생각
합니까?

---

160 이 글을 문학치료학회 제129회 학술대회(2014년 7월 26일)에서 발표할 때 지정토론자는 "게시된 설화 지문은 실제로는 존재하지 않는 이야기이거나 아기장수 이야기의 본령을 드러내는 이야기로 보기 어렵다"고 주장했다. 아기장수 이야기와 우투리 이야기는 서로 다른 유형의 이야기인데 두 이야기를 같은 이야기로 보고 있는 듯하다는 것이다. 하지만 여기서 설화 지문을 전혀 수정하지 않은 이유는 세 가지다. 첫째, 실제로 아기장수와 우투리 설화는 전문가들이 아닌 민간전승 차원에서 볼 때 엄격히 구별되지 않을 수 있고, 무엇보다 전문가들 사이에서도 두 설화를 아기장수 이야기의 두 유형으로 보기 때문이다. '날개 유형'과 '곡물 유형'으로 두 설화 모두 아기장수 설화로 분류한다. 다름 아닌 토론자 자신도 박사학위 논문에서 두 이야기를 '아기장수 1'과 '아기장수 2'로 설명해나가고 있다 (김영희, 앞의 논문). 연구자가 게시한 설화 지문의 출처는 한국학중앙연구원의 『한국민족문화대백과』 서술로 '네이버 지식백과'에서 확인할 수 있다(http://terms.naver.com/entry.nhn?docId=579286&cid=46643&categoryId=46643). 둘째, '아기장수'와 '우투리'는 서로 다른 이야기라는 논의가 이 글의 논지를 좌우하는 변수가 아니라고 판단했기 때문이다. '아기장수 이야기의 본령'은 충분히 담겼다고 판단한다. 마지막으로 1차 설문조사에서 이미 이 설화 지문을 들려주고 설문조사를 했기 때문에 여기서 지문을 조금이라도 수정하는 것은 '연구 조작'이 될 우려가 있어서다.

1. 아이에게 현실에 순응을 가르치기 위해서

2. 아이에게 세상을 제대로 바꿔보라는 기대로

3. 순응 반 기대 반

4. 기타(간단히 써주세요)

[설문 2] 이 이야기를 들은 아이들은 무슨 생각을 했을까요.

1. 현실에 순응하며 살아야겠다

2. 잘못된 세상을 바꿔가겠다

3. 상황을 보아가며 바꿔가겠다

4. 기타(간단히 써주세요)

[설문 3] 옛날 사람들은 왜 이 이야기를 어른들끼리 서로 나누었다고 생각합니까?

1. 서로 체념을 권하고 싶어서

2. 한이 많아서

3. 우리 아이들을 제대로 키우자 다짐하고 싶어서

4. 기타(간단히 써주세요)

[설문 4] 당신은 이 이야기를 듣고 무슨 생각이 들었습니까?

1. 분개했다

2. 체념했다

3. 처음엔 분개했지만 체념했다

4. 처음엔 체념했지만 분개했다

[설문 5] 당신은 이 이야기를 듣고 어떻게 살아야겠다고 생각했습니까?

1. 현실에 순응하며 살아야겠다

2. 잘못된 세상을 바꿔가겠다

3. 상황을 보아가며 바꿔가겠다

4. 기타(간단히 써주세요)

[설문 6] 이 이야기에서 아기를 죽인 부모는 누구라고 생각합니까?

    1. 실제 부모

    2. 모든 어른

    3. 지배권력

    4. 기타(간단히 써주세요)

'비실험적 현장 연구'로서 설화를 들려준 현장에서 곧장 설문조사를 실시했지만, 단 한 차례의 설문조사 결과에만 근거해서 논의를 전개하는 것은 한계가 있을 수밖에 없다고 판단해 시차를 두고 서로 다른 학생집단을 대상으로 두 차례 조사했다.

1차 설문조사는 2014년 6월 10일 건국대 미디어커뮤니케이션학과 개설 강좌인 '신문커뮤니케이션' 수강생 55명을 대상으로 했다. 설문조사 응답자는 중국 유학생을 제외하고[161] 38명이다. 1차 설문조사 대상이 미디어커뮤니케이션학과 전공강의를 듣는 특정학과 학생들인 반면에, 2차 설문조사는 2014년 10월 17일 건국대 전교생들을 대상으로 한 교양강좌인 '삶과 소통' 수강생 80명을 대상으로 했다. 수강생들은 문과와 이과를 두루 포괄하고 있으며 대다수가 1학년이고 커뮤니케이션학과 학생들은 수강신청을 처음부터 배제했기에 겹치는 학생은 한 명도 없다. 2차 설문조사 시점까지 강의는 우주, 생명과의 소통을 중심으로 한 자연과의 소통을 다뤘기에 수강생들은 교수인 연구자의 정치사회적 경향성을 의식하지 못한 상황에서 설문조사에 임했다. 설문 지문을 아무런 가치판단 없이 읽어주고 '익명

---

161 조사를 하며 한국 대학생과 중국 유학생을 구별했고, 결과를 분석할 때 중국 유학생 17명은 제외했다. 한국 설화에 대한 정서적 이해가 아무래도 다르다고 판단할 수밖에 없기 때문이다. 설문조사 결과에 큰 차이는 없었지만, 정서적 차이는 무시할 수 없었다. 가령 중국 유학생들은 [설문 3]의 '한'을 이해하지 못했다고 볼 수밖에 없는 결과가 나타났다.

조사이므로 자신의 느낌을 있는 그대로 담아보라'고 주문했다. 수강생 80명 가운데 설문에 응답한 학생은 64명이다.[162] 결국 1차, 2차 설문조사는 4개월의 시차를 두고 총 135명을 대상으로 이뤄졌고 응답자는 102명이다.

　이 글은 아기장수 설화를 커뮤니케이션의 SMCRE이론으로 접근하고 서사분석을 하는 과정에서 두 차례의 설문조사 결과를 자료로 활용하는 방법을 채택했다. 서사분석을 중심에 둔 설문조사 결과를 밑절미로, 아기장수 설화의 현재적 의미를 논의했다.

■ 아기장수는 왜 죽어야만 했는가

① 아기장수 설화의 SMCRE 분석

설화가 채집되기 이전부터 오랜 세월 전승되어왔다는 사실에 미뤄보면 '아기장수'는 신분제에 근거한 왕정시대에 이미 광범위하게 유포되었다고 추정할 수 있다. 그렇다면 아기장수 설화의 송신자(S)는 누구일까.

　지금 '아기장수'의 초기 유포자들을 확인할 방법은 없지만, 적어도 지배세력은 아니라고 판단할 수 있다. 어떤 지배세력이 자신을 포악하게 그린 아기장수 설화를 민간에 유포시키겠는가라는 질문을 던져보면 쉽게 확인할 수 있다. 더러는 그것이야말로 지배세력의 간교한 이데올로기 전략으로 풀이할 수도 있겠지만, 설화의 커뮤니케이션 과정을 상정해보더라도 지나친 '탁상 해석'이다.

162　2차 설문조사에서도 한국 대학생과 중국 유학생을 구별했고, 결과를 분석할 때 1차 설문조사와 동일한 이유로 중국 유학생은 제외했다.

만일 송신자가 지배세력이라면 설화의 내용이 좀 더 체제 순응을 유도하게 바뀌었으리라는 추정은 결코 무리가 아니다. 만일 '아기장수'가 지배세력이 의도적으로 유포한 이데올로기적 효과를 노리고 의도적으로 유포한 것이라면, 지금 전승되어 오는 내용과는 달라야 한다. 아기장수 설화는 '날개형'이든 '곡물형'(우투리)이든 지배세력에겐 '위험 부담'이 크기 때문이다.

따라서 송신자는 현실을 직시하고 있던 피지배세력으로 보는 게 설화의 내용에 미루어 타당한 추론이다. 다만, 지배세력 가운데 몰락한 양반이나 실학자들을 비롯한 체제 개혁적 양반도 송신자가 될 수는 있을 터다.

메시지(M)는 무엇인가. 표면적으로만 보면 아기장수 설화는 분명 민중의 패배, 좌절의 이야기다. 하지만 송신자가 누구인가를 생각해보면, 자연스레 의문이 생긴다. 과연 피지배세력은 좌절과 패배를 기리기 위해 이 이야기를 송신했을까? 만일 송신자가 지배세력이라면, 민중은 패배할 수밖에 없다는 운명론을 강조 — 그것이 세련된 방법이든, 투박한 방법이든 — 했을 터다.

그렇다면 피지배세력은 굳이 스스로 패배의 메시지를 전승할 이유가 있었을까. 아기장수 설화의 표면적 이야기는 패배이지만, 그 이야기에 담긴 메시지는 패배나 절망과는 뭔가 다른 데 있다고 추론하는 것이 합리적이다.

채널(C)은 이야기, 말이지만 설화의 성격상 다채로울 수밖에 없다. 어린 자녀에게 달밤 아래서 부모가 나직하게 들려주는 '채널'도, 동네 어른이 느티나무 그늘 아래 아이들을 모아놓고 들려주는 '채널'도 가능하다. 연행은 때로는 개인 대 개인으로, 때로는 집단 속에서 마치 '마당극'처럼 이뤄졌을 터다.

수신자(R) 또한 지배세력일 수는 없다. 설화는 기록문학과 달리 설화의 특성에 비춰보아도 '아기장수'의 수신자는 피지배세력, 특히 어린 자녀들일 가능성이 크다. 어린 자녀에게 들려주는 과정에서, 송신자인 기성세대들 또한 설화를 되새김질했을 가능성이 높다.

마지막으로 효과(E)다. 설화를 수신자에게 들려준 송신자가 자기 메시지가 얼마나 잘 전달되었고 또 영향을 주었는지 '측정'하는 문제다. 아기장수 설화의 효과는 몇 세대에 걸쳐 꾸준히 누적되어 왔겠지만 과거에 대한 실증적 조사는 불가능하다. 하지만 그 효과가 무엇이었는가에 대한 추론은 가능하다.

설화의 성격상 송신자와 수신자는 겹칠 수밖에 없다. 모든 설화의 송신자는 애초 그 설화를 들었던 수신자이기 때문이다. 수신자로서 설화를 듣고 다른 사람에게 전달하면 송신자가 된다. 아기장수 설화의 모든 송신자는 어린 시절에 그 설화를 들었던 수신자였다.

아울러 설화를 들은 수신자는 단순히 듣고 넘기는 게 아니라 곰곰 되새겨보았을 가능성이 높다. 설화를 되새김질하는 과정에서 송신자와 수신자는 동일 인물일 수밖에 없다. 여기에 설화의 내적 커뮤니케이션 성격이 드러난다.

커뮤니케이션은 다양하지만 크게 대인 커뮤니케이션(Inter-personal communication)과 내적 커뮤니케이션(Intra-personal communcation)으로 구분된다. 대인 커뮤니케이션을 다시 세분할 수 있지만, 크게 보면 '다른 사람과의 상호커뮤니케이션'이다(최창섭, 1994, 47쪽). 내적 커뮤니케이션은 '인간 내면에서 일어나는 커뮤니케이션'을 일컫는 말로 '자아 커뮤니케이션'이라고도 한다.

내적 커뮤니케이션에서도 SMCRE 모델은 적용된다. 커뮤니케이션 주체가 송신자와 수신자를 겸할 뿐이다. 다른 사람과 상호작용 또는 교류하는 것은 아니지만, 자기 안에서 메시지를 주고받으며 스스로 변화(효과)하는 내적 커뮤니케이션은 자아의 정체성 확립에 종요롭다. 커뮤니케이션

학자들은 대체로 대인 커뮤니케이션과 내적 커뮤니케이션을 전혀 다른 차원의 영역으로 구분하지만, 둘 사이의 경계는 모호할 때가 많다. 모든 내적 커뮤니케이션은 대인 커뮤니케이션의 영향을 받을 수밖에 없으며, 그 역도 마찬가지다.

설화를 커뮤니케이션이라고 볼 때, 흔히 대인 커뮤니케이션을 주목하지만, 작품서사와 자기서사 분석에서 중요한 것은 내적 커뮤니케이션이다.

② '작품서사'의 커뮤니케이션 분석

우리는 앞서 연구문제로 아기장수 설화를 말하는 사람은 어떤 메시지를 전달하고 싶었을까, 설화를 들은 사람은 어떤 메시지를 받았을까, 설화를 말한 사람은 어떤 효과를 얻었을까, 아기장수 설화는 21세기에 어떻게 소통되고 있을까를 설정했다.

비실험적 현장연구에서 젊은이들에게 제시한 '옛날 어른들은 왜 이 이야기를 아이들에게 들려주었다고 생각합니까?'라는 [설문 1]은 송신자인 '옛날 어른'들이 자녀나 자녀의 친구들(수신자)에게 설화를 들려준 이유를 추정해보는 물음이다. 이 물음의 응답을 자료로 연구문제 1에서 제시한 '전달하고 싶은 메시지'를 추론할 수 있다.

[설문 1] 옛날 어른들은 왜 이 이야기를 아이들에게 들려주었다고 생각합니까?

1차 설문조사(38명, 단위: 명)			
아이에게 현실에 순응을 가르치기 위해서	15	순응 반 기대 반	13
아이에게 세상을 제대로 바꿔보라는 기대로	7	기타	3
2차 설문조사(64명, 단위: 명)			
아이에게 현실에 순응을 가르치기 위해서	14	순응 반 기대 반	18
아이에게 세상을 제대로 바꿔보라는 기대로	20	기타	12

1차와 2차에 걸친 설문조사에서 이 물음의 응답 가운데 '아이에게 현실에 순응을 가르치기 위해서'는 29/102(전체 102명 가운데 29명)로, '아이에게 세상을 제대로 바꿔보라는 기대로'의 27/102과 비슷한 비율로 나왔다.

하지만 조금 더 짚어볼 필요가 있다. [설문 1]에서 볼 수 있듯이, '순응 반 기대 반'의 응답자가 가장 많아 31/102이다. 어른들이 아이에게 이 이야기를 들려준 이유를 묻는 질문에 '순응 반 기대 반'은 적어도 기대가 있다는 범주에 들어간다. 따라서 설문조사를 달리 해석할 수 있다. '순응을 가르치기 위해서'는 29/102이지만, 그보다 훨씬 많은 과반수(58/102)가 아이에게 '기대'를 전적(27)으로나 부분적(31)으로 지닌 채 설화를 들려주었다는 추정이 가능하다. 더구나 '기타' 의견 15명 거의 모두가 비판적 시각을 보이고 있기에 그것을 염두에 둘 경우 아이에게 세상을 바꿔보라는 기대는 대단히 높은 비율로 나온다. 따라서 '아기장수'가 민중의 좌절과 절망을 표현한 설화라는 대다수 선행 연구의 분석은 설문조사 결과에 근거하면 재검토할 필요가 있다.

물론, 우리는 '민주주의 시대' – 과연 오늘의 한국 사회가 민주주의라는 이름에 걸맞은가에 대해 의문이 있지만 – 를 살고 있는 대학생들의 시각과, 억압적 신분제의 굴레에서 벗어나지 못했던 시대를 살았던 민중의 시각은 다를 수 있다고 볼 수 있다. 하지만 억압이 크다고 반드시 순종하는 것은 아니다. 억압이 클수록 오히려 그 억압적 질서를 넘어서려는 의지가 모아질 때도 많았다.

과거 긴 세대에 걸쳐 아기장수 설화의 송신자들이 무슨 뜻으로 자녀 세대에게 이 메시지를 들려주었을까를 확인할 길은 없다. 하지만 21세기 한국의 중학교 교과서에 '아기장수'를 실은 이유가 어디에 있을까는 짐작할 수 있고 확인할 수도 있다.

과연 교과서 편집자가 중학생들이 그 설화를 읽고 세상에 순종하기를 바라서라고 볼 수 있을까. 참고로 현직 국어교사와 사회교사 5명은 신문에 공동 기고한 글에서 "중학교 국어 교과서에 실린 '아기장수 우뚜리'는 각박하고 살기 힘든 세상을 구할 영웅이 나타나기를 바라는 민중의 마음이 입에서 입으로 전해지다 탄생된 설화"[163]라고 규정했다.

그렇다면 실제로 설화를 들은 아이들(수신자)은 무슨 생각을 했을까(설문 2)를 추정해보자.

[설문 2] 옛날 어른들은 왜 이 이야기를 아이들에게 들려주었다고 생각합니까?

1차 설문조사(단위: 명)			
잘못된 세상을 바꿔가겠다	14	현실에 순응하며 살아야겠다	11
상황을 보아가며 바꿔가겠다	9	기타	4
2차 설문조사(단위: 명)			
잘못된 세상을 바꿔가겠다	20	현실에 순응하며 살아야겠다	14
상황을 보아가며 바꿔가겠다	17	기타	13

[설문 2]에 나타나듯이 '현실에 순응하며 살아야겠다'(25명)보다 '잘못된 세상을 바꿔가겠다'가 더 많다(34명). 더구나 '상황을 보아가며 바꿔가겠다'(26명)까지 더하면 102명 가운데 60명이다. 순응하며 살아야겠다고 생각했으리라고 응답한 25명보다 압도적이다.

설령 설화의 송신자가 '현실 순응'을 의도해 메시지를 전달했다고 하더라도 수신자인 '아이들'은 그렇게 받아들이지 않았으리라는 추정이 가능하다. 물론, 그 의견은 설문에 응답한 오늘의 20대 반응이기도 하다.

'옛날 사람들은 왜 이 이야기를 어른들끼리 서로 나누었다고 생각'하느냐는 물음은 송신자와 수신자가 모두 어른이다. 설화의 성격상 당시 기성

---

163 김영민 외, '괴담 쉽사리 퍼지는 이유 뭔가요', 중앙일보, 2013년 10월 16일자.

[설문 3] 옛날 사람들은 왜 이 이야기를 어른들끼리 서로 나누었다고 생각합니까?

1차 설문조사(단위: 명)			
한이 많아서	24	아이들을 제대로 키우자 다짐하고 싶어서	10
체념을 권하고 싶어서	2	기타	2
2차 설문조사(단위: 명)			
한이 많아서	42	아이들을 제대로 키우자 다짐하고 싶어서	8
체념을 권하고 싶어서	6	기타	8

세대들은 아이들에게 들려주기 전에 서로 아기장수 설화를 나누었을 가능성이 높다.

왜 그들은 『아기장수』 이야기를 나누었을까. 그 물음에 '서로 체념을 권하고 싶어서'라는 응답자는 8명(8 / 102)뿐이다. [설문 3]에 나타나듯이 '한이 많아서'가 가장 많고(66명), '우리 아이들을 제대로 키우자 다짐하고 싶어서'도 18명에 이른다. '기타' 10명의 응답자 가운데는 "능력이 있어도 역적으로 몰리는 사회를 고발 / 비판하기 위해서"라거나 "구원자(?)가 또 나타나 그때는 뜻을 이루기를 바라는 마음에서"라는 의견을 썼다. 결국 102명 응답자 가운데 8명을 제외한 대다수는 옛날 사람들이 무엇인가를 꿈꾸기 위해서 이 설화를 서로 나누며 소통했다고 추정한 셈이다.

③ '자기서사'의 커뮤니케이션 분석

아기장수 설화의 작품 내용을 옛날 사람들이 어떻게 파악했을까를 짚어본데 이어 실제로 그 이야기를 들은 당사자의 생각을 들여다볼 필요가 있다.

설화를 21세기 시점에서 들은 20대들에게 직접 '무슨 생각이 들었습니까?'라고 묻는 설문에 '분개했다'와 '체념했다'는 43명 대 11명으로 4배 가까운 차이가 난다. '아기장수'로 표상되는 '새로운 세계의 주인공'이 살해

되는 정황이 "부조리와 모순으로 가득 차 있을 뿐 아니라 극단의 파토스를 자아내도록 형상화된다면 이와 같은 서사는 불안과 함께 회의와 반항을 자아낼 수밖에 없음"을 보여준다(김영희, 2012, 317쪽).

[설문 4]에서 볼 수 있듯이 설화를 처음 들었을 때 스스로 생각하고 그 과정에서 '분개'와 '체념'을 명확하게 느끼는 사람들(54/100 [164])이 있는가 하면, 적잖은 사람들(46/100)은 분개와 체념 사이를 오간다는 사실을 발견할 수 있다.

[설문 4] 당신은 이 이야기를 듣고 무슨 생각이 들었습니까?

1차 설문조사(단위: 명)			
분개했다	16	처음엔 체념했지만 분개했다	9
체념했다	2	처음엔 분개했지만 체념했다	11
2차 설문조사(단위: 명)			
분개했다	27	처음엔 체념했지만 분개했다	8
체념했다	9	처음엔 분개했지만 체념했다	18

'당신은 이 이야기를 듣고 어떻게 살아야겠다고 생각했습니까?'라는 설문은 '자기서사'의 변화를 측정할 수 있는 물음이다. 눈여겨볼 곳은 [설문 5]에 나타나듯이 '현실에 순응하며 살아야겠다'가 6명뿐이라는 사실이다. 이 2명은 [설문 4]에서 "체념했다"고 응답한 11명과 비교해도 훨씬 소수다.

그렇다면 아기장수 설화를 들었을 때 '처음엔 분개했지만 체념했다'거나 '처음엔 체념했지만 분개했다'고 응답함으로써 자기 내부의 서사구조에서 체념과 분개 사이를 오간 사람들은 어디에 응답했을까. 설화를 듣고

---

164 [설문 4]의 설문조사 대상이 100명인 이유는 이 문항에 대해 2명이 답하지 않았기 때문이다.

[설문 5] 당신은 이 이야기를 듣고 어떻게 살아야겠다고 생각했습니까?

1차 설문조사(단위: 명)			
잘못된 세상을 바꿔가겠다	21	상황을 보아가며 바꿔가겠다	11
현실에 순응하며 살아야겠다	2	기타	4
2차 설문조사(단위: 명)			
잘못된 세상을 바꿔가겠다	22	상황을 보아가며 바꿔가겠다	24
현실에 순응하며 살아야겠다	4	기타	14

'분개했다'고 답한 43명과 함께, '잘못된 세상을 바꿔가겠다'(43명)거나 '상황을 보아가며 바꿔가겠다'(35명)고 응답했을 터다.

'기타'라고 답한 18명이 자기 의견을 글로 밝힌 적극성도 흥미롭다. 각각 "능력을 더 길러서 내가 권력이 되어야겠다. 그래서 능력을 가진 사람이 능력을 발휘할 수 있는 세상을 만들어야겠다", "철학과 가치관으로서 인생의 궁극적인 행복과 진리를 스스로 찾겠다", "다른 사람들을 인정하지 않는 것에 대한 반성", "나에게 능력이 있었으면 좋겠다". "나는 순응하지만 바꾸려고 노력하는 사람이 있다면 돕겠다"라고 썼다. 기타 응답자 가운데 직접 글로 쓴 사람들은 시대의 흐름에 결코 순응만 하며 살지 않겠다는 '자기서사'가 또렷하다.

그러니까 좌절의 비극을 그린 작품서사를 보며 '세상을 바꾸겠다'는 자기서사에 이른 사람이 절대다수인 셈이다. 그렇다면 잘못된 세상을 바꾸기 위해 또는 상황을 보아가며 바꿔가기 위해 누구와 싸워야 할까. 이는 아기장수 설화에서 '아기를 죽인 부모'를 누구로 생각하는가의 물음과 이어져 있다.

'이 이야기에서 아기를 죽인 부모는 누구라고 생각합니까?'라는 질문에 '실제 부모'라고 응답한 젊은이는 6명에 지나지 않는다.

[설문 6] 이 이야기에서 아기를 죽인 부모는 누구라고 생각합니까?

1차 설문조사(단위: 명)			
지배권력	17	모든 어른	12
실제 부모	3	기타	6
2차 설문조사(단위: 명)			
지배권력	30	모든 어른	25
실제 부모	3	기타	6

가장 많은 생각은 [설문 6]에 나타나듯이 '지배권력(47명)이고 이어 '모든 어른'(37명)이다. 102명 가운데 84명이 지배권력과 기성세대를 꼽았다. 기타 의견에 응답한 12명은 자기 생각을 다음과 같이 썼다. "사회구조", "현실의 체제와 이에 순응 및 고수를 원하는 사람들", "화석화된 윤리, 도덕관과 이데올로기. 그리고 집단주의적인 성향", "권력구조의 억압성", "모두(항목 모두)", "어리석은 사람", "힘없는 서민들", "지배권력과 현세와 세상에 어두운 무지한 이들"이라고 썼다.

결국 아기장수 설화를 들은 수신자들이 분노를 느끼는 대상은 '실제 부모'가 아니라 '지배권력'과 '기성세대'가 짜놓은 구조임을 확인할 수 있다.

④ 아기장수 설화의 현재적 의미

아기장수 설화는 전국에 걸쳐 오랜 세대를 통해 이어져 왔다. 설화를 들려주고 들을 때, 그 설화가 어떤 '효과'를 주었을까는 시대마다 다를 수밖에 없다.

앞서 설문조사를 분석하며 보았듯이 아기장수 설화는 단순히 체념이나 순종을 유도하지 않는다. 오히려 세상을 바꾸겠다는 의지를 불러일으키는 '문학적 효과'를 지니고 있다. 다만 세상을 바꾸는 데는 오랜 기다림과 치밀한 준비, 상황 판단이 필요하다는 교훈을 일깨워준다. 부모의 손에 죽은 아기장수가 '새로운 기약'을 하지만 그마저 지배권력의 위협을 받은 부모의 '기밀 누설'로 무산되었다. 기밀을 지키고 뜻을 모아야 성공할 수 있다는 가르침을 암암리에 담고 있다.

따라서 시대 상황이 어떤가에 따라 각각의 시대에 아기장수 설화가 주는 '현재적 의미'는 다를 수 있다. 민중이 언제나 변혁적 모습을 보이는 것도 아니기 때문이다.

하지만 사회모순이 표면화하고 사람들 사이에 체제에 대한 저항의식이 퍼져갈 때 아기장수 설화의 자기서사는 수동적 저항을 넘어 능동적 봉기를 추동할 가능성이 높다. 실제로 조선왕조 후기 – 특히 보수적 역사학자든 진보적 역사학자든 두루 19세기를 '민란의 세기'라고 부를 만큼 – 아래로부터의 변혁적 움직임이 활발했던 배경에는 '아기장수'의 '광포설화'가 있다고 추론할 수 있다.

더구나 '아기장수'가 '진인 출현설'과 맞물린다면 상승작용을 일으켰을 터다(신동흔, 1990). 다만, 꼭 '진인 출현설'과 연결하지 않더라도 아기장수 설화는 그 작품(또는 작품서사)만으로도 분노를 자아내고 변혁의 열망을 가슴 깊은 곳에서부터 타오르게 했다고 평가할 수 있다. 아기장수 설화가 보편적으로 공유될수록 당대 민중들의 정치사회의식은 한 단계 높아지지 않았을까.

무릇 변혁 운동에서 객관적 조건이 아무리 무르익어도 주체적 조건 – 주체인 민중의 구성이 다양함은 물론, 권력의 지배전략이 일상적으로 관통되고 있기에 더욱 그렇다 – 이 충족되지 않는다면 성공할 수 없다. 아기장수 설화에 담긴 현재적 의미가 큰 이유다.

19세기 '민란'의 정점은 갑오농민전쟁이다. 전라도의 작은 마을에서 봉기한 키 작은 지도자 전봉준을 민중이 '녹두장군'으로 부르며 전쟁에 나선 것은 단순한 우연일까. 확인할 길은 없지만, 혹 '아기장수'와 '우투리'의 이미지가 전봉준에게 투영된 것은 아닐까.[165]

시기마다 '아기장수'는 부당한 권력에 순종 의식이 내면화됨으로써 자기서사를 망각한 채 살아가던 사람들에게 내면의 소통을 가능케해준 청신한 '문학 치료제'였고, 때에 따라서는 변혁주체를 묶어 세우는 각성제였다. 21세기를 살아가는 우리에게도 그 현재적 의미는 클 수 있다.

□ '내 안의 아기장수' 되살리기

아기장수 설화에서 변혁적 의미를 짚어보았지만 모든 설화가 그런 것은 물론 아니다. 구전 서사의 연행과 전승이 "상징지배 전략이 관철되는 주요 통로이자 매개로서, 동화 기제를 정밀하게 강화하고 공모 관계를 더욱 견고하게 만드는 핵심적인 이데올로기 도구로 작동"할 수 있고(김영희, 2009, 410쪽) 실제로 그런 '도구'가 된 설화도 적지 않다.

하지만 바로 그렇기에 '아기장수'는 더 돋보이는 작품이다. 지배세력의 상징 지배가 일상화된 상황에서 '아기장수'는 연행, 소통되었고, 다른 설

---

[165] 20세기에 들어서서도 의병전쟁, 3·1운동, 무장항쟁, 지하 혁명조직 운동, 4월혁명, 5월항쟁, 6월항쟁으로 이어지는 아래로부터의 변혁운동 흐름이 도저하게 흘러온 원천도 이 나라 골골샅샅에서 오랜 세월에 걸쳐 광포설화 '아기장수'를 주고받았던 민중의 슬기가 있었기에 가능했다고 볼 수 있다. 연구자의 장편소설 『아름다운 집』이 일본어로 번역되어 2009년 도쿄에서 출판기념 강연회가 열렸을 때 참석한 일본인들은 한국에서 일어난 4월혁명, 5월항쟁, 6월항쟁이 일본에선 불가능하다며 한국 시민사회의 역동성을 부러워했다. 국문학에는 '아기장수'와 같은 광포설화, '홍길동전'과 같은 체제 비판적 문학 흐름이 지금까지 도저하게 흐르고 있다.

화들과 달리 민감한 정치사회 의식을 담고 있었기에 내적 커뮤니케이션은 더 진지할 수밖에 없었을 터다. 세대에서 세대로 전승되면서 수신자가 송신자 되고 송신자가 수신자 되는 되새김질 과정이 아픔과 고통으로 채색되었을 가능성도 높다. 아기장수 설화에 숱한 '변형'이 있는 것은 그만큼 민중(송신자와 수신자) 사이에 메시지의 효과가 컸음을 의미한다.

지금까지 분석한 결과, 연구문제 1에서 '아기장수 설화를 말하는 사람'(송신자)은 듣는 사람들(수신자)에게 '세상을 진정 바꾸고 싶다면 신중하고 치밀한 준비가 필요하다'는 메시지를 전달하고 싶었을 가능성이 높다. 연구문제 2에서 '아기장수 설화를 들은 사람'은 송신자보다 더 세상을 바꾸고 싶은 분노와 의지가 싹터 올랐다고 추정할 수 있다. 그렇다면 연구문제 3이 제기한 아기장수 설화의 효과는 기대 이상이었다고 판단할 수 있다. 다만 시대 상황에 따라 그 '효과'는 다르게 나타난다.

지배세력에게 틈이 보이지 않을 때, '아기장수'는 인내를 강제할 수도 있다. 하지만 권력의 지배에 균열이 보일 때는 다르다. 민란의 세기였던 19세기에 이어 20세기 내내 민중운동이 활발하게 일어난 사실에서도 우리는 광포설화 '아기장수'의 효과를 찾을 수 있다.[166]

연구자는 송신자와 수신자가 겹치는 설화의 특성에 미루어볼 때, 아기장수의 비극이 민중들로 하여금 '내 안의 아기장수'를 발견하는 효과를 주었다고 판단한다.

어른이 되어 아기장수 설화를 서로 주고받을 때, 어린 시절에 들은 그 설화를 자신의 자녀들에게 들려줄 때, 송신자 또한 '내 안의 아기장수'를 떠올릴 가능성이 높다. 그때 자기를 죽인 '어머니'는 바로 권력이 만든 구

---

166 가령 군부독재가 절정을 1970년대 후반 유신체제 시기에 작가 최인훈은 아기장수 설화에 바탕을 둔 희곡을 구상하고 발표했다. 최인훈, 『옛날 옛적에 훠어이 훠이』, 문학과지성사, 1979.

조나 틀에 순응 또는 적응해온 자기 자신이라는 자각이 일어날 수 있다.

몸을 낳아준 어머니와 달리 누구에게나 정신적으로 거듭나는 과정은 스스로를 '모태'로 한다. 그 점에서 '권력에 굴종하는 어머니'는 바로 아기에서 어른이 되기까지 지배세력이 요구하는 틀에 맞춰 커온 자기 자신일 수 있다. 부모가 되어 자녀들에게, 어른이 되어 다음 세대에게, 아기장수 설화를 들려주는 사람의 내적 커뮤니케이션에서 '어머니'는 바로 지나온 자신의 삶, 이미 내면화된 지배 질서라는 각성이 일어날 수 있다는 뜻이다. 그 주체적 각성과 객관적인 시대상황이 맞물릴 때마다, 민중들이 변혁운동에 몸을 던지는 역사가 줄기차게 이어져 왔다.

아기장수 설화에는 내적 커뮤니케이션을 돕는 '소재'가 참으로 가멸다. 골골샅샅 어느 곳이든 쉽게 찾아볼 수 있는 바위와 연못, 특히 여느 집이든 필수품이었을 맷돌(부모가 아기장수를 눌러 죽일 때 쓴 도구)들이 그것이다. 어렸을 때 설화를 들은 아이는 일상에서 흔히 볼 수 있는 바위, 연못, 맷돌, 콩과 팥 – 설화에서 아기장수와 함께 군사력을 형성할 주체들이다 – 을 보면서 아기장수를 되새김질할 가능성이 높고, 실제로 설화의 송신자는 그 효과를 기대했을 수 있다.

연구문제 4는 아기장수 설화가 21세기에 어떻게 소통되고 있을까라는 물음이다. 기실 그 물음은 설문조사 결과에서 가장 직접적으로 확인할 수 있다. 오늘을 살고 있는 젊은 세대가 아기장수 설화의 작품서사를 자기서사로 어떻게 수용하는지 드러나고 있기 때문이다.

결국 아기장수 설화는 세상이 얼마나 잘못되어 있는가를 비극적으로 보여주고 소통함으로써 세상을 바꾸는 의지를 북돋아주는 영원한 생명력으로 각 시대별 '현재'에 영향을 주어왔다고 평가할 수 있다.

이 글은 설화를 커뮤니케이션으로 접근한 시론적 의미가 있다. 아기장수 설화의 정치사회적 생명력을 높여가는 연구들이 21세기에 더 풍부하게 나오기를 제언하며, 이 글이 혹 우리가 이미 죽었을지도 모를 '내 안의 아기장수'를 살려내는 데 조금이라도 '치료제'가 될 수 있기를 소망한다.[167]

---

167 이 글은 '아기장수 설화의 내적 소통에 관한 시론' 제목으로 『문학치료연구』 33권(2014년)에 실렸다.

나가는 말

진실과 공정의 과학, '아기장수'의 철학

학문의 사대주의가 지독히 뿌리 깊은 한국 사회에서 이 책이 제안하는 '민중언론학의 논리'는 울림 없이 묻힐 수 있다. 더구나 서울대, 연세대, 고려대 총장을 실명으로 비판하고 있기 때문에 세 학교 출신들이 지배적인 학계에서 자칫 '오해'받을 수도 있다. 하지만 세 대학은 물론 한국의 모든 대학에는 권력과 자본을 대변하거나 '조중동'에 친화적인 교수들과 달리, 젊은 지성인들과 더불어 죽은 대학, 죽은 학문을 애면글면 살리려는 학자들이 있다. 터무니없이 자주성을 내세워 학문의 사대성을 비난한다면 딱한 일이기 십상이지만, 우리 현실에 발을 딛고 개념과 명제를 다듬어가는 시도는 절실하고 절박하다.

기실 이 땅의 학문적 사대주의는 조선왕조 내내 중국의 주자학을 맹신해온 지배적 학문 전통과 무관하지 않다. 우리가 '습관'처럼 언제나 무시하는 일본만 하더라도 오래전부터 학문의 자주성을 일궈가고 있지만, 한국 학계는 미국식 연구방법이나 이론적 논의를 절대적 기준으로 삼음으로써 우리 현실을 분석하고 대안을 모색하는 연구를 얕잡아보거나 '학문적 논의'가 아니라고 폄훼하기 일쑤다. 과연 그들은 신봉하는 연구방법과 수입한 이론으로 어떤 학문다운 논문과 저서를 내놓고 있는지 정말이지 묻고 싶을 정도다. 대학과 언론이 지적 사대주의에 매몰되어 있는 나라에서 정치인들이 사대주의를 벗어나기를 기대하기란 난망 아닐까.

바로 그렇기에 민중언론학은 절실하다. 이 책에서 분석했듯이 진실과 공정은 한국 언론기관의 정파 문제가 아니다. 더러 오해하지만 좌파나 우파의 이념 문제도 아니다. 이 책 2장에서 논의했듯이 진실과 공정은 저널리즘의 기본 원칙이자 생명이다. 그것은 비단 직업 언론인들만의 가치일 수도 없다.

이미 일상에서 언론활동을 벌여나가고 있는 '직접 언론인'들인 네티즌에게도 이 책이 제시한 진실과 공정의 논리는 갖추면 좋을 '무기'다.

정보혁명과 함께 열린 21세기에 민주주의의 이상인 '자기 통치'를 구현할 직접 정치를 활성화하려면 네티즌 스스로 '직접 언론인'이라는 자기인식이 필요하다. 그 인식은 어렵지 않다. 지금 이 순간도 트위터, 페이스북, 블로그, 모바일메신저 등으로 다채롭게 언론 활동을 벌이는 자신의 일상을 고정관념에서 벗어나 있는 그대로 포착할 때, 그 순간 네티즌은 '21세기 민중'으로서 정체성을 갖출 수 있다.

문제는 네티즌의 자기 성찰과 현실 인식을 저해하는 사람들 또는 세력이 엄존하는 데 있다. 그들이 짜놓은 틀(프레임)에 갇히면, 네티즌은 '가장 멍청한 세대'가 될 가능성이 높아진다. 만일 누군가 의도적으로 생산해낸 단편적인 정보에 의존하며 일상을 게임이나 오락, 포르노로 소비하고 인생을 탕진한다면, 미국 정보기술 사상가의 조롱처럼 '천박한 인간'(The Shallows, 국내선 '생각하지 않은 사람'으로 번역)이 되거나 '바보'로 전락할 가능성이 거의 100퍼센트다.

하지만 서론에서 살펴보았듯이 본디 '피플'(people)로서 역사상의 민중은 양면성을 지녀왔다. 민중은 시민혁명 이후에 '주권자'로 헌법적 위상을 지녔으면서도 여전히 권력과 자본의 지배를 받아왔다. 다만, 민주주의가 성숙해가면 민중의 양면성은 뚜렷한 변화를 보이게 된다. 피지배자의 속성은 시나브로 작아지고 주권자의 속성은 무장 커져 간다.[168] 바로 그 경계선에 민중언론학은 발을 딛고 있다.

21세기의 민중으로 네티즌을 규정한 민중언론학에서 '아기장수' 설화는 적잖은 시사점을 준다. 비유하자면 네티즌은 오늘의 '아기장수'가 아닐까.

인류 역사상 그 어느 때보다 지적 성숙의 조건을 갖춘 네티즌이 '가장 멍청한 세대' 또는 '천박한 인간들'로 전락한다면, 지배세력이 만들어놓은 틀 — 설화 아기장수에서 그것은 '어머니'로 표상된다 — 안에서 미처 벗어나지 못한 네티즌 개개인이 자기를 살해한 결과일 터다.

그 점에서도 민중언론학은 경계선에 있다고 할 수 있다.

같은 이유에서 민중언론학은 단언하거니와 실사구시의 창조적 학문이다. 진실과 공정을 원칙으로 하는 과학일 뿐만 아니라 자기 안에 숨어 있는 가능성을 살려내는 '아기장수'의 철학을 학문적 목표로 한다. 21세기 민중인 네티즌이 진실과 공정의 언론활동으로 자신의 삶을 창조적으로 구현해내는 실천적 학문이다.

민중언론학은 이 책에서 제시했듯이 비단 언론 현상만을 분석하지 않는다. 사회현상까지 분석할 수 있는 '무기'다. 이 책은 한국 사회만을 분석하고 있지만, 서론에서 제시한 민중언론학의 개념과 주요 명제들로 미국과 유럽 사회를 탐구할 수 있다.

민중언론학이 정보혁명 시대의 민중인 네티즌 앞에 감히 '무기'를 자처하는 까닭은 두 가지를 소망해서다. 첫째, 민중의 정치경제 사회의식을 우

---

168 민중의 주권이 실질적으로 구현되어가는 과정을 중심으로 세계사적 차원에서 민주주의를 분석한다면 민주주의는 보편적으로 탄생→성장→위기→성숙의 단계를 밟고 있다. 이에 대한 자세한 논의는 다음을 참고. 손석춘, 『무엇을 할 것인가: 민주주의와 주권을 바로 세우는 12개념』, 시대의창, 2014.

물 안에 가둬두는 언론기관들에 대한 비판적 인식에 민중언론학의 개념과 명제들이 도움을 줄 수 있다는 소망이다. 이 책에서 볼 수 있듯이 권력과 자본을 대변하는 언론기관들과 대학교수들은 '일베' 수준의 정치경제 사회의식을 지닌 '국민'을 가랑비에 옷 젖듯이 양산하고 있다. 신자유주의식 '기업 하기 좋은 나라 만들기'로 세월호 참사가 빚어졌는데도 기업 규제 완화를 앵무새처럼 부르대는 정권을 감시하고 비판하는 것은 정파나 이념의 문제가 아닌 언론의 의무이자 민중의 권리다. 민중언론학은 더 나아가 이명박·박근혜 정권은 '악'이고 김대중·노무현 정권은 '선'이라는 식의 정파주의 틀에 갇힌 비판 의식을 넓고 깊게 하는 데도 도움이 될 수 있다.

둘째, 모든 사람이 이미 모바일을 비롯한 여러 미디어로 글을 쓰고 있는 정보혁명 시대에 민중의 언론 활동이 한 단계 더 높아지기를 소망해서다. 언론만이 아니라 한국 사회와 지구촌 전반의 흐름을 비판적으로 인식하고, 헌법에 보장된 주권─대한민국의 모든 권력은 국민으로부터 나온다─을 실현하려면 자신이 무엇을 할 것인가를 성찰하는 데 민중언론학의 개념과 명제들이 도움을 줄 수 있다. 언론기관에 들어가 '직업 언론인'으로 민중언론을 구현해나갈 수 있고, 다른 직업에서 일하면서도 '직접 언론인'으로 민중언론을 실천에 옮길 수 있다. 언론기관 안팎에서 민중언론을 구현하려는 사람들이 소통할 수 있다면 민주주의는 한 단계 더 성숙할 게 분명하다. 정보혁명은 그것이 가능한 시대를 열어놓았다.

민중언론학의 논리를 새로운 학문으로 제시한 이 책은 '출발'인 만큼 갈 길이 멀다. 아직은 서툴 수밖에 없는 민중언론학의 개념과 주요 명제들은 '21세기 민중의 바다'에서 갈고 다듬어지리라고 믿는다. 당장은 시대와의 불화 속에 묻힐 수 있겠지만, 언젠가 올 눈 맑고 깊은 후학을 기다리며 출간을 감행한다. 우리가 민중이기에, 우리가 인생을 멍청하게 보낼 수는 없기에.

참고문헌

1장

- 김승태(2014). 식민사관과 한국기독교인의 역사인식. 『기독교사상』 668호.
- 문창극(2008). 『문창극 칼럼: 자유와 공화』. 을유문화사.
- 박준형(2014). 식민주의 사학의 실상과 허상. 『인문과학』 54권.
- 배항섭(2012). 19세기를 바라보는 시각. 『역사비평』 101호.
- 손석춘(2014). 도구적 지식과 지식인의 도구화. 『커뮤니케이션이론』 10−1호.
- 안차수(2014). 유명인의 사회적 발언과 이슈 지지 효과. 『언론과학연구』 14−2호.
- 윤치호(2001). 김상태 엮음. 『윤치호 일기: 1916−1943』. 역사비평사.
- 이기백(1978). 『한국사신론』. 일조각.
- 이상희(1993). 『조선조 사회의 커뮤니케이션 현상연구』. 나남.
- 이주한(2013). 『한국사가 죽어야 나라가 산다』. 역사의아침.
- 정운현(2011). 『친일파는 살아 있다』. 책보세.
- 주진오(2008). 「뉴라이트의 식민사관 부활 프로젝트: 근대 초기 서술의 문제점」. 『역사비평』 83호.
- 천관우 선생 추모문집간행위원회(2011). 『거인 천관우』. 일조각.
- 최규장(1998). 『언론인의 사계』. 을유문화사.
- 하우봉(2005). 『한국과 일본−상호인식의 역사와 미래』. 살림지식총서.

- Kovach, Bill & Rosenstiel, Tom. *The Elements of Journalism*. New York: Crown Publishers. 2001.

2장

- 강명구(2005). 언론의 당파성. 『신문과 방송』 2005년 1월호.
- 강미선, 김영욱, 이민규, 장호순(2003). 신문의 위기? 진단과 처방. 한국언론재단.

- 강상현(1993). 한국언론학 연구동향에 대한 비판적 평가: 최근의 패러다임 논쟁과 그 불완전 해소를 중심으로. 『사회비평』 제10호.
- 강미선, 김영욱, 김영주, 이은주, 임영호, 황용석(2005). 위기의 한국신문: 현황 문제점 지원방안, 한국언론재단.
- 관훈클럽(2000). 한국언론의 좌표: 한국언론2000년위원회 보고서. 관훈클럽.
- 권기덕, 김재윤(2006). 인터넷이 바꾸는 미디어산업. 삼성경제연구소 보고서 554호.
- 김지운(2004). 『글로벌시대의 언론윤리: 보편가치의 모색』. 커뮤니케이션북스.
- 김창룡(2006.8.19). 한국언론 신뢰회복 시급하다. 미디어오늘.
- 김택환(2005). 『미디어빅뱅, 한국이 바뀐다』. 박영률출판사.
- 리영희(2005.11.17). 6자회담의 성과와 한반도 정세: 전북민언련 주최특강. 오마이뉴스.
- 문종대 (2001). 저널리즘연구; 수요 전환의 위기. 한국언론학회, 2001언론학대회 발표논문.
- 박거용(2006). 경제논리의 흥정대상으로 전락한 교육개방. 『황해문화』 통권 52호.
- 방정배, 손석춘, 유한호, 이효성(1996). 죽은 언론 살리기. 언론노동조합연맹.
- 박은희(2005). 수용자 복지정책 제도화를 위한 개념적 접근. 『변화하는 미디어의 사회적 책임』 (한국언론재단) 87~122쪽.
- 손석춘(2005a). 노사정의 공론장과 저널리즘. 『신문과 방송』 2005년 3월호.
- 손석춘(2005b). 평화위기와 저널리즘의 정확성. 『신문과 방송』 2005년 4월호.
- 손석춘(2006). 농촌저널리즘과 자살의 커뮤니케이션. 『신문과 방송』 2006년 1월호.
- 송건호(1974). 신문학교육의 반성. 『송건호 전집 10』 (2002, 한길사) 209~218쪽.
- 양문석(2003). '한반도 핵 위기'에 대한 지상파 방송3사의 저녁종합뉴스 분석: 2002.12.20－2003.2.19까지 2개월간. 민주언론시민연합, 언론노조 주최 토론회 발제문.

- 언론개혁시민연대 편(2000). 신문개혁 이렇게 합시다: 한국신문의 문제점과 개선방안. 언론개혁시민연대.
- 언론광장(2004). 한국 언론의 취재 · 보도에 대한 기자 의식 조사.
- 이강수(1973). 한국 신문학교육의 문제성과 방향. 『신문학보』 6호, 69~95쪽.
- 이강수(2000). 언론학교육의 현황과 문제점. 2001언론학대회 발제문.
- 이민규(2001). 새로운 시대의 신문방송교육: 획일화된 교육에서 맞춤식 교육으로. 2001언론학대회 발제문.
- 이민웅(2003). 『저널리즘: 위기 · 변화 · 지속』. 나남.
- 이재경(2004). 저널리즘의 위기와 언론의 미래. 『신문과 방송』 40주년 세미나 발표문.
- 이재경(2005). 한국의 저널리즘 교육: 어떻게 바꿔야 하는가. 『한국언론학보』 49권 3호.
- 임석진(1983). 『철학사전』. 이삭.
- 장호순(2006). 신문산업 선진화와 민주주의: 신문시장의 다원화와 여론 다양성 보장을 위한 정책 방안. 한국언론재단 주최 발제문. 2006년 4월 5일.
- 정연구(2005). 한국 언론에는 농민이 없다. 전국언론노조, 민주언론시민연합 공동주최 토론회 발제문. 2005년 12월 2일.
- 정연구, 문철수, 송윤숙(1996). 신문공동판매제도 연구−실현방안을 중심으로. 한국언론연구원.
- 정연우(2006). 포스코 건설노조 농성 관련 보도와 권 · 경 · 언 유착 문제와 대응. 한국언론정보학회. 민주언론시민연합 공동주최 토론회 발제문. 2006년 8월 11일.
- 차배근(1989). 한국언론학교육의 현황과 문제점. 한국언론학회 창립 30주년 기념토론회 주제논문집.
- 최창섭(1997). 언론이란 무엇인가. 『교양언론학 강좌』. 범우사.
- 한국기자협회(2006). 창립 42돌 기념 전국기자 여론조사.
- 한국언론재단(1995). UR대비 한국 언론의 경쟁력 강화 방안 연구.
- 한국언론재단(2004). 수용자의식 조사.

- 한국언론학회(2005). 변화하는 미디어의 사회적 책임: 미디어
  어카운터빌리티와 수용자 복지를 중심으로. 한국언론재단.

- Cunningham, Brent(2005). "Working the Fringe". *CJR(Columbia Journalism Review)*. 2005. 11/12.
- Gillmor, Dan(2006). *We the Media: Grassroots Journalism by the People, for the People*. O'Reilly Media.
- Kovach, Bill & Rosenstiel, Tom(2001). *The Elements of Journalism*. New York: Crown Publishers.
- Lippmann, Walter(1954). *Public Opinion*. New York: McMillan Company
- McCollam, Douglas(2006). "A Way Out?". *CJR(Columbia Journalism Review)*. 2006. 1/2
- McNair, Brian(1998). *The sociology of journalism*. London: Arnold
- Merrill, John(1997). *Journalism Ethics: Philosophical Foundations for News Media*. New York: st. Martin's Press
- Meyer, Philip(2004). *The Vanishing Newspaper: Saving Journalism In The Information Age*. University of Missouri Press.

3장

- 경제5단체(2009). 경제위기 극복을 위한 대국회 호소문. 서울프레스센터 외신기자클럽. 2009년 1월 5일.
- 김성희(2009). 최근 청년고용 현황과 한국판 로제타 플랜의 가능성. 새세상연구소 주최 토론회 발제문(2009년 11월 9일 국회도서관 회의실).
- 손석춘(2008). 『주권혁명』. 시대의 창.
- 손석춘(2009). 신자유주의에 대한 언론과 비판언론학 비판. 『한국언론정보학보』 49호.
- 손석춘(2009). 『신문읽기의혁명2』. 개마고원.

- 시사저널(2011). 2011년 전문가 설문조사. 『시사저널』 1138호(2011년 8월 10일자).
- 신태섭(2009). 대기업 진입규제 완화의 효과와 방송 공공성. 미디어국민위원회 공술문(2009년 5월 8일 국회).
- 유인촌, 이윤호(2009). 미디어산업진흥 관련 법 개정에 대한 정부 합동성명문. 2009년 1월 5일.
- 이상길(2009). 프랑스 인쇄미디어 종합대책. 월간 『신문과 방송』 2009년 3월호.
- 장하준(2010). 『그들이 말하지 않는 23가지』. 부키.
- 정보통신정책연구원(2009). 미디어 개혁법안의 경제적 효과 분석. 정보통신정책연구원.
- 최영묵(2009). 미디어악법 저지와 공공성 포럼. 미디어공공성 포럼 7차연속기획 토론회 발제문(2009년 7월 30일, 환경재단).
- 한국기자협회(2009). 현업인 언론학자 미디어법 여론조사 결과. 기자협회 사이트.
- 한국기자협회(2011). 전국기자 여론조사. 『한국기자협회보』(2011년 8월 16일자).
- 홍헌호(2009). 미디어법 근거 통계, 조작됐다. 프레시안(2009년 6월 29일자).
- 황근(2011). 종합편성채널 승인과 정책과제. 동국대 대중문화연구소 주최 '종합편성채널 선정 이후 한국의 방송시장 전망' 토론회 발제문. 2011년 1월 25일.

- Baker, C. E.(2007). *Media Concentration and Democracy: Why Ownership Matters*. Cambridge: Cambridge U. Press.
- Baran, S. J.(2004). *Introduction to mass communication: Media literacy and culture*, New York: Mcgraw Hill.
- Cohen, B. C.(1993). *The Press and Foreign Policy*. California: Univ of California Inst of.
- Humphreys, P. J.(1996). *Mass Media and Mediapolicy in Western Europe*. New York: Manchester U. Press.

- Kovach, B & Rosenstiel, T.(2007). *The Elements of Journalism: What Newspeople Should Know and the Public Should Expect*, Three Rivers Press.

- Liebling, A. J.(1981). *The Press*, New York: Panteon.

- Littlejohn, S. W.(1996). *Theories of Human Communication*. 김홍규 옮김(1996). 『커뮤니케이션이론』. 나남.

- McChesney, R. W.(1999). *Rich Media, Poor Democracy: Communication Politics in Dubious Times*. University of Illinois Press

- Safire, William(2003). "The Great Media Gulp Silience", *The New York Times*(May 22, 2003) A33.

- Safire, William(2003). "Big Media's Silience", *The New York Times*(June 26, 2003)A33.

4장

- 강내희(2008). 문화와 시장. 경상대사회과학연구원. 『마르크스주의연구』 제5권 제2호. 235~258쪽.

- 강상구(2000). 『신자유주의의 역사와 진실』. 문화과학사.

- 서울국제민중회의 조직위원회(1998). 『신자유주의, IMF 그리고 국제연대』. 문화과학사.

- 김서중, 김은규(2008). 한국언론정보학회 20년, 비판적 학술운동의 고민과 한계. 『한국언론정보학보』 제43권. 47~80쪽.

- 김예란(2002). 사회적 담론공간 분석: 신자유주의, 신보수주의 담론을 중심으로. 『한국언론정보학보』 제18권. 7~36쪽.

- 김은규(2005). 초국적 사회운동과 인터넷 네트워크의 역할에 대한 연구. 『한국언론학보』 제49-5호. 254~282쪽.

- 김은규(2006a). 21세기 국제정보질서의 새로운 패러다임?: 정보사회 세계정상회의(WSIS)의 역사적 맥락과 의제 검토. 『한국언론정보학보』 제34권. 34~62쪽.

- 김은규(2006b). 문화시장개방, 국제규범, 글로벌 거버넌스. 『한국언론정보학보』 제35권. 7~35쪽.
- 문상현(2005). 글로벌 디지털 디바이드의 담론적 구성과 그 함의. 『한국언론학보』 제49-6호.
- 손석춘(2006). 저널리즘 위기의 실체와 극복방안에 관한 연구. 『한국언론정보학보』 제36권. 42~77쪽.
- 손석춘(2007). 『우리 언론, 무엇으로 다시 살 것인가』. 시대의 창.
- 손석춘(2008). 『주권혁명』. 시대의 창.
- 이남표, 김재영(2006). 방송통신 융합 시대의 정치경제학: 비판적 계승을 위한 시론적 탐색. 『한국언론정보학보』 제33권. 193~225쪽.
- 유용민, 김성해(2007). 노동운동의 담론적 위기-신자유주의담론과 미디어 노동담론의 역사적 접합을 중심으로. 『한국언론학보』 제51-4호.
- 이정환(2007). 경제신문은 '시장 만능' 이데올로기 선전물인가. 미디어오늘(2007년 12월 26일자).
- 이효성(2008). 비판이론의 비판 개념: 그 사적 계보, 유형 및 대상에 관한 일 고찰. 한국언론정보학회 20주년 기념 세미나 발표 논문.
- 정성진(2005). 『마르크스와 한국경제』. 책갈피.
- 하윤금(2004). 금융-세계화(Financial Globalization)와 미디어 산업-케이블TV의 외국투자에 관한 비판 정치경제학적 일 고찰. 『한국언론학보』 제48-5호. 161~187쪽.

- Adorno, T. & Horkheimer, M.(1947). *Dialektik der Aufklarung*. 김유동 옮김(2001). 『계몽의 변증법』. 문학과지성사.
- Duménil, G. & Lévy, D.(2005). *Crise et sortie de crise: ordre et desordres neoliberaux*. 이강국 · 장시복 옮김(2006). 『자본의 반격』. 필맥.
- Harvey, David(2005). *A brief history of neoliberalism*. 최병두 옮김(2007). 『신자유주의』. 한울.
- Lukács, György(1920). *Geschichte und Klassenbewusstsein*. 박정호 옮김(1999). 『역사와 계급의식』. 거름.

- Moody, Kim.(1997). *Workers in a Lean World*. 사회진보를 위한 민주연대 옮김(1999). 『신자유주의와 세계의 노동자』. 문화과학사.
- Roy, Arundhati(2002). *Complete Essays*. 박혜영 옮김(2004). 『9월이여 오라』. 녹색평론.
- Schiller, Dan(1999). *Digital capitalism: networking the global market system*. 추광영 옮김(2001). 『디지털자본주의』. 나무와숲.
- Stiglitz, Joseph E.(2006). *Making globalization work*. 홍민경 옮김(2008). 『인간의 얼굴을 한 세계화』. 21세기북스.

5장

- 강만길(2000). 『조선후기사 연구의 현황과 과제』. 창작과비평사.
- 강준만(2000). 『권력변환: 한국언론 117년사』. 인물과사상사.
- 강창일(1999). 일본인 망언의 뿌리. 한국역사연구회. 『우리는 지난 100년 동안 어떻게 살았을까 3』. 역사비평사.
- 구선희(1994). 해방 후 남한의 한국사연구 성과와 과제. 『한국사의 이론과 방법 1』(203~288쪽). 한길사.
- 김민환(1995). 『개화기 민족지의 사회사상』. 나남.
- 김봉진(2001). 개화기 신문과 일본−후쿠자와 유키치를 중심으로. 위암 장지연선생기념사업회. 『한국근대언론의 재조명』. 커뮤니케이션북스.
- 김세은(2001). 유교문화와 공론권. 『언론과 사회』 9권 4호. 96~129쪽.
- 김영희(1994). 생성기 한국 근대언론사상의 형성. 『언론학보』(한양대언론문화연구소). 14집.
- 김용섭(1970 / 2004). 『한국근대농업사연구 1』. 지식산업사.
- 김창현(2002). 『한일소설형성사』. 책세상.
- 박광용(2001). 17 · 18세기 조선의 국가와 '公論'. 제44회 전국 역사학대회 발표문.
- 방정배(1995). 『커뮤니케이션 변혁 / 사상 / 이론』. 성균관대출판부.

- 부길만(2003). 『조선시대 방각본 출판 연구』. 서울출판미디어.

- 안병욱(2000). 『19세기 鄕會와 民亂』. 서울대 대학원 박사학위논문.

- 안병욱(1986). 19세기 壬戌民亂에 있어서의 '鄕會'와 '饒戸'. 『韓國史論』 14집.

- 안병욱(1986). 朝鮮後期 自治와 抵抗組織으로서의 鄕會. 『聖心女大論文集』 18집.

- 안정복(1977). 木州政事 『順菴集』 권16. 성균관대 대동문화연구원 영인본.

- 안종묵(2003). 『한국저널리즘의 출현과 사상운동』. 가온.

- 유길준(1895). 『西遊見聞』. 채훈 옮김(1973). 대양서적.

- 윤병철(1993). 17−18세기 조선조사회 커뮤니케이션 체계의 분화과정. 한국언론학회(편). 『한국적 커뮤니케이션모델의 탐구 1』.

- 윤영태(2004). 미디어사회의 언론현상과 이념. 한국언론재단 / 한국기자협회 주최 제36회 기자포럼 발제문(2004년 4월 6일).

- 이광린(1979). 『한국개화사연구』. 일조각.

- 이이화(1994). 『조선후기의 정치사상과 사회변동』. 한길사.

- 이재경(2004). 한국 저널리즘의 3가지 위기. 월간 『신문과 방송』 40주년 기념 세미나 발표문(2004년 3월 18일). 한국프레스센터 19층 기자회견장.

- 임근수(1975). 한국커뮤니케이션사 연구의 방법에 관한 일 고찰. 『신문연구』 16권 1호.

- 임근수(1976). 개항백년의 한국언론. 『신동아』 통권 143호. 174~188쪽.

- 정진석 외(2001). 『우리신문 100년』. 현암사.

- 조동일(2002). 『세계문학사의 전개』. 지식산업사.

- 조선사회과학연구원(1988). 『조선문화사』. 미래사(평양 출판 영인본).

- 차배근(1996). 한국 근대신문의 생성과정과 독립신문−이식설에 관한 몇 가지 의문점을 중심으로. 『언론과 사회』 14호. 5~33쪽.

- 채백(2003). 『신문』. 대원사.

- 최원식(2001). 『문학의 귀환』. 창작과비평사.

- 최정호(1986). 조선조 공론권의 구조변동에 관한 시론. 『사회과학논집』 17집. 연세대학교 사회과학연구소. 95~106쪽.

- 최준(1976). 『한국신문사론고』. 일조각.

- 강재언(1996). 西洋·朝鮮. 이규수 옮김(1998). 『서양과 조선』. 학고재.
- 井上角五郎(1891). 漢城之殘夢. 한상일 옮김(1995). 『서울에 남겨둔 꿈: 19세기 말 일본인이 본 조선』. 건국대출판부.
- Cumings, Bruce(1997). *Korea's Place in the Sun: A Modern History*. 김동노 옮김(2001). 『한국현대사』. 창작과비평사.
- Dallet, Charles(1874). *Histoire de l'Eglise de Coree*. 최석우 옮김(1979). 『한국천주교회사(상)』. 분도출판사.
- Habermas, Jurgen(1962). *Der Strukturwandel der Offentlichkeit*. 한승완 옮김(2001) 『공론장의 구조변동』. 나남.
- Piaget, Jean(1973). *Main Trendes in Interdisciplinary Research*. 오세철 옮김(1980). 『현대 학문체계와 그 엇물림』. 연세대출판부.

6장

- 고동수(2011). 『기업의 사회적 책임 이슈와 대응 방안』. 산업연구원.
- 곽숙이(2013). ISO26000에 의한 사회적 책임경영과 기업성과. 계명대학교대학원 경영학과 박사학위 논문.
- 곽정수(2011a). 사회책임 국제표준 주도한 마르틴 노이라이터 인터뷰. 한겨레21 880호(2011년 10월 10일).
- 곽정수(2011b). CSR후진국이 경제선진국 될 수 없다. 한겨레21 888호(2011년 12월 5일).
- 김동춘(2006). 『1997년 이후 한국사회의 성찰―기업사회로의 변환과 과제』. 길.
- 김상봉(2012). 『기업은 누구의 것인가』. 꾸리에.
- 김수박, 김성희(2012). 『삼성 백혈병의 진실』 세트 전 2권. 보리.
- 노광표(2008). 기업의 사회적 책임(CSR)은 노동의 새로운 의제인가?. 기업의 사회적 책임과 노동―2007 CSR 노동포럼 논문집. 한국노동연구원. 84~116쪽.
- 노광표, 이명규(2007). 『기업의 사회적 책임 CSR―노동운동의 미래 의제』. 한국노동사회연구소.

- 노한균(2008). 사회적 책임의 국제표준, ISO26000에 대한 이해. 기업의 사회적 책임과 노동−2007 CSR 노동포럼논문집. 한국노동연구원. 242~265쪽.
- 노한균(2011). 『ISO26000을 통해 사회적 책임 살펴보기』. 박영사.
- 박일환(2010). 『삼성반도체와 백혈병−삼성이 버린 또 하나의 가족』. 삶이보이는창.
- 삼성전자CSR사무국(2012). 『2012 지속가능경영 보고서』. 삼성전자.
- 손석춘(2009). 신자유주의에 대한 언론과 비판언론학 비판. 『언론정보학보』 45호. 한국언론정보학회.
- 손석춘, 유종일(2012). 『경제민주화가 희망이다』. 알마.
- 안영도(2011). 『전략적 사회책임 경영−기업의 사회적 책임과 전략적 선택』. 필맥.
- 이장원 엮음(2008). 기업의 사회적 책임과 노동−2007 CSR노동포럼 논문집. 한국노동연구원.
- 이진랑(2012). ISO26000 선정 과정의 의사소통적 타당성 분석: 국제 커뮤니케이션 관찰을 통하여. 『커뮤니케이션학 연구』 20권 2호. 47~71쪽.
- 유엔글로벌콤팩트한국협회(2012). 『유엔과 기업의 사회적 책임』. 디프넷.
- 조대엽(2007). 『21세기 한국의 기업과 시민사회』. 굿인포메이션.
- 학술단체협의회(1996). 『재벌과 언론』. 당대.
- 현대자동차 경영전략실(2012). 『2012 지속가능성 보고서』. 현대자동차.
- 황상규(2011). ISO26000과 정부, 기업, 시민사회의 과제. SR코리아 포럼 발제문.
- SR코리아(2012). 『국내 주요기업의 ISO26000 이행 수준 진단 보고서』. SR코리아.

- Banerjee, S. B.(2007). *Corporate Social Responsibility?-The Good, the Bad and the Ugly*. Edward.
- Bowen, H. R.(1953). *Social Responsibilities of the Businessman*. Sage Publications.
- Bennett, Tony(1982). "Media, Reality, Signification". in M. Gurevitch, T. Bennett, & J. Woolacott(Eds.). *Culture, Society and the Media*. Methuen. 287~308쪽.
- Cohen, Bernard(1993). *The Press and Foreign Policy*. Univ of California.

- Cooper, Stuart(2004). *Corporate Social Performance: A Stakeholder Approach*. 최준혁 외 옮김(2008). 『스테이크 홀더: 기업의 사회적 성과와 책임』. 커뮤니케이션북스.
- Hartley, John(1982). *Understanding News*, Metuhen.
- ISO(2010). *Discovering ISO26000*. Switzerland. www.iso.org.
- Rogers, E. M.(2004). "Theoretical Diversity in Political Communication". Kaid. L.L.(ed). *Handbook of political communication research*. Lawrence. 3~16쪽.
- Shamir, Ronen(2008). "The Age of Responsibilization: On Market—Embedded Morality". *Economy and Society*. 37(1). 1~19쪽.
- Tuchman, Gaye(1978). *Making News: A Study in the Construction of Reality*. The Free Press.

7장

- 김병철(2012). '지혜로운 글로벌 리더를 양성하는 세계적 대학' 고려대 사이트 총장실(2012년 9월 2일). http://www.korea.ac.kr/content/K/K1_1.jsp
- 김성해, 심영섭(2010). 『국제뉴스의 빈곤과 국가의 위기』. 한국언론진흥재단.
- 김수행(2013). 마르크스는 미래 사회의 무엇을 보았는가. 르몽드 디플로마티크 60호(2013년 9월 13일).
- 김영곤(2013). 강사 교원지위 회복이 대학생학습권을 키운다. 21세기 대학뉴스(2013년 7월 16일).
- 김예슬(2010). 『오늘 나는 대학을 그만둔다, 아니 거부한다』. 느린걸음.
- 김인춘(2007). 자본주의 다양성과 한국의 새로운 발전모델: 민주적 코포라티즘의 조건. 『한국사회학』 41-4호. 202~241쪽.
- 김준영(2011). 글로벌 리딩대학의 새로운 지평. 『대학교육』 제170호(2011년 2월 9일).
- 김현철, 류웅재(2013). 글로벌 경제위기의 인문학적 해석. 『커뮤니케이션이론』 9권 1호. 39~77쪽.
- 박노자(2013). 희망버스를 타려는 의미. 미디어오늘(2013년 7월 11일자).

- 손석춘(2014). 『무엇을 할 것인가』. 시대의창.
- 손석춘(2011). 한국의 미디어집중과 여론 다양성의 위기. 『한국언론정보학보』 56호. 7~25쪽.
- 신동면(2004). 『세계화시대 자본주의체제의 다양성』. 미래전략연구원.
- 심해린(2010). 교수님들의 양심을 묻습니다. 오마이뉴스(2010년 3월 17일).
- 오연천 (2009). 『강한 시장, 건강한 정부』. 올리브(M&B).
- 이광주(2008). 『대학의 역사』. 살림.
- 이두희(2013). 국가와 인류발전을 위한 글로벌 경영 리더 양성. 고려대 사이트 경영대학. http://biz.korea.ac.kr/listener.do?layout=INTRO.intro01
- 이득재(2008). 『대한민국에 교육은 없다』. 철수와영희.
- 이병천(2005). 자유화, 양극화 시대의 무책임 자본주의: 사회통합적 시민경제의 대안. 『아세아연구』 48권 3호. 43~71쪽.
- 이정우(2005). 양극화냐, 동반성장이냐. 『시민과 세계』 7호. 109~127쪽.
- 정갑영(2012). 『위기의 경제학』. 21세기북스.
- 조형제, 정건화, 이정협(2006). 신진보주의 발전모델과 민주적 발전국가의 모색. 『동향과 전망』 67호. 58~92쪽.

- Adorno, T. & Horkheimer, M.(1947). *Dialektik der Aufklarung*. 김유동 옮김(2001). 『계몽의 변증법』. 문학과지성사.
- Amable, Bruno(2004). *The Diversity of Modern Capitalism*. Oxford: Oxford Univ Press.
- Bell, Daniel(1973). *The Coming of Post-Industrial Society*. New York: BasicBooks.
- Hall, P. & Soskice, D.(2001). *Varieties of Capitalism*. Oxford: Oxford Univ Press.
- Horkheimer, Max(1947). *Zur Kritik der instrumentellen Vernunft*. 박구용 옮김(2006). 『도구적 이성 비판』. 문예출판사.
- Hutton, Will(2002). *The World We are In*. New York: Little Brown.
- Krugman, Paul(2012). *End This Depression Now!* 박세연 옮김(2013). 『지금 당장 이 불황을 끝내라!』. 엘도라도.

- Kuhn, T. S.(1962). *The Structure of Scienfitic Revolution*. 김명자 옮김(2002). 『과학 혁명의 구조』. 까치글방.

- Reimon, M. & Felber, C.(2003). *Schwarzbuch Privatisierung*. 김호균 옮김(2010). 『미친 사유화를 멈춰라─민영화 그 재앙의 기록』. 시대의창.

- Sartre, J. P.(1965). *Plaidoyer pour les intellectuels*. 조영훈 옮김(1999). 『지식인을 위한 변명』.

- Stiglitz, Joseph(2012). *The Price Of Inequality*. 이순희 옮김(2013). 『불평등의 대가』. 열린책들.

8장

- 강준만(2004). 『한국현대사의 길잡이 리영희』. 개마고원.
- 고병권 외(2010). 『리영희 프리즘』. 사계절.
- 김만수(2003). 『리영희─살아 있는 신화』. 나남.
- 김삼웅(2010). 『리영희 평전─시대를 밝힌 사상의 은사』. 책보세.
- 리영희(1974). 『전환시대의 논리』. 창작과비평사.
- 리영희(1977 / 2006). 『우상과 이성』. 한길사.
- 리영희(1990). 『自由人, 자유인』. 범우사.
- 리영희(1991) 사회주의의 실패를 보는 한 지식인의 고민과 갈등. 월간 『신동아』 1991년 3월호.
- 리영희(1994). 『새는 '좌우'의 날개로 난다─전환시대의 논리 그 후』. 두레.
- 리영희(2005). 『대화─한 지식인의 삶과 사상』. 한길사.
- 리영희, 김동춘(1995). 나의 학문, 나의 인생: 리영희─냉전이데올로기의 우상에 맞선 이성의 필봉. 『역사비평』 계간 29호(1995년 여름호). 역사비평사.
- 리영희, 서중석(1991). 버리지 못하는 이기주의와 버릴 수 없는 사회주의적 휴머니즘. 『사회평론』 1991년 6월호.
- 리영희, 장명수 대담(1991). 사회주의는 끝난 것인가? 자본주의는 이긴 것인가?. 한국일보 1991년 6월 25일.

- 박병기(1996). 리영희 – 휴머니즘으로서의 이데올로기 비판. 한국철학사상연구회. 『시대와 철학』 7권 2호. 11~37쪽.
- 안철홍(1994). 화제의 작가 『새는 좌우의 날개로 난다』 펴낸 리영희 교수. 월간 『말』 1994년 9월호.
- 오숙희(1996). 따스한 자연인 리영희. 『참여사회』 1996년 3 / 4월호.
- 이동하(1999). 『한 자유주의자의 세상읽기』. 문이당.
- 이봉현(2012). 뉴미디어 환경과 언론인 직업 규범의 변화: 리영희 언론정신을 통한 탐색연구. 『한국언론정보학보』 59호. 31~49쪽.
- 이순웅(2008). 리영희의 인간주의적 사회주의에 관한 비판적 연구. 한국철학사상연구회. 『시대와 철학』 19권 3호. 193~230쪽.
- 이재경(2008). 한국의 저널리즘과 사회갈등. 『커뮤니케이션이론』 4권 2호. 48~72쪽.
- 윤평중(2006). 이성과 우상: 한국 현대사와 리영희. 『비평』 2006년 겨울호.
- 윤평중(2008). 『극단의 시대에 중심잡기』. 생각의 나무.
- 조성환(2007). 우상파괴자의 도그마와 우상. 『시대정신』 2007년 봄호.
- 최영묵(2012a). 언론자유와 우상타파를 위한 불퇴전의 삶. 『창작과 비평』 155호.
- 최영묵(2012b). 리영희의 '언론사상'과 실천에 관한 연구. 『한국언론정보학보』 59호. 7~30쪽.
- 홍윤기(2011). 철학시민 그분, 리영희! – 리영희 선생의 삶과 사상에서 '리영희 철학'을 찾는다. 『황해문화』 70호(2011년 봄). 327~354쪽.

- Kovach, B. & Rosenstiel, T.(2007). *The Elements of Journalism: What Newspeople Should Know and the Public Should Expect*. Three Rivers Press.

9장

- 강만길(1999). 『21세기사의 서론을 어떻게 쓸 것인가』. 삼인.
- 김성민(2009). 통일을 위한 인문학의 역할. 통일인문학연구단. 『소통, 치유, 통합의 통일인문학』. 선인.

- 리수용(2014). 아세안지역연단 상회의 조선대표단 단장 연설. 조선중앙통신 2014년 8월 12일자.

- 박영균(2009). 통일론에 대한 스피노자적 성찰. 통일인문학연구단. 『분단극복을 위한 인문학적 성찰』. 선인.

- 박현채(1978). 『민족경제론』. 한길사.

- 박현채(1986). 『한국경제구조론』. 일월서각.

- 박현채(1992). 사회주의: 자본주의에 후속하는 단계. 『창작과 비평』 1992년 봄호.

- 새로운사회를여는연구원(2006). 『새로운 사회를 여는 상상력』. 시대의창.

- 손석춘(2014). 『무엇을 할 것인가』. 시대의 창.

- 손철성(2007). 마르크스의 반유토피아주의와 그 원인에 대한 연구. 한국윤리교육학회. 『윤리 교육연구』 12권. 111~127쪽.

- 알렉노브 지음 · 대안체제연구회 옮김(2001). 『실현가능한 사회주의의 미래(The Economics of Feasible Socialism)』. 백의.

- 윤평중(2009). 국가와 헌법의 정치철학: 한반도 분단과 통일시대와 관련하여. 『급진자유주의 정치철학』. 아카넷.

- 이병수(2010). 남북관계에 대한 반성적 고찰. 통일인문학연구단. 『인문학자의 통일사유』. 선인.

- 이병수(2011). 통일의 당위성 담론에 대한 반성적 고찰. 통일인문학연구단 사상이념팀 엮음. 『통일에 대한 인문학적 패러다임』. 선인.

- 장상환(2005). 한국경제의 위기와 민주노동당의 대안. 『시민과 세계』 제7호.

- 장상환(2007). 지구화 시대 자립경제 · 민족경제론의 한계. 경상대사회과학연구원. 『사회과학연구』 제25집. 121~145쪽.

- 정성진(2007). 한국경제, 어디로 가야 하는가. 『민교협 창립 20주년 기념 심포지엄 '한국사회의 발전방향과 민교협운동' 자료집』.

- 칼 마르크스 지음 · 이대환 옮김(1987). 『독일이데올로기(Die Deutsche Ideologie)』. 연찬.

- 한반도사회경제연구회(2007). 『한반도경제론』. 창비.

10장 ____

- 강미정(2011). 아기장수의 서사적 특성과 영화 〈하이랜더〉와의 상관성. 한국고전연구학회.『한국고전연구』24집. 423~454쪽.
- 강유리(1996). 아기장수 설화연구. 한국고전연구학회.『한국고전연구』2. 260~289쪽.
- 김영희(2009). 비극적 구전서사의 연행과 '여성의 죄'. 연세대 박사논문.
- 김영희(2012). 한국 구전서사 속 '부친살해' 모티프의 역방향 변용 탐색. 『고전문학연구』41. 321~376쪽.
- 김정애(2009). 아기장수 설화에 나타난 말겨루기의 서사적 특성과 그 문학치료적 의의.『문학교육학』제29호. 255쪽.
- 김창현(2003). 아기장수설화에 나타난 한국 민중들의 생명관. 성균관대학교 인문과학연구소.『人文科學』33집. 105~121쪽.
- 신동흔(1990). 아기장수 설화와 진인출현설의 관계. 한국고전문학회. 『고전문학연구』5집. 103~127쪽.
- 정운채(2006).『문학치료의 이론적 기초』. 문학과치료.
- 최인훈(1979).『옛날 옛적에 훠어이 훠이』. 문학과지성사.
- 최창섭(1994).『자아커뮤니케이션』. 범우사.

- Anne Myers & Christine Hansen(1980). *Experimental psychology*. 신현정 옮김(2003).『실험심리학』. 박학사.
- Harold, D. L, "The Structure and Function of Communications in Society", in Lyman Bryson (ed.). *The Communication of Ideas*(Harper, 1948). 37~51쪽.
- William, E. P & Schramm, W. L.(1982). *Men, Women, Messages, and Media: Understanding Human Communication*. 최윤희 옮김(1998).『인간커뮤니케이션』. 나남.